W0331239

Die Hessen-Bibliothek
im Insel Verlag

Regionalbewegungen und Heimatbewußtsein sind charakteristisch für Europa. Im Rahmen der gesamteuropäischen Entwicklung haben in Deutschland regionale Identität und Föderalismus eine weittragende Bedeutung. Viele Bürgerinnen und Bürger einschließlich junger Menschen entwickeln und pflegen eine neue Heimatverbundenheit im Angesicht schnellen gesellschaftlichen und technischen Wandels, starker Mobilität und wachsender Umweltprobleme. Das Heimatverständnis umfaßt Land und Leute, Natur und Kultur, geschichtliche und aktuelle Zusammenhänge. Auch die Bundesländer sind nicht nur Verwaltungseinheiten, sie existieren und handeln in historischer, kultureller und politischer Eigenständigkeit. Daß die aufgelösten Länder wiedererstehen, war daher gleich nach dem politischen Umbruch in der DDR im Herbst 1989 ein vorrangiges Ziel.

Die Hessen-Bibliothek *möchte zu dieser Orientierung einen vertiefenden und anregenden Beitrag leisten mit Büchern, die historische, kulturelle, soziale und politische Aspekte des Landes Hessen darstellen. Die* Hessen-Bibliothek *will auch ein Impuls sein für an Hessen interessierte Autoren, Wissenschaftler, Journalisten, Lehrer und Künstler, Themen des Landes in den Blick zu nehmen.*

Herausgegeben
im Auftrag
des Hessischen Landtags

Jochen Lengemann

Parlamente in Hessen 1808–1813

Biographisches Handbuch
der Reichsstände
des Königreichs Westphalen
und
der Ständeversammlung
des Großherzogtums Frankfurt

Mit 69 Abbildungen im Text
und 47 auf Tafeln

Insel Verlag

Umschlagabbildung: Bulletin des lois et décrets du Royaume de Westphalie - Gesetz-Bulletin des Königreichs Westphalen 1808, 1. Teil, Nr. 1, S. 2 und 3 (Einrückungsformel und Vorspruch der Constitution des Königreichs Westphalen)

Erste Auflage 1991
© Insel Verlag Frankfurt am Main 1991
Alle Rechte vorbehalten
Soweit nicht anders vermerkt, liegen die Urheberrechte der Fotografien bei den Leihgebern oder der Kommission "Vorgeschichte und Geschichte des Parlamentarismus in Hessen" beim Hessischen Landtag, Wiesbaden.
Satz: Kanzlei des Hessischen Landtags, Wiesbaden
Druck: Nomos Verlagsgesellschaft, Baden-Baden
Printed in Germany
ISBN 3-458-16185-6

Von der 1. Auflage erscheinen 500 Exemplare fadengeheftet und flexibel gebunden in Feincanvas der Vereinigten Kaliko, Bamberg, als Vorzugsausgabe (7. Band der Reihe "Vorgeschichte und Geschichte des Parlamentarismus in Hessen").

Inhaltsverzeichnis

Geleitwort des Präsidenten des Hessischen Landtags 7

Vorwort 9

Einführung
Zur Stellung von Landständen und Landtagen in der Geschichte Hessens und des Hessischen Landtags im Verfassungsgefüge heute. Eine Skizze. I-XI

I. Einleitung
Die Reichsstände des Königreichs Westphalen und die Ständeversammlung als erste Parlamente in der deutschen Verfassungsgeschichte. Ihre rechtliche und politische Stellung, Arbeitsweise und historische Bedeutung. 13

II. Übersichten 35

A. Reichsstände des Königreichs Westphalen 1808-1813 37

1. Rechtliche Grundlagen und Wahlen 37
2. Mitglieder 56
3. Session 1808 68
4. Session 1809 79

B. Ständeversammlung des Großherzogtums Frankfurt 1810-1813 93

1. Rechtliche Grundlagen und Wahlen 93
2. Mitglieder 99
3. Session 1810 102

III. Biographien
der Mitglieder der Reichsstände des Königreichs Westphalen und der Ständeversammlung des Großherzogtums Frankfurt. 109

IV. Daten
zur Mitgliedschaft, zur Alters- und Sozialstruktur und zur Arbeit der Parlamente 1808-1813. 209

1. Mitglieder der Reichsstände und der Ständeversammlung 211
2. Alters- und Sozialstruktur der Abgeordneten 214
3. Frühere Landeszugehörigkeiten und spätere Karrieren der Abgeordneten 217
4. Sitzungen, parlamentarische Arbeit und Entschädigung der Abgeordneten 226

Quellen- und Literaturverzeichnis 229

Verzeichnis der Abkürzungen
und der abgekürzt zitierten Literatur 257

Bildnachweise 263

Register 267

Tafelverzeichnis 295

Geleitwort
von Landtagspräsident Klaus Peter Möller

Das Auf und Ab in der Geschichte unseres Landes ist für die meisten Bürger nur noch an einigen markanten Daten nachvollziehbar. Viele kennen aber auch diese kaum mehr.
Man muß das bedauern, denn die sich aus so vielen Facetten zusammensetzende Geschichte spiegelt gerade den Prozeß wider, der uns Heutigen unser geregeltes gemeinsames Zusammenleben ermöglicht hat.
"Wir sind große Virtuosen des Vergessens geworden. Schon unsere intellektuelle Verfassung mit ihren mannigfachen Reprisen längst abgetaner Irrtümer und mit der Unkenntnis auch schon vor geraumer Zeit erworbener Einsichten beweist das." So urteilte der große Göttinger Historiker Alfred Heuß 1983 in seiner Dankesrede aus Anlaß der Verleihung des ersten Preises des Historischen Kollegs in München und er fuhr fort: "Es ist des Menschen unwürdig, sich auf diese Weise an der Wirklichkeit vorbeizumogeln." Diesem Befund setzte er die Kunst der Erinnerung entgegen und betonte, daß auch die Vergangenheit zur Wirklichkeit des Menschen gehört.
Unsere heutigen Schwierigkeiten mit der Erklärung der allerjüngsten Entwicklungen in der Geschichte unseres Vaterlandes mögen nicht zuletzt mit dem von Alfred Heuß beschriebenen Befund zu tun haben. Aber ebenso schwer tun wir uns im Verständnis landesgeschichtlicher Entwicklungen, speziell in der Einordnung parlamentarischer und vorparlamentarischer Vertretungen zurückliegender Jahrhunderte.
Diesem Mangel abzuhelfen, hat sich das vom Hessischen Landtag und den Historischen Kommissionen in Hessen getragene Forschungsvorhaben "Vorgeschichte und Geschichte des Parlamentarismus in Hessen" seit einem Jahrzehnt zur Aufgabe gemacht. Dazu gehört nicht nur die Kenntnis der allgemeinen sozialen und politischen Strukturen, sondern auch die Kenntnis von den Personen, die als Mitglieder von vor- oder frühparlamentarischen Vertretungen tätig waren und - um im Jargon heutiger Zeit zu sprechen - "Politik gemacht" haben.
Es ist nur ein kurzer Zeitraum jener fünfundzwanzig bewegten Jahre deutscher Geschichte vom Ausbruch der Französischen Revolution bis zum Ende des Wiener Kongresses. Aber diese fünfundzwanzig Jahre haben unser Land und seine politische Struktur von Grund auf verändert. Mit ihnen befaßt sich das vorliegende Werk von Jochen Lengemann über

die Reichsstände des Königreichs Westphalen und die Ständeversammlung des Großherzogtums Frankfurt von 1808 bis 1813.
1807 wurde aus Hessen-Kassel, Minden, Osnabrück, der Altmark mit Magdeburg und Braunschweig sowie den südlichen hannoverschen Landesteilen um Göttingen das Königreich Westphalen gegründet. Regent wurde der Bruder Napoleons, Jérôme, der leichtsinnige "König Lustig". Mag auch seine Persönlichkeit eher schillernd gewesen sein, so hat er immerhin im Königreich Westphalen zuallererst in Deutschland eine Verfassung verkündet, ferner den Code Napoléon und die übrigen Rechtsbücher Frankreichs sowie die französischen Verwaltungs- und Finanzeinrichtungen übernommen. Dabei haben diese Einrichtungen manchen Fortschritt gebracht, und daran haben nicht nur Franzosen teilgehabt. Auch bedeutende Männer des deutschen Geistes waren bereit, in den westphälischen Dienst zu treten, wie z.B. Dohm oder Johannes von Müller, dessen beharrlichem Wirken die Universitäten Marburg, Göttingen und Halle ihren Erhalt und ihre Förderung verdankten (Max Braubach). Kurzum, es gilt jenen Spuren in der Geschichte nachzuspüren, jenen Menschen nachzugehen und ihr Wirken der Nachwelt zu vermitteln. Sie sind es, die Veränderungen bewirkt haben. Ihnen soll im vorliegenden Werk unser Augenmerk gelten.
Viele kleine Schritte sind es und wenige große, die am Ende unser heutiges Grundverständnis von parlamentarischer Demokratie geprägt haben.
Es ist das verdienstvolle Werk meines Vorgängers im Amt, sich dieser sehr aufwendigen und zeitraubenden Aufgabe gestellt zu haben und, wie ich meine, in sehr gelungenen Verknüpfungen die Strukturen aufzuzeigen, die uns mit den vielen historischen Entwicklungen zum Teil sehr unmittelbar verbinden. Dafür sei Jochen Lengemann ebenso gedankt wie für seinen unermüdlichen Einsatz für das gesamte Forschungsvorhaben "Vorgeschichte und Geschichte des Parlamentarismus in Hessen".
Ich wünsche diesem Buch viel Erfolg.

Wiesbaden, im März 1991 *Klaus Peter Möller*
Landtagspräsident

Vorwort

Herbert Obenaus gebührt das Verdienst, als erster nach dem Göttinger Staatsrechtler Friedrich Saalfeld die Reichsstände des Königreichs Westphalen zum Gegenstand einer allein ihnen gewidmeten Arbeit gemacht zu haben. Saalfelds Aufsatz "Über die Nazionalrepräsentation in Westfalen, in Vergleichung mit der von Frankreich und dem Königreich Italien" erschien im Juliheft des Jahres 1812 im u.a. von Karl Murhard betreuten Sammelwerk "Westfalen unter Hieronymus Napoleon". Obenaus' Arbeit wurde aus "Raumgründen" nicht in das Handbuch der Geschichte des deutschen Parlamentarismus aufgenommen und dann 1981 in Band 9 von "Francia", der hochkarätigen, aber nur eine kleine Zahl von möglichen Interessierten erreichenden Publikation des Deutschen Historischen Instituts in Paris, veröffentlicht.

Mit dem hiermit nach fast dreijährigen Forschungen vorgelegten Werk sollen die Reichsstände des Königreichs Westphalen gemeinsam mit dem einzigen neben ihnen tatsächlich gebildeten Repräsentationsorgan in einem anderen napoleonischen Musterstaat in Deutschland, der Ständeversammlung des Großherzogtums Frankfurt, die überhaupt noch nicht Gegenstand einer selbständigen Arbeit war, auch einer breiteren interessierten Öffentlichkeit bekannt gemacht und diese ersten Schritte zu allgemeiner Bürgerrepräsentation in der deutschen Verfassungsgeschichte in ihrem formalen Ablauf, vor allem aber in den handelnden Personen, also in ihren Biographien, vorgestellt werden.

Dabei konnte nur bei einer kleinen Zahl von Abgeordneten auf publizierte Forschungsergebnisse in den großen biographischen Nachschlagewerken wie ADB, DBI und NDB zurückgegriffen werden; auch im "Gotha" und in der familiengeschichtlichen Spezialliteratur waren die Verzeichnungen lückenhaft; oft reichten sie nicht einmal zur eindeutigen Verknüpfung der in den offiziellen Mitgliederlisten verzeichneten Namen mit bestimmten Personen aus. Es bedurfte in diesen Fällen mühseliger Erkundungen in Kirchenbüchern, die in vielen Fällen nur bei persönlichen Besuchen bei den die Bücher aufbewahrenden Stellen Ertrag brachten, und vorbereitender und/oder vertiefender Nachforschungen in Archiven. Ohne die Rückgewinnung der Freiheit im Herbst 1989 auch für das Reisen zu Kirchenbuchstellen in Sachsen-Anhalt und Thüringen und für die Arbeit in den Archiven in Magdeburg und Merseburg wäre das Ergebnis lückenhafter geblieben. Nun war schlußendlich die eindeutige Identifizierung aller

120 Abgeordneten möglich; nur bei einem fehlen Geburts- und Sterbedaten und bei nur weiteren sechs die Todesdaten. Besondere Mühe, aber auch große Finderfreuden bereitete die Suche nach Portraits der Abgeordneten; schließlich konnten für 56 Bilder gefunden werden.

Ohne die Einbettung in das seit 1979 laufende wissenschaftliche Projekt des Hessischen Landtags "Vorgeschichte und Geschichte des Parlamentarismus in Hessen" und die teilweise Finanzierung aus Mitteln dieses Vorhabens wären die fast kriminalistischen Vorarbeiten nicht möglich gewesen. Schließlich kam dem Unternehmen zustatten, daß dem Bearbeiter gegen Ende seiner nun fast zwanzigjährigen Zugehörigkeit zum Hessischen Landtag die seltene Verbindung von der Freiheit, die das Abgeordnetendasein schenkt, ja auch dem Ansehen dieser Stellung, mit privater Neigung sowie der Zuspruch von hervorragenden Fachleuten, von denen ich dankbar den Vorsitzenden der Historischen Kommission für Hessen für Marburg, Prof. Dr. Walter Heinemeyer, und den Direktor des Hessischen Staatsarchivs Marburg, Dr. Wilhelm A. Eckhardt, nenne, immer wieder motivierend waren.

In der mehr der politischen Bildung dienenden Teilauflage dieses Buches in der "Hessen-Bibliothek" im Insel Verlag ist zur besseren Einordnung des Phänomens der Reichsstände und der Ständeversammlung eine Skizze zur Stellung von Landständen und Landtagen in der Geschichte Hessens einschließlich einer Kurzdarstellung des Hessischen Landtags im heutigen Verfassungsgefüge vorangestellt. Für die Teilauflage in der Reihe "Vorgeschichte und Geschichte des Parlamentarismus in Hessen" konnte darauf verzichtet werden; in diesem Rahmen ist das vorliegende Werk ein Baustein für das Gesamtprojekt "Parlamente in Hessen 1808-1996", das bis zur 50-Jahrfeier des jetzigen Hessischen Landtags 1996 die Erarbeitung der Mitglieder- und Funktionsträgerlisten und der Kurzbiographien aller auf der Ebene der Gliedstaaten oder der preußischen Provinz tätig gewesenen oder tätigen Abgeordneten im Bereich des heutigen Landes Hessen umfassen wird. Teilpublikationen hierfür liegen mit den Arbeiten von Hans Georg Ruppel und Birgit Groß für die Landstände des Großherzogtums Hessen (2. Kammer) und den Landtag des Volksstaats Hessen 1820-1933 (Darmstadt 1980), von Reinhard König über die Abgeordneten des Waldeckischen Landtags von 1848 bis 1919 (Marburg 1985) und von Jochen Lengemann im Band "Das Hessen-Parlament 1946-1986" (Frankfurt 1986) vor; die noch fehlenden Parlamente und Zeiträume werden im Rahmen des Forschungsvorhabens "Vorgeschichte und Ge-

schichte des Parlamentarismus in Hessen" derzeit von fast einem Dutzend Forschern bearbeitet.
Der Dank an alle, die inhaltlich bei der Erarbeitung des Buches, vor allem der Biographien, geholfen haben, wird mit der Aufnahme der freundlichen Helfer und Hinweisgeber - Personen wie Institutionen - im Quellenverzeichnis und bei den Bildnachweisen dokumentiert. Hier danke ich zuerst meiner Frau, die über die häufigen politikbedingten Verpflichtungen hinaus viele Tage zusätzlicher Abwesenheit zur Arbeit in Archiven, Kirchenbuchstellen und Bibliotheken hinnehmen mußte, mir aber auch bei mancher Fahrt, vor allem in Sachsen-Anhalt, Thüringen und Niedersachsen, durch teilnehmende Begleitung geholfen und sich mit mir über die immer kleinen, aber wichtigen Fortschritte am Werk gefreut hat.
Landtagspräsident Klaus Peter Möller danke ich, daß er dies Buch mit einem Geleitwort begleitet, der Hessischen Staatskanzlei, daß sie die größere Teilauflage in die von ihr betreute "Hessen-Bibliothek" im Insel Verlag aufgenommen hat. In der Landtagskanzlei haben viele die Arbeit an diesem Buch wohlwollend unterstützt: Dr. Jürgen Kaestner und Marion Donath bin ich für das Beschaffen von Literatur, Gerhard Konrath fürs buchstäbliche Heranschaffen in die Landtagsbibliothek, Isolde Weil fürs Schreiben von Dutzenden von Auskunftsersuchen dankbar. Friederike Ulbrich hat - wie 1986 - das so konzentrierte Aufmerksamkeit fordernde Erfassen im modernen Datengerät und die Reinschrift geleistet, wofür ich ihr zu ganz besonderem Dank verpflichtet bin. Weiter danke ich Klaus Becker und seinen Mitarbeiterinnen für die Herstellung des Satzes. Roland Schmidt hat als Leiter der Abteilung, deren Teil Landtagsbibliothek, Information und Dokumentation und EDV-gestützter Fotosatz sind, das fast Unmögliche möglich gemacht: daß dies Buch trotz des Endes der 12. Wahlperiode des Hessischen Landtags und den dabei anfallenden "Aufräum"-Arbeiten zur rechtzeitigen Veröffentlichung verbreitet werden konnte; Dank dafür!

Kassel, im Spätsommer 1990 *Jochen Lengemann*

Einführung

Zur Stellung von Landständen und Landtagen in der Geschichte Hessens und des Hessischen Landtags im Verfassungsgefüge heute. Eine Skizze.

Steht nicht nur 1996 die 50-Jahrfeier des Hessischen Landtags, wie wir ihn kennen, ins Haus, sondern gerade ein Jahr später - 1997 - gar ein 750-Jahr-Jubiläum für Landtage in Hessen überhaupt?
Folgt man der um 1500 entstandenen Landeschronik des Wigand Gerstenberg, so trugen in der Tat 1247 in Marburg an der Lahn die hessischen Grafen, Ritter und Städte, die "majores et meliores terre", die 1231 auf dem Hoftag von Worms als die zur Mitwirkung bei der Schaffung neuer Gesetze Berufenen bezeichnet worden waren, der Herzogin Sophie von Brabant, der Tochter der Hl. Elisabeth, und ihrem Sohn Heinrich die Landesherrschaft in Hessen an und huldigten, wie es auf Peter Jansens Wandgemälde in der Aula der Alten Universität in Marburg verewigt ist, Sophie und Heinrich, dem Kind von Hessen, als erstem Landgrafen von Hessen. Tatsache oder chronikale Legende - ohne die in Marburg allein schon vielfach in die Deutsch-Ordensballei für Hessen eingebundenen großen Familien des Landes und ihre und der Städte, also der Stände, anhaltende Zustimmung, wäre das Haus Brabant nicht zum bis 1866 in Kurhessen und 1918 in Hessen-Darmstadt regierenden Haus geworden.
Dabei spielten in der 1292 als selbständiges Reichsfürstentum anerkannten Landgrafschaft die Stände eine durchaus wechselvolle Rolle: Sie waren Gegner der Landesherren, wenn sie ihre Machtstellung allzu zielstrebig auszubauen suchten, ebenso wie von landesherrlichen Steuerforderungen - zum Beispiel 1373/74 und 1376. Sie waren Schlichter zwischen streitenden Brüdern im Fürstenhaus oder Bürgen bei Teilungen der Landgrafschaft - zum Beipiel 1467 und 1487. Sie führten, auch im Streit untereinander, zeitweise die Vormundschaftsregierung während der Minderjährigkeit des Landgrafen Philipp und waren an Begründung und Durchführung der Reformation in Hessen maßgeblich beteiligt - 1513/14 und 1526/27. Sie blieben, als gemeinsame Versammlungen berufen, Klammer für das zuerst vierfach, dann noch in die zwei Landgrafschaften Hessen-Cassel und Hessen-Darmstadt geteilte Land praktisch bis 1655 und theoretisch auch danach. Sie blieben, in Kassel und im Darmstädtischen unter dem Vorsitz

des gleichen Erbmarschalls, des jeweiligen Seniors der Lauterbacher Familie Riedesel von Eisenbach, tagend, Garanten für den "status religionis im Lande" und notwendig für die Bewilligung neuer Steuern - wie 1754 in Kassel und 1776 in Butzbach. Und sie tagten, meist nur noch als Ausschuß-Landtage, also nicht mehr als Versammlung aller Landtagsfähigen, sondern nur noch mit von denen instruierten Deputierten, vor den großen Umwälzungen der Jahre 1789 bis 1815 auch in Deutschland bis zum Ende des Absolutismus - in Kassel zuletzt 1798, in Darmstadt 1806, um schließlich dort am 1. Oktober 1806 durch Patent des neu zum Großherzog im Rheinbund gewordenen Landesherrn für aufgehoben erklärt zu werden.

Wer waren diese vorkonstitutionellen Stände? Die "majores et meliores terre" - die Großen des Landes, die aus eigenem Recht, reichsrechtlich garantiert durch das "statutum in favorem principum" von 1231, sich selbst bzw. ihre Güter als Grundherren oder ihre Korporationen, die Stifter, Klöster (auch die nach der Reformation aufgehobenen), Universitäten und Städte vertraten, damit "das Land". Sie wurden in der Regel gemeinsam berufen, tagten aber in Kurien: Prälaten und Ritterschaft als erste Kurie, die Städte als zweite. Zur Mehrheitsfindung galt innerhalb der Kurien die numerische Mehrheit, zur Beschlußfassung des ganzen Landtags bedurfte es aber des Konsenses der Kurien, der ab dem 17. Jahrhundert auch nach gemeinsamen Beratungen, jedoch immer getrennten Voten zu erreichen versucht wurde.

Dabei lebten sie in einem durchaus die Fürstenmacht beschränkenden Dualismus mit dem Landesherrn und hatten für das durch ihre Bewilligung aufgetriebene Geld eine eigene Verwaltung, die Obereinnehmer, und Kasse, den landschaftlichen Steuerstock. Was ihnen fehlte und was sie im Zeitalter der Aufklärung und der Französischen Revolution schwächer werden ließ, war der Anspruch, alle im Lande, die Bürger in ihrer Gesamtheit also, zu repräsentieren und für sie zu handeln legitimiert zu sein, zumal sogar jedwede Vertretung des flachen Landes, der Dörfer, der Bauern, auch in ihrem eigenen Selbstverständnis bis zum Ende (1806) fehlte.

Einen Modernisierungsschub ohnegleichen brachte die staatliche Neuordnung in der napoleonischen Zeit, vor allem in den "Musterstaaten" Königreich Westphalen mit der Hauptstadt Kassel und Großherzogtum Frankfurt mit dem Hof meist in Aschaffenburg und Hanau. Steht in diesen Jahren auch alles im Schatten und Bann und unter jederzeit potentiell möglichem, sich gelegentlich auch sehr konkretisierendem, machtvollem Eingriffsvorbehalt des Korsen, so bringt die Zeit doch im ganzen Rheinbund einschließlich der "Musterstaaten" mit dem Code Napoléon "égalité", Gleichheit der Bürger vor dem Gesetz. Und: in Westphalen und dem Großherzogtum Frankfurt eine Konstitution (Verfassung) bzw. ein Organisationspatent, später oft als "Schein"-Konstitution herabgeredet und herabgeschrieben. Mit diesen Verfassungen der Jahre 1807 in Westphalen und 1810 im Großherzogtum Frankfurt kamen die ersten Körperschaften, die für ihr Tun sich nicht (altständisch) auf sich selbst, sondern auf die Legitimation durch die Wählenden und auf verfassungsmäßig begründetes Recht und ebenso statuierte Pflicht zur Repräsentation aller gleichen Bürger durch frei stimmende, nicht instruierte Abgeordnete berufen konnten: die Reichsstände des Königreichs und die Ständeversammlung des Großherzogtums. Leider verhinderten die Machtstruktur des Napoleonischen Imperiums und die Kriege, wohl auch die Künstlichkeit der neuen Staatsgebilde und ein zu starres Kopieren des französischen Vorbilds, ein volles Blühen und Wirksamwerden dieser ersten repräsentativen, parlamentarischen Versammlungen auf deutschem Boden. Gerade aber wegen ihres eher ephemären Wirkens sollen sie in diesem Buch nach Einordnung in die Verfassungsgeschichte und kurzer Sachdarstellung mit tabellenartiger Auflistung ihres Wirkens und mit der Erfassung der in ihnen handelnden Personen in Kurzbiographien der Vergessenheit entrissen werden.

Wenn auch die erste zwar noch nach altständischen Prinzipien gebildete, aber wie ein Parlament durch frei stimmende Abgeordnete handelnde Versammlung nach der Völkerschlacht bei Leipzig außerhalb Hessens schon für Dezember 1814 als Provisorische Allgemeine Ständeversammlung des Königreichs Hannover in die Leinestadt berufen wurde, hat Hessen doch mit Nassau und Waldeck früheste Entwicklung zu landständischen Verfassungen nach Art. 13 der Wiener Bundesakte zu verzeichnen, beide schon vor deren Verabschiedung in die Wege geleitet, in Nassau 1814 publiziert und 1818 mit der ersten Wahl der Landesdeputierten vollzogen, in Waldeck ab 1814 zwischen Fürst und Ständen umkämpft und 1816 zu Landesvertrag und Verfassungsurkunde kodifiziert.

Währenddem scheitert 1816 in Kurhessen trotz Einbezugs der Bauern in altständische Formen der Erlaß einer "Constitution", der in Frankfurt mit der Constitutions-Ergänzungs-Akte von 1816 und in Darmstadt nach einer Volksbewegung mit dem Verabschieden der Verfassung von 1820 und der

Einführung eines Zweikammersystems gelingt. 1831 erhält dann endlich auch Kurhessen eine Verfassung, eine der modernsten der Zeit, die zu vielen Konflikten zwischen den Landesherren, der Regierung, den Landständen und dem Oberappellationsgericht in Kassel führt. Damit haben alle Staaten auf dem Territorium des heutigen Landes Hessen Parlamente, zwar nicht nach gleichem Wahlrecht gewählt, geschweige denn unter Beteiligung von Frauen, wohl aber Institutionen der Repräsentation der Bürger durch freie Abgeordnete, die bei der Gesetzgebung mitzuwirken haben, öffentlich tagen und Regierungen zwar nicht kreieren, wohl aber kontrollieren können.

Die 1848er Revolution bringt bürgerliche Reformen, vor allem auch des Wahlrechts, die Reaktion ab 1850 den Oktroi alter oder gegenüber dem vorrevolutionären Zustand nur wenig modernisierter Regelungen und mannigfache Konflikte, 1866 das Ende in Kurhessen und Frankfurt für Parlamente auf der Gliedstaatsebene, der bismarckische Bundesstaat vielfache Funktionsverluste für den Darmstädter Landtag und erst im Oktober 1818 - zu spät - auch die parlamentarische Regierungsform.

Demokratisches Wahlrecht, auch für die Frauen, parlamentarische Verantwortung der Regierung gegenüber dem Parlament und parteipolitische Zersplitterung als Folge des reinen Verhältniswahlsystems kennzeichnen die Jahre der Republik von 1919 bis 1933. Waldeck verliert 1929 seine Eigenstaatlichkeit, im Volksstaat Hessen 1931 der Landtag eine Mehrheit, die in der Lage gewesen wäre, eine Landesregierung zu tragen. Wenn eine solche - nun für die der NSDAP - auch im März 1933 wieder gewonnen wird, so markiert dies Jahr doch - wie allenthalben in Deutschland - ein vorläufiges Ende des Länderparlamentarismus. Die einzige Sitzung des schon gleichgeschalteten, nicht auf Grund von Landtagswahlen, sondern nach dem Ergebnis der Reichstagswahl vom 5. März 1933 gebildeten Landtags fand in Darmstadt am 16. Mai 1933 statt.

Wie schon 1808/10 der Beginn repräsentativer Körperschaften im Zeichen von Niederlage und machtvoll militärischer Präsenz einer fremden Macht stand, so auch der Neubeginn 1945/46; diesmal allerdings im Westen Deutschlands, und damit auch in Hessen, im Zeichen eines Protektors, dessen Macht selbst demokratisch legitimiert und dessen Ziel es war, in Deutschland ebenfalls eine demokratische Regierungsform auf Dauer zu begründen. Schon von der noch von der amerikanischen Besatzungsmacht im durch Proklamation Nr. 2 der US-Militärregierung vom 19. September 1945 gegründeten Groß-Hessen eingesetzten Regierung Geiler wurde auf

Grund des von ihr selbst erlassenen "Staatsgrundgesetzes des Staates Groß-Hessen" vom 22. November 1945 (GVBl. 1945, S. 23) am 19. Februar 1946 der "Beratende Landesausschuß" als "Vorläufer einer künftigen Volksvertretung (Landtag)" berufen. Die Mitglieder dieses paritätisch mit je 12 Vertretern von CDU, KPD, LDP und SPD besetzten Gremiums fühlten sich bald als "Abgeordnete"; wenn ihnen auch deren Rechte (Gesetzgebung, Regierungsbildung) abgingen, verstanden sie sich als Repräsentanten der Bürger. Gleiches galt für die Mitglieder der am 30. Juni 1946 nach den Grundsätzen der freien und allgemeinen Wahl gewählten "Verfassungberatenden Landesversammlung Groß-Hessen", die nach der Direktive der Besatzungsmacht nicht als vorläufiger Landtag tätig werden sollte, sondern lediglich zur Vorberatung der in einer Volksabstimmung zu beschließenden Verfassung gewählt worden war, aber sich wieder als Repräsentant des ganzen Volkes fühlte und handelte. Gleichwohl blieb ihr zentrales Werk die von den Bürgerinnen und Bürgern in Volksabstimmung angenommene, in ihren Staatsaufbaubestimmungen bis heute nicht geänderte Hessische Verfassung vom 1. Dezember 1946. Nach Art. 71 ff. HV ist der Landtag das durch allgemeine, freie, gleiche und geheime Wahlen bestellte zentrale Staatsorgan, durch das das Volk mittelbar im Staatsleben des Landes handelt. Niemand außer den so gewählten Abgeordneten ist Teil dieses Verfassungsorgans. Und der Landtag hat nach Art. 79 HV mindestens alle vier Jahre seine Legitimation als Repräsentant des Volkes durch Neuwahl einzuholen. Nach der Verfassung ist die demokratische Regierungsform im Lande die parlamentarische, nicht die dem amerikanischen Vorbild entsprechende präsidentielle. Darin waren sich alle Kräfte bei der Beratung in der Verfassungberatenden Landesversammlung von LDP über CDU und SPD bis KPD einig; es sollte also in Hessen eine durch das Landesparlament gewählte Regierung, nicht eine Regierung (oder wenigstens einen Regierungschef), geben, die - wie das Parlament selbst - durch eigene Legitimation durch das Volk vermittels Wahlen ins Amt gerufen wird und als solche für ihre Wahlzeit unabberufbar dem Landtag gegenübersteht. Der Einigkeit in der Ablehnung dieser demokratischen präsidentiellen Regierungsform stand durchaus Uneinigkeit in der Gestaltung des parlamentarischen Regierungssystems im einzelnen gegenüber: Trennung des Amtes des Staatsoberhauptes von dem des Regierungschefs oder nicht; eine oder zwei Parlamentskammern; Schaffung oder Ablehnung des Rechts des Regierungschefs, nach freiem Willen (wie im englischen Parlamentssystem) oder wenigstens bei Konflikten zwischen Exekutive und Legislative den Landtag auflösen und Neuwahlen ausschreiben zu können (wie es die Vorbereitende Verfassungskommission unter dem Einfluß des Heidelberger Staatsrechtslehrers Walter Jellinek vorschlug und so konsequent erstmals für den deutschen Rechtsraum formulierte).

Im Verfassungskompromiß vom 30. September 1946 zwischen SPD und CDU findet sich für derartige Überlegungen aber keine Folge: Stillschweigend wurde darauf verzichtet das Amt eines Staatspräsidenten neben dem des Regierungschefs zu schaffen; eine zweite Kammer sollte nicht mit der Verfassung gebildet werden, sondern nur durch Verfassungsgesetz eingeführt werden können; und für das Verhältnis Parlament - Regierung wurde das den Traditionen des deutschen Konstitutionalismus verpflichtete Gegenüber von Parlament und Regierung (nicht von Mehrheit und Minderheit) ohne das Recht des Regierungschefs, das Parlament auflösen zu können, restauriert und damit das klassische deutsche Mißverständnis des englischen Vorbilds rechtlich perpetuiert. Mit dem Auseinanderklaffen von rechtlicher Konstruktion und politischer Wirklichkeit, die längst das Gegenüber zwischen Mehrheit und Minderheit als dominierend gegenüber dem von Parlament in seiner Gesamtheit einerseits und Regierung andererseits erweist, wurden weiterzeugend Fehlanalysen und Fehlinterpretationen in und für die politische Bildung Tür und Tor geöffnet und mit ein Grund für Fehleinschätzungen des Parlaments und seiner Rolle im Verfassungssystem und der in ihm handelnden Menschen und politischen Kräfte gelegt.

Was sind nun ganz allgemein und konkret unter der Hessischen Verfassung vom 1. Dezember 1946 die Funktionen des Landtags?

Walter Bagehot, der Klassiker des englischen Parlamentarismus, hat für die repräsentative Versammlung im parlamentarischen System vier Aufgaben beschrieben, die sich unter dem Blickwinkel der heutigen Zeit etwa so definieren lassen: Gesetzgebung; Wahl, Auswahl, Auslese von politischem Führungspersonal; Kontrolle der Regierenden; Offenlegung und Verdeutlichung der Sachgegenstände der politischen Auseinandersetzung und des Mit- und/oder Gegeneinanders der politischen Kräfte.

In der bundesstaatlichen Ordnung des Grundgesetzes steht den Ländern das Recht zur Gesetzgebung in allen Feldern zu, die nicht dem Bund ausdrücklich übertragen worden sind oder die - bei der sogenannten konkurrierenden Gesetzgebung - nicht von ihm wahrgenommen werden. Trotzdem ist die Gesetzgebungskompetenz in der Sache, nicht zuletzt durch Grundgesetzänderungen während der Zeit der Großen Koalition von 1966 bis 1969, erheblich eingeschränkt worden. Unter dem Blickwinkel der Sachentscheidungsfreiheit bleiben vor allem die Kompetenzen für

- Organisations- und Haushaltsgesetze
- Kommunalgesetze
- Organisation und Aufgaben der Polizei und anderen Sicherheitsbehörden
- Schulgesetzgebung
- Folgengesetzgebung.

Dazu kommen eine Vielzahl von Gesetzgebungsaufgaben, die von der Hundesteuer bis zum Straßenrecht - jede für sich durchaus bedeutungsvoll - doch weniger allgemeine politische Relevanz haben.

Angesichts der sich zumeist selbst erklärenden Gesetzgebungskompetenzen in den aufgeführten Sachbereichen und wegen der Bedeutung im modernen Bundesstaat sei hier nur kurz auf die Folgengesetzgebung eingegangen.

In diesen Bereich fallen durchaus verschiedenartige Komplexe. Einmal geht es um die Ausfüllung bewußt in den Bundesgesetzen den Ländern überlassener Regelungsbereiche. Welche Behörden sollen im einzelnen bei der selbständigen, eigenverantwortlichen Ausführung der Bundesgesetze durch das Land zuständig sein? Soll die Verwaltungsgerichtsbarkeit - wie traditionell - dem Innenministerium oder - wie moderner - dem Justizministerium als Rechtspflegeministerium zugeordnet werden? Folgenreicher auch für das Selbstverständnis des Landtags ist aber der ebenfalls hier zu nennende Bereich der Folgengesetzgebung, die sich als Folge der Entwicklungen der "3. Ebene" im Bundesstaat, der Konferenzen der Länderexekutiven, ergibt. Soll der von der Arbeitsgemeinschaft der Bauminister der Länder erarbeitete Entwurf einer Muster-Bauordnung möglichst unverändert bindendes Landesrecht werden? Soll einheitlich in allen Ländern als Recht für das Verwaltungsverfahren ein und dieselbe materielle Regelung gelten? Während ersteres schon beim Gesetzesinitianten, der Landesregierung, verneint wurde, wurde das juristisch höchst delikate Verwaltungsverfahrensgesetz nach dem Mustergesetzentwurf so unbesehen übernommen, daß die Vorberatung im zuständigen Innenausschuß des Landtags ohne irgendeine Kontroverse in kaum drei Minuten abgeschlossen werden konnte und die Verabschiedung im Landtagsplenum eine Formsache war. Dem steht das Schicksal von in den Arbeitskreisen der Länder-Ministerkonferenzen einvernehmlich erarbeiteten Mustergesetzentwürfen gegenüber, die in die parteipolitische Kontroverse geraten und - wie der Mustergesetzentwurf für ein einheitliches Polizeigesetz des Bundes und der Länder seit den 70er Jahren - auf der Strecke geblieben sind.

Unter der von Walter Bagehot aus der englischen Parlamentsgeschichte herausgefilterten sogenannten Kreationsfunktion als zentrale Parlamentsaufgabe ist nicht nur die formale Wahl der politischen Führungsorgane des Landes, sondern die Selektion von für politische Führungsaufgaben in Frage kommenden Personen auch in Teilen des Parlaments, nämlich den Fraktionen, zu sehen.

Die Hessische Verfassung selbst ordnet in Art. 101 dem Landtag zunächst die Wahl des Ministerpräsidenten, der die Aufgaben von Staatsoberhaupt und Regierungschefs in seiner Person und Funktion bündelt, zu. Rechtlich ist der Hessische Landtag frei, jeden Deutschen (außer Angehörigen der ehemals in Hessen regierenden Häuser) in dieses Amt zu wählen. Tatsächlich ist er durch die Entwicklung des politischen Systems und die Organisation der Parteien gebunden, den Führer der Mehrheitspartei oder der Mehrheitskoalition in geheimer Wahl zu wählen. Dessen Kabinett - und damit die gesamte exekutivische politische Führung des Landes - hat er dann gem. Art. 101 Abs. 4 HV vor dem Amtsantritt - in der Regel in offener Vertrauensabstimmung - zu bestätigen.

Weiter hat der Landtag den Präsidenten des Staatsgerichtshofs, des Rechnungshofs und den Datenschutzbeauftragten zu wählen und darüber hinaus eine Vielzahl von Mitgliedern von Gremien, vom Rundfunkrat über Verwaltungsräte bis zu Bäder- und Theaterbeiräten, zu bestimmen.

Für den politischen Prozeß weit bedeutsamer als gerade die Besetzung derartiger z.T. durchaus wichtiger Gremien ist die Wahl und Herausstellung parlamentarischen Führungspersonals, das unterhalb der Regierungsebene als deren möglicher Ersatz oder Ergänzung in Frage kommt, eine Aufgabe, die gleichermaßen den regierungstragenden Mehrheitsfraktionen wie der Opposition obliegt. Diese Frauen und Männer haben sich dann sowohl auf dem parlamentarischen Forum wie im politischen Leben insgesamt dem Härtetest des Kampfes für und gegen die Meinung der Mehrheit und um die Gunst der Bürgerinnen und Bürger in sichtbarer Funktion zu unterziehen.

Das politische Bewußtsein der Bürgerschaft, vor allem aber die politische Bildung, ordnet die Aufgabe der Kontrolle der Regierung dem ganzen Parlament zu. Historisch ist das sicher für die Zeit des vor-parteienstaatlichen Parlamentarismus nicht falsch, wohl auch theoretisch nicht einmal heute. Gleichwohl vollzieht sich die Kontrolle auf den Seiten von Parlamentsmehrheit und Opposition in so unterschiedlichen Formen und Methoden, daß nur noch der Gegenstand "Kontrolle" selbst als gemeinsame Aufgabe des ganzen Parlaments bezeichnet werden kann. Zunächst einmal wird man sicher mit Theodor Eschenburg Richtungs- und Leistungskontrolle unterscheiden können. Dabei ist die Richtungskontrolle coram publico zuerst Aufgabe der Opposition; es hieße die regierungstragenden politischen Kräfte im Parlament überfordern, von ihnen zu verlangen, sie sollen Alternativmodelle zu denen der Regierung vorstellen und diese miteinander messen. Im Parlamentsbetrieb kann die Opposition die Aufgabe der Richtungskontrolle durch sogenannte Große Anfragen in Angriff nehmen, die ihr leicht die Eröffnung einer größeren Debatte im Landtag ermöglichen. Aber auch das Mittel, per Antrag eine Regierungserklärung zu fordern, ist dafür mehr und mehr einschlägig geworden.

Die Mehrheitsfraktionen nehmen die Richtungskontrolle in den Koalitionsausschüssen und im Schoße der Teil- und Gesamtfraktionen wahr. Dabei ist die Schärfe der Kontrolle von verschiedenen Faktoren abhängig: Konsensbreite über die Regierungspolitik, knappe oder große Mehrheit, Dauer der Regierungstätigkeit der Mehrheitsfraktionen und der einzelnen Regierungsmitglieder (langes Regieren der gleichen Personen führt eher zu interner Kritik und auch dem Aufbau von Alternativen).

Leistungskontrolle findet dagegen oft auch auf Initiative von Mitgliedern der Mehrheit durch Kleine Anfragen, Anträge und Ausschußarbeit statt, so daß sich hier weniger Unterschiede zur Arbeit der Opposition ergeben mit der Ausnahme des politischen Ziels: Oppositionsparlamentarier wollen das Versagen, Mehrheitsabgeordnete die Sonnenseiten des Tuns der Regierenden aufzeigen.

Eine besondere Institutionalisierung der parlamentarischen Kontrolle stellt der Untersuchungsausschuß dar, wie er nach Art. 92 IIV auf Antrag von mindestens einem Fünftel der Abgeordneten eingesetzt werden muß. Wenn es auch in Hessen bis heute kein Gesetz über Untersuchungsausschüsse gibt, sie vielmehr arg eingeschränkt sind durch eine auf Urteilen des Staatsgerichtshofs für das Deutsche Reich aus den Jahren 1922 und 1927 basierenden Entscheidung des Staatsgerichtshofs des Landes Hessen vom 24.11.1966, so ist in aller Regel ihre Wirksamkeit schon mit der Einsetzung und der dazu geführten Debatte wie der meist ebenso kontroversen Aussprache über den Bericht des Ausschusses gegeben.

Walter Bagehot hatte es leicht, die Aufgabe der Offenlegung und

Verdeutlichung der Sachgegenstände der politischen Auseinandersetzung und des Mit- und/oder Gegeneinanders der politischen Kräfte als Erziehungsaufgabe des Parlaments zu definieren. Ihr lag die Vorstellung von einem Parlament letztlich zumindest innerlich parteiungebundener, nicht nur rechtlich unabhängiger Abgeordneter zugrunde. Heute könnte man diese Aufgabe eher als die "Lautsprecher-Funktion" des Parlaments bezeichnen. Galt es, im partei- und/oder fraktionsunabhängigen ("Honorationen"-) Parlament durch Überzeugung Mehrheiten zu bilden, so findet insbesondere in einer Zeit vorherrschender, breit angelegter Volksparteien diese Mehrheitsfindung in viel differenzierterer Art und Weise nur noch in ihrer Notifizierungsphase im Parlamentsplenum statt. In unserem (auch im hessischen) Parteiensystem sind zunächst unterschiedliche Meinungen innerhalb der Parteien und ihrer Fraktionen abzuklären, was im parlamentarischen Raum zuerst in den fachbezogenen Arbeitskreisen (Teilfraktionen) geschieht; dann haben die Fraktionen zu entscheiden, und diese Entscheidung geht in die Abklärung der Koalition, soweit es sich um die Mehrheitsfraktionen handelt. Die dort gefundene Koalitionsmeinung wird schließlich in der unterschiedlichen (oder tatsächlich überwiegend gemeinschaftlichen) Akzentuierung im Plenum ("laut") vorgetragen, dem Bürger notifiziert. Gleiches tut auf diesem Forum die Opposition.
So werden die Sachgegenstände der politischen Auseinandersetzung und die Einstellung der politischen Kräfte zu ihnen im Parlament für die Bürgerschaft deutlich und auch an Personen festgemacht und angesichts des Konkurrenzcharakters der modernen parteienstaatlich-parlamentarischen Demokratie das Wollen der unterschiedlichen politischen Kräfte im Parlament sichtbar. Auf der Landesebene ist das meist eher für das indirekte Wirken der politischen Kräfte über ihnen verbundene oder sie bekämpfende Verbände im "vor"-politischen Raum von Bedeutung.
Insbesondere Oppositionspolitiker jedweder Provenienz dürften die Verdeutlichungswirkung ihres parlamentarischen Votums, auch wenn es noch so artikuliert und "laut" vorgetragen wird, überschätzen. Gleichwohl bleibt wegen der verbindlichen Notifizierung der Einstellung zu den politischen Fragen und der indirekten Wirkung diese Parlamentsfunktion auch auf der Landesebene von Bedeutung, zumal ihr tatsächliches Einwirken auf das Verhalten der Wähler nicht quantifizierbar ist, immer behauptet werden kann und schon von daher allein von der eigenen Anhängerschaft Leistungsdruck auf die unterschiedlichen Kräfte schafft, wie überhaupt in der modernen parteienstaatlichen Demokratie die Wahrnehmung von

Funktionen im traditionellen politischen Prozeß in ihrer Rückwirkung auf den jeweiligen eigenen Anhang und seine Motivierung zu politischem Handeln tatsächlich in den Vordergrund gerückt ist und oft die zentrale Bedeutung in der Wahrnehmung traditioneller Rollen auch im parlamentarischen Bereich einnimmt.

Wenn auch die Funktionsverluste des Landtages durch die Entwicklung der bundesstaatlichen Ordnung in der Bundesrepublik Deutschland seit 1949 und auch die Wandlungen z.B. im Normsetzungsbereich von der Inhaltsbestimmung hin zur Folgenregelung hier nicht im einzelnen erörtert werden können, wird doch die nach wie vor zentrale verfassungsrechtliche und politische Rolle des Landtags im verfassungsrechtlichen und politischen System des Landes deutlich. Der Landtag ist das Herzstück dieses Systems, in dem sich mit dem Zusammentreffen von politischer Auseinandersetzung, Machtverteilung und Ausfüllung und Ausübung rechtlicher Kompetenzen die parlamentarische Demokratie der Hessischen Verfassung vom 1. Dezember 1946 verwirklicht.

Gebhard Graf von der Schulenburg-Wolfsburg
Präsident der Reichsstände des Königreichs Westphalen
Session 1808 und Session 1809 (1810)
Gemälde von Friedrich Georg Weitsch

I
Einleitung

Die Reichsstände des Königreichs Westphalen und die Ständeversammlung des Großherzogtums Frankfurt in der deutschen Verfassungsgeschichte. Ihre rechtliche und politische Stellung, Arbeitsweise und historische Bedeutung.

Das Großherzogtum Berg, das Königreich Westphalen und das Großherzogtum Frankfurt sind die neuen Staaten, die Napoleon im Gefolge der Auflösung des Heiligen Römischen Reiches Deutscher Nation und der Niederlagen Preußens und Österreichs 1806, 1807 und 1810 schuf, um Verwandte wie seinen Schwager Joachim Murat und seinen jüngsten Bruder Jérôme oder einen treuen Verbündeten wie Carl Theodor von Dalberg mit souveräner monarchischer Würde auszustatten und Modelle für seine Vorstellungen staatlicher Organisation nach der Großen Revolution auch außerhalb Frankreichs zu schaffen. Diese Neugründungen sind deshalb zu Recht als napoleonische Modell- oder Musterstaaten bezeichnet worden. Gerechtigkeit ist ihnen aber bis heute bei aller Aufwertung in der neueren Spezialliteratur vor allem in der allgemeinen Landesgeschichtsschreibung nicht widerfahren; meist überwiegt dort das Bedauern über den Riß in der territorialstaatlichen und dynastischen Kontinuität, und der machtvolle fremde Einbruch in die überkommene Ordnung wird beklagt[1]. Während das Großherzogtum Berg das französische Exempel nur in den [illegible]ungsfunktionen und in der Verwaltungsgliederung kopierte, erhielt das Königreich Westphalen "als erster Staat auf deutschem Boden eine moderne Gesamtstaatsverfassung mit repräsentativer Volksvertretung"[2]. Seinem Muster folgte, bis in viele Einzelheiten hinein, der 1810 zum Großherzogtum Frankfurt gewordene Staat Dalbergs. Als die beiden Staaten, deren Territorien zu großen Teilen im heutigen Hessen lagen und deren Stände in Kassel und Hanau tagten, sind sie Gegenstand dieser

[1] Berding und Obenaus stehen für die vor allem den Modernisierungsschub in den Musterstaaten würdigende Historiographie, während z.B. Demandt, aaO., S. 546, mit seinen negativen Einklammerungen ["(geforderte) Gleichheit vor dem Gesetz" und "(angebliche) Unabhängigkeit des Richtertums"] deutlich den mehr traditionellen Urteilen besonders in der hessischen Geschichtsschreibung anhängt.

[2] Boldt, aaO., S. 73.

Untersuchungen, die sich für den westphälischen Teil dankbar an den Forschungsergebnissen von Obenaus[3] orientieren und diese - eher unwesentlich - ergänzen, den einen oder anderen Akzent auch anders setzen und damit auch zu teilweise anderen Schlußfolgerungen kommen.
Das Königreich Westphalen wurde auf Grund des Artikels 8 des Friedens von Tilsit zwischen Frankreich und Preußen vom 9. Juli 1807[4] begründet; mit Dekret Napoleons vom 18. August 1807 wurde es formell proklamiert und territorial beschrieben. Schon ab 12. August 1807 wurden in Paris und Fontainebleau Deputierte der (alt-)ständischen Vertretungen aus den Gebieten, die zum Königreich vereinigt wurden, von Vertretern Jérômes, von diesem selbst und auch von Napoleon - am 16. August 1807 - zu Gesprächen über die Verfassung Westphalens empfangen und angehört. Wesentliche Änderungen an den französischen Vorlagen erreichten sie nicht und Anfang September reisten die Deputierten wieder zurück[5].
Napoleon unterzeichnete die Constitution für das neue Königreich in Fontainebleau am 5. November 1807[6] und datierte sie auf den 15. November 1807. Durch Königliches Dekret vom 7. Dezember 1807 ließ sie Jérôme in Nummer 1 des Gesetz-Bulletins des Königreichs veröffentlichen[7]. Am 10. Dezember 1807 zog der König in Kassel ein, nachdem er schon mit Dekret ebenfalls vom 7. Dezember 1807 eine provisorische Regierung mit Ressortministern in Nachfolge der vorher amtierenden "Regentschaft" eingesetzt hatte; und am 1. Januar 1808 huldigten unter großer Prachtentfaltung in der Orangerie in Kassel 275 Abgesandte aus allen Teilen des Landes dem jungen König[8].
Nach dem auf den Bestimmungen des Tilsiter Friedens beruhen

[3] Obenaus, Reichsstände, aaO., passim.

[4] Vgl. auch Art. 18 des Friedens von Tilsit vom 7. Juli 1807 zwischen Frankreich und Rußland, in dem der Zar schon zwei Tage vor Preußen Jérôme als König von Westphalen anerkannte.

[5] Zu den Verhandlungen in Paris und Fontainebleau vgl. Loth, aaO., passim; Robert, aaO., passim, und Kleinschmidt, Geschichte, aaO., S. 8 ff.

[6] Vgl. zur Verfassungsgebung u.a. Kleinschmidt, Geschichte, aaO., S. 8 ff., insbesondere S. 13 ff.

[7] GBüll KW 1808, 1. Teil Nr. 1, S. 2 ff. - Die Constitution wurde mit einer Ergänzungs-Verordnung betr. Teilung des Innen- und Justizministeriums in zwei Ministerien ab 1.1.1809 geändert; vgl. Moniteur Nr. 157, 28.12.1808, S. 639 ff.

[8] Vgl. dazu z.B. Goecke/Ilgen, aaO., S. 51 ff., und Kleinschmidt, Geschichte, aaO., S. 36 f.

Hieronymus Napoleon (Jérôme Bonaparte) König von Westphalen 1807-1813 - Marmorbüste von Canova (?)

kel 1 der Westphälischen Constitution gehörten zum Königreich das gesamte vorherige Herzogtum Braunschweig-Wolfenbüttel; Hessen-Kassel mit Ausnahme des Fürstentums Hanau und von Nieder-Katzenellenbogen, aber mit der Grafschaft Schaumburg hessischen Anteils; die Grafschaft Rietberg-Kaunitz; die vormals preußischen Gebiete der Altmark und von Magdeburg links der Elbe, das Gebiet von Halle, das Hildesheimer Land, die Stadt Goslar, das Land Halberstadt, der vordem preußische Teil der Grafschaft Hohenstein, das Gebiet von Quedlinburg, die Grafschaft Mansfeld (soweit sie vorher unter preußischer Oberhoheit war), das Eichsfeld mit Treffurt, Mühlhausen und Nordhausen, die Grafschaft Stolberg-Wernigerode, das Bistum Paderborn, Minden und Ravensberg, das Bistum Osnabrück, Göttingen und Grubenhagen mit dem vorher braunschweig-lüneburgischen Teil der Grafschaft Hohenstein und Elbingerode; schließlich das seit 1803 oranische Corvey. Grenzberichtigungen mit dem Königreich Sachsen brachte im mitteldeutschen Bereich schon die Leipziger Konvention vom 19. März 1808, durch die auch die sächsischen Teile der Grafschaft Mansfeld zu Westphalen geschlagen wurden.
Größere Territorialerweiterungen bescherte dem Königreich der Pariser Vertrag vom 14. Januar 1810, mit dem am 1. März 1810 Hannover an Jérôme übergeben wurde. Zu erheblichen Gebietsverlusten (und der beim kaiserlichen Bruder in Paris nichts bewirkenden Entrüstung Jérômes) kam es in Folge der Kontinentalsperre durch Napoleons Entscheidung vom 10. Dezember und dem darauf basierenden auf den 13. Dezember 1810

datierten Senatsbeschluß, die gesamte Nordseeküste einschließlich tiefer Gebiete des mitteleuropäischen Binnenlandes für Frankreich zu annektieren, eine Entscheidung, die der König aber immerhin erst am 5. März 1811 mit der Entlassung der dortigen Untertanen aus ihrer Treuepflicht ihm gegenüber sanktionierte. Bei der Inbesitznahme des Landes konnte Jérôme knapp 2 Millionen Untertanen zählen; 1810 kamen über 680 000 hinzu, von denen 1811 wieder fast 600 000 verlorengingen. Das Königreich war 1807 in acht Departements (Elbe, Fulda, Harz, Leine, Oker, Saale, Werra und Weser) mit Präfekten an der Spitze gegliedert worden; die hannöverschen Erwerbungen 1810 wurden auf drei Departements (Aller, Nieder-Elbe, Nord) aufgeteilt; mit anderem Gebietszuschnitt im niedersächsischen und westfälischen Bereich blieben nach den Gebietsabtrennungen von 1811 wieder acht Departements (Aller, Elbe, Fulda, Harz, Leine, Oker, Saale und Werra) übrig.

Art. 22 der Rheinbundakte vom 12. Juli 1806 machte der Selbständigkeit der Reichsstadt Frankfurt ein Ende: sie wurde dem Staat des Fürstprimas Carl Theodor von Dalberg, bestehend aus dem Fürstentum Regensburg, dem Fürstentum Aschaffenburg und der Grafschaft Wetzlar zugeschlagen. Diesen Fürstprimatischen Staat vereinte Napoleon unter Übertragung Regensburgs auf das Königreich Bayern, bei Abrundung durch rechtsmainische Teile des Fürstentums Löwenstein-Wertheim und unter Einbeziehung der vorher unmittelbar von Frankreich verwalteten Fürstentümer Hanau und Fulda am 16. Februar 1810 zum Großherzogtum Frankfurt mit dem bisherigen Fürstprimas als Großherzog an der Staatsspitze und mit einer Thronfolgeregelung zu Gunsten des kaiserlichen Stiefsohns Eugène de Beauharnais. Am 16. August 1810 erließ Großherzog Carl, wie er sich nun kurz und bündig nannte, in einem Organisations-Patent eine sich am westphälischen Vorbild[9] orientierende Verfassung;[10] kurz darauf ernannte er Ressortminister für den neuen Staat, der bei 302 000 Einwohnern in die Departements Frankfurt (mit Wetzlar), Aschaffenburg, Fulda und Hanau, jeweils mit einem Präfekten als Verwaltungschef, gegliedert wurde.

Mit der Gleichheit vor dem Gesetz[11] und der Einführung des Code

9 Präambel OrgPat in GfRegBl. 1810, 1. Band, S. 11. Zur Literatur vgl. statt vieler: Bilz, aaO., S. 214, der auch einen der wenigen Unterschiede in den Verfassungen beider Musterstaaten aufzeigt.

10 GfRegBl. 1810, 1. Band, S. 10 ff.

11 Art. 10, 12-14 Const / §§ 11/12 OrgPat.

Carl (Carl Theodor von Dalberg)
Großherzog von Frankfurt 1810-1813 -
Zeichnung: Robert Lefèvre; Stich: Bichtel

Napoléon[12] wurden Grundlagen für die Entwicklung einer bürgerlichen Gesellschaft in Deutschland gelegt,[13] die die Musterstaaten überdauern sollten; und mit der Schaffung alle Untertanen/Bürger gleichermaßen betreffender, allgemein verbindlicher Verfassungen und Gesetze,[14] der Einführung einer für das gesamte Herrschaftsgebiet der Monarchen einheitlichen Staatsverwaltung unter Leitung von Fachministern[15] und der Etablierung der Unabhängigkeit der einheitlichen Justiz unter Ausschaltung aller traditionellen Gerichtsbarkeiten[16] wurde zum ersten Male in der deutschen Geschichte die fortschrittliche Errungenschaft des staatlichen Gewaltmonopols statuiert, ja überhaupt erstmals in Deutschland der moderne Staat auch rechtlich fundiert[17].

[12] In Westphalen durch Art. 45 Const, im Großherzogtum durch Großherzogliches Dekret vom 25.7.1810, GfRegBl. 1810, 1. Band, S. 6 ff.

[13] So auch Grimm, aaO., S. 60.

[14] Art. 10, 55 Const / § 11 OrgPat.

[15] Art. 19 Const / § 17 OrgPat; vgl. besonders für die Beschreibung der Funktion der Ministerien auch §§ 42-45 OrgPat.

[16] Art. 49 Const / § 30 OrgPat.

[17] Das gilt natürlich auch für die anderen Staaten, die in der Rheinbundzeit eine Verfassung erhielten: Bayern 1808, Sachsen-Weimar 1809, und Anhalt-Köthen 1810. Zum Einfluß namentlich der Westphälischen Constitution für die Vermittlung der französischen Gedanken und die Verfassungsentwicklung in Deutschland vgl. Grimm, aaO., S. 59 ff.; die Bedeutung des westphälischen Beispiels auch für Preußen vermerkt Hartung, aaO., S. 200.

Diese juristische Begründung des modernen Staats ging einher mit der historisch-politisch unerhörten, nur durch die Revolutionen in Amerika und Frankreich erklärbaren Aufgabe des Anspruchs der Monarchen, die einzigen Repräsentanten der Nation zu sein. Zwar trat im verfassungsrechtlichen Gebäude, das in bezug auf die Repräsentationsorgane nur in Westphalen und in Frankfurt auch tatsächlich errichtet wurde, in den anderen Rheinbundstaaten mit Konstitutionen aber weitgehend toter Buchstabe blieb, kein neuer alleiniger Repräsentant auf den Plan. Aber mit der Verrechtlichung der Stellung des Monarchen in den Konstitutionen wurde dieser quasi verstaatlicht und in einen Dualismus mit dem neuen Repräsentanten, den ebenfalls erstmals rechtlich fixierten und beschriebenen Reichsständen bzw. der Ständeversammlung, gerückt. Friedrich Saalfeld, der Göttinger Staatsrechtslehrer zu Anfang des 19. Jahrhunderts, hat es so formuliert[18] (und Obenaus zustimmend zitiert[19]), daß die neuen Repräsentanten "weder die Einzigen, noch die Ersten [seien]; erster Repräsentant ist der Fürst". Aber auch der war eben schon in der Auffassung der Zeit nicht der einzige Repräsentant der Nation, sondern "nur" der Erste. Wenn auch rechtlich damit ein revolutionärer Schritt ohne Revolution vollzogen wurde, bleibt doch das faktische Übergewicht der Monarchen in allen Musterstaaten (und - auch - wegen der verwandtschaftlichen Bindung besonders in dem für die anderen eine besondere Modellrolle einnehmenden Westphalen) erhalten.

Die Reichsstände im Königreich Westphalen und die Ständeversammlung im Großherzogtum Frankfurt bestanden aus 100 bzw. 20 Abgeordneten, die in den Departements gewählt wurden und aus drei Klassen hervorgingen: erstens aus den Grundeigentümern bzw. Güterbesitzern, zweitens aus den - in Frankfurt "reichen" - Kaufleuten und Fabrikanten und drittens aus den Gelehrten, Künstlern und - in Westphalen - sonst um den Staat besonders verdienten Bürgern. Im Großherzogtum entsandte jedes der vier Departements fünf Abgeordnete, davon je drei Güterbesitzer, einen reichen Kaufmann oder Fabrikanten und einen "vorzüglichen Gelehrten"[20]; Westphalen differenzierte wegen der unterschiedlichen Einwohnerzahl der Departements stärker und gab dem Elbe-Departement 13 Abgeordnete (9 GE, 2 KF, 2 GK), dem Fulda-Departement 13 (9 GE, 2 KF, 2 GK), dem

[18] In: "Westphalen unter Hieronymus Napoleon" Heft 1/2. Juli 1812, S. 74.

[19] In: Reichsstände, aaO., S. 306.

[20] § 35 OrgPat.

Harz-Departement 11 (8 GE, 2 KF, 1 GK), dem Leine-Departement 8 (5 GE, 1 KF, 2 GK), dem Oker-Departement 14 (10 GE, 2 KF, 2GK), dem Saale-Departement 11 (8 GE, 1 KF, 2 GK), dem Werra-Departement 13 (9 GE, 1 KF, 2 GK) und dem Weser-Departement 17 (12 GE, 3 KF, 2 GK), insgesamt also 70 Grundeigentümer, 15 Kaufleute und Fabrikanten und 15 Gelehrte, Künstler oder sonst um den Staat verdiente Bürger [21]. Dem Geist der Zeit entsprechend konnten nur männliche Bürger Abgeordnete werden. Die Abgeordneten wurden indirekt durch die Departements-Wahlkollegien gewählt [22]. Deren Mitglieder wurden von dem Monarchen aus von den Präfekten vorgelegten Listen in den drei Klassen auf Lebenszeit ernannt und bestanden aus 80 bis ca. 300 Mitgliedern [23]. Welche politischen Maßstäbe tatsächlich bei der Ernennung angelegt, insbesondere ob dabei politisch Unerwünschte systematisch ausgeschaltet wurden, bedarf weiter der Klärung [24], wenn es auch eher unwahrscheinlich ist, enthalten die teilweise gut, teilweise weniger vollständig überlieferten Akten mit den Vorschlägen der Unterbehörden doch mehr Indizien dafür, daß tatsächlich die herausragenden Vertreter ihrer Klasse vorgeschlagen und daraus wieder die prominentesten ernannt wurden. Einmal Ernannte blieben auch ernannt; jedenfalls ist über Rücknahme von Ernennungen in den Akten nichts zu finden [25].

Grundlage der Wahl in den Departementskollegien bildeten neben den Verfassungen in Westphalen ein Königliches Dekret vom 18.3.1808 und Instruktionen des Westphälischen Justiz- und Innenministers bzw. in Frankfurt des Großherzogs [26], die später in Westphalen durch die Entscheidung über die umstrittenen Wahlen im Weser-Departement [27] interpretiert wurden. Mit Obenaus [28] kann man die Wahlvorschriften als außerordentlich flexibel bezeichnen. Voraussetzung für die Wahl waren lediglich einmal das Mindestalter von 30 Jahren; darauf rekurrierte man im Fall von Horst im Weser-Departement und entfernte ihn von der Liste der Gewählten, während die Wahl eines noch nicht einmal Siebenundzwanzig-

21 Art. 29 Const

22 Art. 29, 44 Const / §§ 26, 35 OrgPat.

23 Vgl. unten Kapitel II.

24 So schon Obenaus, Reichsstände, aaO, S. 301.

25 GBüll KW 1808, 1. Teil, Nr. 24, S. 456 ff.

26 S. u. Kapitel II A 1a (S. 37) und II B 1a (S. 93).

27 Dekret vom 29.5.1808 in GBüll KW 1808, 2. Teil, Seite 147 ff.

28 In: Reichsstände, aaO., S. 303.

jährigen, nämlich die von Hammersteins, im gleichen Departement unbeanstandet blieb[29]. Voraussetzung für die Wahl war weiter, daß Grundeigentum oder Wohnsitz in dem Departement, in dem man gewählt wurde, zur Zeit der Wahl gegeben war. Auch der kleinste Grundbesitz qualifizierte, und auch der nachträgliche Verkauf des Grundbesitzes, mit dem man sich qualifiziert hatte, führte nicht zum Mandatsverlust[30]. Nur ein Minister- oder Staatsratsamt schloß das passive Wahlrecht aus[31]. Die Kollegien stimmten geheim ab, zwar in Westphalen in vier Sektionen, jedoch als ein Körper ohne Unterschied der Klassen, die bei ihrer Bildung zu berücksichtigen waren,[32] und waren bei dieser Wahl ganz offenbar von Einflüssen seitens der Monarchen oder ihrer Minister frei; jedenfalls findet sich nicht der geringste Hinweis auf Einflüsse von außen bei der Vorbereitung der Wahlen in den Departements und beim Wahlakt selbst.
Heutigem deutschen, mehr numerisch quantitativem Gerechtigkeitsempfinden entspricht die faktische Zusammensetzung der "National"-Repräsentation Westphalens und Frankfurts kaum; den napoleonischen gesellschaftlichen und politischen Zielvorstellungen und der Sache, nämlich eine Repräsentation der Eigentümer und Notablengesellschaft ihrer Zeit, damit der sich begründenden bürgerlichen Gesellschaft, zu sein, wird die Mitgliedschaft der Versammlungen schon gerecht. Wenn man auch mit Obenaus[33] schwer die Frage beantworten kann, ob die Mitrepräsentanten in den Modellstaaten bei den Repräsentierten - oder gar im Volk überhaupt - Autorität als Repräsentanten hatten, bleibt doch festzustellen, daß diese schon wegen der Fülle von Namen hoher Reputation und, zumindest in Westphalen auch nach dem Abebben der ersten Euphorie, hoch gewesen sein dürfte; nicht zuletzt spricht auch die Tatsache, daß ein großer Teil der Abgeordneten nach dem Ende der Musterstaaten - im Königreich Hannover teilweise nach einer hochnotpeinlichen Ent-Napoleonisierung[34] -

[29] S. u. S. 53 Anm. 55.

[30] ZStA Kgr. Westphalen Rep. 6 II A Nr. 6 Bl. 102.

[31] Vgl. Moniteur Nr. 51, 24.4.1808, S. 207, und Art. 10 der Frankfurter Instruktion in GfRegBl. 1810, 1. Band, S. 25 ff.

[32] Anfangs wurden die gewählten Abgeordneten in amtlichen Veröffentlichungen wie z.B. dem Almanac royal noch nach den "Klassen" gegliedert aufgeführt; später wich diese Art der Aufnahme in den Staatskalender der alphabetischen Aufreihung.

[33] In: Reichsstände, aaO., S. 305.

[34] Vgl. Haase, aaO., passim.

zum Teil herausragende Karrieren in der Beamtenhierarchie, in der Justiz, als Minister und in Parlamenten machten,[35] für die Akzeptanz der Vertreter in den neuen Repräsentationsorganen als "natürliches" politisches Führungspersonal.

Nach den Konstitutionen hatten die Stände einmal im Jahr zusammenzutreten[36]. Sie hatten aber kein Selbstversammlungsrecht, sondern konnten nur vom Monarchen einberufen werden[37]. Die Monarchen ernannten auch (jeweils für eine Session)[38] die Präsidenten. Über eine selbst beratene und verabschiedete Geschäftsordnung ist nichts bekannt. Daß es als "Quasi-Geschäftsordnung" in Westphalen eine Instruktion des Innenministers an den Präsidenten gab, ist überliefert[39]. Ihr Inhalt jedoch konnte bis heute im einzelnen mit Ausnahme einer Bestimmung nicht ermittelt werden. Auch die Verhandlungsgegenstände (und damit letztlich die Tagesordnungen) setzten die Versammlungen nicht selbständig fest; sie waren vielmehr für ihr Tätigwerden allein auf die Initiative der Exekutive, in den Sitzungen der Stände außer beim Bericht über die Lage des Staates nicht durch Minister, sondern durch Mitglieder des Staatsrats vertreten, verwiesen. Gleichwohl gab es natürlich politisch vielfältige Initiativ- und Mitgestaltungsmöglichkeiten[40].

Mit Ausnahme der Ernennung der Präsidenten (und der Präsidenten bzw. Direktoren[41] der Kommissionen) durch die Monarchen, und zwar aus dem Kreis der Abgeordneten (bzw. der Kommissionsmitglieder), konnten die Stände aber ihre innere Organisation dergestalt vornehmen, daß sie ihre Sekretäre und die Mitglieder der Kommission selbst wählten, was für jede Session gesondert zu geschehen hatte[42]. Sie konnten auch in offizieller

35 S. unten Kapitel IV.

36 Das folgt für Westphalen aus der Bestimmung, daß die Reichsstände das "jährliche Finanzgesetz" zu beraten und "die Rechnungen der Minister" vorgelegt zu bekommen hatten (Art. 33 Const); für Frankfurt findet sich die vergleichbare, aber nicht vollkommen identische Regelung in § 28 OrgPat.

37 Art. 30 Const / § 27 Abs. 2 Satz 2 OrgPat.

38 Art. 31 Const, vgl. Kgl. Dekret vom 14.6.1808 bzw. 10.10.1809 in GBüll KW 1808 2. Teil, Nr. 44, S. 190 f., bzw. Moniteur Nr. 125, 11.12. 1809, S. 349; § 27, Abs. 2 OrgPat; Dekret vom 12.10.1810 in GfRegBl. 1810, 1. Teil, S. 69.

39 S. dazu unten S. 37, insbesondere auch Anm. 3.

40 Vgl. Beispiele bei Obenaus, Reichsstände, aaO., S. 320, und unten S. 29.

41 Im Kgr. Westphalen "Präsidenten", im Ghzm. Frankfurt "Direktoren".

42 Art. 23 Abs. 2 Const / § 20 OrgPat.

Sitzung die Antwort des Präsidenten auf die Thronrede des Königs - wie in Westphalen 1808 geschehen - beraten[43]. Aber schon die jedenfalls 1810 auch formal aufgeworfene Frage, ob in offiziellen Sitzungen überhaupt debattiert werden dürfe oder ob die Bestimmungen der Constitution, daß die Kommissionen mit den Staatsratsmitgliedern die Regierungsentwürfe der Gesetze zu diskutieren hätten, die Aussprache im Plenum (nicht die Berichterstattung der Kommissionen) ausschlösse, fand nicht in einer offiziellen Plenarsitzung, sondern in einer Sitzung im Hause des Präsidenten statt; allein damit blieb es schon bei der engen Auslegung der Constitution und der Praxis von 1808 und bei der sicherlich von der Constitution intendierten Kopie des französischen Vorbilds der "Versammlung der Stummen", die außer offiziellen Reden bei den Eröffnungs- und Schlußsitzungen nur geschäftsleitende Ausführungen der Präsidenten, Protokollverlesungen der Sekretäre, Begründungen durch Staatsräte und Berichte von parlamentarischen Kommissionsmitgliedern und geheime Abstimmung mit verschiedenfarbigen Kugeln in Urnen sowie die Verkündung der Abstimmungsergebnisse, nicht aber eigentliche Debatte kannte. Constitution und Organisations-Patent legten ausdrücklich fest, daß die Abgeordneten kein Gehalt vom Staat erhalten sollten; in Westphalen wurde ihnen ohne ausdrückliche Ermächtigung in der Verfassung mit Königlichem Dekret vom 10.5.1808[44] eine aus der zentralen Kasse des Köngreichs zu zahlende Entschädigung für Reise- und Aufenthaltskosten gewährt, während diese in Frankfurt auf Grund der Ermächtigung in § 26 Satz 2 OrgPat nach dem Dekret vom 12.10.1808[45] von den Departements zu leisten waren. In Westphalen erhielt außerdem kraft einer Entscheidung des Königs der Präsident zur Deckung seiner Kosten pro Session 8000 Franken;[46] eine vergleichbare Regelung für das Großherzogtum konnte nicht gefunden werden. Insgesamt fielen ohne die Präsidentenentschädigung in Westphalen für die Session 1808 Fr. 126.360.- und für die Session 1809 (1810) Fr. 93.186.- als Reise- und Aufenthaltskosten an; im Vergleich der Beträge schlägt sich die von 1808 bis 1810 gesunkene Zahl der Mitglieder nieder.

43 S. u. S. 71.

44 GBüll KW 1808, 2. Teil, S. 44 ff.

45 GfRegBl. 1810, 1. Teil, S. 70 f. - Der Großherzog lehnte sogar die Zahlung aus seiner Kasse im Vorschußwege ab, "weil die Unabhängigkeit der Stände ihre wesentliche Eigenschaft ist" (vgl. HStA Wiesbaden Abt. 371 Nr. 76 Bl. 4).

46 ZStA Kgr. Westphalen Rep. 6 II A Nr. 6 Bl. 117, 151-156.

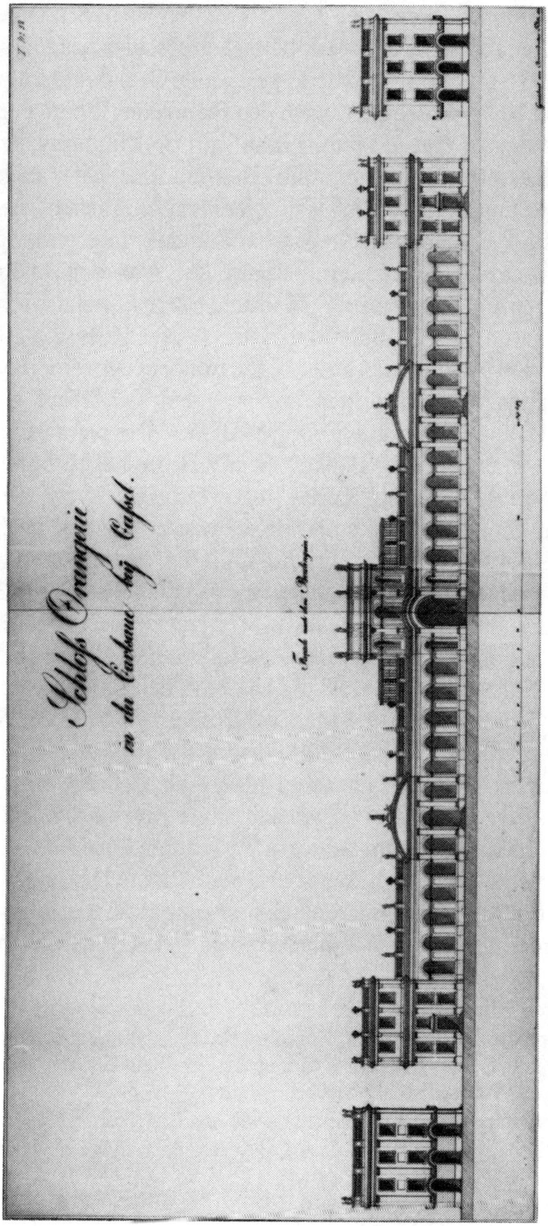

Schloß Orangerie in Kassel
Im Saal auf der Stadtseite (im Bild links) tagten die Reichsstände des Königreichs Westphalen in der Session 1808

Beide Versammlungen tagten bei ihren formellen Plenarsitzungen in repräsentativen Gebäuden. In der westphälischen Residenzstadt Kassel trafen sie sich 1808 im auf der Stadtseite gelegenen Saal der Orangerie[47] in der Karlsaue, 1810 im dazu eigens nach den Plänen des Premier architecte du royaume, Auguste Henri Victor Grandjean de Montigny, und unter Assistenz des Kasseler Baumeisters Karl Bromeis, der später auch für den teilweisen Rückbau verantwortlich war, mit einer königlichen Zuwendung von Fr. 100.000.-[48] umgebauten "Pallast der Stände", dem vorherigen (und heutigen) Museum Fridericianum, zusammen. Aus den überlieferten Plänen erhellt, wie Grandjean de Montigny den klassizistischen Bau Simon Louis du Rys sehr behutsam zum ersten Zweckbau für eine Repräsentationskörperschaft in Deutschland mit dem dem amerikanischen und französischen Vorbild folgenden, am zentralen Platz gelegenen Plenarsaal in Halbkreisanordnung umgestaltete. Hier waren nicht mehr getrennte Sitzordnungen für "Bänke" (wie z.B. in Regensburg für den immerwährenden Reichstag), "Kurien" oder "Klassen" vorgesehen. Der Hémicycle mit dem Rednerpult und dem Präsidentenstuhl im Zentrum (wie in Washington und Paris) integrierte selbst die Vertreter der Exekutive in die Sitzordnung der in diesem Saale Handelnden, nämlich in die erste Reihe des Halbrunds (wie bis heute in der französischen Nationalversammlung, auch dort bei strikter Inkompatibilität des Abgeordnetenmandats mit dem Ministeramt wie 1808 bis 1813 mit der Unvereinbarkeit von Minister- oder Staatsratsamt und Mandat). Außerdem hatte der Saal eine Zuschauertribüne für wohl bis zu 400 Personen[49].
Im Großherzogtum Frankfurt ordnete Dalberg als Ort der Versammlung "Hanau, als [den] Mittelpunkt"[50] an und fügte hinzu: "Die Ständeversammlung geschieht bei mir im Schlosse"[51]. Während über die Örtlichkeit im einzelnen nichts Näheres bekannt und auch nichts Dokumentarisches über die Öffentlichkeit der regulären Plenarsitzungen überliefert ist, wurde in der Form gedrängter als in Westphalen, aber in den Ergebnissen ähnlich

47 Vgl. dazu den Hinweis Holtmeyers, aaO., S. 322.

48 Kgl. Dekret vom 31.10.1808 in Moniteur Nr. 137, 10.11.1808, S. 559; trotz Widmung des Gebäudes zum Ständepalast sollten danach die anderen Funktionen des Hauses nicht "berührt" werden.

49 Zu Zuhörerzahlen s. Obenaus, Reichsstände, aaO., S. 322.

50 HStA Wiesbaden Abt. 371 Nr. 76 Bl. 3 v (handschriftlicher Vermerk Dalbergs).

51 HStA Wiesbaden Abt. 371 Nr. 76 Bl. 13.

Pallast der Stände (Museum Fridericianum) in Kassel
Tagungsstätte der Reichsstände des Königreichs Westphalen in der Session 1809 (1810)
Frontansicht - Bauzustand 1990

Pallast der Stände (Museum Fridericinanum) in Kassel
Halbrundanbau für den Plenarsaal der Reichsstände des Königreichs Westphalen - Bauzustand 1990 (mit den Fensterdurchbrüchen aus den zwanziger Jahren des 19. Jahrhunderts)

Stadtschloß Hanau
Tagungsstätte der Ständeversammlung des Großherzogtums Frankfurt 1810
Aquarell von Kaspar Stawitz

zusammenfassend wie im "Westphälischen Moniteur", dem Vorläufer heutiger Staatsanzeiger, im "Großherzoglich frankfurtischen Regierungsblatt", das die Funktionen von Gesetzblatt und Staatsanzeiger in sich vereinigte, in der Rubrik "Nachrichten und Bekanntmachungen" über die Sitzungen berichtet [52].

Protokolle über die Sitzungen wurden weder in Westphalen noch in Frankfurt veröffentlicht und sind auch nur für Frankfurt in einem Fall in den Akten überliefert [53]. Es gab auch keine Wortprotokolle in der Manier der heutigen Plenarprotokolle, der früher so genannten Stenographischen Berichte. Ein großer Teil der Reden, vor allem die Begründung durch die Staatsräte, gelegentlich auch die Vorträge der Berichterstatter der Kommissionen, wurde jedoch in Westphalen im "Moniteur" abgedruckt. Für eine Reihe von Reden, auch der Kommissionsberichterstatter, gibt es Sonderdrucke. Vereinzelt sind die Reden anderweitig abgedruckt, und von einigen sind auch noch die Manuskripte vorhanden [54].

Wesentlichste Kompetenz der Stände war in beiden Modellstaaten die Mitwirkung bei der Gesetzgebung. Zwar konnten sie ohne die Initiative der Exekutive, formell des Königs oder Großherzogs, keine Entwürfe beraten und verabschieden. Andererseits konnten aber auch formelle Gesetze endgültig ohne ihre Zustimmung nicht erlassen werden und in Kraft treten, sondern nur durch Königliche oder Großherzogliche Dekrete "provisorische" Regelungen getroffen werden [55]. Abgesehen von der Möglichkeit, durch sogenannte "Verwaltungsverordnungen" [56], die materiell in den Verfassungen nicht eingegrenzt waren, allgemeinverbindliche Regelungen zu schaffen, erwiesen sich die im publizierten Text selbst unter dem Vorbehalt der Vorlage bei den Ständen gestellten Verordnungen als von Dauer, wurden doch die Stände nach (und in Westphalen schon für) 1810 nicht mehr von den Monarchen berufen. Gleichwohl berieten die Versammlungen nicht wenige und die nächst den Verfassungen und dem quasi

[52] GfRegBl. 1810, 1. Band, S. 73 ff. und 81 ff.
[53] HStA Wiesbaden Abt. 371 Nr. 76 Bl. 7 ff.
[54] Z.B. In HStA Wiesbaden Abt. 371 Nr. 586 und 1013.
[55] Vgl. dazu die Ausführungen bei Obenaus, Reichsstände, aaO., S. 309 f.
[56] Art. 26 Const / § 23 OrgPat.

in Verfassungsrang erhobenen Code Napoléon wichtigsten Gesetze wie Haushalts- und Steuergesetze und Prozeßordnungen [57].

Formell begann das Gesetzgebungsverfahren mit der Beratung der Entwürfe im Staatsrat, dem höchsten Beratergremium der Monarchen [58]. Von diesem wurden die Gesetzentwürfe den Kommissionen der Stände "mitgeteilt" [59]. Daraufhin waren sie in den Kommissionen (Fachausschüssen) mit den zuständigen Staatsräten zu "diskutieren" [60]. Das Ergebnis der Ausschußsitzung mit möglichen Anregungen für Änderungen der Entwürfe war im Staatsratsplenum unter dem Vorsitz des Monarchen zu "beratschlagen" [61]. Die dort definitiv angenommenen Entwürfe wurden sodann durch in der Regel zwei Mitglieder des Staatsrats in einer Plenarsitzung "unmittelbar überbracht" und von einem der Überbringer "in den Beweggründen" erläutert; darauf folgte im Ständeplenum der Bericht der vorberatenden ständischen Kommission zu den Gesetzentwürfen [62], über die schließlich ohne weitere Aussprache "im geheimen Scrutinum durch absolute Mehrheit der Stimmen" [63] zu entscheiden war.

Auf diese Weise wurde in Westphalen über neunzehn und in Frankfurt über drei Gesetzentwürfe einschließlich der Haushaltsgesetze beraten. Alle, bis auf je einen in den beiden westphälischen Sitzungsperioden, wurden - meist mit großen Mehrheiten - angenommen. Der in Kassel am 7. August 1808 abgelehnte Entwurf für das Grundsteuergesetz wurde modifiziert erneut eingebracht, beraten und am 18. August 1808 angenommen, während eine Neuberatung des am 26. Februar 1810 abgelehnten Stempelsteuergesetzes nicht mehr stattfand, sondern eine Regelung für die

57 Vgl. im einzelnen zur Gesetzesberatung unten Kapitel II A 3 und 4 und II B 3.

58 Dieses auch dem französischen Vorbild nachgebildete Gremium bestand neben der eigentlichen Regierung (den Fachministern) und nahm auch die Aufgaben eines Kassations- und obersten Verwaltungsgerichts ein. Es tagte unter dem Vorsitz der Monarchen und bestand in Westphalen aus 16 bis zu 25 Mitgliedern, zu denen die Minister hinzukamen; in Frankfurt zählte es neben den drei Ministern sechs Mitglieder (Art. 21 ff. Const / § 18 ff. OrgPat).

59 Art. 23 Abs. 1 Const / § 20 OrgPat.

60 Art. 24 Abs. 1 Const / § 21 OrgPat.

61 Art. 20 Abs. 2 Const / § 21 OrgPat.

62 Art. 25 Const / § 28 Abs. 2 OrgPat.

63 Art. 33 Abs. 3 Const. Der Hinweis auf die Berichterstatter der Kommissionen fehlt in § 22 OrgPat.

Tafelseiten II-XI

Auguste Henri Victor Grandjean de Montigny, "premier architecte de S. M. le Roi de Westphalie", der mit dem Umbau des Museums Fridericianum in Kassel zum "Pallast der Stände" beauftragt worden war, publizierte 1810 seine Pläne für den ersten für eine repräsentativ-parlamentarische Institution errichteten Zweckbau in Deutschland bei Rotti nelli und Rocca in Kassel

PLAN DU PALAIS DES ETATS DANS SON ETAT PRIMITIF

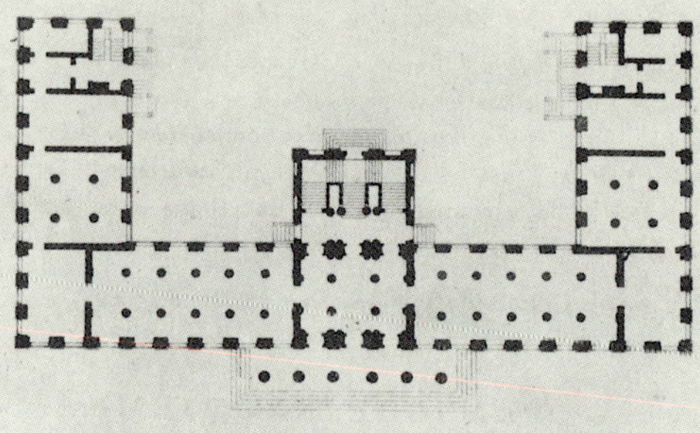

PLAN RESTAURE DU PALAIS DES ETATS

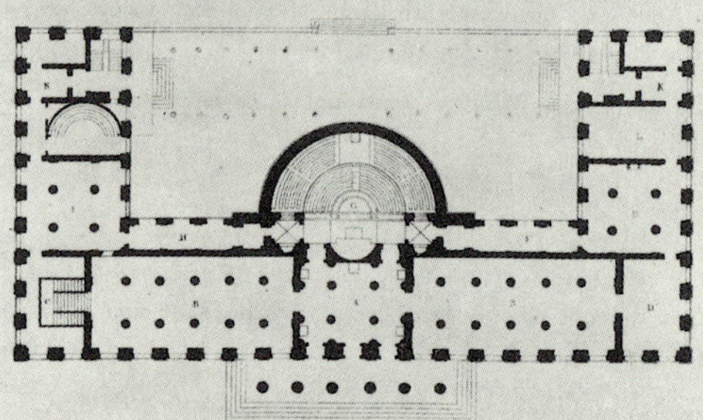

A VESTIBULE

B GALLERIES DE SCULPTURE

C ESCALIER DE LA BIBLIOTHEQUE

D SALON PRECEDENT CELUI DE S M

E SALON DE S M

F GALERIE DES MINISTRES CONDUISANT A LA SALLE DES ETATS

G SALLE DES ETATS

H GALERIE DU PUBLIC

I SALON PUBLIC

K ANTICHAMBRE

L CABINET DES MEDAILLES

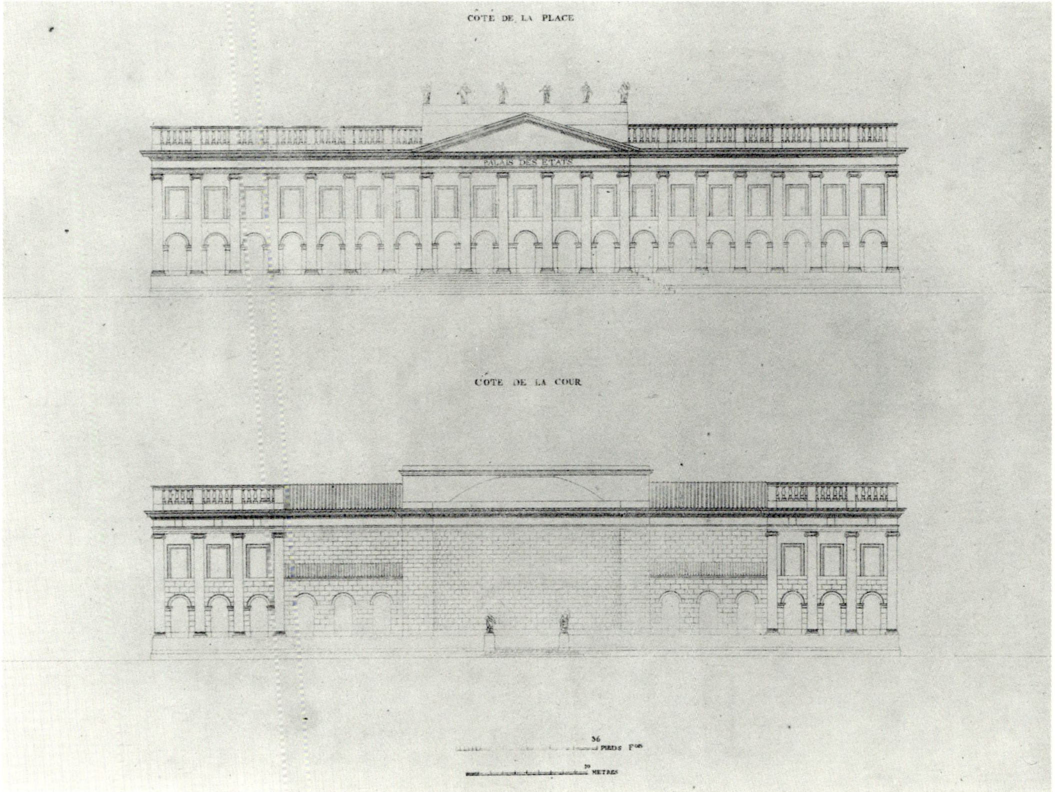
CÔTE DE LA PLACE
PALAIS DES ETATS
CÔTE DE LA COUR
36
PIEDS Fçois
10
METRES

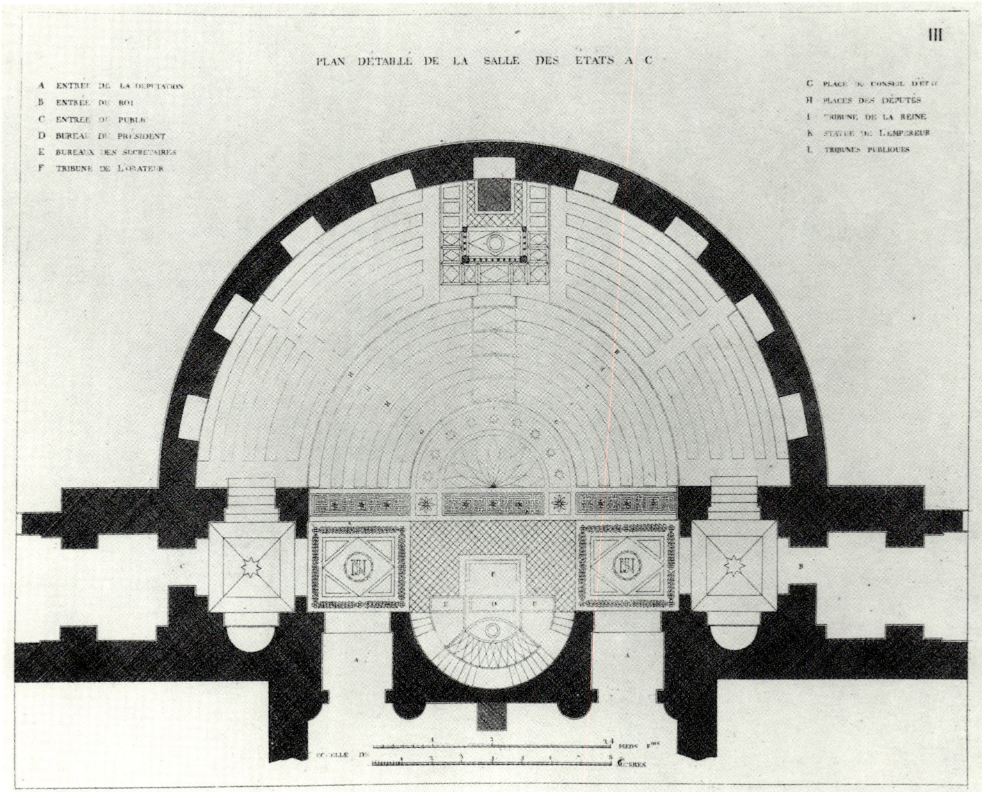
III
PLAN DÉTAILLÉ DE LA SALLE DES ÉTATS A C
A ENTRÉE DE LA DÉPUTATION
B ENTRÉE DU ROI
C ENTRÉE DU PUBLIC
D BUREAU DU PRÉSIDENT
E BUREAUX DES SECRÉTAIRES
F TRIBUNE DE L'ORATEUR
G PLACE DU CONSEIL D'ÉTAT
H PLACES DES DÉPUTÉS
I TRIBUNE DE LA REINE
K STATUE DE L'EMPEREUR
L TRIBUNES PUBLIQUES
ÉCHELLE DE
PIEDS
MÈTRES

COUPE DE LA SALLE DES ETATS SUR LA LIGNE AB

PIEDS Fais
METRES

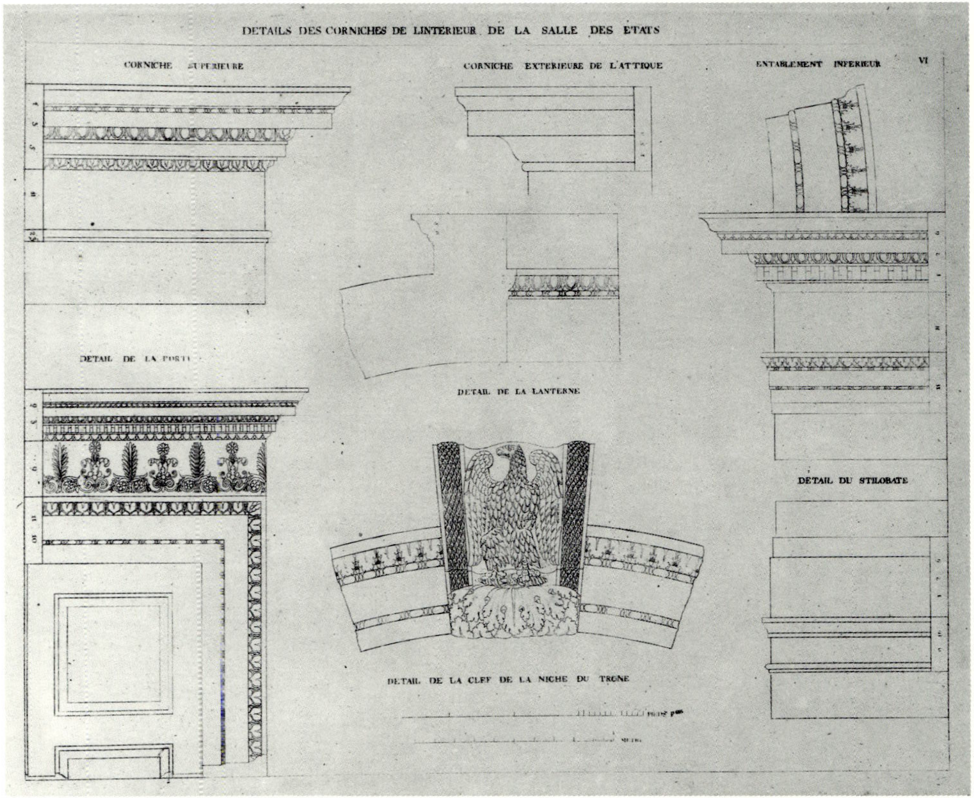
DETAILS DES CORNICHES DE L'INTERIEUR DE LA SALLE DES ETATS
VI
CORNICHE SUPERIEURE
CORNICHE EXTERIEURE DE L'ATTIQUE
ENTABLEMENT INFERIEUR
DETAIL DE LA PORTE
DETAIL DE LA LANTERNE
DETAIL DU STILOBATE
DETAIL DE LA CLEF DE LA NICHE DU TRONE

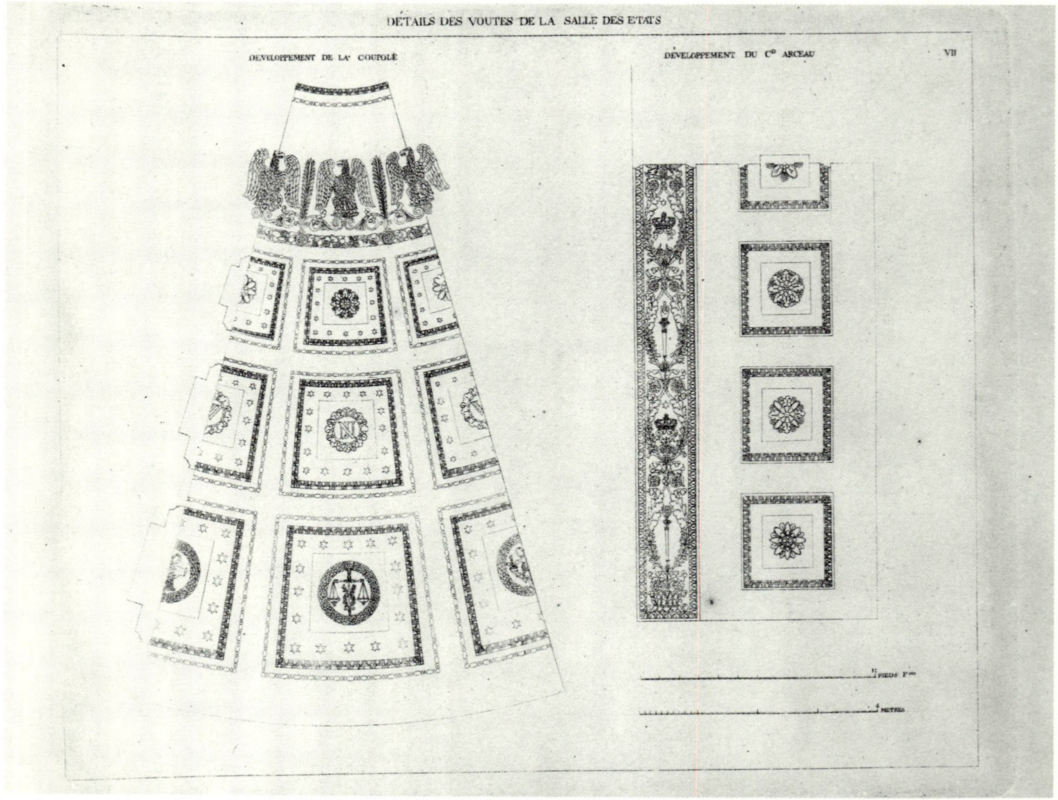
DÉTAILS DES VOUTES DE LA SALLE DES ETATS
DÉVELOPPEMENT DE LA COUPOLE
DÉVELOPPEMENT DU C^D ARCEAU
VII
PIEDS F^ois
METRES

VUE DU TRONE DE S M

VIII

COUPE DU SALON DE S M
IX
COUPE DE LA GALERIE DES MINISTRES
DÉTAIL DU SALON DE S M
DÉTAILS DE LA GALERIE DES M
ECHELLES DES COUPES
ECHELLES DES DÉTAILS

PLAFOND DU SALON DE S M

Stempelsteuer am 7. Juni 1810 in der Fassung der abgelehnten Vorlage als Königliches Dekret veröffentlicht wurde [64].

Neben der formalen Beteiligung der Stände, die unmittelbar mitdiskutierend und mitberatschlagend auf die (in Westphalen fünf, in Frankfurt drei jeweiligen) Kommissionsmitglieder beschränkt war, gab es vielfältige Mitwirkungsmöglichkeiten der sämtlich in den Tagungsstädten während der Sessionen dauernd wohnenden Abgeordneten: gesellschaftliche Anlässe, nicht-offizielle Beratungen in kleinen informellen Gruppen und die gelegentlich als "Privat-Reunionen" bezeichneten, weniger formellen (Plenar-)Sitzungen in den dafür geeigneten Wohnungen der Präsidenten in Kassel und Hanau, in deren Rahmen 1810 sogar so wichtige Akte wie die Wahl der Sekretäre und der Kommissionsmitglieder vorgenommen wurden [65]. Gleichwohl ist der Verzicht auf die Debatte in der offiziellen Plenarsitzung bei der Gesetzgebung unter den Abgeordneten teilweise als unbefriedigend empfunden worden, wie nicht zuletzt die warme Befürwortung der Diskussionslosigkeit in der Plenarsitzung in der Rede des Abg. Wachler in der Sitzung im Hause des Präsidenten am 24. Januar 1810 beweist; [66] offenbar bedurfte es dieser Rede.

Die von den Ständen verabschiedeten Entwürfe wurden als beschlossene Gesetze vom Präsidenten der Stände und dem Sekretär unterzeichnet und dem Monarchen zur Publizierung übersandt. Dabei wurde in Westphalen beim Einrücken in das Gesetz-Bulletin des Königreichs die Formel "Die Stände haben, in Gemäßheit des ihnen im Namen des Königs gemachten Vorschlags, und nach Anhörung der Redner des Staatsrats und der Kommission der Stände, am ... folgendes Dekret erlassen ..." verwendet [67]. Die Staatsratsprotokolle des Großherzogtums Frankfurt vom 20. und

[64] GBüll KW 1810, 2. Teil, S. 262 ff.; die Übernahme des Entwurfstextes in das Dekret dürfte vor allem deshalb erfolgt sein, weil der Staatsrat die Ablehnung als auf einem "Mißverständnis" beruhend ansah (vgl. Moniteur Nr. 40, 3.4.1810, S. 189).

[65] Vgl. dazu z.B. Strombeck, aaO., S. 46; Minerva, aaO., S. 31, und auch den Hinweis auf die Sitzung im Haus des Präsidenten Engelhard in HStA Wiesbaden Abt. 371 Nr. 76 Bl. 7. - In Kassel standen dem Präsidenten 1808 das Uslarische Haus in der Frankfurter Straße und 1810 das Benarysche Haus Ecke Obere Königstraße/Friedrichstraße, ein repräsentativer Neubau der Zeit, als Dienstwohnung zur Verfügung.

[66] S. u. S. 83.

[67] Vgl. die Fundstellen in den Kapiteln II A 3, II A 4 und II 3 B; für Westphalen auch z.B. Moniteur 1810, Nr. 111, S. 449.

22. Oktober 1810 weisen den Befehl des Großherzogs aus, "daß die von den Ständen angenommenen Gesetze, so wie in Westphalen, als von den Ständen erlassen und durch Seine Königliche Hoheit für vollstreckbar erklärt, ausgefertigt und verkündet werden sollen"[68] bzw. daß "die in dem Königreiche Westphalen eingeführte Form [der Verkündung der von der Ständeversammlung angenommenen Gesetze] auch für das Großherzogtum Frankfurt beibehalten werden soll"[69].
Außer zur Gesetzesberatung traten die Stände zu förmlicher Sitzung - ganz in monarchischer Tradition - nur zur Thronrede des Monarchen zusammen; 1808 wurde in Westphalen auch die Antwort auf die Thronrede durch den Präsidenten in förmlicher Sitzung beraten. Außerdem nahmen die Abgeordneten in offizieller Sitzung in Westphalen 1808 und 1810 durch Minister Berichte über die Lage des Königreiches entgegen, wobei mit Justiz- und Innenminister Siméon 1808 und mit Innenminister Graf von Wolffradt 1810 durchaus nicht die unwichtigsten Minister diesen Bericht erstatteten; aber auch über diese Berichte fand keine Aussprache statt. In Westphalen gab es 1808 und 1810 weiter Gedenkreden auf während der Session bzw. zwischen den Sitzungsperioden verstorbene Abgeordnete, die nicht vom Präsidenten, sondern von Abgeordneten, denen man offenbar diese Aufgabe wegen ihrer persönlichen Nähe zum Verstorbenen oder wegen ihrer außerparlamentarischen Funktion anvertraute, gehalten wurden[70].
Schließlich wurden sowohl im Königreich wie im Großherzogtum die Sessionen feierlich mit Überbringung der entsprechenden Dekrete durch Reden von Staatsräten geschlossen. Während 1808 Johannes von Müller, Jérômes erster Minister-Staatssekretär und dann bis zu seinem Tode General-Direktor des öffentlichen Unterrichts, sich dieser Aufgabe in emphatischen, noch dem Geist der Gründung des Königreichs und den damit verknüpften Hoffnungen oder wenigstens Erwartungen entsprechenden Worten tat,[71] entledigte sich 1810 der Jurist von Leist ihrer nüchterner und unter Einschluß einer Zusammenfassung der Arbeitsergeb-

[68] Staatsrats-Protokoll v. 20.10.1810 in HStA Wiesbaden Abt. 371 Nr. 76 Bl. 18 v.
[69] Staatsrats-Protokoll v. 22.10.1810 in HStA Wiesbaden Abt. 371 Nr. 76 Bl. 19.
[70] S. u. S. 78 Anm. 63 und S. 84.
[71] Moniteur 1808, S. 429 ff.

nisse der Session[72]. Leider blieb die Schlußrede des Staatsrats Franz Damian Freiherr von Linden in Hanau unauffindbar.
Warum nach 1810 keine Einberufung der Stände mehr erfolgte, ist nicht aktenkundig belegt. Bilz vermutet, in Frankfurt sei die Einberufung unterblieben, weil Dalberg gemeint habe, die Abgeordneten könnten der für 1811 in die Wege geleiteten definitiven Einführung des Code Napoléon widersprechen[73]. Der westphälische Staatsrat und spätere Finanzminister Karl August Malchus schreibt in seinen von Obenaus[74] zitierten Memoiren von "der nicht unbegründeten Besorgnis, daß ... die Stände dann ... notwendig gewordenen Maßregeln [Steuererhöhungen, d. Verf.] widersprechen möchten" und er es "für weniger nachteilig gehalten [habe] ... ohne sie dem Drang der Zeit nachzugeben, als im offenbaren Widerspruch mit ihnen handeln zu müssen". Mit Obenaus und Berding ist die Nichteinberufung nach 1810 ganz wesentlich im Zusammenhang mit der politischen, militärischen und auch finanziellen Lage zu sehen. Berding ist nur zuzustimmen: "Der Satellitenstaat überlagerte den Modellstaat; der fortschrittliche Charakter des napoleonischen Zeitalters verblaßte zunehmend vor den militärdiktatorischen und ausbeuterischen Seiten der französischen Machtexpansion"[75].
Für Hanau war die gerade elf Tage dauernde einzige Session[76] der Ständeversammlung 1810 ein flüchtiges Ereignis[77]. Obwohl auch in Kassel nicht prägend ins Bewußtsein der Menschen gerückt, blieben die jeweils fast drei Monate, in denen Mitte 1808 und Anfang 1810 die Reichsstände in der Residenz versammelt waren, als glanzvolle, in der Rückschau zu Zeiten der Restauration nach 1813 öfter ins Lächerliche

72 Moniteur 1810, S. 185 ff.
73 Bilz, aaO., S. 216.
74 In Reichsstände, aaO., S. 327.
75 Berding, aaO., S. 109.
76 Nicht "einzige" Sitzung, wie Schüler in Hessischer Landtag (Katalog), aaO., S. 46, meint.
77 Für das ganze Großherzogtum blieb sie so sehr Randerscheinung, daß Bernays, aaO., S. 186, leichthin und unwidersprochen 1882 berichten konnte, die Ständeversammlung habe im Römer zu Frankfurt stattgefunden und sei unter Kanonendonner eröffnet worden, während bei der Erarbeitung des Zeremonials für die Eröffnung Dalbergs handschriftliche Marginalie überliefert ist, in der er den Vorschlag, Kanonensalven abzufeuern, mit dem Bemerken ablehnte: "Wir haben keine Kanonen" (HStA Wiesbaden Abt. 371 Nr. 76 Bl. 13).

gezogene Ereignisse zunächst präsent[78]. Kassel behielt trotz der Rückwidmung des "Pallastes der Stände" zum Museum Fridericianum und eines teilweisen Rückbaus der Montignyschen Umgestaltung von 1808/9 mit dem Halbrundanbau die an die Institution der Reichsstände erinnernde äußere Hülle des eigens für sie errichteten Plenarsaals, die bis heute erhalten ist. Schließlich waren durch die Versammlungen der Stände auch private Bande in die sich bald wieder nur noch als Kurhessen-Residenz fühlende Stadt geknüpft worden. Die gerade im Wirtschaftlichen so erfolgreichen Mitglieder der Reichsstände Nathusius und Bierbaum heirateten in der Jérôme-Zeit Töchter angesehener Kasseler Bürger: Nathusius die des früheren Geheimen Kriegsrats am Kasseler Kriegskolleg und Oberappellations-Richters Philipp Engelhard und Bierbaum die Tochter des Konsistorialrats und Generalsuperintendenten Julius Philipp Rommel.

Was bleibt? Obenaus fällt es schwer, von einem "ersten Parlament" im Zusammenhang mit den Reichsständen des Königreichs zu sprechen, "da doch in den Plenarsitzungen keine Debatten stattfanden";[79] dennoch habe das Modell dieser Repräsentation die Diskussion der Zeitgenossen "ungeheuer angeregt", und er schließt unter Berufung auf Harscher von Almendingen, den Vater der Nassauischen Verfassung von 1814, die Verfassungen von Westphalen und Frankfurt seien kein "Gaukelspiel" gewesen; diese dem französischen Vorbild nachgebildeten Constitutionen wären, gerade auch für deutsche Verhältnisse, eine brauchbare Lösung gewesen, "vorausgesetzt daß ihre Prinzipien anders als unter Napoleon eingehalten" worden wären. Und Vierhaus[80] meint, die Westphälische Constitution habe für Deutschland in einer Zeit, in der es sonst noch keine geschriebenen Verfassungen gab, ein Novum dargestellt, dessen Bedeutung nicht unterschätzt werden dürfe und das in die Entwicklung des verfassungspolitischen Denkens in Deutschland eingegangen sei. Beiden Schlußfolgerungen, wie der Einschätzung Grimms, mit ihnen seien Grundlagen für die Entwicklung einer bürgerlichen Gesellschaft in Deutschland gelegt worden,[81] kann schwerlich widersprochen werden.

Vordergründig mag auch Obenaus' Einwand gegen die Charakterisierung

[78] Zum Glanzvollen z.B. Müller, aaO., S. 15, und Rückblicke, aaO., S. 37 f.; als Beispiel für die Abqualifizierung ins Lächerliche: Fulda / Hoffmeister, aaO., S. 133.

[79] Für alle folgenden Zitate: Obenaus, Reichsstände, aaO., S. 327 f.

[80] Vierhaus, Göttingen, aaO., S. 21.

[81] S. o. Anm. 13.

der Modellstaaten-Ständeversammlungen als Parlamente wegen der in den Plenarsitzungen fehlenden Debatten einleuchtend erscheinen. Gleichwohl erscheint er zu formal und zu sehr von heute aus gesehen. Schließlich kann man dem englischen Unterhaus den Parlamentscharakter auch nicht für das 16., 17. und 18. Jahrhundert absprechen, in denen es im Gegensatz zu früheren und späteren Zeiten verpönt, ja ab 1628 (bis 1803) sogar unter Strafe verboten war, Reden aufzuzeichnen und öffentlich zu machen[82].
Formalisierte Parlamentsdebatte und Öffentlichkeit sind beide heute wie Repräsentation des Volkes und Gesetzgebungskompetenz essentielle Bestandteile des Begriffs Parlament. Am Anfang verfassungsstaatlicher Entwicklung, eben im Königreich Westphalen und im Großherzogtum Frankfurt, stehen aber nicht alle diese Wesensmerkmale in Vollendung da. Allein schon das unerhört Neue in der deutschen Geschichte, daß ihre Mitglieder der Idee und dem gesetzten Recht nach nicht sich selbst oder Korporationen vertraten, sondern die ganze "Nation" und für diese in einem Regelgefüge mit zu handeln befugt und berufen waren, könnte es für sich schon rechtfertigen, die Reichsstände des Königreichs und die Ständeversammlung des Großherzogtums Parlamente zu nennen. Neben der Repräsentation sind aber Gesetzgebungskompetenz, Öffentlichkeit und - nicht im Formalen, wohl aber im Politischen - eine Tendenz zum Deliberativen den Ständeversammlungen der nachrevolutionären Musterstaaten nicht abzusprechen. Deshalb sind sie zu Recht als "erste Parlamente" in der deutschen Verfassungsgeschichte zu bezeichnen.

Für die deutsche Parlamentsgeschichte bleibt mehr. Erstens: Auch ohne moderne Debattenkultur wirkten diese frühen Parlamente, und hier vor allem die Kasseler Reichsstände, parlamentarisch stilbildend für die deutschen Länderparlamente und den deutschen Parlamentarismus überhaupt: Der Halbrundanbau ans Museum Fridericianum wurde in Aufbau und Sitzanordnung mit Ausnahme der Integration der Regierungsbank in den Halbkreis Vorbild deutscher Parlamentssäle bis weit ins zwanzigste Jahrhundert hinein; und selbst die neuen runden Sitzordnungen in Mainz und Düsseldorf, nun wohl auch in Bonn, sind auch und gerade mit ihrer Integration der Regierungsbänke in den Kreis der im Parlament durch Reden Handelnden Fortentwicklungen dieser ersten Form parlamentarischer Behausung.

Zweitens: Die Rolle der Präsidenten als nicht politisch (wie in den Ver-

82 Mackenzie, aaO., S. 59 ff.

einigten Staaten von Amerika), sondern nur prozedural führender, gleichwohl nicht (wie in Großbritannien) politisch vollkommen neutralisierter Vorsitzender wurde durch den Grafen von der Schulenburg-Wolfsburg geprägt; und allein sieben Mitglieder der Kasseler Reichsstände und eines der Frankfurter Ständeversammlung wurden nach dem Zusammenbruch des Napoleonischen Systems und der Musterstaaten Präsidenten deutscher Gliedstaaten-Parlamente oder preußischer Provinzialstände: Graf von der Schulenburg selbst und von Bar 1814-1819 im Königreich Hannover, Freiherr von Friesen schon 1810-1811 (aber nach Abschluß der beiden Sessionen in Kassel) und wieder 1817 im Königreich Sachsen, von Heydwolff 1816 in Hessen-Kassel, von Plessen 1819-1832 in Braunschweig, von Günderode 1816-1824 in der Freien Stadt Frankfurt, Graf von Alvensleben 1824-1827 in der Mark Brandenburg und im Markgraftum Lausitz und Graf von Stolberg-Wernigerode 1825-1845 in der Provinz Sachsen.

Schließlich geht das deutsche parlamentarische Ausschußwesen mit seinen auf Fachgebiete gegliederten Ausschüssen und der zentralen Rolle des Haushaltsausschusses[83] auf das westphälische Vorbild mit seinen drei Fachkommissionen zurück.

Mit Fug und Recht lassen sich nach alledem die Reichsstände des Königreichs Westphalen und die Ständeversammlung des Großherzogtums Frankfurt in die Ahnenreihe - und hier an den Anfang eines wesentlichen, nämlich des repräsentativen Stammes - der heutigen deutschen Parlamente stellen.

[83] Gerade die Rolle der Finanzkommission im Königreich Westphalen unter dem Vorsitz des Grafen Keller, die hier nicht im einzelnen nachgezeichnet werden konnte, bedürfte einer wissenschaftlichen Aufarbeitung, zumal die Unterlagen im ZStA Merseburg lückenlos als Diarium der Kommission und in den entsprechenden Akten der Ministerien die Gesetzgebungsverfahren überliefert sind.

II

Übersichten

Wappen des Königreichs Westphalen

A. Reichsstände des Königreichs Westphalen 1808-1813

1. Rechtliche Grundlagen und Wahlen

a. Rechtliche Grundlagen

"Constitution des Königreichs Westphalen vom 15. November 1807" (GBüll KW 1808, 1. Teil, Nr. 1, S. 2 ff.), insbesondere Art. 29 bis 33 und 39 bis 44 [1].

"Königliches Dekret vom 18. März 1808, welches die Verrichtungen der Wahl-Collegien des Königreichs wie auch die Art und Weise, wie sie gehalten werden sollen, bestimmt" (GBüll KW 1808, 1. Teil, Nr. 24, S. 456 ff.).

"Instruction (des Ministers der Justiz und des Innern) für die Herren Präsidenten der Wahl-Collegien (vom 23. März 1808) über die Verrichtungen dieser Collegien und die Art und Weise, wie sie gehalten werden sollen" (Moniteur Nr. 50, 21.4.1808, S. 204, und Nr. 51, 24.4.1808, S. 206 ff.) [2].

"Königliches Dekret vom 10. May 1808, welches die den Mitgliedern der Stände für Reise und Aufenthalts-Kosten während der Dauer der Sitzungen bewilligte Entschädigung bestimmt" (GBüll KW 1808, 2. Teil, Nr. 39, S. 44 ff.).

"Instruction (des Ministers der Justiz und des Innern) für den Herrn Präsidenten der Reichsstände" (Datum unbekannt) betr. Geschäftsordnung der Reichsstände u.ä. [3]

1 Die Verfassung wurde gemäß Art. 55 Const mit der Publikation in GBüll KW kraft Königlichen Dekrets vom 7.12.1807 verbindlich.

2 Die Instruktion hatte die Form eines Briefes des Justiz- und Innenministers an die Präsidenten der Departements-Wahlkollegien.

3 Diese Instruktion wurde nicht veröffentlicht; Präsident Graf von der Schulenburg-Wolfsburg betrachtete sie "als für seine Person erhalten". Sie ist nur in ihrem § 2 in Abschrift in ZStA Kgr. Westphalen Rep. 1 C II Nr. 11 Bd. 2 Bl. 129/129 v überliefert; vgl. auch Obenaus, Reichsstände, aaO. S. 320, insbes. Anm. 107.

b. Wahlen

aa. Elbe-Departement

225 Mitglieder des Departements-Wahlkollegiums [4]

Präsident: Johann August Ernst Graf von Alvensleben [5]

Tagungsort: Magdeburg, Großer Saal der Literarischen Gesellschaft [6]

Sitzungsbeginn: 18. April 1808 [7]

Wahl der Reichsstände am 19., 20. und 21. April 1808 [8]

Fünf Wahlgänge

Erster Wahlgang am 19. April 1808

Abgegebene Stimmen	182	
Absolute Mehrheit	92	
Gewählt:		
August Graf von Alvensleben		GE 148 Stimmen
Gottlob Nathusius		KF 103 Stimmen
Friedrich Schmitz		KF 101 Stimmen

Zweiter Wahlgang am 20. April 1808

Abgegebene Stimmen	181	
Absolute Mehrheit	91	
Gewählt:		
Alexander Graf von der Schulenburg-Emden		GE 152 Stimmen
Heinrich Graf von Blumenthal		GE 130 Stimmen

4 Ernennungsdekret vom 24.3.1808 lt. Moniteur Nr. 40, 29.3.1808; StA Magdeburg Rep. B 18 I Nr. 1724 III Bl. 5-8; dort auch Mitgliederliste.

5 Moniteur Nr. 42, 3.4.1808, S. 169; zur Person Graf von Alvenslebens s. u. S. 111 f.

6 Art. 1 W.-C.-Dekret; Moniteur Nr. 42, 3.4.1808, S. 169; zur Örtlichkeit: ZStA Kgr. Westphalen Rep. 6 II A Nr. 17 Vol. I Bl. 103.

7 StA Magdeburg Rep. B 18 I Nr. 1724 III Bl. 65.

8 Alle folgenden Wahlergebnisse im Wahlkollegium des Elbe-Departements finden sich in StA Magdeburg Rep. B 18 I Nr. 1724 III Bl. 65-81 v. Vgl. auch ZStA Kgr. Westphalen Rep. 6 II A Nr. 6 Bl. 10 v und 11, Rep. 6 II Nr. 17 Vol. I passim und mit offenbar auf Abschreibfehlern beruhenden Abweichungen bei den Ergebnissen für Costenoble und Rötger Rep. 6 II A Nr. 49 Bl. 17 ff.

Johann Friedrich von Alvensleben	GE	115 Stimmen
C.F.F. Lambrecht	GE	97 Stimmen
Friedrich Graf von der Schulenburg-Angern	GE	96 Stimmen
Gotthilf Sebastian Rötger	GK	154 Stimmen

Dritter Wahlgang am 20. April 1808

Abgegebene Stimmen	177
Absolute Mehrheit	89

Gewählt:

August Graf von der Schulenburg-Altenhausen	GE	95 Stimmen
Johann Caspar Coqui	GE	93 Stimmen
Johann Jakob Costenoble	GK	118 Stimmen

Drei weitere Kandidaten erhielten mit 91 Stimmen zwar die absolute Mehrheit; wegen Stimmengleichheit kam jedoch keine Wahl zustande.

Vierter Wahlgang am 21. April 1808

Dieser Wahlgang fand zur Ausscheidung von zunächst einem der drei Bewerber statt; es erhielten Friedrich Louis Kühne 94 und von Bismarck-Welle 56 Stimmen, während von der Schulenburg-Priemern mit weniger Stimmen ausschied[9].

Fünfter Wahlgang am 21. April 1808

Die Zahl der abgegebenen Stimmen ist nicht überliefert; das Protokoll enthält nur die Feststellung, daß mit absoluter Mehrheit gewählt sei

Friedrich Louis Kühne	GE	96 Stimmen.

Unter dem 27. April 1808 benachrichtigte der Präsident des Wahlkollegiums den Präfekten des Elbe-Departements von der Wahl der Reichsstände und führte sie dabei in folgender Reihenfolge auf[10]:

Grundeigentümer: Graf von Alvensleben, Graf von der Schulen-

9 ZStA Kgr. Westphalen Rep. 6 II A Nr. 17 Vol. I Bl. 64.

10 StA Magdeburg Rep. B 18 I Nr. 1724 III Bl. 41 und ZStA Kgr. Westphalen Rep. 6 II Nr. 17 Vol. I Bl. 64 v.

Carl Otto von der Malsburg
Präsident des Departements-Wahlkollegiums des Fulda-Departements 1808

burg-Angern, Graf von der Schulenburg-Emden, Graf von der Schulenburg-Altenhausen, Graf von Blumenthal, von Alvensleben, Kühne, Lambrecht, Coqui;

Kaufleute, Fabrikanten: Schmitz, Nathusius;

Gelehrte, Künstler, verdiente Bürger: Rötger, Costenoble.

Die Mitteilung im Moniteur [11] über die Wahl listete die Gewählten in folgender Reihe auf:

Grundeigentümer: Graf von Alvensleben, Graf von Blumenthal, Graf von der Schulenburg-Angern, Graf von der Schulenburg-Emden, Graf von der Schulenburg-Altenhausen, von Alvensleben, Lambrecht, Kühne, Coqui [12];

Gelehrte, Künstler, verdiente Bürger: Rötger, Costenoble;

Kaufleute, Fabrikanten: Schmitz, Nathusius.

bb. Fulda-Departement

...Mitglieder des Departements-Wahlkollegiums [13]

Präsident: Carl Otto von der Malsburg [14]

[11] Nr. 56, 5.5.1808, S. 225.

[12] Unrichtig wurde als letzter gewählter Grundeigentümer von Bismarck und nicht Coqui aufgeführt; Coqui wird vielmehr unter den gewählten Kaufleuten und Fabrikanten verzeichnet. Bei von Bismarck handelt es sich offenbar um von Bismarck-Welle, der im Dritten Wahlgang neben Kühne und von der Schulenburg-Priemern 91 Stimmen erhielt und damit zwar die absolute Mehrheit, aber wegen Stimmengleichheit dreier Bewerber bei noch einem zu besetzenden Sitz ebenso wie die beiden anderen nicht gewählt war (vgl. oben Dritter und Vierter Wahlgang).

[13] Nach StA Marburg Best. 76 a Nr. 429 und ZStA Kgr. Westphalen Rep. 6 II A Nr. 4 Bl. 56 waren im Februar 1808 254 Mitglieder vorgesehen, offenbar wurden aber nur 216 ernannt (vgl. ZStA aaO.).

[14] Ernennungsdekret vom 11.4.1808 in StA Marburg Best. 76 a Nr. 429; vgl. auch Moniteur Nr. 48, 17.4.1808, S. 194; von der Malsburg (1742-1821), von 1803-1806 Kurhessischer Gesandter in Paris, war seit dem 21.3.1808 Mitglied des Staatsrats, spielte aber auch 1815/16 bei den Kurhessischen Verfassungsberatungen wieder eine nicht unbedeutende Rolle (vgl. z.B. Seier, Akten, aaO., S. 68 Anm. 1).

Tagungsort: Kassel, St. Martinskirche [15]

Sitzungsbeginn: 26. April 1808 [16]

Die Wahlergebnisse sind nur rudimentär, Wahlzeitpunkt und die Zahl der Wahlgänge überhaupt nicht überliefert. Die Gewählten erhielten folgende Stimmenzahlen [17].

Dr. h.c. Friedrich Ludwig von Berlepsch	GE	90 Stimmen
Wilhelm von Hiddessen	GE	119 Stimmen
Hieronymus Rosenthal	GE	94 Stimmen
Franz Wilhelm Suren	GE	96 Stimmen
Otto von Porbeck (Kassel)	GE	85 Stimmen
Wilhelm Freiherr von Mengersen	GE	129 Stimmen
Franz Joseph Freiherr von Brenken	GE	87 Stimmen
Heinrich von Meysenbug	GE	83 Stimmen
Martin Ernst von Schlieffen	GE	99 Stimmen
Ludwig Spindler	KF	108 Stimmen
Anton Ludwig Ulrich	KF	87 Stimmen
Georg von Porbeck (Höxter)	GK	101 Stimmen
Dr. Richard Dammers	GK	111 Stimmen

Die Mitteilung im Moniteur [18] verzeichnet die Gewählten in alphabetischer Reihenfolge:

Grundeigentümer: Dr. h.c. von Berlepsch, Freiherr von Brenken, von Hiddessen, Freiherr von Mengersen, von Meysenbug, von Porbeck (Kassel), Rosenthal, von Schlieffen, Suren;

Kaufleute, Fabrikanten: Spindler, Ulrich;

Gelehrte, Künstler, verdiente Bürger: Dr. Dammers, von Porbeck (Höxter).

15 Art. 1 W.-C.-Dekret; Moniteur Nr. 48, 17.4.1808, S. 194, und StA Marburg Best. 76 a Nr. 429.

16 Dekret vom 11.4.1808 lt. Moniteur Nr. 48, 17.4.1808, S. 194, und StA Marburg Best. 76 a Nr. 429.

17 Überlieferung der Wahlergebnisse in ZStA Kgr. Westphalen Rep. 6 II A Nr. 6 Bl. 14 v und 15.

18 Nr. 54, 1.5.1808, S. 217.

Kassel, St. Martinskirche
Sitzungsort des Departements-Wahlkollegiums des Fulda-Departements ab 26. April 1808

cc. Harz-Departement

201 Mitglieder des Departements-Wahlkollegiums [19]

Präsident: Friedrich Adrian von Arnstedt [20]

Tagungsort: Heiligenstadt [21]

Sitzungsbeginn: 10. April 1808 [22]

Der genaue Wahlzeitpunkt ist nicht überliefert; ebenso fehlt ein eigentliches Wahlprotokoll. Nach dem tabellarisch aufgeführten Wahlergebnis muß es mindestens drei Wahlgänge gegeben haben [23].

Erster Wahlgang			
Abgegebene Stimmen	126		
Absolute Mehrheit	64		
Gewählt:			
Friedrich Adrian von Arnstedt		GE	76 Stimmen
Carl von Knorr		GE	76 Stimmen
Christoph Graf von Keller		GE	67 Stimmen
August von Westernhagen		GE	66 Stimmen
Wilhelm Lutteroth		KF	95 Stimmen
Weiterer Wahlgang			
Abgegebene Stimmen	124		
Absolute Mehrheit	63		
Gewählt:			
Leopold von Kaisenberg		GE	81 Stimmen
Friedrich von Motz		GE	69 Stimmen
Carl Fromm		GE	65 Stimmen

19 Ernennungsdekret vom 21.3.1808 lt. Moniteur Nr. 40, 29.3.1808, S. 159; Mitgliederliste in StA Magdeburg Rep. B 35 Tit. II a Nr. 2 Bl. 305-308.

20 Ernennungsdekret vom 26.3.1808 in StA Magdeburg Rep. B 35 Tit. II a Nr. 2 Bl. 303; vgl. auch Moniteur Nr. 40, 29.3.1808, S. 159; zur Person von Arnstedts s. u. S. 113 f.

21 Art. 1 W.-C.-Dekret; Moniteur Nr. 40, 29.3.1808, S. 159.

22 Dekret vom 26.3.1808 lt. Moniteur Nr. 40, 29.3.1808, S. 159.

23 Überlieferung der Wahlergebnisse in ZStA Kgr. Westphalen Rep. 6 II Nr. 6 Bl. 9 v und 10.

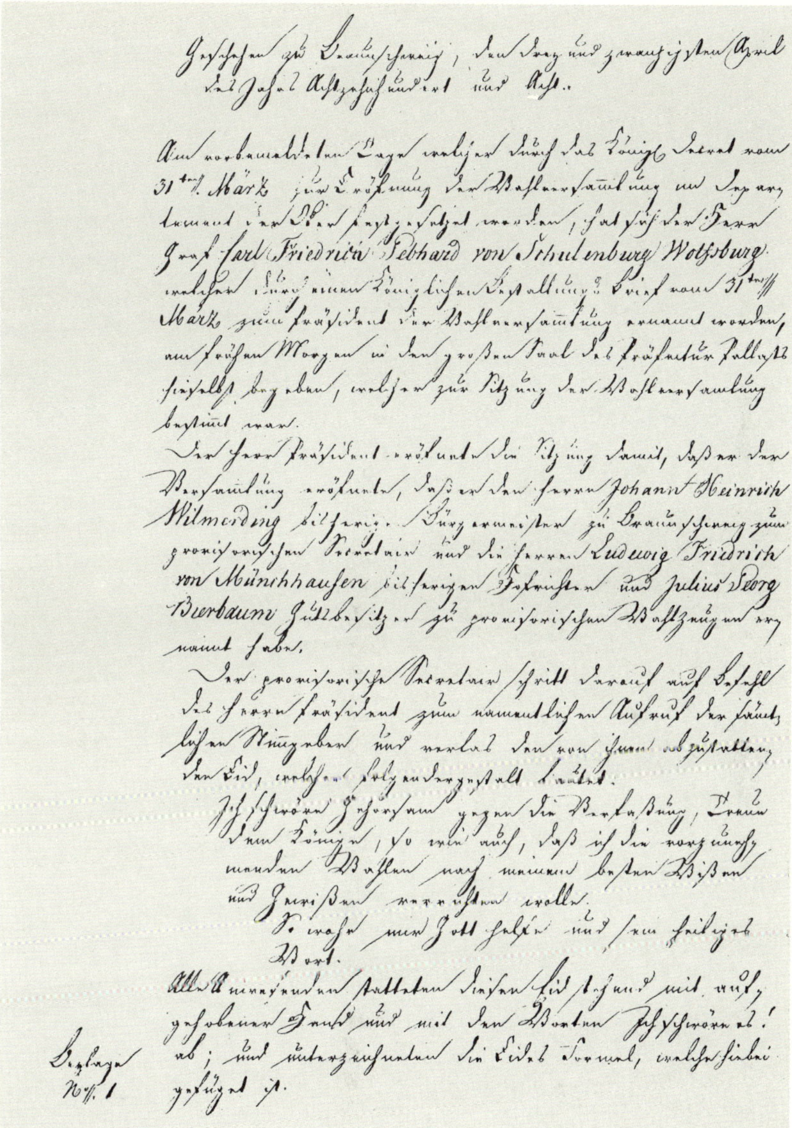
Geschehen zu Braunschweig, den drey und zwanzigsten April des Jahrs Achtzehnhundert und Acht.

Am vorbemeldeten Tage welcher durch das Königl. Decret vom 31ten März zur Eröffnung der Wahlversammlung im Departement der Oker festgesetzt worden, hat sich der Herr Graf Carl Friedrich Gebhard von Schulenburg Wolfsburg welcher durch einen Königlichen Bestallungs Brief vom 31ten März zum Präsident der Wahlversammlung ernannt worden, am frühen Morgen in den großen Saal des Präfectur Pallasts hieselbst begeben, welcher zur Sitzung der Wahlversammlung bestimmt war.

Der Herr Präsident eröfnete die Sitzung damit, daß er der Versammlung eröfnete, daß er den Herrn Johann Heinrich Wilmerding bisherigen Bürgermeister zu Braunschweig zum provisorischen Secretair und die Herren Ludewig Friedrich von Münchhausen bisherigen Hofrichter und Julius Georg Beerbaum Gutsbesitzer zu provisorischen Wahlzeugen ernannt habe.

Der provisorische Secretair schritt darauf auf Befehl des Herrn Präsident zum namentlichen Aufruf der sämtlichen Mitglieder und verlas den von ihnen abzulegenden Eid, welcher folgendergestalt lautet:

Ich schwöre Gehorsam gegen die Verfaßung, Treue dem Könige, so wie auch, daß ich die vorzunehmenden Wahlen nach meinem besten Wißen und Gewißen verrichten wolle.

So wahr mir Gott helfe und sein heiliges Wort.

Alle Anwesenden leisteten diesen Eid sofort mit aufgehobener Hand und mit den Worten Ich schwöre es! ab; und unterzeichneten die Eides Formel, welche hiebei gefüget ist.

Beylage No. 1

Tafelseiten XII–XIX

Protokoll der Sitzungen des Departements-Wahlkollegiums des Oker-Departements am 23. und 24. April 1808 mit der Wahl der Mitglieder der Reichsstände dieses Departements unter dem Vorsitz von Gebhard Graf von der Schulenburg-Wolfsburg

Der Herr Präsident lud darauf die Versammlung ein, die Wahl von acht beständigen Wahlzeugen und einem beständigen Secretair vorzunehmen, dergestalt, daß sie für einen jeden derselben eine Person auf den Zetteln welche sie in den Wahlkasten zu legen hatten, nahmhaft machten. Als nun sämtliche Gegenwärtige welche nach geschehenem Aufruf

Ap. 2. sich auf den vorliegenden Wahlzetteln unterschrieben, ihren Wahlzettel in den Wahlkasten gelegt hatten, so erklärte der Herr Präsident daß diese Wahlen geschloßen wären, indem sich niemand mehr zum Stimmengeben einfand, und verfügte derselbe daß die Wahlzettel herausgenommen und nachgesehen würden.

Die Zahl der Wählenden war 174. welche sämtlich den Eid abgestattet hatten, mithin die von dem Herrn Präsidenten bekannt gemachte absolute Majoritaet — 88.

Der bisherige provisorische Secretair Johann Heinrich Wilmerding hatte 170 Stimmen als beständiger Secretair vor sich.

Dem zufolge machte der Herr Präsident denselben als beständigen Secretair der Versammlung bekannt.

Die Mitglieder der Versammlung welche die absolute Stimmen Mehrheit als Wahlzeugen vor sich hatten, waren:

Herr Ludwig Friedrich von Münchhausen bisheriger Hofrichter — — — — — — — 154. Stimmen.

Herr Just Gebhard von Bötticher bisheriger Schatzrath. — — — — — — — 154. —,

Herr Christian Friedrich Adolph von Cramme bisheriger Schatzrath. — — — — 152. —

Herr Geheimen Justiz Rath. Friedrich August Schmeltzer. — — — — — — — — — 146. —

Herr Julius Georg Bierbaum. — — — — — 144. —,

Herr Amtsrath Hartwig Friedrich Maximilian Steve — 132 Stimmen

Herr Präsident Hermann von Lochhausen — 117. —

welche sieben Mitglieder der Herr Präsident der Wahlversammlung als beständige Wahlzeugen bekannt machte.

Da für den achten Wahlzeugen keine absolute Stimmen Mehrheit vorhanden war, so wurde auf Befehl des Herrn Präsident eine neue Wahl vorgenommen; die Anwesenden welche sich abermals auf den Wahlbogen unter-
Poss. 3. zeichneten, legten ihre Wahlzettel in den Wahlkasten, und da niemand sich weiter zum Abgeben der Stimmen meldete, so wurde die Öffnung der Wahlzettel verfügt.

Die Zahl der Wählenden war dieses mal 145 Personen, und da alle diese Stimmen außer 4. auf den Herrn Dechant August von Weichs aus Hildesheim fielen, so machte der Herr Präsident denselben als achten Wahlzeugen bekannt.

Hiermit wurde die heutige Sitzung geschlossen, da es schon Abends nach 9 Uhr war.

Fortsetzung der Verhandlungen der Wahlversammlung des Oker Departements, d. 24 April 1808.

Heute den vier und zwanzigsten April des Jahrs Achtzehnhundert und Acht hatten sich die Mitglieder des Wahlcollegii wieder bey frühen Morgen im Fürstlichen Pallast zu Braunschweig versammelt.

Der Herr Präsident Graf von Schulenburg Wolfsburg lud die Herren welche zu Wahlzeugen und als Secretair ernannt waren ein, an seinem Tische Platz zu nehmen; sodann wurden die Herren Sudewell, Rauschenplatt, Brackmann und Albrecht, welche gestern den zu leistenden Eid noch nicht abgestattet, beeidiget, und unterschrieben solche die Eidesformul.

Der Herr Präsident veranlaßte hierauf die Vorlesung

1. der Acte seiner Ernennung zum Präsidenten vom 31t März.
2. des königl. Decrets vom 31t März die Zusammenberufung des Wahlcollegii für das Oker Departement betreffend.
3. des königl. Decrets vom 18t März, welches die Verrichtungen der Wahlcollegien des Königreichs Westphalen u. s. w. betrifft.
4. die Instruction für die Herren Präsidenten der Wahlcollegien über die Verrichtungen dieser Collegii vom 12 März.

welche von dem Secretair verlesen wurden.

Der Herr Präsident trug hierauf vor: daß nunmehro zur Wahl der Stände des Reichs zu schreiten sey, und daß dazu im Oker Departement

10.

10 Personen aus den Güterbesitzern
2 Personen aus den Gelehrten und Künstlern
2. Personen aus den Kaufleuten und Fabricanten
zu erwählen wären.

Er eröffnete der Versammlung ferner, daß zu Erleichterung der Wahl die Versammlung welche, überhaupt aus 178 berechtigten Votanten bestünde, in 4 Sectionen vertheilt werden, welche jede einen Präsidenten und einen Secretair nebst 2. von den ernannten Wahlzeugen erhielte; Es sey am bequemsten die Sectionen nach dem Alphabet abzutheilen, und so bestünde

die erste Section aus den Mitgliedern deren Namen von A bis E anfingen.

die 2te Section aus den Mitgliedern deren Namen von F. bis K anfingen.

die 3te Section aus den Mitgliedern deren Namen von L bis R. sich anfingen.

und die 4te Section aus den Mitgliedern deren Namen die Anfangs Buchstaben S. bis Z. hätten.

Der Herr Präsident ernannte nun bei der 2ten Section
zum Präsident den Herrn Tribunal Präsident Ahlborg.
zum Secretair den H. Geheimen Justiz Rath Haeberlin.

Die Wahlzeugen bei dieser 2ten Section waren.
der H Regierungsrath von Bötticher
der H Amtsrath Clere

bei der 3ten Section. zum Präsident.
den Herrn Oberjägermeister von Sierstorpf.
zum Secretair
den Herrn Dechant Osthaus.

Die Wahlzeugen bei dieser 3ten Section waren
der H Domdechant von Weichs.
der H Präsident von Lochhausen

b. w.

Bey der 4t. Section zum Präsident
den Herrn Landrath von König.
zum Secretair
den Herrn Meyer von Goslar.
Die Wahlzeugen bey dieser 4t. Section waren
der Herr Geheime Justiz Rath Schmeltzer
Herr Jul. Georg Bierbaum.

Hierauf haben die Votanten sich in ihren Sectionen in besonderen Zimmern formiert.

In der ersten Section sind hierauf die Votanten namentlich aufgerufen und nachdem ein jeder von ihnen seinen
Act. 4. Namen aufgeschrieben so hat er seinen Wahlzettel in den Wahlkasten eingelegt.

Nachdem in dieser Section sich niemand weiter zum Stimmengeben einfand, auch die Herren Praesidenten der übrigen Sectionen angezeigt, daß sämtliche Anwesende votirt hätten, so erklärte der Herr Praesident Graf von Schulenburg Wolfsburg, daß, nachdem 6. Stunden von Eröfnung der heutigen Wahl wieder verfloßen seyen, und sich niemand weiter zum Votiren einfinden würde, die Wahl für beschloßen erklärt werden solle.

Nachdem diese sechs Stunden verlaufen und sich niemand weiter zum Stimmengeben angefunden, auch auf den geschehenen Aufruf sich niemand weiter einfand, erklärte der Herr Präsident daß die Wahl beschloßen und die Wahlzettel aus den Wahlkasten zu nehmen wären.

Es wurden in der ersten Section die Wahlzettel gezählet und traf deren Anzahl mit der Zahl der Votanten genau überein. Die Herren Präsidenten der

übrig

übrigen Sectionen gaben die Nachricht, daß auch in ihren Sectionen diese Genauigkeit vorhanden wäre.

Hierauf wurde in der ersten Section, so wie in den übrigen 3 Sectionen die Wahlzettel geöffnet und die Stimmen gezählt, auch wurde aus der 2ten 3ten und
4ten Section das Resultat der Stimmenmehrheit in — No. 5. No. 6.
die ersten Section gebracht. — No. 7. No. 8.
Der Herr Präsident machte hierauf bekannt: daß — No. 9. No. 10.
die Anzahl der sämtlichen Votirenden 165 sey, daß mithin die absolute Mehrheit der Stimmen für die zu erwählenden 84. betrage.

Als nun die Stimmen aus allen Sectionen zusammen gezählt worden, so ergab sich daß folgende Herren die absolute Majoritaet der Stimmen hatten.

a. unter den Grundeigenthümern.

1. Der H. Graf Carl Friedrich Gebhard von Schulenburg Wolfsburg. — — — — — — — 162 Stimmen.
2. Der H. Graf Moritz von Brabeck — — 160. —
3. Der H. Oberjägermeister Caspar Heinrich von Sierstorpff. — — — — — — 146. —
4. Der H. Hans Georg Gottlieb von Plessen bisheriger Schatzrath. — — — — 134. —
5. Der H. von Löhneisen bisheriger Kammerrath. — — — — — 134. —
6. Der H. Julius Georg Bierbaum. — — — — 133. —
7. Der H. Unterpräfect in Hildesheim Franz Anton Blum. — — — — — — — 117. —
8. Der H. Ludewig Friedrich von Münchhausen bisheriger Hofrichter — — — — — 98. —
9. Der H. Johann Heinr. Wilmerding: bisher. Bürgermeister. — — — — — — — — 93.
10. Der H. Landcommandeur von Luklum, Otto Philipp von Münchhausen — — — — 92.

B. unter den Gelehrten und Künstlern.

1. Der H. Abt. Henke zu Helmstedt. 139. Stimmen

2. Der H. Professor Geheimer Justiz Rath. Haeberlin aus Helmstaedt. — — — — — — — 117. —

C. unter den Kaufleuten und Fabrikanten.

1. Der H. Carl Friedrich Löbbecke — . 155. —

2. Der H. Geheime Finanz Rath Israel Jacobsohn. — — 135. —

Der Herr Präsident proclamirte hierauf diese genannten Herren als Mitglieder der Stände des Königreichs Westphalen.

Letzter Wahlgang			
Abgegebene Stimmen	82		
Absolute Mehrheit	43		
Gewählt:			
Anton von Bodungen		GE	55 Stimmen
Valentin Meilhaus		KF	63 Stimmen
Carl Hübner		GK	48 Stimmen

Die Mitteilung im Moniteur[24] verzeichnet die Gewählten in folgender Reihenfolge:

Grundeigentümer: von Knorr, von Arnstedt, Graf von Keller, von Westernhagen, von Kaisenberg, von Motz, Fromm, von Bodungen;

Kaufleute, Fabrikanten: Lutteroth, Meilhaus;

Gelehrte, Künstler, verdiente Bürger: Hübner.

dd. Leine-Departement

200 Mitglieder des Departements-Wahlkollegiums[25]

Präsident: Dr. Julius Christoph Leist[26]

Tagungsort: Göttingen, Saal auf dem Kaufhaus[27]

Sitzungsbeginn: 29. April 1808, 6 Uhr morgens[28]

24 Nr. 52, 26.4.1808, S. 209.

25 Mitgliederliste in HStA Hannover Best. Hann. 52 Nr. 1057 Bl. 3-5 und 8-9 ff. Zur Auswahl der Mitglieder ist besonders instruktiv HStA Hannover Best. Hann. 52 Nr. 1058, 1059 und 1060.

26 Dekret vom 16.4.1808 in HStA Hannover, Best. Hann. 52 Nr. 1057 Bl. 2 f.; Leist (1770-1858), Professor des Staatsrechts in Göttingen, war seit dem 23.12.1807 Mitglied des Staatsrats, wurde am 10. Januar 1810 von Jérôme als Baron geadelt (vgl. Deutscher Herold 1874, S. 84), war später einer der engsten Rechtsberater des Königs Ernst August von Hannover, wurde 1839 als einziger Bürgerlicher Mitglied des Staatsrats und im gleichen Jahr Vizepräsident des Oberappellationsgerichts Celle; vgl. ADB 18, 226 ff., und DBI 751, 357-364.

27 Art. 1 W.-C.-Dekret; Dekret vom 16.4.1808 in HStA Hannover Best. Hann. 52 Nr. 1057 Bl. 2 f. und Bl. 56.

28 Dekret vom 16.4.1808 in HStA Hannover Best. Hann. 52 Nr. 1057 Bl. 2 und Bl. 56.

Wie beim Harz-Departement ist nur ein tabellarisches Wahlergebnis überliefert, nach dem es mindestens drei Wahlgänge gegeben haben muß[29].

Erster Wahlgang		
Abgegebene Stimmen	162	
Absolute Mehrheit	82	
Gewählt:		
Johann Franz Just Wedemeyer		GE 91 Stimmen
Johann Bippart		KF 110 Stimmen
Weiterer Wahlgang		
Abgegebene Stimmen	156	
Absolute Mehrheit	79	
Gewählt:		
Ludwig Freiherr von Wangenheim		GE 128 Stimmen
C.F.G. Westfeld		GE 104 Stimmen
Ernst Friedrich von Stockhausen		GE 92 Stimmen
J.A.F. Raven		GE 91 Stimmen
Friedrich Freiherr von Hoevel		GK 151 Stimmen
Letzter Wahlgang		
Abgegebene Stimmen	147	
Absolute Mehrheit	74	
Gewählt:		
Dr. Friedrich von Strombeck		GK 100 Stimmen

In den Akten des Wahlkollegiums findet sich eine Liste der "erwählten Reichsstände"[30], die sie in dieser Reihenfolge verzeichnet:

Grundeigentümer: Wedemeyer, Freiherr von Wangenheim, Westfeld, Raven, von Stockhausen;

Kaufleute, Fabrikanten: Bippart;

Gelehrte, Künstler, verdiente Bürger: Freiherr von Hövel, Dr. von Strombeck.

[29] Überlieferung der Wahlergebnisse in ZStA Kgr. Westphalen Rep. 6 II A Nr. 6 Bl. 15 v und 16.

[30] HStA Hannover Best. Hann. 52 Nr. 1057 Bl. 64.

Die Mitteilung im Moniteur[31] listete die Gewählten in folgender Reihe auf:

Grundeigentümer: von Stockhausen, Freiherr von Wangenheim, Wedemeyer, Westfeld, Raven;

Kaufleute, Fabrikanten: Bippart;

Gelehrte, Künstler, verdiente Bürger: Freiherr von Hövel, Dr. von Strombeck.

ee. Oker-Departement

...Mitglieder des Departements-Wahlkollegiums[32]

Präsident: Carl Friedrich Gebhard Graf von der Schulenburg-Wolfsburg[33]

Tagungsort: Braunschweig, Präfekturpalast[34]

Tagungsbeginn: 23. April 1808[35]

Wahl der Reichsstände am 24. April 1808[36]

Ein Wahlgang

Abgegebene Stimmen	165
Absolute Mehrheit	83

31 Nr. 59, 12.5.1808, S. 237.

32 Die genaue Zahl der Mitglieder des Wahlkollegiums im Oker-Departement war ebensowenig wie eine Mitgliederliste zu ermitteln. Es war ursprünglich die Ernennung von 268 Mitgliedern vorgesehen. Tatsächlich wurden aber wohl nur 228 ernannt (vgl. ZStA Kgr. Westphalen Rep. 6 II A Nr. 4 Bl. 56 v).

33 StA Wolfenbüttel LB 3063 Westfalica; Moniteur Nr. 43, 5.4.1808, S. 173; zur Person von Graf von der Schulenburg-Wolfsburg s. u. S. 188 f.

34 Art. 1 W.-C.-Dekret; StA Wolfenbüttel LB 3063 Westfalica; Moniteur Nr. 43, 5.4.1808, S. 173; in welchem Gebäude in Braunschweig die Präfektur ihren Sitz hatte, konnte auch nicht mit Hilfe des Stadtarchivs Braunschweig ermittelt werden.

35 StA Wolfenbüttel LB 3063 Westfalica; Moniteur Nr. 43, 5.4.1808, S. 173.

36 StA Wolfenbüttel LB 3063 Westfalica; so auch mit offenbar auf Abschreibfehler beruhender Abweichung beim Ergebnis für Henke ZStA Kgr. Westphalen Rep. 6 II A Nr. 6 Bl. 13 v und 14.

Gewählt:

Gebhard Graf von der Schulenburg-Wolfsburg	GE 162 Stimmen
Moritz Graf von Brabeck	GE 160 Stimmen
Karl Friedrich Löbbecke	KF 155 Stimmen
Caspar Heinrich Joseph Freiherr von Sierstorpff	GE 146 Stimmen
Dr. Philipp Henke	GK 139 Stimmen
Israel Jacobsson	KF 135 Stimmen
H.G.G. von Plessen	GE 134 Stimmen
Carl von Löhneysen	GE 134 Stimmen
Julius Georg Bierbaum	GE 133 Stimmen
Franz Anton Blum	GE 117 Stimmen
Dr. Karl Friedrich Haeberlin	GK 117 Stimmen
Ludwig Friedrich von Münchhausen (Vahlberg)	GE 98 Stimmen
Johann Heinrich Wilmerding	GE 93 Stimmen
Philipp von Münchhausen (Lucklum)	GE 92 Stimmen

Die Mitteilung im Moniteur[37] verzeichnete die Gewählten in alphabetischer Reihenfolge:

Grundeigentümer: Bierbaum, Blum, Graf von Brabeck, von Löhneysen, von Münchhausen (Vahlberg), von Münchhausen (Lucklum), von Plessen, Freiherr von Sierstorpff, Graf von der Schulenburg-Wolfsburg, Wilmerding;

Kaufleute, Fabrikanten: Jacobsson, Löbbecke;

Gelehrte, Künstler, verdiente Bürger: Dr. Haeberlin, Dr. Henke.

ff. Saale-Departement

...Mitglieder des Departements-Wahlkollegiums[38]

37 Nr. 54, 1.5.1808, S. 217.

38 Ernennungsdekret vom 24.3.1808 lt. Moniteur Nr. 40, 29.3.1808, S. 159; StA Magdeburg Rep. B 26.4 Nr. 2 Bl. 1. Es war offenbar die Ernennung von 210 Mitgliedern vorgesehen, tatsächlich wurden aber wohl nur 200 (oder gar einige weniger) ernannt; vgl. ZStA Kgr. Westphalen Rep. 6 II A Nr. 4 Bl. 56 v und 57.

Präsident: Franz Anton Salvator von Branconi [39]

Tagungsort: Halberstadt [40]

Sitzungsbeginn: 18. April 1808 [41]

Wahl der Reichsstände vom 18. bis 24. April 1808 [42]

Zu Beginn waren 142 Mitglieder des Wahlkollegiums anwesend. Offenbar hat es drei Wahlgänge gegeben, ist doch das Wahlergebnis in folgender Weise überliefert:

Gewählt:

Henrich Erbgraf von Stolberg-Wernigerode	GE	123 Stimmen
F.A.S. von Branconi	GE	89 Stimmen
Friedrich Carl Culemann	GE	89 Stimmen
Carl Pomme	GE	85 Stimmen
Carl Heinrich Rosentreter	KF	74 Stimmen
Dr. August Hermann Niemeyer	GK	93 Stimmen
Johann Gottfried Roloff	GK	74 Stimmen
Christian Friedrich von Ritzenberg	GE	120 Stimmen
Johann George Seiler	GE	89 Stimmen
Dr. Wilhelm Keferstein	GE	71 Stimmen
Johann Georg Freiherr von Friesen	GE	86 Stimmen

Dic Mitteilung im Moniteur [43] verzeichnete die Gewählten in dieser Reihenfolge:

39 Moniteur Nr. 42, 3.4.1808, S. 169; zur Person von Branconis s. u. S. 125.

40 Art. 1 W.-C.-Dekret; Moniteur Nr. 42, 3.4.1808, S. 169.

41 Moniteur Nr. 42, 3.4.1808, S. 169.

42 Für die Wahltage: Schriftliche Auskunft des StA Magdeburg vom 6.12.1989. - Ein eigentliches Wahlprotokoll fehlt; nur die Stimmen der Gewählten sind in der Art wie angegeben in StA Magdeburg Rep. B 26.4 No. 2 Bl. 9 verzeichnet. Nach den auf Abschriften beruhenden Tabellen in ZStA Kgr. Westphalen Rep. 6 II A Nr. 6 Bl. 11 v und 12 könnte es möglicherweise nur zwei Wahlgänge gegeben haben; dabei wurden bei 139 abgegebenen Stimmen in einem ersten Wahlgang gewählt: Erbgraf von Stolberg-Wernigerode (123 Stimmen), Dr. Niemeyer (93), von Branconi (89), Pomme (85), Culemann (84), Rosentreter (74) und Roloff (73); in einem weiteren Wahlgang wurden danach bei 138 abgegebenen Stimmen gewählt: von Ritzenberg (120), Seiler (89), Freiherr von Friesen (86) und Keferstein (71).

43 Nr. 57, 7.5.1808, S. 229.

Grundeigentümer: Erbgraf von Stolberg-Wernigerode, von Branconi, Culemann, Pomme, von Ritzenberg, Seiler, Dr. Keferstein, Freiherr von Friesen;

Kaufleute, Fabrikanten: Rosentreter;

Gelehrte, Künstler, verdiente Bürger: Dr. Niemeyer, Roloff.

gg. Werra-Departement

224 Mitglieder des Departements-Wahlkollegiums [44]

Präsident: Carl Ludwig Freiherr von Dörnberg [45]

Tagungsort: Marburg an der Lahn, Akademischer Hörsaal [46]

Sitzungsbeginn: 10. Mai 1808 [47]

Der genaue Wahlzeitpunkt ist nicht überliefert; ebenso fehlt ein eigentliches Wahlprotokoll. Nach dem tabellarisch aufgeführten Wahlergebnis hat es offenbar nur einen Wahlgang gegeben [48].

Abgegebene Stimmen	176	
Absolute Mehrheit	89	
Gewählt:		
Ludwig Wilhelm von Baumbach (-Nentershausen)		GE 92 Stimmen
Wilhelm Ludwig von Baumbach (-Lenderscheid)		GE 105 Stimmen
Carl Ludwig Freiherr von Dörnberg		GE 120 Stimmen
Bernhard Christian Duysing		GE 142 Stimmen
Friedrich von Heydwolff		GE 95 Stimmen
Dr. Georg Robert		GE 100 Stimmen
Johann Adam Sporleder		GE 81 Stimmen

44 StA Marburg Best. 77a Nr. 1844; dort auch Mitgliederliste.

45 StA Ernennungsdekret vom 23.4.1808 in Marburg Best. 77a Nr. 1781: Moniteur Nr. 53, 28.4.1808, S. 213; zur Person von Dörnbergs s. u. S. 135 f.

46 StA Marburg Best. 77a Nr. 1781.

47 StA Marburg Best. 77a Nr. 1781. Moniteur Nr. 53, 28.4.1808, S. 213.

48 Überlieferung der Wahlergebnisse in ZStA Kgr. Westphalen Rep. 6 II A Nr. 6 Bl. 16 v und 17; daß Sporleder die absolute Mehrheit nicht erreichte, blieb unbeanstandet.

Elias Thon	GE 155	Stimmen
Wilhelm Friedrich von Trott zu Solz	GE 92	Stimmen
Valentin Morchutt	KF 126	Stimmen
Johann Lucas Schröder	KF 110	Stimmen
August von Reimann	GK 141	Stimmen
Dr. Ludwig Wachler	GK 127	Stimmen

In den Akten des Werra-Departements findet sich folgende Liste der gewählten Reichsstände[49]:

Grundeigentümer: Freiherr von Dörnberg, von Baumbach (-Lenderscheid), Duysing, Thon, von Baumbach (-Nentershausen), Dr. Robert, von Heydwolff, von Trott zu Solz, Sporleder;

Kaufleute, Fabrikanten: Schröder, Morchutt;

Gelehrte, Künstler, verdiente Bürger: von Reimann, Dr. Wachler.

Die Mitteilung im Moniteur[50] verzeichnet die Gewählten in der gleichen Reihenfolge.

hh. Weser-Departement

300 Mitglieder des Departements-Wahlkollegiums[51]

Präsident: Georg Viktor Friedrich Dietrich Freiherr Schele von Schelenburg[52]

Tagungsort: Osnabrück, Friedenssaal des Rathauses[53]

49 StA Marburg Best. 77 a Nr. 1781.

50 Nr. 67, 31.5.1808, S. 269.

51 So Thimme, aaO., Band 2, S. 125/126; vgl. auch StA Osnabrück Rep. 230 Nr. 9 Bl. 444 und 510. Es war zunächst beabsichtigt, 325 Mitglieder zu ernennen (ZStA Kgr. Westphalen Rep. 6 II A Nr. 4 Bl. 56 v); nach dem dortigen Vermerk sollen aber nur 282 Mitglieder ernannt worden sein.

52 Dekret vom 31.3.1808 in StA Osnabrück Rep. 230 Nr. 9 Bl. 511; Moniteur Nr. 53, 28.4.1808, S. 213; von Schele (1771-1844) war seit dem 11.12.1807 Mitglied des Staatsrats, fiel im Januar 1812 bei Jérôme in Ungnade und starb am 5.9.1844 als hannöverscher Minister; vgl. ADB 30, 751 ff., und DBI 1094, 258-266.

53 Art. 1 W.-C.-Dekret; Moniteur Nr. 43, 5.4.1808, S. 173; Dekret vom 31.3.1808 in StA Osnabrück Rep. 230 Nr. 9 Bl. 84 und 511.

Osnabrück, Markt und Rathaus
Im Rathaus zu Osnabrück wählte das Departements-Wahlkollegium am 21., 22. und 23. April 1808 die Reichsstände des Weser-Departements
(Bauzustand des Rathauses ca. 1840)

Sitzungsbeginn: 21. April 1808 [54]

Wahl der Reichsstände am 22. und 23. April 1808 [55]

Drei Wahlgänge

Erster Wahlgang am 22. April 1808

Abgegebene Stimmen	205	
Absolute Mehrheit	103	
Gewählt:		
Peter Friedrich Hoffbauer		GE 199
Florenz Conrad Freiherr Ostmann von der Leye		GE 168
Leopold von Klencke		GE 164
F.P.H.A. Schmidtmann		GE 162
Borries von Hammerstein		GE 157
Carl Anton Diederichs [56]		GE 143
Heinrich Rudolph Brockmann [57]		GE 142
Conrad Wilhelm Delius		GE 125
Philipp Georg Wilhelm von Cornberg		GE 117
Abraham Nottebohm [58]		GE 103
Christian Franz Thorbecke		KF 162

54 Gemäß Dekret vom 31.3.1808 in StA Osnabrück Rep. 230 Nr. 9 Bl. 511; Moniteur Nr. 43, 5.4.1808, S. 173.

55 Die folgenden Wahlergebnisse im Wahlkollegium des Weser-Departements finden sich in StA Osnabrück Rep. 230 Nr. 9 Bl. 84-99; sie wurden berichtigt durch das "Königliche Dekret vom 29. May 1808, welches Verfügungen in Betreff der Wahlen des Weser-Departements enthält" (GBüll KW 1808 2. Teil, Nr. 42, S. 146 ff.), und werden im Ergebnis der Berichtigung mitgeteilt. Dies deckt sich mit den tabellarischen Abschriften in ZStA Kgr. Westphalen Rep. 6 II A Nr. 6 Bl. 12 v und 13. Nur für Nottebohm gibt es dort eine Abweichung (191 von 197 Stimmen im Zweiten Wahlgang); vgl. dazu Anm. 52. Die Wahl von Hammersteins blieb trotz seines Alters - er war noch nicht 30 Jahre alt - unbeanstandet; vgl. aber für einen anderen Fall Anm. 60.

56 In der Sitzung des Wahlkollegiums wurde Diederichs nicht als gewählt proklamiert, weil er als Gelehrter, Künstler bzw. um den Staat verdienter Bürger im Wahlkollegium saß; er wurde durch das Dekret vom 28.5.1808 als gewählt erklärt (s. Anm. 55).

57 Für Brockmann gilt das in Anm. 56 für Diederichs Ausgeführte analog.

58 In der Sitzung des Wahlkollegiums wurde Nottebohm nicht nach dem 1. Wahlgang als gewählt proklamiert; er mußte sich vielmehr im 2. Wahlgang stellen, in dem er 191 von 197 Stimmen erhielt. Entsprechend dem Dekret vom 28.5.1808 (s. Anm. 55) waren aber im 1. Wahlgang die 70 Stimmen, die er als Grundeigentümer erhielt, und die 33, die für ihn als Kaufmann abgegeben wurden, zusammenzuzählen, so daß er damit bereits die absolute Mehrheit erlangte.

Carl Lueder	KF 132
Johann Anton Brunswick	KF 121
Ludwig von Bar[59]	GK 158
G.L.C. Heuser[60]	GK 147

Zweiter Wahlgang am 22. April 1808

Abgegebene Stimmen	197
Absolute Mehrheit	99

Gewählt:

Philipp von Borries	GE 136
Ludwig Graf zu Münster-Langelage[61]	GE 130

Dritter Wahlgang am 23. April 1808

Abgegebene Stimmen[62]	173

In das Protokoll der Sitzungen des Wahlkollegiums wurden die Unsicherheiten im Zusammenhang mit den Kandidaten von Bar, Brockmann, Diederichs, von Horst und Nottebohm aufgenommen und die endgültige Feststellung des Ergebnisses dem König anheim gegeben[63].

59 von Bar erhielt 63 Stimmen als Gelehrter und 95 als Grundeigentümer und wurde deshalb in der Sitzung des Wahlkollegiums nicht als gewählt proklamiert, sondern erst durch das Dekret vom 28.5.1808 (vgl. Anm. 55).

60 Die in späteren Wahlgängen gewählten Reichsstände Graf zu Münster-Langelage und von Borries erhielten im 1. Wahlgang 102 bzw. 90 Stimmen; in diesem Wahlgang wurde trotz 182 erreichter Stimmen der Mindener Dompropst von Horst als zu jung als nicht gewählt erklärt, was im Dekret vom 28.5.1808 (s. Anm. 55) bestätigt wurde.

61 Da vom Präsidenten des Wahlkollegiums für diesen Wahlgang wegen der Unsicherheiten betr. die Bewerber von Bar, Brockmann, Diederichs, von Horst und Nottebohm noch fünf Positionen unter den Grundeigentümern und eine unter den Gelehrten, Künstlern bzw. um den Staat verdienten Bürgern als offen angesehen wurden, proklamierte er hier weiter als Reichsstände Nottebohm mit 191 und Unterpräfekt von dem Bussche mit 100 Stimmen als Grundeigentümer und Präfekt von Pestel mit 174 Stimmen als um den Staat verdienten Bürger; von dem Bussche und von Pestel schieden aber nach dem Dekret vom 28.5.1808 (vgl. Anm. 55) als Gewählte aus.

62 Hier wurde für den letzten nach Meinung des Wahlkollegiums- Präsidenten noch offenen Grundeigentümersitz mit 75 Stimmen der Unterpräfekt Delius als gewählt erklärt (bei 58 Stimmen für Bürgermeister Stüve, Osnabrück) und 40 Stimmen für den Bewerber Meyer (zu Essen); mit dem Dekret vom 28.5.1808 (vgl. Anm. 55) schied aber dieser Delius als Gewählter aus.

63 StA Osnabrück Rep. 230 Nr. 9 Bl. 84-99.

Die Mitteilung im Moniteur[64] verzeichnet die Gewählten in alphabetischer Reihenfolge:
Grundeigentümer: von Borries, Brockmann, von Cornberg, Delius, Diederichs, von Hammerstein, Hoffbauer, von Klencke, Graf zu Münster-Langelage, Nottebohm, Freiherr Ostmann von der Leye, Schmidtmann;

Kaufleute, Fabrikanten: Brunswick, Lueder, Thorbecke;

Gelehrte, Künstler, verdiente Bürger: von Bar, Heuser.

64 Nr. 70, 7.7.1808, S. 281.

2. Mitglieder

a. Reihenfolge der amtlichen Bekanntmachung [1]

aa. Elbe-Departement

Grundeigentümer:

Graf von Alvensleben, Johann August Ernst
von Alvensleben, Johann Friedrich [2]
Graf von Blumenthal, Heinrich Leopold August
Coqui, Johann Caspar
Kühne, Friedrich Louis
Lambrecht, Carl Friedrich Ferdinand
Graf von der Schulenburg-Angern, Friedrich Christoph Daniel
Graf von der Schulenburg-Altenhausen, August Carl Jakob
Graf von der Schulenburg-Emden, Philipp Ernst Alexander

Kaufleute, Fabrikanten:

Nathusius, Johann Gottlob
Schmitz, Friedrich

Gelehrte, Künstler, um den Staat verdiente Bürger:

Costenoble, Johann Jakob
Rötger, Gotthilf Sebastian

bb. Fulda-Departement

Grundeigentümer:

Dr. h.c. von Berlepsch, Friedrich Ludwig
Freiherr von Brenken, Franz Joseph
von Hiddesen, Wilhelm Franz Joseph Xaver
Freiherr von Mengersen, Friedrich Wilhelm Bruno

[1] "Königliche Proklamation vom 2. Juny 1808, welche die durch die Wahl-Collegien ernannten Mitglieder der Stände des Reiches benennt" (GBüll KW 1808, 2. Teil, Nr. 42, S. 154 ff.).

[2] Johann Friedrich von Alvensleben wie fast alle nicht titulierten Adeligen wurden in der Proklamation vom 2. Juni 1808 als "Baron" bezeichnet; in den Verzeichnissen dieses Buches werden alle diese Mitglieder mit dem sich meist aus dem "Gotha" ergebenden Namen, wie er zur Zeit ihrer Wahl galt, angegeben.

von Meysenbug, Heinrich
von Porbeck (Kassel), Heinrich Otto Ämilius Friedrich
Rosenthal, Albertus Hieronymus
von Schlieffen, Martin Ernst
Suren, Franz Xaver Anthony Wilhelm Clemens

Kaufleute, Fabrikanten:

Spindler, Johann Christoph Ludwig
Ulrich, Anton Ludwig

Gelehrte, Künstler, um den Staat verdiente Bürger:

Dr. Dammers, Cornelius Richard
von Porbeck (Höxter), Georg Dietrich Reinhard

cc. Harz-Departement

Grundeigentümer:

von Arnstedt, Friedrich Adrian
von Bodungen, Anton Christoph Ludwig Wilhelm Adolph
Fromm, Carl
von Kaisenberg, Johann Christoph Leopold
Graf von Keller, Dorotheus Ludwig Christoph
von Knorr, Anton Carl Philipp Christian
von Motz, Friedrich Christian Adolf
von Westernhagen, August Ernst Wilhelm

Kaufleute, Fabrikanten:

Lutteroth, Ludwig Wilhelm
Meilhaus, Franz Valentin

Gelehrte, Künstler, um den Staat verdiente Bürger:

Hübner, Carl Adolf

dd. Leine-Departement

Grundeigentümer:

Raven, Johann Anton Friedrich
von Stockhausen, Ernst Friedrich Christian Borries
Freiherr von Wangenheim, Ludwig Adam Ernst Walrab
Wedemeyer, Johann Franz Justus

Westfeld, Christian Friedrich Gotthard

Kaufleute, Fabrikanten:

Bippart, Johann

Gelehrte, Künstler, um den Staat verdiente Bürger:

Freiherr von Hövel, Friedrich Alexander Joseph Raphael
Dr. von Strombeck, Friedrich Carl

ee. Oker-Departement

Grundeigentümer:

Bierbaum, Johann Julius Georg
Blum, Franz Anton Joseph Johannes Nikolaus
Graf von Brabeck, Moritz Friedrich Johannes Carl Maria
von Löhneysen, Carl August Friedrich
von Münchhausen (Vahlberg), Ludwig Friedrich
von Münchhausen (Lucklum), Philipp Otto
von Plessen, Hans Georg Gottfried
Graf von der Schulenburg-Wolfsburg, Carl Friedrich Gebhard
Freiherr von Sierstorpff, Caspar Heinrich Joseph
Wilmerding, Johann Heinrich

Kaufleute, Fabrikanten:

Jacobsson, Israel
Löbbecke, Carl Friedrich

Gelehrte, Künstler, um den Staat verdiente Bürger:

Dr. Haeberlin, Carl Friedrich
Dr. Henke, Heinrich Philipp Conrad

ff. Saale-Departement

Grundeigentümer:

von Branconi, Franz Anton Salvator
Culemann, Friedrich Carl
Freiherr von Friesen, Johann Georg Friedrich
Dr. Keferstein, Gabriel Wilhelm Gottlieb
Pomme, Johann August Carl
von Ritzenberg, Christian Friedrich

Seiler, Johann George
Erbgraf von Stolberg-Wernigerode, Henrich

Kaufleute, Fabrikanten:

Rosentreter, Carl Heinrich

Gelehrte, Künstler, um den Staat verdiente Bürger:

Dr. Niemeyer, August Hermann
Roloff, Johann Gottfried

gg. Werra-Departement

Grundeigentümer:

von Baumbach (-Nentershausen), Ludwig Wilhelm
von Baumbach (-Lenderscheid), Wilhelm Ludwig
Freiherr von Dörnberg, Carl Ludwig
Duysing, Bernhard Christian
von Heydwolff, Friedrich Wilhelm Ernst
Dr. Robert, Georg Friedrich Carl
Sporleder, Johann Adam[3]
Thon, Elias
von Trott zu Solz, Wilhelm Friedrich

Kaufleute, Fabrikanten:

Morchutt, Valentin Friedrich
Schröder, Johann Lucas

Gelehrte, Künstler, um den Staat verdiente Bürger:

von Reimann, Georg Johann Gerhard August
Dr. Wachler, Johann Friedrich Ludwig

[3] Im Kirchenbuch von Jesberg wird Johann Adam Sporleders Vater Johann Henrich Sporleder als Mitglied der Reichsstände bezeichnet; nach allen im ZStA und im StA Marburg aufgefundenen Unterlagen ist aber an Johann Adam Sporleders Mitgliedschaft in den Reichsständen kein begründeter Zweifel möglich.

hh. Weser-Departement

Grundeigentümer:

von Borries, Philipp Karl Ludwig
Brockmann, Heinrich Rudolph
von Cornberg, Philipp Georg Wilhelm
Delius, Conrad Wilhelm
Diederichs, Carl Anton
von Hammerstein, Börries Friedrich Carl
Hoffbauer, Peter Friedrich
von Klencke, Carl Wilhelm Leopold
Graf zu Münster-Langelage, Freiherr von Oer, Ludwig Ernst Friedrich Wilhelm
Nottebohm, Johann Abraham
Freiherr Ostmann von der Leye, Florenz Conrad
Schmidtmann, Ferdinand Philipp Heinrich August

Kaufleute, Fabrikanten:

Brunswick, Johann Anton[4]
Lueder, Carl Ludowig
Thorbecke, Christian Franz

Gelehrte, Künstler, um den Staat verdiente Bürger:

von Bar, Herbord Sigismund Ludwig
Heuser, George Ludwig Christian

[4] So richtig; nicht "Braunschweig" wie in GBüll KW 1808, 2. Teil, Nr. 42, S. 163 (richtig aber S. 162); vgl. StA Osnabrück Rep. 230 Nr. 9 und - statt vieler anderer Fundstellen - die Unterschrift in ZStA Kgr. Westphalen Rep. 6 II A Nr. 6 Bl. 151/152.

Tafelseiten XX–XXIX

Proklamation der von den Departements-Wahlkollegien gewählten Mitglieder der Reichsstände durch König Jérôme im Gesetz-Bulletin des Königreichs Westphalen 1808, 2. Teil, Nr. 2, S. 154ff.; das Gesetz-Bulletin erschien zweisprachig

(*N°* 86.) *Proclamation royale du 2 juin 1808, qui désigne les membres des Etats nommés par les colléges électoraux.*

JÉROME NAPOLÉON, par la grace de Dieu et les constitutions, Roi de Westphalie, Prince français, etc.

A tous ceux qui ces lettres verront, salut.

Les Colléges des départemens de Notre royaume ont nommé, et Nous proclamons membres des Etats les citoyens westphaliens dont les noms suivent, savoir:

1° *Département de l'Elbe.*

Comme propriétaires:

Les Sieurs
Comte d'Alvensleben,
Baron d'Alvensleben, de Zichtau,
Comte de Blumenthal, de Magdebourg,
Coqui, de Magdebourg,
Kühne, de Wanzleben,
Lambrecht, de Sommereschenburg,
Comte de Schulenburg-Angern,
Comte de Schulenburg-Altenhausen,
Comte de Schulenburg-Emden.

Comme négocians et fabricans:

Nathusius, négociant à Magdebourg,
Schmitz, négociant à Magdebourg.

Comme savans, artistes, ou citoyens ayant bien mérité de l'Etat:

Costenoble, ex-conseiller à Magdebourg,
Rötger, Prévôt à Magdebourg.

(Nro. 86.) Königliche Proclamation vom 2. Juny 1808, welche die, durch die Wahl-Collegien ernannten, Mitglieder der Stände des Reichs benennt.

Wir Hieronymus Napoleon, von Gottes Gnaden, und durch die Constitutionen König von Westphalen, französischer Prinz ꝛc. ꝛc.

Unsern freundlichen Gruß zuvor,

Die Departements-Collegien Unseres Königreichs haben ernant, und Wir proclamiren zu Mitgliedern der Reichsstände, die Westphälischen Bürger, deren Namen hier folgen, nämlich:

1.) Elbe-Departement.

Als Grund-Eigenthümer.

Die Herren:

Graf von Alvensleben,
Baron von Alvensleben, von Zichtau,
Graf von Blumenthal, von Magdeburg,
Coqui, von Magdeburg,
Kühne, von Wanzleben,
Lambrecht, von Sommereschenburg,
Graf von Schulenburg-Angern,
Graf von Schulenburg-Altenhausen,
Graf von Schulenburg-Emden.

Als Kaufleute und Fabrikanten:

Nathusius, Kaufmann zu Magdeburg,
Schmitz, Kaufmann zu Magdeburg.

Als Gelehrte, Künstler, oder solche, welche sich um den Staat verdient gemacht haben:

Costenoble, ehemaliger Rath zu Magdeburg,
Rötger, Probst zu Magdeburg.

2° Département de la Fulde.

Comme propriétaires :

Les Sieurs
Baron de Berlepsch,
Baron de Brenken, d'Erdberenbourg,
Baron de Hiddessen, de Warbourg,
Baron de Mengersen, de Cassel,
Baron de Meysenbug, de Ried,
de Porbeck, Président du tribunal de 1re instance à Cassel,
Rosenthal, de Hombressen,
Baron de Schlieffen, de Cassel,
Süren, de Salzkotten.

Comme négocians et fabricans :

Spindler, fabricant à Bettenhausen,
Ulrich, négociant à Altenbecken.

Comme savans, artistes, ou citoyens ayant bien mérité de l'Etat :

Dammers, Chanoine à Paderborn,
de Porbeck, Président du tribunal de Höxter.

3° Département du Harz.

Comme propriétaires :

Baron d'Arnstedt, de Gros-Werther,
Baron de Bodungen, de Martinfeld,
Fromm, de Gros-Bartloff,
de Kaisenberg, de Heiligenstadt,
Comte de Keller, de Steinheuterode,
Baron de Knorr, de Breitenbach,
de Motz, de Vollenborn,
Baron de Westernhagen, de Teistungen.

Comme négocians et fabricans :

Lutteroth, conseiller de comm. à Mühlhausen,
Meilhans, négociant à Heiligenstadt.

2.) Fulda-Departements.

Als Grund-Eigenthümer:

Die Herren

Baron von Berlepsch,
Baron von Brenken, von Erdbeerenburg,
Baron von Hiddesen, von Warburg,
Baron von Mengersen, von Cassel,
Baron von Meysenbug, von Ried,
von Porbeck, Präsident des Tribunals der ersten Instanz zu Cassel,
Rosenthal, von Hombressen,
Baron von Schlieffen, von Cassel,
Süren, von Salzkotten.

Als Kaufleute und Fabrikanten:

Spindler, Fabrikant zu Bettenhausen,
Ulrich, Kaufmann zu Altenbecken.

Als Gelehrte, Künstler oder solche, die sich um den Staat verdient gemacht haben:

Dammers, Domherr zu Paderborn,
von Porbeck, Präsident des Tribunal zu Hörter.

3.) Harz-Departement.

Als Grund-Eigenthümer:

Baron von Arnstedt, von Groß-Werther,
Baron von Bodungen, von Martinfeld,
Fromm, von Groß-Bartloff,
von Kaisenberg, von Heiligenstadt,
Graf von Keller, von Steinheuterode,
Baron von Knorr, von Breitenbach,
von Motz, von Vollenborn,
Baron von Westernhagen, von Teistungen.

Als Kaufleute und Fabrikanten:

Lutteroth, Commerzien-Rath zu Mühlhausen,
Meilhans, Kaufmann zu Heiligenstadt.

Comme savans, artistes, ou citoyens ayant bien mérité de l'Etat :

Le Sieur
Hübner, ex-conseiller à Mühlhausen.

4º *Département de la Leine.*

Les Srs *Comme propriétaires :*

Raven, d'Eimbeck,
Baron de Stockhausen, de Löwenhagen,
Baron de Wangenheim, de Wibrechtshausen,
Wedemeyer, de Catlenbourg,
Westfeld, de Weende.

Comme négocians et fabricans :

Bippard, négociant et fabricant à Ametyth.

Comme savans, artistes ou citoyens ayant bien mérité de l'Etat :

Baron de Hövel, Préfet de la Leine,
de Strombeck, Président du trib. d'Eimbeck.

5º *Département de l'Ocker.*

Comme propriétaires :

Bierbaum, de Brunswick,
Blum, de Hildesheim,
Comte de Brabeck,
de Loehneisen, de Brunswick,
Baron de Munchhausen, de Vahlberg,
Baron de Munchhausen, de Luclum,
Baron de Plessen, de Bustedt,
Baron de Sierstorpf, de Brunswick,
Comte de Schulenburg-Wolfsburg,
Wilmerding, de Brunswick.

Comme négocians et fabricans :

Jacobsohn, banquier à Brunswick,
Löbbecke, négociant à Brunswick.

Als Gelehrte, Künstler, oder solche, die sich um den Staat verdient gemacht haben:

Die Herren

Hübner, ehemaliger Rath zu Mühlhausen.

4.) Leine-Departement.

Als Grund-Eigenthümer:

Raven, von Eimbeck,
Baron von Stockhausen, von Löwenhagen,
Baron von Wangenheim, von Wibrechtshausen,
Wedemeyer, von Catlenburg,
Westfeld, von Weende.

Als Kaufleute und Fabrikanten:

Bippard, Kaufmann, und Fabrikant zu Ametith.

Als Gelehrte, Künstler oder solche, die sich um den Staat verdient gemacht haben.

Baron von Hövel, Präfect des Leine-Departements.
von Strombeck, Präsid. des Tribunals zu Eimbeck.

5.) Ocker-Departement.

Als Grund-Eigenthümer:

Bierbaum, von Braunschweig,
Blum, von Hildesheim,
Graf von Brabeck,
von Löhneisen, von Braunschweig,
Baron von Münchhausen, von Vahlberg,
Baron von Münchhausen, von Luclum,
Baron von Plessen, von Büstedt,
Baron von Sierstorpf von Braunschweig,
Graf von Schulenburg-Wolfsburg,
Wilmerding, von Braunschweig.

Als Kaufleute und Fabrikanten:

Jacobsohn, Banquier zu Braunschweig,
Löbbecke, Kaufmann zu Braunschweig.

Comme savans, artistes ou citoyens ayant bien mérité de l'Etat:

Les Sieurs
Haeberlin, professeur à Helmstedt,
Henke, abbé à Helmstedt.

6°. *Département de la Saale.*

Comme propriétaires:

Baron de Branconi,
Culemann, de Blankenbourg,
Baron de Friese, de Rammelbourg,
Kaeferstein, de Halle,
Pomme, de Crottorf,
de Ritzenberg, de Halberstadt,
Seiler, d'Aschersleben,
Comte héréditaire de Stollberg-Wernigerode.

Comme négocians et fabricans:

Rosentreter, négociant à Aschersleben.

Comme savans, artistes, ou citoyens ayant bien mérité de l'Etat:

Niemeier, chancellier de l'université de Halle.
Roloff, juge de paix à Ermsleben.

7°. *Département de la Werra.*

Comme propriétaires:

Baron de Baumbach,
Baron de Baumbach, de résidence à Cassel.
Baron de Doernberg,
Duysing, de Dagobertshausen,
de Heidwolff, d'Oberweimar,
Robert, de Marbourg,
Sporleder, de Jesberg,
Thom, de Germerode,
Baron de Trott.

Comme négocians et fabricans:

Morchutt, négociant à Hersfeld,
Schroeder, négociant à Spangenberg.

Als Gelehrte, Künstler, und solche, die sich um den Staat verdient gemacht haben:

Die Herren
Häberlin, Professor zu Helmstedt,
Henke, Abt zu Helmstedt.

6.) Saale-Departement.

Als Grund-Eigenthümer:

Baron von Branconi,
Culemann, von Blankenburg,
Baron von Friese, von Rammelburg,
Käferstein, von Halle,
Pomme, von Crottorf,
von Ritzenberg, von Halberstadt,
Seiler, von Aschersleben,
Erbgraf von Stollberg-Wernigerode.

Als Kaufleute und Fabrikanten:

Rosentreter, Kaufmann zu Aschersleben.

Als Gelehrte, Künstler und solche, die sich um den Staat verdient gemacht haben:

Niemeyer, Canzler der Universität Halle.
Roloff, Friedensrichter zu Ermsleben.

7.) Werra-Departement.

Als Grund-Eigenthümer:

Baron von Baumbach,
Baron von Baumbach, in Cassel wohnhaft,
Baron von Dörnberg,
Duysing, von Dagobertshausen,
von Heidwolff, von Oberweimar,
Robert, von Marburg,
Sporleder, von Jesberg,
Thom, von Germerode,
Baron von Trott.

Als Kaufleute und Fabrikanten:

Morchutt, Kaufmann zu Hersfeld,
Schröder, Kaufmann zu Spangenberg.

Comme savans, artistes, ou citoyens ayant bien mérité de l'Etat:

Les Sieurs
de Reimann, Préfet de la Werra,
Wachler, Professeur à Marbourg.

8° *Département de Weser.*

Comme proprietaires:

Baron de Borries, de Steinlage,
Brockmann, d'Oldenbourg,
Baron de Cornberg,
Delius, de Reineberg,
Diederichs, de Herford,
Baron de Hammerstein, d'Apelern,
Hofbauer, de Minden,
de Klenke, de Rinteln,
Comte de Munster, de Langelage,
Nottebohm, de Brackwede,
d'Ostmann, d'Osnabrück,
Schmiedtmann, d'Ibourg.

Comme négocians et fabricans:

Brunswick, négociant,
Lüders, négociant à Bielefeld,
Thorbeck, négociant à Osnabrück.

Comme savans, artistes, ou citoyens ayant bien mérité de l'Etat.

Baron de Bar, Présid. du trib.al d'Osnabruck.
Heuser, juge du tribunal de Rinteln.

Les présentes seront insérées au bulletin des lois.

Donné en Notre palais royal à Napoléonshoehe, le 2. Juin, l'an 1808, de Notre règne le second.

signé: JÉROME NAPOLÉON.

Par le Roi.
Le Ministre Sécrétaire d'Etat,
Signé: COMTE DE FÜRSTENSTEIN.

Als Gelehrte, Künstler, und solche, die sich um den Staat verdient gemacht haben:

Die Herren

von Reimann, Präfect des Werra-Departements,
Wachler, Professor zu Marburg.

8.) Weser-Departement.

Als Grund-Eigenthümer:

Baron von Borries, von Steinlage,
Brockmann, von Oldenburg,
Baron von Cornberg,
Delius, von Reineberg,
Diederichs, von Herford,
Baron von Hammerstein, von Apelern,
Hofbauer, von Minden,
von Klenke, von Rinteln,
Graf von Münster, von Langelage,
Nottebohm, von Brackwede,
von Ostmann, von Osnabrück,
Schmiedtmann, von Iburg.

Als Kaufleute und Fabrikanten:

Braunschweig, Kaufmann,
Lüders, Kaufmann zu Bielefeld,
Thorbecke, Kaufmann zu Osnabrück.

Als Gelehrte, Künstler und solche, die sich um den Staat verdient gemacht haben:

Baron v. Bar, Präsid. des Trib. von Osnabrück,
Heuser, Tribunal-Richter zu Rinteln.

Das gegenwärtige Schreiben soll in das Gesetz-Bülletin eingerückt werden.

Gegeben in Unserm königl. Pallaste zu Napoleonshöhe, am 2. Jun. 1808, im 2ten Jahre Unserer Regierung.

Unterschrieben: **Hieronymus Napoleon.**

Auf Befehl des Königs.
Der Minister Staats-Secretaire,
Unterschrieben: **Graf von Fürstenstein.**

b. Alphabetische Ordnung

Nachname, Vornamen	Ort	Klasse	Departement
Graf von Alvensleben, Johann August Ernst	Erxleben, Halberstadt	GE	MA
von Alvensleben, Johann Friedrich	Zichtau	GE	MA
von Arnstedt, Friedrich Adrian	Groß-Werther	GE	HE
von Bar, Herbord Sigismund Ludwig	Osnabrück	GK	OS[5]
von Baumbach (-Nentershausen), Ludwig Wilhelm	Nentershausen	GE	MR[6]
von Baumbach (-Lenderscheid), Wilhelm Ludwig	Lenderscheid, Kassel	GE	MR[7]
Dr. h.c. von Berlepsch, Friedrich Ludwig	Bonafort	GE	KS[8]
Bierbaum, Johann Julius Georg	Braunschweig	GE	BS
Bippart, Johannes	Amelith, Nienover	KF	GÖ
Blum, Franz Anton Joseph Johannes Nikolaus	Hildesheim	GE	BS
Graf von Blumenthal, Heinrich Leopold August	Magdeburg, Kassel	GE	MA
von Bodungen, Anton Christoph Ludwig Wilhelm Adolf	Martinfeld	GE	HE
von Borries, Philipp Karl Ludwig	Steinlacke	GE	OS[9]

5 Abg. von Bar schied wegen Ernennung zum Staatsrat am 25.10.1808 aus.

6 Abg. von Baumbach (-Nentershausen) schied mit seinem Tode am 22.11.1811 aus.

7 Abg. von Baumbach (-Lenderscheid) schied mit seinem Tode am 11.9.1808 aus.

8 Abg. Dr. h.c. von Berlepsch schied wegen Ernennung zum Staatsrat am 5.8.1809 aus.

9 Die Abg. von Borries, Brockmann, Brunswick, von Cornberg, Hoffbauer, Graf zu Münster-Langelage, Freiherr Ostmann von der Leye, Schmidtmann und Thorbecke schieden mit der Abtretung großer Teile westphälischen Territoriums an Frankreich und der Entlassung der westphälischen Untertanen aus ihrer Treuepflicht zum König von Westphalen am 5. März 1811 aus.

Graf von Brabeck, Moritz Friedrich Johannes Carl Maria	Söder	GE	BS
von Branconi, Franz Anton Salvator	Langenstein	GE	HA
Freiherr von Brenken, Franz Joseph	Erpernburg	GE	KS
Brockmann, Johann Heinrich Rudolf	Wulften/Schledehausen	GE	OS[9]
Brunswick, Johann Anton	Minden	KF	OS[9]
Coqui, Johann Caspar	Magdeburg	GE	MA
von Cornberg, Philipp Georg Wilhelm	Minden	GE	OS[9]
Costenoble, Johann Jakob	Magdeburg	GK	MA
Culemann, Friedrich Carl	Blankenburg	GE	HA
Dr. Dammers, Cornelius Richard	Paderborn	GK	KS
Delius, Conrad Wilhelm	Reineberg, Bielfeld	GE	OS[10]
Diederichs, Carl Anton	Herford	GE	OS[10]
Freiherr von Dörnberg, Carl Ludwig	Breitenbach, Hersfeld	GE	MR
Duysing, Bernhard Christian	Dagobertshausen, Kassel	GE	MR
Freiherr von Friesen, Johann Georg Friedrich	Rammelburg, Rötha (Kgr. Sachsen)	GE	HA[11]

10 Nach den territorialen Veränderungen des Jahres 1811 gehörten die Abg. Delius, Diederichs, Lueder und Nottebohm zum Fulda-Departement, von Hammerstein zum Aller-Departement und Heuser und von Klencke zum Leine-Departement; vgl. Almanac royal 1812, S. 79-82.

11 Abg. Freiherr von Friesen schied 1810 nach dem Eintritt in Königlich Sächsische Dienste aus und wird ab 1811 nicht mehr als Abgeordneter im Almanac royal geführt; vgl. Schreiben Freiherr von Friesens an Innenminister Graf von Wolffradt vom 25.9.1810 (ZStA Kgr. Westphalen Rep. 6 II A Nr. 6 Bl. 229), Almanac royal 1810, S. 76 ff., und 1811, S. 76 ff.

Fromm, Carl	Groß-Bartloff	GE	HE
Dr. Haeberlin, Carl Friedrich	Helmstedt	GK	BS [12]
von Hammerstein, Börries Friedrich Carl	Apelern	GE	OS [10]
Dr. Henke, Heinrich Philipp Conrad	Helmstedt	GK	BS [13]
Heuser, George Ludwig Christian	Rinteln	GK	OS [10,14]
von Heydwolff, Friedrich Wilhelm Ernst	Oberweimar, Germershausen	GE	MR
von Hiddessen, Wilhelm Franz Joseph Xaver	Warburg	GE	KS
Freiherr von Hövel, Friedrich Alexander Joseph Raphael	Göttingen	GK	GÖ [15]
Hoffbauer, Peter Friedrich	Minden	GE	OS [9]
Hübner, Carl Adolf	Mühlhausen	GK	HE
Jacobsson, Israel	Braunschweig	KF	BS
von Kaisenberg, Johann Christoph Leopold	Heiligenstadt	GE	HE
Dr. Keferstein, Gabriel Wilhelm Gottlieb	Halle	GE	HA
Graf von Keller, Dorotheus Ludwig Christoph	Steinheuterode	GE	HE [16]
von Klencke, Carl Wilhelm Leopold	Rinteln, Hämelschenburg	GE	OS [10]

[12] Abg. Dr. Haeberlin schied mit seinem Tode am 16.8.1808 aus.

[13] Abg. Dr. Henke schied mit seinem Tode am 2.5.1809 aus.

[14] Abg. Heuser schied mit seinem Tode am 2.8.1811 aus.

[15] Abg. Freiherr von Hövel schied wegen seiner Ernennung zum Staatsrat am 25.10.1808 aus.

[16] Abg. Graf von Keller wurde auch nach seinem Eintritt in die Dienste des Großherzogtums Frankfurt im Almanac royal weiter als Abgeordneter geführt; vgl. Almanac royal 1811, S. 76 ff., und 1812, S. 81.

von Knorr, Anton Carl Philipp Christian	Sollstedt, Breitenbich	GE	HE
Kühne, Friedrich Louis	Wanzleben	GE	MA
Lambrecht, Carl Friedrich Ferdinand	Sommerschenburg	GE	MA
Löbbecke, Carl Friedrich	Braunschweig	KF	BS
von Löhneysen, Carl August Friedrich	Braunschweig	GE	BS
Lueder, Carl Ludowig	Bielefeld, Brackwede	KF	OS [10]
Lutteroth, Ludwig Wilhelm	Mühlhausen	KF	HE
Meilhaus, Franz Valentin	Heiligenstadt	KF	HE
Freiherr von Mengersen, Friedrich Wilhelm Bruno	Rheder, Kassel	GE	KS
von Meysenbug, Heinrich	Riede	GE	KS [17]
Morchutt, Valentin Friedrich	Hersfeld	KF	MR
von Motz, Friedrich Christian Adolf	Vollenborn	GE	HE
von Münchhausen (Vahlberg), Ludwig Friedrich	Vahlberg	GE	BS
von Münchhausen (Lucklum), Philipp Otto	Lucklum	GE	BS
Graf von Münster-Langelage, Freiherr von Oer, Ludwig Ernst Friedrich Wilhelm	Langelage	GE	OS [9]
Nathusius, Johann Gottlob	Magdeburg	KF	MA
Dr. Niemeyer, August Hermann	Halle	GK	HA
Nottebohm, Johann Abraham	Brackwede	GE	OS [10]

[17] Abg. von Meysenbug schied mit seinem Tode am 14.3.1810 aus.

Freiherr Ostmann von der Leye,			
Florenz Conrad	Leye, Osnabrück	GE	OS[9]
von Plessen,			
Hans George Gottfried	Büstedt	GE	BS
Pomme,			
Johann August Carl	Krottorf	GE	HA
von Porbeck (Höxter),			
Georg Dietrich Reinhard	Höxter	GK	KS
von Porbeck (Kassel),			
Heinrich Otto Aemilius Friedrich	Kassel	GE	KS
Raven,			
Johann Anton Friedrich	Einbeck	GE	GÖ
von Reimann,			
Georg Johann Gerhard August	Marburg, Kassel	GK	MR[18]
von Ritzenberg,			
Christian Friedrich	Halberstadt	GE	HA
Dr. Robert,			
Georg Friedrich Carl	Marburg	GK	MR
Rötger,			
Gotthilf Sebastian	Magdeburg	GK	MA
Roloff,			
Johann Gottfried	Ermsleben	GK	HA[19]
Rosenthal,			
Albertus Hieronymus	Hombressen	GE	KS
Rosentreter,			
Carl Heinrich	Aschersleben	KF	HA
von Schlieffen,			
Martin, Ernst	Kassel	GE	KS
Schmidtmann, Ferdinand			
Philipp Heinrich August	Iburg	GE	OS[9]
Schmitz,			
Friedrich	Magdeburg	KF	MA
Schröder,			
Johann Lucas	Spangenberg	KF	MR

[18] Abg. von Reimann schied wegen seiner Ernennung zum Staatsrat am 2.2.1812 aus.

[19] Abg. Roloff schied mit seinem Tode am 12.12.1809 aus.

Graf von der Schulenburg-Altenhausen, August Carl Jakob	Altenhausen	GE	MA
Graf von der Schulenburg-Angern, Friedrich Christoph Daniel	Angern	GE	MA
Graf von der Schulenburg-Emden, Philipp Ernst Alexander	Emden, Magdeburg	GE	MA [20]
Graf von der Schulenburg-Wolfsburg, Carl Friedrich Gebhard	Wolfsburg	GE	BS
Seiler, Johann George	Aschersleben	GE	HA
Freiherr von Sierstorpff, Caspar Heinrich Joseph	Braunschweig	GE	BS
Spindler, Johann Christoph Ludwig	Bettenhausen	KF	KS
Sporleder, Johann Adam	Jesberg	GE	MR
von Stockhausen, Ernst Friedrich Christian Borries	Löwenhagen	GE	GÖ
Erbgraf von Stolberg-Wernigerode, Henrich	Wernigerode	GE	HA
Dr. von Strombeck, Friedrich Carl	Einbeck	GK	GÖ [21]
Suren, Franz Xaver Anthony Wilhelm Clemens	Salzkotten	GE	KS [22]
Thon, Elias	Germerode	GE	MR
Thorbecke, Christian Franz	Osnabrück	KF	OS [9]
von Trott zu Solz, Wilhelm Friedrich	Solz, Kassel	GE	MR
Ulrich, Anton Ludwig	Altenbeken	KF	KS

20 Abg. Graf von der Schulenburg-Emden schied wegen seiner Ernennung zum Staatsrat am 8.5.1812 aus.

21 Abg. Dr. von Strombeck schied wegen seiner Ernennung zum Staatsrat am 1.9.1813 aus.

22 Abg. Suren schied mit seinem Tode am 11.1.1810 aus.

Dr. Wachler, Johann Friedrich Ludwig	Marburg	GK	MR
Freiherr von Wangenheim, Ludwig Adam Ernst Walrab	Wiebrechtshausen	GE	GÖ
Wedemeyer, Johann Franz Justus	Katlenburg	GE	GÖ
von Westernhagen, August Ernst Wilhelm	Teistungen	GE	HE
Westfeld, Christian Friedrich Gotthard	Weende	GE	GÖ
Wilmerding, Johann Heinrich	Braunschweig	GE	BS

3. Session 1808

a. Berufung derjenigen, "welche durch die Departements-Collegien zu Ständen des Königreichs ernannt worden sind", "sich am 12. des bevorstehenden Monats Junius (1808) in Unserer Stadt Cassel einzufinden"[1].

b. "Anordnung und Zeremonial zur Eröffnung der Sitzung der Stände des Königreichs."[2]

c. Beginn der Session: 2. Juli 1808[3]

d. Anwesenheitslisten für die Session oder einzelne Sitzungen waren nicht auffindbar. Die Anwesenheit der Mitglieder der Reichsstände ergibt sich aber aus den Abrechnungen der Entschädigung für Reise- und Aufenthaltskosten; während der gesamten Session nicht anwesend waren die Reichsstände von Alvensleben und von Klencke; die höchste Zahl der an einer Abstimmung Teilnehmenden betrug 95[4].

e. Präsident:
Abg.[5] Carl Friedrich Gebhard Graf von der Schulenburg-Wolfsburg[6]

f. Sekretäre:
Abg. Dr. Robert und Seiler[7]

1 Königliches Dekret vom 14.5.1808 (GBüll KW 1808, 2. Teil, Nr. 39, S. 48 ff.).

2 Erlassen von Oberzeremonienmeister Graf von Waldburg; Moniteur Nr. 80, 30.6.1808, S. 321 f.

3 Königliches Dekret vom 9.6.1808 (GBüll KW 1808, 2. Teil, Nr. 44, S. 186 f.).

4 Vgl. die Abrechnungen im ZStA Kgr. Westphalen Rep. 6 II A Nr. 6 Bl. 118 und 119 und die Zahl der Abstimmenden in der 5. Plenarsitzung am 14.7.1808 unten S. 72.

5 Die Bezeichnung "Abgeordneter" wird erstmals wohl überhaupt in der deutschen Geschichte verwandt im Bericht über die Sitzung vom 4.7.1808 in Moniteur Nr. 83, 7.7.1808, S. 333; im früheren (altständischen) Sprachgebrauch gab es durchweg nur "Deputierte".

6 Die Ernennung erfolgte gem. Art. 31 Const durch den König mit Dekret vom 14.6.1808 (GBüll KW 1808, 2. Teil, Nr. 44, S. 190 f.).

7 Gewählt am 4.7.1808; vgl. Moniteur Nr. 83, 7.7.1808, S. 333, und unten S. 70.

g. Kommissionen:[8]

aa. Finanzkommission

Mitglieder:[9] Abg. Graf von Keller, Hoffbauer, Westfeld, von Porbeck (Höxter), Graf von der Schulenburg-Angern[10]

Präsident: Abg. Graf von Keller[11]

bb. Kommission des bürgerlichen Justizwesens (Zivilgesetzgebungskommission)

Mitglieder:[9] Abg. von Baumbach (-Lenderscheid)[12], von Porbeck (Kassel), Dr. von Strombeck, Costenoble, Wilmerding

Präsident: Abg. Dr. von Strombeck[11]

cc. Kommission des peinlichen Gerichtswesens (Kriminalgesetzgebungs-Kommission)

Mitglieder:[9] Abg. Dr. Haeberlin, von Bar, Roloff, von Kaisenberg, von Trott zu Solz

Präsident: Abg. von Bar[11]

[8] Nach Art. 23. Abs. 2 Const waren die Kommissionen in jeder Session neu zu wählen. Für die Session 1808 erfolgte die Wahl in der Sitzung am 4.7.1808; vgl. Moniteur Nr. 83, 7.7.1808, S. 333.

[9] Reihenfolge wie in Moniteur Nr. 83, 7.7.1808, S. 333; die in die Finanzkommission Gewählten sind auch im Diarium der Reichsständischen Finanzkommission (ZStA Kgr. Westphalen Rep. 1 C II Nr. 11 Vol. II Bl. 2) überliefert.

[10] Graf von der Schulenburg-Angern verbat sich "wegen schwacher Brust ein für allemal" öffentliche Vorträge zur Berichterstattung aus der Kommission im Plenum; vgl. Rückblicke, aaO. S. 52.

[11] Die Ernennung der Kommissionspräsidenten erfolgte durch den König (Ernennungsdekret vom 4.7.1808); vgl. Moniteur Nr. 83, 7.7.1808, S. 333.

[12] Daß es sich beim nur so bezeichneten "Herrn von Baumbach, Abgeordneter des Werra-Departements" um von Baumbach (-Lenderscheid) handelte, ergibt sich aus Rückblicke, aaO., S. 51; danach wurde von Baumbach mit 77 Stimmen in die Kommission gewählt, bat aber "wegen hohen Alters und schwacher Augen" um Entlassung. Angeblich soll sie gewährt worden und ein anderer Abgeordneter in die Kommission gewählt worden sein; dafür gibt es aber keinen Nachweis.

h. Plenarsitzungen [13]

1. Plenarsitzung: 2. Juli 1808 [14]

Tagesordnung: 1. Thronrede des Königs

2. Vereidigung des Präsidenten und der übrigen Mitglieder der Reichsstände

2. Plenarsitzung: 4. Juli 1808 [15]

Tagesordnung: 1. Wahl der Sekretäre

Gewählt: Abg. Dr. Robert und Seiler

2. Wahl der Mitglieder der Kommissionen

Gewählt:

a. Finanzkommission:
Abg. Graf von Keller [16], Hoffbauer [17],
Westfeld, von Porbeck (Höxter),
Graf von der Schulenburg-Angern;

b. Zivilgesetzgebungskommission:
Abg. von Baumbach (-Lenderscheid) [12],
von Porbeck (Kassel), Dr. von Strombeck,
Costenoble, Wilmerding;

[13] Sämtliche Plenarsitzungen fanden in der Orangerie zu Kassel, Saal auf der Stadtseite, statt; vgl. Holtmeyer, aaO., S. 335. Nur zur 3. Sitzung am 6.7.1808 begaben sich die Reichsstände ins Schloß Napoleonshöhe (Wilhelmshöhe); vgl. Moniteur Nr. 83, 7.7.1808, S. 333.

[14] Bericht in Moniteur Nr. 82, 7.7.1808, S. 329 ff.; dort auch Text der Thronrede des Königs. Sonderdruck der Thronrede in HStA Hannover Best. Hann. 52 Nr. 1056.

[15] Bericht in Moniteur Nr. 83, 7.7.1808, S. 333, wo die Sitzung als die "erste" bezeichnet wird; s. auch Anm. 7, 9, 10, 11, 12 und 14. Vollständige Wahlergebnisse waren nicht zu ermitteln.

[16] Vgl. ZStA Kgr. Westphalen Rep. 1 C II Nr. 11 Vol. II Bl. 2. Auch dort kein amtliches Wahlergebnis. Lt. Rückblicke, aaO., S. 52, erhielt Graf von Keller 86 von 92 Stimmen.

[17] Auch hier kein amtliches Wahlergebnis, sondern nur das in Rückblicke, aaO., S. 52, mitgeteilte Ergebnis von 80 Stimmen für Hoffbauer bei 92 abstimmenden Abgeordneten.

c. Kriminalgesetzgebungskommission: Abg. Dr. Haeberlin, von Bar, Roloff, von Kaisenberg, von Trott zu Solz

3. Beratung der Dankadresse der Stände an den König

Redner: Abg. Dr. h.c. von Berlepsch [18]

3. Plenarsitzung: 6. Juli 1808 [19]

Tagesordnung: 1. Dankadresse an den König

Präsident Graf von der Schulenburg-Wolfsburg

2. Dankesworte des Königs

4. Plenarsitzung: 7. Juli 1808 [20]

Tagesordnung: Darstellung der Lage des Königreichs

Minister der Justiz und des Innern Joseph Jérôme Siméon [21]

5. Plenarsitzung: 14. Juli 1808 [22]

Tagesordnung: Entwurf für ein Gesetz über die öffentliche Schuld

18 Rede gedruckt in "Die Zeiten", Bd. 15 (1808), S. 204 ff., und als Sonderdruck, auch in franz. Sprache, erschienen; vgl. Leerhof, aaO., S. 218, 253.

19 Vgl. Anm. 15. Bericht in Moniteur Nr. 83, 7.7.1808, S. 333 f., einschließlich Texte der Reden. Sonderdruck der Rede des Präsidenten und der Antwort des Königs in HStA. Hann. Best. Hann. 52 Nr. 1056.

20 Bericht in Moniteur Nr. 84, 9.7.1808, S. 337 ff., einschließlich Redetext. Text der Rede als Sonderdruck in HStA Hannover Best. Hann. 52, Nr. 1056.

21 Minister der Justiz und des Innern bis 31.12.1808, danach vom 1.1.1809 bis 12.10.1813 der Justiz; zur Person Siméons (1749-1842) vgl. ADB 34, 349.

22 Bericht in Moniteur Nr. 88, 19.7.1808, S. 357 ff., Nr. 89, 21.7.1808, S. 361 ff., und Nr. 90, 23.7.1808, S. 365 ff.

Begründung:
Staatsrat Karl August Malchus[23]

Berichterstatter der Finanzkommission:
Abg. Hoffbauer[24]

Beschlußfassung:
Annahme des Entwurfs mit 78 gegen 17 Stimmen.[25]

Publikation des Gesetzes in GBüll KW 1808, 2. Teil, Nr. 48, S. 254 ff.

6. Plenarsitzung: 17. Juli 1808[26]

Tagesordnung: Entwurf für ein Gesetz in Betreff einer Anleihe von 20 Millionen Franken

Begründung:
Staatsrat Karl August Malchus[27]

Berichterstatter der Finanzkommission:
Abg. ...[28]

Beschlußfassung:
Annahme des Entwurfs mit 62 gegen 33 Stimmen.[29]

23 Rede in Moniteur Nr. 89, 21.7.1808, S. 361 ff., und Nr. 90, 23.7.1808, S. 365 ff. Malchus (1780-1840) wurde von Jérôme am 5.8.1810 als Baron und am 9.6.1813 als Graf von Marienrode nobilitiert, vgl. Deutscher Herold, aaO., 1874, S. 82 und 84; zur Person Malchus' vgl. ADB 20, 132.

24 Manuskript der Rede in ZStA Kgr. Westphalen Rep. 1 C Nr. 11 Vol. II Bl. 68 f.; Auszüge in Moniteur Nr. 90, 23.7.1808, S. 367.

25 Moniteur Nr. 88, 19.7.1808, S. 357, und Obenaus, Reichsstände, aaO., S. 308.

26 Bericht in Moniteur Nr. 88, 19.7.1808, S. 358; dort fälschlicherweise Angabe des 16. Juli als Sitzungstag; tatsächlich berieten die Stände am 17. Juli 1808; s. Moniteur Nr. 92, 28. Juli 1808, S. 373, und die gesamte Sekundärliteratur.

27 Rede in Moniteur Nr. 92, 28.7.1808, S. 373 f.

28 Der Berichterstatter der Finanzkommission wurde nicht ermittelt, müßte aber im Diarium der Finanzkommission in ZStA Kgr. Westphalen Rep. 1 C II Nr. 11 Vol. II zu finden sein.

29 Moniteur Nr. 88, 19.7.1808, S. 358; lt. Obenaus, Reichsstände, aaO., S. 308, nur 61 Ja-Stimmen (unter Bezugnahme auf ZStA Kgr. Westphalen Rep. 1 C II Nr. 11 Vol. II, Bl. 12 v).

Publikation des Gesetzes in GBüll KW 1808, 2. Teil, Nr. 48, S. 250 ff.

7. Plenarsitzung: 5. August 1808 [30]

Tagesordnung: Entwurf für ein Gesetz, die Einführung einer Patentsteuer betreffend

Begründung:
Staatsrat Dr. Georg Friedrich von Martens [31]

Berichterstatter der Finanzkommission:
Abg. Westfeld [32]

Beschlußfassung:
Annahme des Entwurfs mit 72 gegen 17 Stimmen. [33]

Publikation des Gesetzes in GBüll KW 1808, 2. Teil, Nr. 50, S. 274 ff.

8. Plenarsitzung: 6. August 1808 [34]

Tagesordnung: 1. Entwurf eines Gesetzes, die Einrichtung von Polizeigerichten in den Munizipalitäten betreffend

Begründung:
Staatsrat Peter Heinrich von Coninx [35]

Berichterstatter
der Kriminalgesetzgebungskommission:

30 Bericht in Moniteur Nr. 96, 6.8.1808, S. 389, und Nr. 99, 13.8.1808, S. 401 ff.

31 Rede in Moniteur Nr. 99, 13.8.1808, S. 401 ff. Zur Person von Martens' (1756-1821), der 1816 hannöverscher Bundestagsgesandter in Frankfurt wurde, vgl. ADB 20, 461.

32 Separatdruck; vgl. Obenaus, Reichsstände, aaO., S. 319 (Anm. 103).

33 Moniteur Nr. 96, 6.8.1808, S. 389, und Obenaus, Reichsstände, aaO., S. 308.

34 Bericht in Moniteur Nr. 97, 9.8.1808, S. 393.

35 Rede in Moniteur Nr. 98, 11.8.1808, S. 397 ff.; zur Person von Coninx' (1767-1814), der als Regierungspräsident in Paderborn und Direktor des dortigen Pupillen-Kollegiums starb, vgl. DBI 199, 269, und Kneschke, Lexikon, Bd. 2, S. 319.

Abg. von Kaisenberg [36]

Beschlußfassung:
Annahme des Entwurfs mit 78 gegen 7 Stimmen. [37]

Publikation des Gesetzes in GBüll KW 1808, 2. Teil, Nr. 53, S. 454 ff.

2. Entwurf eines Gesetzes, wodurch die Dispensation vom Eheverbot zwischen Schwägern und Schwägerinnen autorisiert wird.

Begründung:
Staatsrat Paul Bernhard Graf von Merveldt [38]

Berichterstatter
der Zivilgesetzgebungskommission:
Abg. Dr. von Strombeck [39]

Beschlußfassung:
einstimmige Annahme des Entwurfs. [40]

Publikation des Gesetzes in GBüll KW 1808, 2. Teil, Nr. 50, S. 314 ff.

9. Plenarsitzung: 7. August 1808 [41]

Tagesordnung: Entwurf eines Gesetzes über die Grundsteuer

Begründung:
Staatsrat Karl August Malchus [42]

36 Rede in Moniteur Nr. 100, 16.8.1808, S. 406, und Nr. 101, 18.8.1808, S. 409 ff.

37 Moniteur Nr. 97, 9.8.1808, S. 393, und Obenaus, Reichsstände, aaO., S. 308.

38 Rede in Moniteur Nr. 97, 9.8.1808, S. 393 ff. - Graf von Merveldt, in Paris 1807 Deputierter der Hildesheimer Ritterschaft, starb 1848 als hannöverscher Geheimrat und Kammerherr; vgl. Kleinschmidt, Geschichte, aaO., S. 68 Anm. 1.

39 Die Rede Strombecks wurde im Moniteur nicht abgedruckt und konnte auch sonst nicht gefunden werden.

40 Moniteur Nr. 97, 9.8.1808, S. 393, und Obenaus, Reichsstände, aaO., S. 308.

41 Kein Bericht im Moniteur über diese Sitzung; vgl. aber Moniteur Nr. 102, 20.8.1808, S. 413, und Obenaus, Reichsstände, aaO., S. 308.

42 Die Rede Malchus wurde im Moniteur nicht abgedruckt.

	Berichterstatter der Finanzkommission: Abg. Hoffbauer[43]
	Beschlußfassung: Ablehnung des Entwurfs mit 24 gegen 61 Stimmen.[44]
10. Plenarsitzung:	16. August 1808[45]
Tagesordnung:	Entwurf eines Gesetzes, die bürgerliche Prozeßordnung betreffend
	Begründung: Staatsrat Gustav Anton von der Wolffradt[46]
	Berichterstatter der Zivilgesetzgebungskommission: Abg. Dr. von Strombeck[47]
	Beschlußfassung: Annahme des Entwurfs mit 84 gegen 3 Stimmen.[48]

43 Daß Abg. Hoffbauer Berichterstatter war, nicht Abg. Graf von Keller, wie "Die Zeiten", Bd. 20, S. 359, berichten, erhellt aus Moniteur Nr. 103, 23.8.1808, S. 419 f. (Rede des Abg. Hoffbauer am 18.8.1808); Hoffbauers Rede vom 7.8.1808 in ZStA Kgr. Westphalen Rep. 1 C II Nr. 11 Vol. I Bl. 343 ff.

44 Im Moniteur Nr. 102, 20.8.1808, S. 413, ist nur von "einer großen Stimmenmehrheit" die Rede; das Abstimmungsergebnis beruht auf den Angaben - wohl aufgrund ZStA Kgr. Westphalen Rep. 1 C Nr. 11 Vol. I - von Obenaus, Reichsstände, aaO., S. 308; Sierstorpff berichtet von 62 Nein-Stimmen (vgl. Zwarzel, aaO., S. 255) und Strombeck, aaO., S. 34, von 25 Ja- und 61 Nein-Stimmen.

45 Bericht in Moniteur Nr. 101, 18.8.1808, S. 409.

46 Seit 9. Januar 1810 Graf von Wolffradt; vgl. Deutscher Herold, 1874, S. 84. Vgl. im übrigen zur Person von Wolffradts ADB 44, 64 - Rede in Moniteur Nr. 125, 13.10.1808, S. 509 ff.; Nr. 126, 15.10.1808, S. 514 ff.; Nr. 127, 18.10.1808, S. 519; Nr. 128, 20.10.1808, S. 521 f.; Nr. 129, 22.10.1808, S. 525 f.; Nr. 130, 25.10.1808, S. 529 f. und Nr. 131, 27.10.1808, S. 533 f. - Sonderdruck der Rede in HStA Hannover Best. Hann. 52 Nr. 1056.

47 Rede in Moniteur Nr. 104, 25.8.1808, S. 421 ff., und Nr. 105, 27.8.1808, S. 425 f.; auch Separatdruck, vgl. Obenaus, Reichsstände, aaO., S. 323 Anm. 129.

48 Moniteur Nr. 101, 18.8.1808, S. 409, und Obenaus, Reichsstände, aaO., S. 308.

Publikation des Gesetzes in GBüll KW 1808, 2. Teil, Nr. 55, S. 486 ff.

11. Plenarsitzung: 17. August 1808 [49]

Tagesordnung: Entwurf eines Gesetzes, die peinliche Gerichtsordnung betreffend

Begründung:
Staatsrat Dr. Julius Christoph Leist [50]

Berichterstatter
der Kriminalgesetzgebungskommission:
Abg. ... [51]

Beschlußfassung:
Annahme des Entwurfs mit 83 gegen 2 Stimmen. [52]

Publikation des Gesetzes in GBüll KW 1808, 3. Teil, Nr. 56, S. 2 ff.

12. Plenarsitzung: 18. August 1808 [53]

Tagesordnung: Entwurf eines Gesetzes über die Grundsteuer

Begründung:
Staatsrat Karl August Malchus [54]

Berichterstatter der Finanzkommission:
Abg. Hoffbauer [55]

49 Bericht im Moniteur Nr. 101, 18.8.1808, S. 409.

50 Zur Person von Leists s. o. S. 45 Anm. 26; Rede in Moniteur Nr. 115, 20.9.1808, S. 469 ff.; Nr. 116, 22.9.1808, S. 473 f.; Nr. 117, 24.9.1808, S. 477 ff.; Nr. 118, 27.9.1808, S. 481 ff.; Nr. 119, 29.9.1808, S. 485 f.; Nr. 120, 1.10.1808, S. 489 ff.; Nr. 121, 4.10.1808, S. 494 ff., und Nr. 122, 6.10.1808, S. 497 f.

51 Der Berichterstatter war nicht zu ermitteln.

52 Moniteur Nr. 101, 18.8.1808, S. 409, und Obenaus, Reichsstände, aaO., S. 308.

53 Bericht in Moniteur Nr. 102, 20.8.1808, S. 413.

54 Rede in Moniteur Nr. 103, 23.8.1808, S. 417 ff.

55 "Die Zeiten", aaO., Bd. 20, S. 376, nennen fälschlicherweise auch hier Abg. Graf von Keller als Berichterstatter. Auszug aus der Rede Hoffbauers in Moniteur Nr. 103, 23.8.1808, S. 419 f.

	Beschlußfassung: Annahme des Entwurfs mit 83 gegen 7 Stimmen.[56]
	Publikation des Gesetzes in GBüll KW 1808, 3. Teil, Nr. 58, S. 106 ff.
13. Plenarsitzung:	21. August 1808[57]
Tagesordnung:	Entwurf eines Gesetzes, das Staatsbudget betreffend
	Begründung: Staatsrat Dr. Georg Friedrich von Martens[58] Staatsrat Friedrich Ludwig Freiherr von Witzleben[58]
	Berichterstatter der Finanzkommission: Abg. Westfeld[59]
	Beschlußfassung: Annahme des Entwurfs mit 74 gegen 1 Stimme.[60]
	Publikation des Gesetzes in GBüll KW 1808, 3. Teil, Nr. 59, S. 186 ff.

56 Moniteur Nr. 102, 20.8.1808, S. 413, und Obenaus, Reichsstände, aaO., S. 308.

57 Bericht in Moniteur Nr. 104, 25.8.1808, S. 421.

58 Lt. Moniteur Nr. 104, 25.8.1808, S. 421, "überbrachten die Herrn Staats-Räthe von Martens und von Witzleben, als Redner der Regierung" den Gesetzentwurf. Die Reden sind nicht überliefert. Zur Person von Martens' s. o. S. 73 Anm. 31; zu von Witzleben (1755-1830), der am 31.8.1813 von Jérôme zum Grafen erhoben und vom Kurfürsten Wilhelm I. nach 1813 wieder zum Leiter des hessischen Forstwesens und nun auch als Staatsminister eingesetzt wurde, vgl. Losch, aaO., S. 87, und ADB 43, 671.

59 Separatdruck; vgl. Obenaus, Reichsstände, aaO., S. 323 Anm. 129.

60 Moniteur Nr. 104, 25.8.1808, S. 421, und Obenaus, Reichsstände, aaO., S. 308.

14. Plenarsitzung: 22. August 1808 [61]

Tagesordnung: Feierliche Schließung der Session

Redner:
Staatsrat Dr. Johannes von Müller [62]

i. Ende der Session: 22. August 1808 [63]

61 Bericht in Moniteur Nr. 104, 25.8.1808, S. 421.

62 Rede im Moniteur Nr. 106. 30.8.1808, S. 429 ff. Zur Person von Müllers (1752-1809), der vom 17.11.1807 bis 21.1.1808 als Minister-Staatssekretär amtierte und danach als Staatsrat Generaldirektor des öffentlichen Unterrichts war, vgl. ADB 22, 587 und Kleinschmidt, aaO., S. 34 ff. u.v.a.

63 "Königliches Dekret vom 19.8.1808, welches den Zeitpunkt bestimmt, wo die Sitzung der Stände geschlossen werden soll" (GBüll KW 1808, 2. Teil, Nr. 50, S. 318 f.). In einer der letzten Sitzungen vor Sessionsende hielt der Abg. Dr. Henke eine Rede zum Andenken des am 16.8.1808 verstorbenen Abg. Dr. Haeberlin (ZStA Kgr. Westphalen Rep. 6 II A Nr. 6 Bl. 147 v und 148 im Anhang des Sonderdrucks mit der Rede des Abg. Dr. Niemeyer zum Gedächtnis der seit der Session 1808 verstorbenen Reichsstände (vgl. unten S. 84). Der Sitzungstag, an dem Henke die Gedenkrede auf Haeberlin hielt, war weder zu ermitteln noch zu rekonstruieren.

4. Session 1809 [1]

a. Berufung

aa. Festsetzung des Sitzungsbeginns auf den 1. Dezember 1809 [2].

bb. Verschiebung der Zusammenberufung der Stände "bis auf den 1. Januar 1810" [3].

cc. Festsetzung der Eröffnungssitzung der Session auf den 28. Januar 1810 [4].

b. "Zeremonial bei der Eröffnung der Versammlung der Stände" vom 23. Januar 1810 [5].

c. Beginn der Session: 28. Januar 1810 [6].

d. Laut dem gedruckten "Verzeichnis der Reichs-Stände bei der Versammlung im Jahr 1810, nebst ihren Wohnungen" [7] waren zum offiziellen Beginn der Session 76 Abgeordnete in Kassel anwesend; im Laufe der Session kamen die Abg. Costenoble und von Münchhausen (Lucklum) dazu [8]. Acht Abgeordnete waren durch Tod

1 Wenn auch alle Sitzungen erst im Jahre 1810 stattfanden, handelt es sich doch um die Sitzungsperiode für das Jahr 1809; vgl. den rechtlich insoweit eindeutigen französischen Text des Königlichen Dekrets vom 18.1.1810 (GBüll KW 1810, 1. Teil, Nr. 1, S. 18). So auch Obenaus, aaO., S. 307.

2 Königliches Dekret vom 11.10.1809 (GBüll KW 1809, 3. Teil, Nr. 45, S. 358 ff.).

3 Königliches Dekret vom 10.11.1809 (GBüll KW 1809, 3. Teil, Nr. 49, S. 558 ff.). Mit Schreiben des Innenministers von Wolffradt vom 23.11.1809 wurde der Sessionsbeginn dann noch einmal auf den 10.1.1810 verschoben (HStA Hannover Best. Hann 52 Nr. 1056).

4 Königliches Dekret vom 18.1.1810 (GBüll KW 1810, 1. Teil, Nr. 1, S. 18 f.). Darin heißt es: "Die Stände sollen ihre Sitzungen, für die vertagte Session des Jahres 1809, am 28. des gegenwärtigen Monats Januar eröffnen."

5 Erlassen von Großzeremonienmeister Graf von Bocholtz; vgl. Moniteur Nr. 11, 25.1.1810, S. 39 ff.

6 Offiziell lt. dem Königlichen Dekret vom 18.1.1810 (GBüll KW 1810, 1. Teil, Nr. 1, S. 18 f.); inoffizielle Sitzungen fanden bereits ab 22.1.1810 statt; s. StA Magdeburg Rep. B 18 I No 1739 Bl. 32 ff.

7 StA Magdeburg Rep. B I No 1739, Bl. 33.

8 Handschriftliche Ergänzung in der gedruckten Liste (StA Magdeburg Rep. B 18 I No 1739 Bl. 33) für Abg. Costenoble; für Abg. von Münchhausen (Lucklum) vgl. ZStA Merseburg Westphalen Rep. 6 II A Nr. 6 Bl. 153 ff.

oder wegen Ernennung zum Staatsrat ausgeschieden[9]. Vierzehn weitere Abgeordnete fehlten[10].

e. Präsident:
Abg. Carl Friedrich Gebhard Graf von der Schulenburg-Wolfsburg[11]

f. Sekretäre:
Abg. Seiler und Dr. Robert[12]

g. Kommissionen:[13]

aa. Finanzkommission

Mitglieder:	Abg. Graf von Keller, Hoffbauer, von Porbeck (Höxter), Culemann, Thorbecke
Präsident:	Abg. Graf von Keller[14]

[9] Verstorben waren die Abg. von Baumbach (-Lenderscheid), Dr. Haeberlin, Dr. Henke, Roloff und Suren. Zum Staatsrat waren die Abgeordneten von Bar, Dr. h.c. von Berlepsch und Freiherr von Hövel ernannt worden. Vgl. oben S. 61-67.

[10] Das waren die Abg. von Alvensleben, von Baumbach (-Nentershausen), Bippart, Graf von Brabeck, Coqui, Freiherr von Friesen, von Klencke, Lambrecht, Freiherr Ostmann von der Leye, von Plessen, Pomme, Graf von der Schulenburg-Angern, Freiherr von Wangenheim und Westfeld. Nur für Bippart (HStA Hannover Best. Hann 52 Nr. 1056), Freiherr von Wangenheim und Westfeld (für beide in HStA Hannover Best. Hann 52 Nr. 1056) und Pomme (StA Magdeburg Rep. B 26.1 No 11 Bl. 45) ist eine offizielle Entschuldigung bekannt. Entgegen Kleinschmidt, Die Grafen, aaO., S. 285, war der Abg. Erbgraf von Stolberg-Wernigerode 1810 in Kassel; vgl. ZStA Kgr. Westphalen Rep. 6 II A Nr. 6 Bl. 151 ff.

[11] Die Ernennung erfolgte gem. Art. 31 Const durch den König mit Dekret vom 10.10.1809 (Moniteur Nr. 125, 19.10.1809, S. 543); mit Königlichem Dekret vom 31.1.1810 wurde bestimmt, "daß der Präsident der Reichsständischen Versammlung in Zukunft den Titel Exzellenz erhalten, und die Vorzüge, welche damit verbunden, genießen soll" (GBüll KW 1810, 1. Teil, Nr. 3, S. 38 f.).

[12] Gewählt am 22.1.1810 (StA Magdeburg Rep. B 18 I No 1739 Bl. 32); Wahlergebnis s. u. S. 82.

[13] Nach Art. 23 Abs. 2 Const waren die Kommissionen in jeder Session neu zu wählen. Für die Session 1809 erfolgte die Wahl in der Sitzung am 22.1.1810 im Hause des Präsidenten; vgl. StA Magdeburg Rep. B 18 I No 1739 Bl. 32. Wahlergebnis s. u. S. 82 f.

[14] Ernennungsdekret vom 24.1.1810; vgl. Westfalen unter Hieronymus Napoleon, aaO., 1. Jg., 2. Band, 1812, Juli, S. 16.

Kassel, Obere Königstraße 1
Das in westphälischer Zeit vom Bankier Salomon Levy-Benary errichtete Haus Ecke Obere Königstraße/Friedrichstraße (Obere Königstraße 115 alter Zählung, Nr. 1 heutiger Numerierung) war während der Session 1809 Wohnung des Präsidenten Graf von der Schulenburg-Wolfsburg. Hier fanden eine Reihe von Plenarsitzungen der Reichsstände und viele "Privat-Reunionen" der Abgeordneten statt. 1811 diente es als Generaldirektion des Staatsschulze, 1813 als Haus für die westphälische Polizeiführung. Später wohnte unter anderem hier der Architekt für das Kurhessische Ständehaus am Kasseler Ständeplatz, Julius Eugen Rohl. Im Zweiten Weltkrieg wurde das Haus durch Bomben zerstört (älteste in Kassel auffindbare Abbildung des Hauses, Bauzustand ca. 1888)

bb. Kommission des bürgerlichen Justizwesens (Zivilgesetzgebungskommission)

Mitglieder: Abg. von Porbeck (Kassel), von Ritzenberg, Dr. Robert, Wilmerding, Costenoble

Präsident: Abg. von Porbeck (Kassel) [14]

cc. Kommission des peinlichen Gerichtswesens (Kriminalgesetzgebungskommission)

Mitglieder: Abg. von Kaisenberg, von Trott zu Solz, Blum, Dr. Keferstein, Seiler

Präsident: Abg. von Kaisenberg [14]

h. Plenarsitzungen [15]

Plenarsitzung: 22. Januar 1810
Beginn 9 Uhr, Ende 15 Uhr
Haus des Präsidenten [16]

Tagesordnung:
1. Wahl der Sekretäre der Reichsstände

   Wahlergebnis: bei 67 abstimmenden Abgeordneten erhielten die Abg. Seiler 63 und Dr. Robert 48 Stimmen und waren damit zu Sekretären für die Session 1809 gewählt.

2. Wahl der Kommissionen

   a) Finanzkommission

      Wahlergebnis: bei 69 abstimmenden Abgeordneten erhielten im 1. Wahlgang die Abg. Graf von Keller 66, Hoffbauer und von Porbeck (Höxter) je 67 und Culemann 36

[15] Die förmlichen Plenarsitzungen fanden sämtlich im zum "Pallast der Stände" umgebauten Museum Fridericianum am Friedrichsplatz in Kassel (damals Ständeplatz genannt) statt; zur Konstituierung und Beratung eigener Angelegenheiten trafen sich die Stände in der Wohnung des Präsidenten, dem Benaryschen Haus am Napoleonshöher (Wilhelmshöher) Tor in Kassel, heute Obere Königstraße 1 (Ecke Friedrichstraße). Vgl. "Königliches Dekret vom 31.10.1808, welches verordnet, daß das Museum Fridericianum und der Platz, an welchem es gelegen ist, den Namen des Pallastes und des Platzes der Stände führen soll" (GBüll KW, 3. Teil, Nr. 63, S. 274 f.) und StA Magdeburg Rep. B 18 I No 1739 Bl. 32 ff.

[16] StA Magdeburg Rep. B 18 I No 1739 Bl. 32.

und im 2. Wahlgang der Abg. Thorbecke 47 Stimmen und waren damit zu Mitgliedern der Finanzkommission für die Session 1809 gewählt [17].

b) Zivilgesetzgebungskommission

Wahlergebnis: Im 1. Wahlgang wurden die Abgeordneten von Porbeck (Kassel) mit 62, von Ritzenberg mit 48, Dr. Robert mit 50 und Wilmerding mit 40 und im 2. Wahlgang der Abg. Costenoble mit 52 Stimmen zu Mitgliedern der Zivilgesetzgebungskommission für die Session 1809 gewählt.

c) Kriminalgesetzgebungskommission

Wahlergebnis: Im 1. Wahlgang wurden die Abgeordneten von Kaisenberg mit 66, von Trott zu Solz mit 62, Blum mit 38 und Dr. Keferstein mit 55 und im 2. Wahlgang der Abgeordnete Seiler mit 49 Stimmen zu Mitgliedern der Kriminalgesetzgebungskommission für die Session 1809 gewählt.

Plenarsitzung: 24. Januar 1810
Haus des Präsidenten

Tagesordnung: Angelegenheiten der Reichsstände
Redner: Abg. Dr. Wachler [18]

17 Abweichend hiervon heißt es in Rückblicke, aaO., S. 53 und 54, die Abg. Graf von Keller und Hoffbauer seien 1810 wieder "einstimmig" in die Finanzkommission gewählt worden und - fälschlicherweise - der Abg. von Porbeck (Höxter) sei 1810 überhaupt "nicht auf dem Reichstag erschienen".

18 Die Sitzungen im Hause des Präsidenten werden in Westfalen unter Hieronymus Napoleon, aaO., 1. Jg., 2. Band, 1812, Juli, S. 31, als "Privatversammlungen" bezeichnet, was allein schon angesichts des Charakters der Sitzung am 22.1.1810 problematisch ist. Die Wachlersche Rede, in der er Beratung mit Diskussion ablehnte und reine Beschlußfassung nach Einbringung der Gesetzentwürfe durch den Staatsrat und Berichterstattung aus der Kommission ohne weitere Aussprache befürwortete, wird als eine "zur Belebung des Patriotismus" charakterisiert; vgl. auch Obenaus, Reichsstände, aaO., S. 315 Anm. 84.

1. Plenarsitzung:	28. Januar 1810, 10 Uhr[19]
Tagesordnung:	1. Vereidigung des Präsidenten[20] 2. Thronrede des Königs[21]
2. Plenarsitzung:	1. Februar 1810, 10 Uhr Palast der Stände, dann Königliches Schloß[22]
Tagesordnung:	1. Dankadresse an den König Präsident Graf von der Schulenburg-Wolfsburg 2. Dankesworte des Königs
3. Plenarsitzung:	2. Februar 1810, 11 Uhr[23]
Tagesordnung:	1. Darstellung der Lage des Königreichs Innenminister Gustav Anton Graf von Wolffradt[24] 2. Bekanntgabe der vom König ernannten Kommissionspräsidenten[25] 3. Gedenkrede für verstorbene Mitglieder der Stände Abg. Dr. Niemeyer[26]

19 Beginn der Sitzung lt. StA Magdeburg Rep. B 18 I No 1739 Bl. 34 um 11 Uhr; in Westfalen unter Hieronymus Napoleon, aaO, 1 Jg., 2. Band, 1812, Juli, S. 23, 10 Uhr.

20 Moniteur Nr. 13, 30.1.1810, S. 43; Westfalen unter Hieronymus Napoleon, aaO., 1. Jg., 2. Band, 1812, Juli, S. 26.

21 Rede im Moniteur Nr. 13, 30.1.1810, S. 43; StA Magdeburg Rep. B I No 1739 Bl. 24.

22 StA Magdeburg Rep. B 18 I No 1739 Bl. 34; Westfalen unter Hieronymus Napoleon, aaO., 1. Jg., 2. Band, 1812, Juli, S. 29 ff.; Moniteur Nr. 15, 3.2.1810, S. 55 f.; dort auch Rede des Präsidenten Graf von der Schulenburg-Wolfsburg.

23 StA Magdeburg Rep. B 18 I No 1739 Bl. 34.

24 Redetext in Moniteur Nr. 19, 13.2.1810, S. 75 ff., und Nr. 20, 15.2.1810, S. 93 ff., und auszugsweise in Westfalen unter Hieronymus Napoleon, aaO., 1. Jg. 2. Band, 1812, August, S. 1 ff. Zur Person des Grafen von Wolffradt s. o. S. 75 Anm. 46.

25 StA Magdeburg Rep. B 18 I No 1739 Bl. 34 v; die Ernannten sind oben S. 80 ff. aufgeführt.

26 StA Magdeburg Rep. B 18 I No 1739 Bl. 34 v; Sonderdruck der Rede in ZStA Kgr. Westphalen Rep. 6 II A Nr. 6 Bl.140 ff.; die Rede des Abg. Dr. Niemeyer ist auch in Westfalen unter Hieronymus Napoleon, aaO., 1. Jg., 2. Band, 1812, August, S. 9 ff., auszugsweise abgedruckt.

Verzeichnifs

der in der Residenz

Cassel

versammelten

Mitglieder der Reichsstände des Königreichs Westphalen.

Präsident.

Sr. Excellenz Herr Graf von Schulenburg-Wolfsburg, wohnt in der Frankfurter Strafse im Uslarischen Hause.

Stände.

Departement der Elbe.

	Namen.	Wohnungen.
1)	Herr Graf von Alvensleben, Domdechant	Im Westphälischen Hof.
2)	— Graf von Blumenthal, Domherr und Maire v. Magdeburg	Im Berliner Hof.
3)	— Coqui	Napoleonshöher Thor Nro. 14.
4)	— Costenoble, Präfectur-Rath	Napoleonshöher Thor Nro. 14.
5)	— Kühne, Amts-Rath . . .	Posthaus am Königsplatz.
6)	— Lambrecht, Ober-Amtmann	Friedrichs-Platz Nro. 98.
7)	— Nathusius, Kaufmann . .	Napoleonshöher Thor Nro. 14.
8)	— Rötger, Probst	Beym Hrn. v. Werder am Königsplatz Nr. 157.
9)	— Graf von Schulenburg-Altenhausen	Im Westphälischen Hof.
10)	— Graf von Schulenburg-Angern	Im Westphälischen Hof.
11)	— Graf von Schulenburg-Emden, Präfect	Im Westphälischen Hof.
12)	— Schmitz, Kaufmann	Königsstrafse Nro. 154.

Departement der Fulda.

1)	Herr von Berlepsch, Hofrichter .	Ueber der Fulda-Brücke beym Secret. Koch.
2)	— von Brenken	Mittelgasse beym Feidel.
3)	— von Hiddessen	Mittelgasse beym Feidel.
4)	— von Mengersen, erster Ehren-Stallmeister Sr. Maj. der Königin	Im Römischen Kaiser.
5)	— von Meysenbug, ehemaliger Landrath	Friedrichs-Platz beym Berninger.
6)	— von Porbeck, Präsident beym Tribunal zu Cassel . . .	Vor dem Cöllnischen Thor.
7)	— von Porbeck, Präsident beym Tribunal zu Höxter . . .	Vor dem Cöllnischen Thor.
8)	— Rosenthal, Oberförster . .	Im Flöfsholz-Magazin.
9)	— von Schlieffen, General-Lieutenant	Am Königs-Platz.
10)	— Spindler, Fabricant . . .	Kattun-Fabrike.
11)	— Süren	Mittelgasse beym Feidel.
12)	— Ulrich, Kaufmann	Im König von Preufsen.

Departement des Harz.

1)	Herr von Arnstedt, Präsident vom Wahl-Colleg.	Beym Decan Pfister, bey der Stifts-Kirche.
2)	— von Bodungen, Präfectur-Rath zu Heiligenstadt . . .	Im Römischen Kaiser.
3)	— Fromm, Kaufmann und Fabrikant	Im Kurfürst.

Tafelseiten XXX–XXXIV

Verzeichnisse der vor Beginn der Sessionen 1808 und 1809 in Kassel versammelten Mitglieder der Reichsstände des Königreichs Westphalen mit ihren Wohnungen in der Residenzstadt

Namen.	Wohnungen.
4) Herr Hübner, Rechtsgelehrter .	Königsstrafse Nro. 141.
5) — von Keisenberg, Tribunals-Präsident zu Heiligenstadt .	Frankfurtherstrafse Nro. 44.
6) — Graf von Keller	Im Römischen Kaiser.
7) — von Knorr	Im Kurfürst.
8) — Lutteroth, Kaufmann zu Mühlhausen	Im Kurfürst.
9) — Meilhaus, Kaufmann zu Heiligenstadt	Im Kurfürst.
10) — von Motz, Steuer-Director zu Heiligenstadt	Beym Präsident von Motz.
11) — von Westernhagen	Im Römischen Kaiser.

Departement der Leine.

1) Herr Bippart, Negociant . . .	Friedrichs-Platz bey Berninger
2) — von Hövel, Präfect des Leinedepartements	Im Westphälischen Hof.
3) — Raven, Rath	Friedrichs-Platz bey Berninger.
4) — von Stockhausen, ehemaliger Obrist-Lieut.	Hof-Uhrmacher Metz Nro. 125.
5) — von Strombeck, Präsident des Tribunals zu Eimbeck .	Frankfurther Strafse bey Madam Lorenz.
6) — von Wangenheim	Im Kurfürst.
7) — Wedemeyer, Ober-Amtmann	Im Kurfürst.
8) — Westfeld, Präfectur-Rath zu Göttingen	Im Kurfürst.

Departement der Ocker.

1) Herr Bierbaum, Negociant . .	Bey dem Hofprediger Ernst.
2) — Blum, Unter-Präfect zu Hildesheim	Königs-Strafse Nro. 151.
3) — Graf von Brabeck	Königs-Strafse Nro. 151.
4) — Häberlin, Professor der Rechte zu Helmstädt	Schlofsplatz Nro. 201.
5) — Henke, Abt und Professor der Theologie zu Helmstädt	Frankfurther Strafse Nro. 45.
6) — Israel Jacobsohn, Banquier	Carls-Platz.
7) — von Löhneisen, Contributions-Director	Friedrichs-Platz Nro. 60,
8) — Löbbecke, Banquier . . .	Königs-Strafse bey dem Sattler Braun.
9) — von Münchhausen, Land-Commandeur	Carls-Platz bey Madam Landré Nro. 72.
10) — von Münchhausen von Vahlberg, ehemal. Hofrichter .	Frankfurther Strafse bey Madam Lorenz.
11) — von Plessen, ehemal. Schatzrath	Schlofs-Platz Nro. 201.
12) — von Sierstorpf, Conservateur der Gewässer und Forsten .	Carls-Platz bey Madam Landre Nro. 72.
13) — Wilmerding, ehemal. Bürgermeister zu Braunschweig . .	Bey dem Hofprediger Ernst.

Departement der Saale.

1) Herr von Branconi, Präsident des Wahl-Colleg.	Im Westphälischen Hof.
2) — Culemann, ehemaliger Cammerrath zu Blankenburg . .	Im Westphälischen Hof,
3) — Baron von Friesen, Cammerherr	Schlofs-Platz beym Kaufmann Peters.

	Namen.	Wohnungen.
4)	Herr Käferstein, eheml. Rathsmeister zu Halle	Schloſs-Straſse Nro. 159.
5)	— Niemeyer, Canzler der Universität zu Halle	Schloſs-Straſse beym Pfarrer Götz.
6)	— Pomme	Im Westphälischen Hof.
7)	— Roloff, Friedensrichter . .	
8)	— Rosentreter, Fabrikant . .	Johannis-Straſse beym Kaufmann Keſsler.
9)	— Seiler, Friedensrichter . .	
10)	— Erb-Graf von Stollberg-Wernigerode	Carls-Straſse bey Rodemund.

Departement der Werra.

1)	Herr von Baumbach, ehemal. Minister	Königs-Platz.
2)	— von Baumbach, ehemal. Landrath	Casernen-Platz bey Jatho.
3)	— von Dörnberg, teutscher Ordens-Commandeur . . .	Friedrichs-Platz bey Berninger.
4)	— Duysing, Appellations-Richter	Carls-Straſse bey Romain.
5)	— von Heydwolff, Obervorsteher	Im Römischen Kaiser.
6)	— Morchut, Kaufmann . . .	Johannis-Straſse beym Kaufmann Keſsler.
7)	— von Reimann, Präfect des Werra-Departements . .	Dionysien-Straſse, beym Kaufmann Rocholl.
8)	— Robert, Professor der Rechte zu Marburg	Friedrichs-Platz im Waitzischen Hause.
9)	— Schröder, Kaufmann . . .	Schloſs-Platz bey Eggena.
10)	— Sporleder	Bey der Oberneust. Kirche bey Bräutigam.
11)	— von Trott, Appellations-Richter und Obervorsteher . . .	Carls-Straſse im Raffinschen Hause.
12)	— Thon, Oeconom	Im Helm.
13)	— Wachler, Professor der Theologie zu Marburg	Im Canton d. Altstadt beym Pfarrer Asbrand.

Departement der Weser.

1)	Herr von Borries	Frankfurther Straſse beym Rath Rüppel.
2)	— Brunswic, Kaufmann . . .	Im König von Preussen.
3)	— von Bar, Präsident des Tribunals zu Osnabrück . . .	Carls-Platz bey Madame Landré Nro. 72.
4)	— Brockmann, ehemal. Hauptmann	Carls-Straſse Nro. 85.
5)	— von Cornberg, Domherr und Probst	Im König von Preussen.
6)	— Delius, Receveur de Domain.	Leipziger Thor bey Kleinschmidt.
7)	— Diederichs, Maire zu Herford	Beym Secr. Wipprecht in d. Königs-Straſse.
8)	— von Hammerstein, Maire des Cantons Oldendorf	Carls-Straſse bey Rodemund.
9)	— Heuser, Tribunalrichter zu Rinteln	Carls-Straſse bey Merkel.
10)	— Hofbauer, ehemal. Geheimer Kriegsrath	Königs-Straſse beym Lehn-Secr. Becker.
11)	— Lüders, Kaufmann . . .	
12)	— Graf von Münster	Casernen-Platz bey Ludovici.
13)	— Nottebohm, Kaufmann . .	Napoleons-Straſse Nro. 119.
14)	— v. Ostmann, ehem. Kammerh.	Im Kurfürst.
15)	— Schmidtmann, ehemal. Maire zu Iburg	Königs-Straſse Nro. 127.
16)	— Thorbeck, Kaufmann . . .	Napoleons-Straſse bey Strubburg Nro. 137.

Cassel, im Monat Julius 1808.

Gedruckt und zu haben in der Waisenhaus-Buchdruckerey.

VERZEICHNISS DER REICHS-STÆNDE

bei der Versammlung im Jahr 1810, nebst ihren Wohnungen.

Elbe-Departement.

1. Herr Graf von *Alvensleben*, im Westphælischen Hof.
2. Herr Graf von *Blumenthal*, erster Kammerherr, bei Kleinschmidt, in der Alt-Neustadt.
4. Herr *Kühne*, im Kœnig von Preussen.
5. Herr *Nathusius*, beim Ober-Appellations-Richter Engelhardt, vor dem Napoleonshœher Thor.
6. Herr Probst *Röttcher*, beim Director Werder, am Kœnigsplatz.
7. Herr *Schmidt*, im Kœnig von Preussen.
8. Herr Graf von *Schulenburg-Altenhausen*, im Westphælischen Hof.
9. Herr Graf von *Schulenburg-Emden*, Præfect des Elbe-Departements, am Kœnigsplatz im Amelungschen Hause.

Fulda-Departement.

1. Herr von *Brenken*, im Kœnig von Preussen.
2. Herr General-Vicarius *Dammers*, daselbst.
3. Herr von *Hiddessen*, bei Rodermund.
4. Herr von *Mengersen*, erster Ehrenstallmeister, im Rœmischen Kaiser.
5. Herr von *Meysenbug*, auf dem Stændeplatz, bei Berninger.
6. Herr von *Porbeck*, Tribunal-Præsident zu Cassel, vor dem Cœllnischen Thor.
7. Herr von *Porbeck*, Tribunal-Præsident zu Hœxter, vor dem Cœllnischen Thor.
8. Herr Oberfœrster *Rosenthal*, auf dem Flœsholz-Magazin.
9. Herr General-Lieutenant von *Schliefen*, auf dem Kœnigsplatz.
10. Herr *Spindler*, auf der Kattun-Fabrik, vor dem Leipziger Thor.
11. Herr *Ulrich*, im Kœnig von Preussen.

Harz-Departement.

1. Herr von *Arnstedt*, im Kœnig von Preussen.
2. Herr von *Bodungen*, im Kaiser.
3. Herr *Fromm*, im rothen Hause.
4. Herr *Hübner*, beim Decanus Pfister, in der Hohethor-Strasse.
5. Herr Graf von *Keller*, im Kaiser.
6. Herr von *Keysenberg*, Tribunals-Præsident, Carls-Strasse, N° 95.
7. Herr von *Knorr*, im Kaiser.
8. Herr *Lutheroth*, Stændeplatz, N°. 60.
9. Herr *Meilhaus*, im Kœnig von Preussen.
10. Herr von *Motz*, Steuer-Director, daselbst.
11. Herr von *Westernhagen*, im Kaiser.

Leine-Departement.

1. Herr von *Raven*, auf dem Stændeplatz, bei Berninger.
2. Herr von *Stockhausen*, hinter dem Rathhause, N° 799.
3. Herr von *Strombeck*, Tribunal-Præsident zu Eimbeck, im Rothenhause.
4. Herr *Wedemeyer*, hinter dem Rathhause, N° 799.

Ocker-Departement.

1. Herr *Bierbaum*, beim Hofprediger Ernst.
2. Herr *Blum*, Unterpræfect, Bellevue-Strasse, N° 6.
3. Herr *Israël Jacobson*, Præsident vom israëlitischen Consistorium, Kœnigs-S
4. Herr *Löbbecke*, beim Decanus Pfister, in der Hohethor-Strasse.
5. Herr von *Löhneisen*, Steuer-Director.
6. Herr von *Münchhausen*, Maire der Stadt Braunschweig, bei Kleinschmi der Alt-Neustadt.
7. Herr Graf von *Schulenburg-Wolfsburg*, Præsident der Stænde, am Napo hœher Thor, im Benarischen Hause.
8. Herr von *Sierstorpf*, Capitaine des chasses und Conservateur, Bellevue-S bei Kister.
9. Herr *Wilmerding*, Præsident vom Sanitæts-Collegio, beim Hofprediger

Saal-Departement.

1. Herr von *Branconi*, im Westphælischen Hof.
2. Herr *Culemann*, daselbst.
3. Herr *Käferstein*, beim Pfarrer Gœtz, in der Schloss-Strasse.
4. Herr *Niemeyer*, Canzler zu Halle, daselbst.
5. Herr *Ritzenberg*, Tribunal-Præsident, im Kœnig von Preussen.
6. Herr *Rosentreter*, beim Kaufmann Kessler, in der Johannis-Strasse.
7. Herr *Seiler*, Friedensrichter, daselbst.
8. Herr Graf von *Stollberg-Wernigerode*, erster Ehren-Stallmeister, im W phælischen Hof.

Werra-Departement.

1. Herr von *Dörnberg*, bei Berninger, auf dem Stændeplatz.
2. Herr *Duysing*, Ober-Appellations-Richter, in der Carls-Strasse.
3. Herr von *Heydwolf*, im Kunckelschen Hause, in der Bellevue-Strasse.
4. Herr *Morchut*, bei Sattler, auf dem Markte, N° 682.
5. Herr von *Reimann*, Præfect zu Cassel, in der Præfectur.
6. Herr *Robert*, Professor, in der Kœnigs-Strasse, N° 123.
7. Herr *Schröder*, bei Rodemund.
8. Herr *Sporleder*, auf dem Carlsplatz, beim Wirth Bræutigam.
9. Herr *Thon*, im goldenen Helm.
10. Herr von *Trott*, Ober-Appellations-Richter, in der Carls-Strasse.
11. Herr *Wachler*, Professor, in der Unter-Neustadt, N° 982.

Weser-Departement.

1. Herr von *Borries*, in der Wilhelms-Strasse, N° 136.
2. Herr *Brockmann*, beim Prediger Wille.
3. Herr *Brunswic*, beim Hofrath Waitz.
4. Herr von *Cornberg*, daselbst.
5. Herr *Delius*, [illegible]
6. Herr *Dietrichs*, in der Carls-Strasse, N° 64.
7. Herr von *Hammerstein*, ebendaselbst, N° 74.
8. Herr *Heuser*, Tribunal-Richter, beim Procurator Merkel.
9. Herr *Hofbauer*, in der Kœnigs-Strasse, N° 1150.
10. Herr *Lüder*, in der Kœnigs-Strasse, beim Hofsattler Braun.
11. Herr Graf von *Münster*, Sous-Inspecteur, auf dem Gardes-du-Corps-Platz.
12. Herr *Nottebohm*, in der Carls-Strasse, N° 64.
13. Herr *Schmidtmann*, in der Carls-Strasse, N° 90.
14. Herr *Thorbeck*, beim Appellations-Richter Duysing, in der Carls-Strasse.

Plenarsitzung: 2. Februar 1810, abends
Haus des Präsidenten

Tagesordnung: Angelegenheiten des Reichstags[27]

4. Plenarsitzung: 7. Februar 1810, 11 Uhr[28]

Tagesordnung: Entwurf für ein Gesetz über die Finanzen im Jahre 1810

Begründung:
Staatsrat Dr. Georg Friedrich von Martens[29]

Berichterstatter der Finanzkommission:
Abg. Hoffbauer[30]

Beschlußfassung:
Annahme des Entwurfs mit 72 gegen 3 Stimmen.[31]

Publikation als "Gesetz, durch welches das Staatsbudget festgestellt wird", in GBüll KW 1810, 1. Teil, Nr. 4, S. 46 ff.

5. Plenarsitzung: 12. Februar 1810, 14 Uhr[32]

Tagesordnung: Entwurf eines Gesetzes über die Patentgebühren

Begründung:
Staatsrat Karl August Malchus[33]

27 StA Magdeburg Rep. B 18 I No 1739 Bl. 34 v.

28 Moniteur Nr. 17, 8.2.1810, S. 62; nach StA Magdeburg Rep. B 18 I No 1739 Bl. 35 soll die Sitzung schon um 10 Uhr begonnen haben.

29 Moniteur Nr. 17, 8.2.1810, S. 63 f.; Rede abgedruckt in Moniteur Nr. 21, 17.2.1810, S. 102 ff. Zur Person von Martens' s. o. S. 73 Anm. 31.

30 StA Magdeburg Rep. B 18 I No 1739 Bl. 36; Westfalen unter Hieronymus Napoleon, aaO., 1. Jg., 2. Band, 1812, August, S. 26 ff., mit Zusammenfassung der Rede des Abg. Hoffbauer; die Rede wurde auch in Moniteur Nr. 28, 6.3.1810, S. 147 ff., abgedruckt.

31 Moniteur Nr. 17, 8.2.1810, S. 64, und Obenaus, Reichsstände, aaO., S. 308; nach StA Magdeburg Rep. B 18 I No 1739 Bl. 35, Annahme mit 68 gegen 4 Stimmen.

32 Moniteur Nr. 19, 13.2.1810, S. 83 f.; StA Magdeburg Rep. B 18 I No 1739 Bl. 35; Westfalen unter Hieronymus Napoleon, aaO., 1. Jg., 2. Band, 1812, August, S. 29 ff.

33 Rede abgedruckt in Moniteur Nr. 26, 1.3.1810, S. 139 ff., und Zusammenfassung in Westfalen unter Hieronymus Napoleon, aaO., 1. Jg., 2. Band, 1812, August, S. 29 ff. Zur Person Malchus' s. o. S. 72 Anm. 23.

Berichterstatter der Finanzkommission:
Abg. Culemann [34]
Beschlußfassung:
Annahme des Entwurfs mit 68 gegen 5 Stimmen. [35]
Publikation als "Gesetz, welches die Erhebung der Patentsteuer festsetzt", in GBüll KW 1810, 1. Teil, Nr. 8, S. 122 ff.

6. Plenarsitzung: 14. Februar 1810, 12 Uhr [36]

Tagesordnung: Entwurf für ein Gesetz über korrektionelle Prozeßordnung
Begründung:
Staatsrat Dr. Julius Christoph Baron von Leist [37]
Berichterstatter
der Kriminalgesetzgebungskommission:
Abg. von Kaisenberg [38]
Beschlußfassung:
Annahme des Entwurfs mit 70 gegen 4 Stimmen. [39]
Publikation des Gesetzes in GBüll KW 1810, 1. Teil, Nr. 9, S. 174 ff.

[34] StA Magdeburg Rep. B 18 I No 1739 Bl. 35.

[35] Übereinstimmend Moniteur Nr. 19, 13.2.1810, S. 84 (fälschlich als S. "74" gedruckt); StA Magdeburg Rep. B 18 I No 1739 Bl. 35, Westfalen unter Hieronymus Napoleon, aaO., 1. Jg., 2. Band, 1812, August, S. 34, und Obenaus, Reichsstände, aaO., S. 308.

[36] Bericht über die Sitzung in Moniteur Nr. 21, 17.2.1810, S. 101.

[37] Text der Rede in Moniteur Nr. 44, 12.4.1810, S. 20 ff. Zur Person Leists s. o. S. 45 Anm. 26.

[38] Hinweis darauf in Westfalen unter Hieronymus Napoleon, aaO., 1. Jg., 2. Band, 1812, August, S. 35, und bei Obenaus, Reichsstände, aaO., S. 323 Anm. 129 (da auch Erwähnung eines Separatdrucks der Rede).

[39] So Moniteur Nr. 21, 17.2.1810, S. 101, und Obenaus, Reichsstände, aaO., S. 308; lt. StA Magdeburg Rep. B 18 I No 1739 Bl. 35 v, Annahme mit 67 gegen 4 Stimmen.

7. Plenarsitzung: 15. Februar 1810, 12 Uhr[40]

Tagesordnung:[41]

1. Entwurf für ein Gesetz über die Erhebung der Kapitalien, welche von Se. Majestät dem Kaiser der Franzosen an Se. Majestät den König abgetreten sind.

   Begründung:
   Staatsrat Peter Heinrich von Coninx[42]

   Berichterstatter
   der Zivilgesetzgebungskommission:
   Abg. Wilmerding[43]

   Beschlußfassung:
   Annahme des Entwurfs mit 50 gegen 23 Stimmen.[44]

   Publikation des Gesetzes in GBüll KW 1810, 1. Teil, Nr. 7, S. 112 ff.

2. Entwurf eines Gesetzes, das Vorzugsrecht betreffend, welches der öffentliche Schatz wegen

40 Moniteur Nr. 21, 17.2.1810, S. 101 f., mit Kurzbericht über die Sitzung; ein solcher findet sich auch in Westfalen unter Hieronymus Napoleon, aaO., 1. Jg., 2. Band, 1812, September, S. 1 ff.

41 Es konnte nicht geklärt werden, in welcher Reihenfolge die Tagesordnung abgehandelt wurde. Im Moniteur wird als der zuerst behandelte der von Staatsrat von Bar vertretene Gesetzentwurf bezeichnet; die anderen Quellen und Obenaus, Reichsstände, aaO., S. 308/9, nennen den von Staatsrat von Coninx begründeten Entwurf als den zuerst behandelten. Auf jeden Fall wurden beide zuerst durchberaten, und nach dem Schluß der Beratung wurde über beide getrennt abgestimmt; vgl. dazu Moniteur Nr. 21, 17.2.1808, S. 102.

42 Rede abgedruckt in Moniteur Nr. 22, 20.2.1810, S. 115 f. Zur Person Coninx' s. o. S. 73 Anm. 35.

43 StA Magdeburg Rep. B 18 I No 1739 Bl. 35 v; auch Separatdruck (vgl. Obenaus, Reichsstände, aaO., S. 323 Anm. 129).

44 StA Magdeburg Rep. B 18 I No 1739 Bl. 35 v: 50 Ja-Stimmen ist eindeutig; die Zahl der Nein-Stimmen in der Zehner-Rubrik ist schwer leserlich; Obenaus, Reichsstände, aaO., S. 309, spricht ebenfalls von 50 zu 23 Stimmen; im Moniteur Nr. 21, 17.2.1810, S. 102, ist nur von "großer Mehrheit" die Rede; auch in Westfalen unter Hieronymus Napoleon, aaO., 1. Jg., 2. Band, 1812, September, S. 7, heißt es nur, der "Gegenstand der Beratschlagung" habe "die Genehmigung der Reichsstände durch Stimmenmehrheit erhalten".

rückständiger Steuern an dem Vermögen der Steuerpflichtigen genießt.
Begründung:
Staatsrat Herbord Sigismund Ludwig von Bar[45]
Berichterstatter der Zivilgesetzgebungskommission:
Abg. von Ritzenberg[46]
Beschlußfassung:
Annahme des Entwurfs mit 72 gegen 1 Stimme.[47]
Publikation des Gesetzes in GBüll KW 1810, 1. Teil, Nr. 7, S. 106 ff.

8. Plenarsitzung: 26. Februar 1810[48]

Tagesordnung: 1. Entwurf eines Gesetzes, die Besteuerung des Salzes betreffend.
Begründung:
Staatsrat Philipp von Pestel[49]
Berichterstatter der Finanzkommission:
Abg. Culemann[50]

45 Rede abgedruckt in Moniteur Nr. 22, 20.2.1810, S. 113 ff. Zur Person von Bars s. u. S. 114 f.

46 StA Magdeburg Rep. B 18 I No 1739 Bl. 35 v.

47 Abstimmungsergebnis lt. StA Magdeburg Rep. B 18 I No 1739 Bl. 35 v; der Moniteur Nr. 21, 17.2.1810, S. 102, spricht wiederum nur von "großer Mehrheit"; Obenaus, Reichsstände, aaO., S. 308, fand keine Überlieferung für das Abstimmungsergebnis.

48 Moniteur Nr. 27, 3.3.1810, S. 145.

49 Rede in Moniteur Nr. 41, 5.4.1810, S. 193 ff.; Zusammenfassung in Westfalen unter Hieronymus Napoleon, aaO., 1. Jg., 2. Band, September, S. 154. - Pestel (1768-1835) war 1807/8 Präfekt des Weser-Departements, 1808-11 Generaldirektor des öffentlichen Schatzes, später Regierungspräsident in Düsseldorf, Oberpräsident der Rheinprovinz und 1830 Mitglied des Rheinischen Provinziallandtags.

50 StA Magdeburg Rep. B 18 I No 1739 Bl. 41.

Beschlußfassung:
Annahme des Entwurfs mit 62 gegen 5 Stimmen.[51]
Publikation als “Gesetz, den Verkauf und die Besteuerung des Salzes betreffend“ in GBüll KW 1810, 1. Teil, Nr. 11, S. 242 ff.

2. Entwurf eines Gesetzes über die Stempelsteuer[52]
Begründung:
Staatsrat Karl August Malchus[53]
Berichterstatter der Finanzkommission:
Abg. Culemann[54]
Beschlußfassung:
Ablehnung des Entwurfs mit 31 gegen 37 Stimmen.[55]

9. Plenarsitzung: 6. März 1810, 12 Uhr[56]

Tagesordnung: Entwurf für ein Gesetz über Erhebung der Konsumtionssteuern
Begründung:
Staatsrat Dr. Georg Friedrich von Martens[57]

51 StA Magdeburg Rep. B 18 I No 1739 Bl. 41; bei Obenaus, Reichsstände, aaO., S. 309, keine Angabe des Abstimmungsergebnisses.

52 Über die Beratungen dieses Gesetzentwurfes schweigen sich der Moniteur ebenso wie Westfalen unter Hieronymus Napoleon, aaO., 1. Jg., 2. Band, 1812, September, S. 18 ff., aus; vgl. aber StA Magdeburg Rep. B 18 I No 1739 Bl. 41 und Obenaus, aaO., S. 309.

53 StA Magdeburg Rep. B 18 I No 1739 Bl. 41.

54 StA Magdeburg Rep. B 18 I No 1739 Bl. 41.

55 So übereinstimmend StA Magdeburg Rep. B 18 I No 1739 Bl. 41 und Obenaus, Reichsstände, aaO., S. 309 und 315 Anm. 88, sowie Strombeck, aaO., S. 82.

56 Kein Bericht im Moniteur über diese Sitzung; lediglich Hinweis in Nr. 38, 29.3.1810, S. 173.

57 Seine Rede ist nur in Zusammenfassung in Westfalen unter Hieronymus Napoleon, aaO., 1. Jg. 2. Band, 1812, September, S. 18 ff., überliefert; lt. StA Magdeburg Rep. 18 B I No 1739 Bl. 42 sollen die Staatsräte Malchus und von Witzleben die Regierung vertreten haben.

Berichterstatter der Finanzkommission:
Abg. Hoffbauer [58]
Beschlußfassung:
Annahme des Entwurfs mit 60 Ja-Stimmen [59]
Publikation als "Gesetz, die Errichtung und Erhebung der Consumationssteuern betreffend" in GBüll KW 1810, 1. Teil, Nr. 13, S. 274 ff.

10. Plenarsitzung: 12. März 1810, 11 Uhr [60]

Tagesordnung: 1. Entwurf eines "Gesetzes, welches die Fortsetzung der bürgerlichen Prozeß-Ordnung enthält".

Begründung:
Staatsrat Herbord Sigismund Ludwig von Bar [61]
Berichterstatter
der Zivilgesetzgebungskommission:
Abg. von Porbeck (Kassel) [62]
Beschlußfassung:
Annahme des Entwurfs mit 62 gegen 4 Stimmen. [63]
Publikation in GBüll KW 1810, 1. Teil, Nr. 15, S. 380 ff.

58 StA Magdeburg Rep. B 18 I No 1739 Bl. 42.

59 StA Magdeburg Rep. B 18 I No 1739 Bl. 42; die Zahl der Nein-Stimmen ist dort nicht verzeichnet; in Westfalen unter Hieronymus Napoleon, aaO., 1. Jg., 2. Band, 1812, September, S. 34, ist nur von "großer Stimmenmehrheit" die Rede; Obenaus, Reichsstände, aaO., fand keine Überlieferung des Abstimmungsergebnisses.

60 Auch über diese Sitzung findet sich kein Bericht im Moniteur, sondern nur ein Hinweis in Nr. 40, 3.4.1810, S. 185; s. aber StA Magdeburg Rep. B 18 I No 1739 B. 43.

61 Rede abgedruckt in "Sammlung aller Instructionen ...", Heft 2 (1810), S. 55; in Westfalen unter Hieronymus Napoleon, aaO., 1. Jg., 2. Band, 1812, Oktober, S. 1 ff., findet sich eine Zusammenfassung.

62 StA Magdeburg Rep. B 18 I No 1739 Bl. 43.

63 StA Magdeburg Rep. B 18 I No 1739 Bl. 43; alle anderen Quellen vermerken nur die Annahme.

2. Feierliche Schließung der Session 1809[64]
Redner:
Staatsrat Dr. Julius Christoph Baron von Leist[65]

i. Ende der Session: 12. März 1810[66].

[64] So ausdrücklich Abg. Rötger in seinem Bericht in StA Magdeburg Rep. B 18 I No 1739 Bl. 43.

[65] Rede in Moniteur Nr. 40, 3.4.1810, S. 185 ff.

[66] "Königliches Dekret vom 10.3.1810, welches die Beendigung der Sitzungen der Reichsständischen Versammlung verordnet" (GBüll KW 1810, 1. Teil, Nr. 12, S. 264 f.).

Wappen des Großherzogtums Frankfurt

B. Ständeversammlung des Großherzogtums Frankfurt 1810-1813

1. Rechtliche Grundlagen und Wahlen

a. Rechtliche Grundlagen

"Höchstes Organisations-Patent der Verfassung des Großherzogtums Frankfurt vom 16. August 1810" (GfRegBl. 1810, 1. Band, S. 10 ff.), insbesondere Art. 10 bis 21, 26 bis 28 und 35.

"Instruction der Wahl- oder Departementskollegien betreffend vom 16. September 1810" (GfRegBl. 1810, 1. Band, S. 25 ff.).

"Bestimmung der Reisegelder und Diäten der Stände vom 12. Oktober 1810" (GfRegBl. 1810, 1. Band, S. 70 f.).

b. Wahlen

aa. Departement Aschaffenburg

80 Mitglieder des Departements-Wahlkollegiums [1]

Präsident:	Johann Philipp Jacob Nepomuk Graf und edler Herr von Eltz, genannt Faust von Stromberg [2]
Tagungsort:	Aschaffenburg, Hörsaal des Gymnasiums [3]
Sitzungstag:	8. Oktober 1810, 8 Uhr [4]

1 Art. 1 Instruction (GfRegBl. 1810, 1. Band, S. 25). - Mitgliederliste in GfRegBl. 1810, 1. Band, S. 39 ff.

2 Ernennungsdekret vom 26.9.1810 (GfRegBl. 1810, 1. Band, S. 49 f.). Zur Person des Grafen von Eltz (1746-1815) vgl. GHdA, Bd. 40 (1967), S. 107.

3 Art. 2 Instruction (GfRegBl. 1810, 1. Band, S. 26); StA Würzburg Rep. 54 I C 1645 Anlage 7 und 109. Der Gymnasiums-Hörsaal wurde als Sitzungsort gewählt, weil die Räumlichkeiten im Rathaus in Aschaffenburg für das Wahlkollegium zu eng waren (StA Würzburg Rep. 54 I C 1645 Anlage 109).

4 "Anmerkung" in GfRegBl. 1810, 1. Band, S. 52, und StA Würzburg Rep. 54 I C 1645, Anlage 109.

Von den achtzig Mitgliedern des Wahlkollegiums waren sieben abwesend[5]. Es gab vier Wahlgänge. Abstimmungsergebnisse im einzelnen enthält das Protokoll nicht; es verzeichnet die Gewählten in dieser Reihenfolge:

Grundeigentümer: Leonhard Sickenberger, Friedrich Carl Graf Waldbott von Bassenheim, Dr. Sebastian Nau;

Kaufleute, Fabrikanten: Johann Adam Eisenberger;

Gelehrte, Künstler, um den Staat verdiente Bürger: Johann Georg Engelhard.

Diese Reihenfolge entspricht auch der amtlichen Bekanntmachung im Regierungsblatt[6].

bb. Departement Frankfurt 50 Mitglieder des Departements-Wahlkollegiums[7]

Präsident: Adolph Carl von Humbracht[8]

Tagungsort: Frankfurt[9]

Sitzungstag: 8. Oktober 1810[10]

Wahlergebnisse im einzelnen sind nicht überliefert[11].

Gewählt:
Güterbesitzer: Friedrich Maximilian von Günderode, Georg Christoph Röschel, Johann Carl Schnerr;

5 Hiervon und zum folgenden: StA Würzburg Rep. 54 I C 1645 mit allen Anlagen, insbesondere Anlage 109.

6 GfRegBl. 1810, 1. Band, S. 68.

7 Art. 1 Instruction (GfRegBl. 1810, 1. Band, S. 25). - Mitgliederliste in GfRegBl. 1810, 1. Band, S. 36 ff.

8 Ernennungsdekret vom 26.9.1810 (GfRegBl. 1810, 1. Band, S. 50). - Von Humbracht, geboren am 18. März 1753, spielte als des Röm. Kaisers Maj. Rat, Senator ab 1777, Schöffe ab 1778, älterer Bürgermeister 1791, 1794, 1797, 1799 und 1801 in der Frankfurter Politik eine bedeutende Rolle; er starb 1837 in Rudolstadt (GGT, freiherrliche Häuser, 1856, S. 333).

9 Art. 2 Instruction (GfRegBl. 1810, 1. Band, S. 26).

10 "Anmerkung" in GfRegBl. 1810, 1. Band, S. 52.

11 Überliefert ist nur die amtliche Bekanntmachung der Gewählten in GfRegBl. 1810, 1. Band, S. 67 f.

Fulda, Altes Rathaus (Kanzler-Palais)
Im Alten Rathaus zu Fulda, dem heute als Kanzler-Palais bezeichneten Gebäude, Unterm Heilig Kreuz Nr. 10, wählte das Departements-Wahlkollegium am 8. Oktober 1810 die Mitglieder der Ständeversammlung aus dem Departement Fulda (Bauzustand etwa 1890)

Kaufleute, Fabrikanten: Gottfried Clausius;

Gelehrte, Künstler, um den Staat verdiente Bürger: Dr. Johann Martin Stark.

cc. Departement Fulda

90 Mitglieder des Departements-Wahlkollegiums [12]

Präsident: Philipp Anton Freiherr von Bibra [13]

Tagungsort: Fulda, Rathaus [14]

Sitzungstag: 8. Oktober 1810 [15]

Wahlergebnisse [16]

Anwesende Mitglieder des Wahlkollegiums: 84. Es wurden 241 Stimmen für Güterbesitzer, 80 für Gelehrte, Künstler und um den Staat verdiente Bürger und 76 für Kaufleute und Fabrikanten abgegeben.

Gewählt:

Grundeigentümer:	Philipp von Heß [17]	50
	Nikolaus Koch [18]	39
	Ignatz Rüttger	20

12 Art. 1 Instruction (GfRegBl. 1810, 1. Band, S. 25). - Mitgliederliste in GfRegBl. 1810, 1. Band, S. 42 ff.

13 Ernennungsdekret vom 26.9.1810 (GfRegBl. 1810, 1. Band, S. 51). - Philipp Freiherr von Bibra (1752-1826) war Geheimer Rat in Fulda und vorher Hofgerichtspräsident in Mainz; vgl. GGT, freiherrliche Häuser, 1849, 1857 und GHdA, Bd. 13 (1956).

14 Art. 2 Instruction (GfRegBl. 1810, 1. Band, S. 26); StA Marburg Best. 98 q Nr. 1; das damalige Rathaus ist das heute als “Kanzler-Palais“ bezeichnete Gebäude.

15 “Anmerkung“ in GfRegBl. 1810, 1. Band, S. 52.

16 Vgl. dazu StA Marburg Best. 98 q Nr. 1, insbesondere Anlage No 12 zum Wahlprotokoll.

17 von Heß erhielt außerdem auch als Gelehrter eine Stimme, die nicht gezählt wurde.

18 Koch erhielt außerdem auch als Gelehrter sechs Stimmen, die nicht gezählt wurden.

Kaufleute, Fabrikanten: Johann Menz[19] 20

Gelehrte, Künstler, um den Staat verdiente Bürger:
Franz Simon 18

Diese Reihenfolge entspricht nicht nur den Stimmen und der alphabetischen Folge der Namen, sondern auch der amtlichen Bekanntmachung im Regierungsblatt[20].

dd. Departement Hanau

60 Mitglieder des Departements-Wahlkollegiums[21]

Präsident: Friedrich Ludwig von Motz (vom 26. September bis 4. Oktober 1810)[22]
Lewin Wilhelm Ernst Christoph Freiherr von Winzingerode (ab 4. Oktober 1810)[23]

Tagungsort: Hanau[24]

Sitzungstag: 8. Oktober 1810[25]

Wahlergebnisse im einzelnen sind nicht überliefert.[26]

19 Menz erhielt außerdem als Güterbesitzer acht und als Gelehrter 16 Stimmen, die nicht gezählt wurden.

20 GfRegBl. 1810, 1. Band, S. 68.

21 Art. 1 Instruction (GfRegBl. 1810, 1. Band, S. 25). - Mitgliederliste in GfRegBl. 1810, 1. Band, S. 45 ff.

22 Ernennungsdekret vom 26.9.1810 (GfRegBl. 1810, 1. Band, S. 51 f.); von Motz resignierte wegen "seines Alters und seiner Gesundheitsumstände" nach "Convocation" der Mitglieder des Wahlkollegiums; vgl. Entlassungsdekret vom 4.10.1810 (GfRegBl. 1810, 1. Band, S. 57 f.). Friedrich Ludwig von Motz (1732 - 1817) war Wirklicher Geheimer Rat und Präsident der Rentkammer in Hanau; vgl. GGT 1914, briefadelige Häuser, S. 655.

23 Ernennungsdekret vom 4.10.1810 (GfRegBl. 1810, 1. Band, S. 58 f.). Lewin Freiherr von Winzingerode (1768 - 1813) war Kammerrat in Hanau; vgl. GGT, freiherrliche Häuser, 1864, S. 958.

24 Art. 2 Instruction (GfRegBl. 1810, 1. Band, S. 26).

25 "Anmerkung" in GfRegBl. 1810, 1. Band, S. 52.

26 Akten über die Wahl waren nicht auffindbar, überliefert ist nur die amtliche Bekanntmachung der Gewählten in GfRegBl. 1810, 1. Band. S. 68.

Gewählt:
Güterbesitzer: Carl Friedrich Buderus von Carlshausen, Johann Carl Lavater, Dr. Johann George Wachs;

Kaufleute, Fabrikanten: Ludwig Otto Toussaint;

Gelehrte, Künstler, um den Staat verdiente Bürger: Ludwig Wilhelm Freiherr Gayling von Altheim.

2. Mitglieder

a. Reihenfolge der amtlichen Bekanntmachung [1]

aa. Departement Frankfurt

Güterbesitzer:
von Günderode, Friedrich Maximilian
Schnerr, Johann Carl
Röschel, Georg Christoph [2]

Kaufleute, Fabrikanten:
Clausius, Georg Gottfried [3]

Gelehrte, Künstler, um den Staat verdiente Bürger:
Dr. Stark, Johann Martin

bb. Departement Aschaffenburg

Güterbesitzer:
Sickenberger, Leonhard
Graf Waldbott von Bassenheim, Friedrich Carl Franz Rudolf
Dr. Nau, Bernhard Sebastian

1 Proklamation vom 11.10.1810, GfRegBl. 1810, 1. Band, S. 67 ff.

2 In der amtlichen Bekanntmachung wie in den Staatskalendern und im Protokoll der Eröffnungssitzung am 15.10.1810 (HStA Wiesbaden Abt. 371 Nr. 76 Bl. 8 v) ist Röschels Vorname nicht mit Georg Christoph, sondern mit Georg Christian angegeben; einen Röschel dieses Vornamens gibt es jedoch im in Frage kommenden Zeitraum in den Frankfurter Tauf-, Trau- und Totenbüchern nicht; außerdem weist ein zeitgenössischer handschriftlicher Eintrag im Exemplar des Staatskalenders der Großherzoglichen Stadt und des Departements Frankfurt für 1813 im HStA Wiesbaden, das vorher in die Städtische Sammlung Frankfurt gehörte, durch den der Todestag Röschels vermerkt wurde und der Vorname Christian durchgestrichen und durch Christoph ersetzt wurde, die Richtigkeit des Vornamens Georg Christoph aus.

3 Einen Kauf- und Handelsmann Johann Gottfried Clausius, wie ihn die amtliche Bekanntmachung im GfRegBl., die Staatskalender und das in Anm. 2 zitierte Protokoll aufführen, kennen die Frankfurter Personenstandsunterlagen nicht, wohl aber einen Georg Gottfried Clausius, auf den auch sämtliche anderen zu ermittelnden Angaben über den Abg. Clausius, insbesondere der Rufname Gottfried, hinweisen.

Kaufleute, Fabrikanten:
Eisenberger, Johann Adam

Gelehrte, Künstler, um den Staat verdiente Bürger:
Engelhard, Johann Georg

cc. Departement Fulda

Güterbesitzer:
von Heß, Johann Philipp Christoph Erasmus Joseph
Koch, Nikolaus
Rüttger, Ignatz

Kaufleute, Fabrikanten:
Menz, Johannes

Gelehrte, Künstler, um den Staat verdiente Bürger:
Simon, Franz

dd. Departement Hanau

Güterbesitzer:
Buderus von Carlshausen, Carl Friedrich
Dr. Wachs, Johann George
Lavater, Johann Karl

Kaufleute, Fabrikanten:
Toussaint, Ludwig Otto (Louis)

Gelehrte, Künstler, um den Staat verdiente Bürger:
Freiherr Gayling von Altheim,
Ludwig Friedrich Wilhelm August

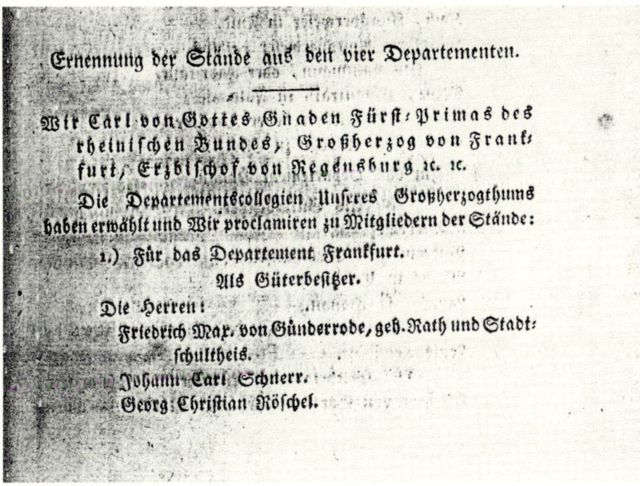

Ernennung der Stände aus den vier Departementen.

Wir Carl von Gottes Gnaden Fürst-Primas des rheinischen Bundes, Großherzog von Frankfurt, Erzbischof von Regensburg ꝛc. ꝛc.

Die Departementscollegien Unseres Großherzogthums haben erwählt und Wir proclamiren zu Mitgliedern der Stände:

1.) Für das Departement Frankfurt.

Als Güterbesitzer.

Die Herren:

Friedrich Max. von Günderrode, geh. Rath und Stadtschultheis.

Johann Carl Schnerr.

Georg Christian Röschel.

Tafelseiten XXXV-XXXIX

Auszug aus dem Großherzoglich frankfurtischen Regierungsblatt mit der Proklamation der Mitglieder der Ständeversammlung, der Ernennung des Präsidenten Engelhard und anderen den Geschäftsgang der Ständeversammlung betreffenden Regelungen und der Bestimmung der Reisegelder und Diäten der Stände (GfRegBl. 1810, 1. Band, S. 67 ff.)

Als Kaufmann oder Fabrikant.

Johann Gottfried Clausius.

Als Gelehrter oder Künstler.

Johann Martin Stark.

2.) Für das Departement Aschaffenburg.

Als Güterbesitzer.

Die Herren:

Leonard Sickenberger, Centhauptmann.

Graf Waldbott Bassenheim.

Sebastian Rau, Hofrath und Professor.

Als Kaufmann oder Fabrikant.

Adam Eisenberger.

Als Gelehrter oder Künstler.

Johann Georg Engelhardt, geh. Rath und Oberappellationsgerichts-Director.

3.) Für das Departement Fuld.

Als Güterbesitzer.

Die Herren:

von Heß, Hofrath zu Hammelburg.

Koch, Amtsverweser in Fuld.

Rüttger, Amtsverweser daselbst.

Als Kaufmann, oder Fabrikant.

Menz, Finanzrath zu Fuld.

Als Gelehrter oder Künstler.

Simon, Amtsvogt zu Eiterfeld.

4.) Für das Departement Hanau.

Als Güterbesitzer.

Die Herren:

Buderus von Carlshausen.

Wachs in Bischofsheim.

Lavater in Hanau.

Als Kaufmann oder Fabrikant.

Louis Toussaint.

Als Gelehrter oder Künstler.

Freiherr von Gayling, geheimer Rath.

Gegenwärtige Proklamation
eingerückt werden.

Gegeben Hanau den 11ten

C

(L. S.

Auf Befehl des Großherzogs

Freiherr v

Zu

Der

Freiher

Ernennung des Präs

Wir Carl von Gottes G
rheinischen Bundes,
furt, Erzbischof vo
haben beschlossen und beschließ

Art

Unser Oberappellationsg
Mitglied der Stände des De
für die bevorstehende Sitzung
ernannt.

Art

Den Ständen wird bei i
nennung bekannt gemacht wer
Eröffnung der Ständeversamm
sidenten versammeln können,
Stände den Secretair der St

Ar

Die drei Directoren der
Patentes vom 16ten August l.
nen werden Wir nach Eröffnu
nennen. Die Ernennung de

sionen bleibt dem Präsidenten der Ständeversammlung überlassen.

Gegeben Hanau den 12ten October 1810.

Carl.

(L. S.)

Auf Befehl des Großherzogs, der Minister Staatssecretair
Freiherr von Eberstein.

Zur Beglaubigung.
Der Justiz-Minister
Freiherr von Albini.

Bestimmung der Reisegelder und Diäten der Stände.

Wir Carl von Gottes Gnaden Fürst-Primas des rheinischen Bundes, Großherzog von Frankfurt, Erzbischof von Regensburg rc. rc.

haben in Gemäßheit des §. 26 Unsers Organisations-Patents vom 16ten August l. J. auf den Vortrag Unsers Ministers des Innern, auch nach Anhörung Unsers Staatsrathes beschlossen und beschliessen:

Art. 1.

Jedem Mitgliede der Stände soll während der Dauer ihres Aufenthaltes bei der Ständeversammlung als Entschädigungsgelder täglich 8 fl. 30 kr. bezahlt werden.

Art. 2.

Als Reisekosten werden den Mitgliedern der Stände aus dem Departement Fuld für Hin- und Herreise diese nämlichen Entschädigungsgelder für 4 Tage, den Ständen aus dem Departement Aschaffenburg und Frankfurt aber für 2 Tage bewilliget.

Art. 3.

Die bestimmten Entschädigungsgelder sollen den Mitgliedern der Stände im Departement Frankfurt aus dem Recheneiamte zu Frankfurt, im Departement Aschaffenburg aus dem dortigen Kriegszahlamte, im Departement Fuld aus der

Provincialcasse, und in dem Departement Hanau aus der Landcasse für dießmal daselbst bezahlt werden.

Art. 4.

Unser Minister der Justiz und des Innern, und der Minister der Finanzen sind mit der Vollziehung des gegenwärtigen Decrets beauftragt, welches zugleich in das Regierungsblatt eingerückt werden soll.

Gegeben Hanau den 12ten October 1810.

(L. S.) Carl.

Auf Befehl des Großherzogs, der Minister Staatssecretair

Freiherr von Eberstein.

Zur Beglaubigung.

Der Justiz-Minister

Freiherr von Albini.

b. Alphabetische Ordnung

Nachname, Vornamen	Ort	Klasse	Departement
Buderus von Carlshausen, Carl Friedrich	Hanau	GE	HU
Clausius, Georg Gottfried	Frankfurt	KF	F
Eisenberger, Johann Adam	Aschaffenburg	KF	AB
Engelhard, Johann Georg	Aschaffenburg	GK	AB
Freiherr Gayling von Altheim, Ludwig Friedrich Wilhelm August	Hanau	GK	HU
von Günderode, Friedrich Maximilian	Frankfurt	GE	F
von Heß, Johann Philipp Christoph Erasmus Joseph	Hammelburg	GE	FD
Koch, Nikolaus	Fulda	GE	FD
Lavater, Johann Karl	Hanau	GE	HU
Menz, Johannes	Fulda	KF	FD
Dr. Nau, Bernhard Sebastian	Aschaffenburg	GE	AB
Röschel, Georg Christoph	Frankfurt	GE	F
Rüttger, Ignatz	Fulda	GE	FD
Schnerr, Johann Carl	Frankfurt	GE	F
Sickenberger, Leonhard	Weiberhöfe	GE	AB
Simon, Franz	Eiterfeld	GK	FD
Dr. Stark, Johann Martin	Frankfurt	GK	F
Toussaint, Ludwig Otto	Hanau	KF	HU
Dr. Wachs, Johann George	Bischofsheim	GE	HU
Graf Waldbott von Bassenheim, Friedrich Carl Franz Rudolf	Aschaffenburg	GE	AB

3. Session 1810

a. Festsetzung des Termins für den Sessionsbeginn auf den 15. Oktober 1810[1].

b. "Ständeversammlung und Ceremonial der Eröffnung" vom 11. Oktober 1810[2].

c. Beginn der Session: 15. Oktober 1810[3].

d. Laut Protokoll der Eröffnungssitzung am 15. Oktober 1810 waren die Mitglieder der Ständeversammlung "fast pünktlich" anwesend; es fehlten die Abg. Ludwig Otto Toussaint und Friedrich Carl Graf Waldbott von Bassenheim. Graf Waldbott war schon bei der Wahl in Aschaffenburg von dort weggereist[4]; Toussaint leistete am 19. Oktober 1810 in Hanau schriftlich den Eid[5] und nahm dann wohl bis zum Ende noch an den Sitzungen teil, so daß anfangs 18, später 19 der 20 Mitglieder bei der Session anwesend waren.

e. Präsident: Abg. Johann Georg Engelhard[6].

f. Sekretär: Abg. Dr. Bernhard Sebastian Nau[7].

1 Handschriftliche Randbemerkung des Großherzogs in HStA Wiesbaden Abt. 371 Nr. 76 Bl. 3 v: "Der Tag der Versammlung ist der 15te Oktober ...." und Großherzogliches Dekret vom 11.10.1810 (vgl. HStA Wiesbaden Abt. 371 Nr. 76 Bl. 7). Vgl. auch "Anmerkung" in GfRegBl. 1810, 1. Band, S. 52.

2 Text in HStA Wiesbaden Abt. 371 Nr. 33 Bl. 30 ff. Den Vorschlag des Staatsratssekretärs von Mulzer, die Eröffnung der Ständeversammlung wie im Königreich Westphalen durch Böllerschüsse zu begleiten, quittierte der Großherzog am Rande mit der handschriftlichen Bemerkung: "Wir haben keine Kanonen", womit die Sache auf sich beruhen blieb (HStA Wiesbaden Abt. 371 Nr. 76 Bl. 13).

3 HStA Wiesbaden Abt. 371 Nr. 76 Bl. 3 v; "Anmerkung" in GfRegBl. 1810, 1. Band, S. 52; " Nachrichten und Bekanntmachungen" in GfRegBl. 1810, 1. Band, S. 73 ff.

4 Vgl. StA Würzburg Rep. 54 I C 1645, insbes. Anlage 109.

5 HStA Wiesbaden Abt. 371 Nr. 76 Bl. 25 und 26.

6 Ernennungsdekret vom 12.10.1810 (GfRegBl. 1810, 1. Band, S. 69 f.).

7 Wahl am 14.10.1810; vgl. HStA Wiesbaden Abt. 371 Nr. 76 Bl. 7.

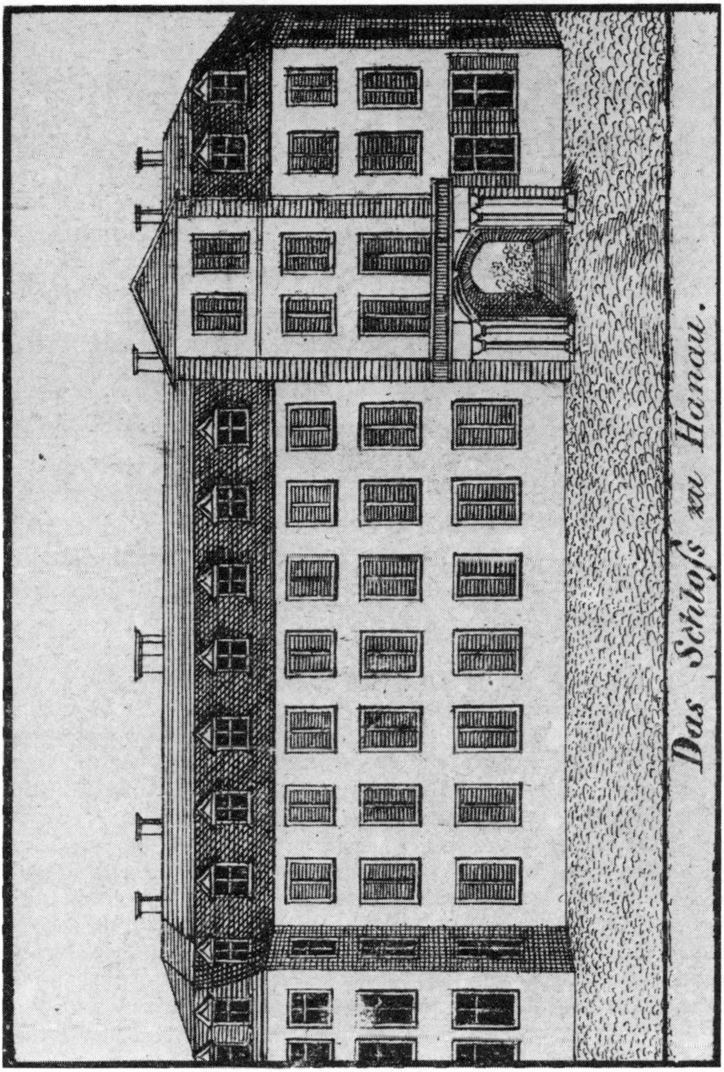

Stadtschloß Hanau
Tagungsstätte der Ständeversammlung des Großherzogtums Frankfurt 1808. Detail aus dem Stadtplan von Hanau, Lithographie von O. Mosson

g. Kommissionen:[8]

aa. Finanzkommission

bb. Ziviljustizkommission

cc. Kommission des peinlichen Gerichtswesens

h. Plenarsitzungen[9]

Plenarsitzung: 14. Oktober 1810[10]
Wohnung des Präsidenten

Tagesordnung:

1. Wahl des Sekretärs der Ständeversammlung
   Ein detailliertes Wahlergebnis war nicht zu ermitteln.

   Gewählt: Abg. Dr. Bernhard Sebastian Nau.

2. Wahl der Kommissionen

   Wahlergebnisse im einzelnen waren nicht zu ermitteln. Es konnte nur festgestellt werden, daß der Abg. Menz Mitglied der Finanzkommission und die Abg. Koch und Dr. Stark Mitglieder der Zivil- bzw. Kriminalgesetzgebungskommission waren, weil sie für diese

8 Gem. Art. 20 Org Pat bestand jede der drei in jeder Session neu zu wählenden Kommissionen aus drei Mitgliedern der Ständeversammlung. Die Zusammensetzung der Kommissionen ist nicht überliefert; auch die im Großherzogtum nicht wie in Westphalen "Präsident", sondern "Direktor" genannten Vorsitzenden der Kommissionen (Art. 3 des Dekrets vom 12.10.1810 in GfRegBl. 1810, 1. Band, S. 69 f.) waren nicht zu ermitteln.

9 Sämtliche offiziellen Plenarsitzungen fanden in Hanau im Großherzoglichen Residenzschloß statt; vgl. die handschriftlichen Randbemerkungen des Großherzogs "... der Ort der Versammlung ist Hanau, als der Mittelpunkt" in HStA Wiesbaden Abt. 371 Nr. 76 Bl. 3 v und "Die Ständeversammlung geschieht bei mir im Schlosse" in HStA Wiesbaden, aaO., Bl. 13. Mindestens eine Plenarsitzung zur Beratung innerer Angelegenheiten der Ständeversammlung wurde am 14.10.1810 in der Wohnung des Präsidenten gehalten.

10 HStA Wiesbaden Abt. 371 Nr. 76 Bl. 7; dort auch Mitteilung über die Wahl des Sekretärs der Ständeversammlung.

als Berichterstatter im Plenum bei späteren Sitzungen auftraten.[11]

1. Plenarsitzung: 15. Oktober 1810, 10 Uhr[12]

Tagesordnung:
1. Thronrede des Großherzogs
2. Vereidigung des Präsidenten und der übrigen Mitglieder der Ständeversammlung
3. Dankadresse an den Großherzog Präsident Johann Georg Engelhard.

2. Plenarsitzung: 22. Oktober 1810[13]

Tagesordnung: Entwurf eines Gesetzes über den Wirkungskreis des Kassationsgerichts und das Verfahren in Kassationssachen.

Begründung: Staatsrat Carl Friedrich Seeger.

Berichterstatter der "vereinigten beiden ständischen Kommissionen des Zivil- und Kriminal-Justizwesens": Abg. Koch

Beschlußfassung: Einstimmige Annahme des Entwurfs.[14]

Publikation des Gesetzes in GfRegBl. 1810, 1. Band, S. 84 ff.

[11] "Nachrichten und Bekanntmachungen" in GfRegBl. 1810, 1. Band, S. 74, 81 und 82; HStA Wiesbaden Abt. 371 Nr. 33 Bl. 55 und 57 v.

[12] HStA Wiesbaden Abt. 371 Nr. 76 Bl. 7 ff.; "Nachrichten und Bekanntmachungen" in GfRegBl. 1810, 1. Band, S. 73 f.

[13] HStA Wiesbaden Abt. 371 Nr. 33 Bl. 55; "Nachrichten und Bekanntmachungen" in GfRegBl. 1810, 1. Band, S. 74.

[14] HStA Wiesbaden Abt. 371 Nr. 33 Bl. 55; in "Nachrichten und Bekanntmachungen" in GfRegBl. 1810, 1. Band, S. 75, wird von "einmütiger" Annahme berichtet.

3. Plenarsitzung: 24. Oktober 1810 [15]

Tagesordnung: 1. Entwurf eines Gesetzes über die Strafgewalt der Polizeibehörden, im Verhältnis gegen Korrektionstribunale, Zivil- und Kriminalgerichte.

Begründung: Staatsrat Eugen Thomas.

Berichterstatter der "vereinigten ständischen Kommissionen des Zivil- und Kriminal-Justizwesens": Abg. Dr. Stark. [16]

Beschlußfassung: Einstimmige Annahme des Entwurfs. [17]

Publikation des Gesetzes in GfRegBl. 1810, 1. Band, S. 97 ff.

2. Gesetzentwurf, das Budget der Staatseinnahmen und Ausgaben für das Jahr 1811 betreffend.

Begründung: Staatsrat Franz Damian Freiherr von Linden [18]

Berichterstatter der Finanzkommission: Abg. Menz. [18]

Beschlußfassung: Einstimmige Annahme des Entwurfs. [19]

Publikation des Gesetzes in GfRegBl. 1810, 1. Band, S. 92 ff.

[15] HStA Wiesbaden Abt. 371 Nr. 33 Bl. 57 v; Abt. 371 Nr. 1013 passim und Abt. 371 Nr. 586 passim; "Nachrichten und Bekanntmachungen" in GfRegBl. 1810, 1. Band, S. 81 f.

[16] Text der Rede des Abg. Dr. Stark handschriftlich überliefert in HStA Wiesbaden Abt. 371 Nr. 1013.

[17] HStA Wiesbaden Abt. 371 Nr. 33 Bl. 57; in "Nachrichten und Bekanntmachungen" in GfRegBl. 1810, 1. Band, S. 81, wird wieder von "einmütiger" Annahme berichtet.

[18] Reden von Staatsrat Freiherr von Linden und Abg. Menz handschriftlich überliefert in HStA Wiesbaden Abt. 371 Nr. 586.

[19] HStA Wiesbaden Abt. 371 Nr. 33 Bl. 57 v und "Nachrichten und Bekanntmachungen" in GfRegBl. 1810, 1. Band, S. 82.

3. Plenarsitzung: 26. Oktober 1810[20]

Tagesordnung: Feierliche Schließung der Session 1810

Redner:
Staatsrat Franz Damian Freiherr von Linden
Präsident Johann Georg Engelhard[21].

i. Ende der Session: 26. Oktober 1810[22].

20 HStA Wiesbaden Abt. 371 Nr. 33 Bl. 57 v und "Nachrichten und Bekanntmachungen" in GfRegBl. 1810, 1. Band, S. 83.

21 Mit Großherzoglichem Dekret vom 26.10.1810 (GfRegBl. 1810, 1. Band, S. 83) wurde Präsident Engelhard der Titel "Staatsrat" verliehen.

22 Da "die Geschäfte, wegen welcher die Ständeversammlung zusammenberufen worden war, beendigt waren", wie es im Staatsratsprotokoll vom 25.10.1810 heißt (HStA Wiesbaden Abt. 371 Nr. 33 Bl. 57), wurde mit Großherzoglichem Dekret vom gleichen Tage (GfRegBl. 1810, 1. Band, S. 82) die Session geschlossen.

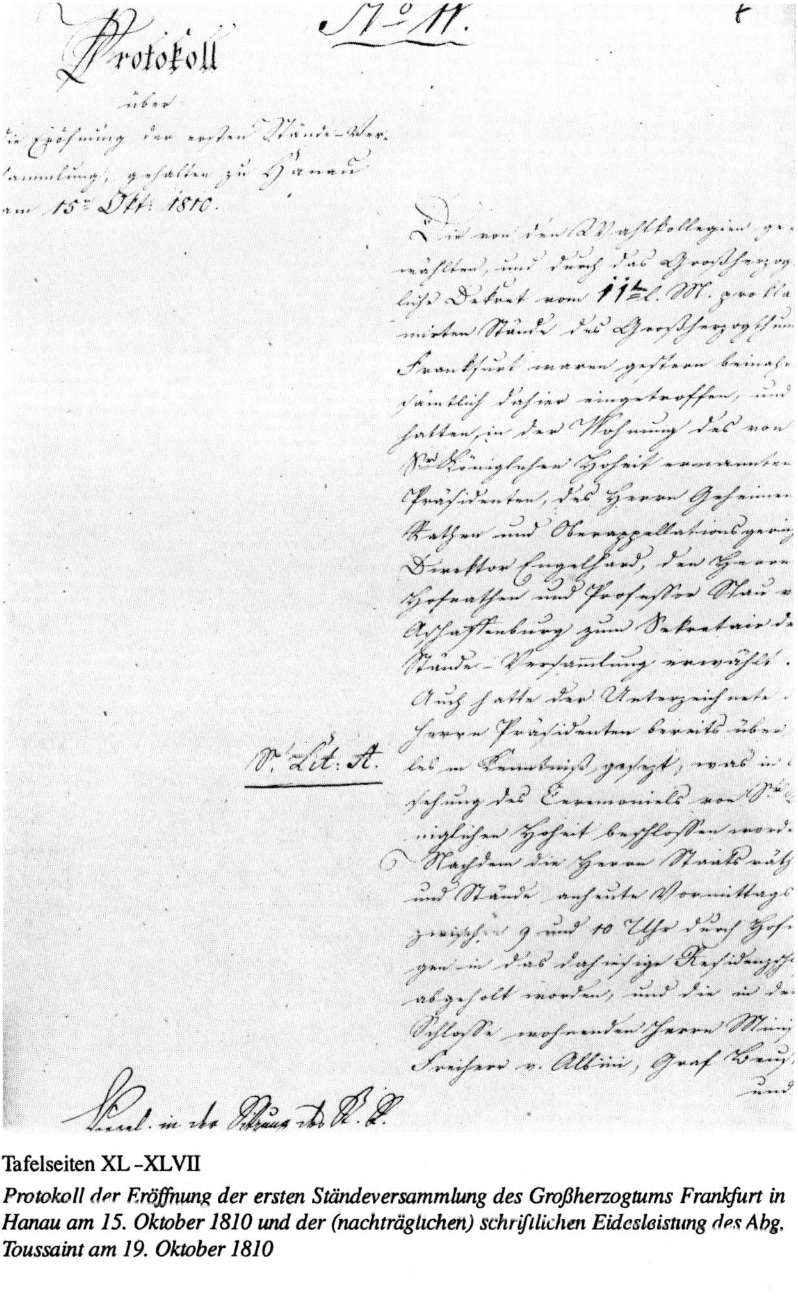

N° 11.

Protokoll über die Eröffnung der ersten Stände-Versammlung, gehalten zu Hanau am 15. Okt. 1810.

Die von den Wahlkollegien gewählten, und durch das Großherzogliche Dekret vom 11ten l. M. ernannten Stände des Großherzogthum Frankfurt waren gestern beinahe sämtlich dahier eingetroffen, und hatten, in der Wohnung des von Sr Königlichen Hoheit ernannten Präsidenten, des Herrn Geheimen Rathes und Oberappellationsgerichts Direktor Engelhard, den Herrn Hofrathes und Professor [illegible] aus Aschaffenburg zum Sekretair der Stände-Versammlung erwählet.

Auch hatte der Unterzeichnete Herren Präsidenten bereits über[illegible] in Kenntniß gesetzt, was in [illegible]sehung des Ceremoniels von Sr Königlichen Hoheit beschlossen worden.

V. Lit: A.

Nachdem die Herren Staatsräthe und Stände heute Vormittags zwischen 9 und 10 Uhr durch Hof[illegible] in das dahiesige Residenzschloss abgeholt worden, und die in dem Schlosse wohnenden Herren Minister Freiherr v. Albini, Graf Beust und

Prod. in der Sitzung [illegible]

Tafelseiten XL - XLVII

Protokoll der Eröffnung der ersten Ständeversammlung des Großherzogtums Frankfurt in Hanau am 15. Oktober 1810 und der (nachträglichen) schriftlichen Eidesleistung des Abg. Toussaint am 19. Oktober 1810

und Freiherr v. Eberstein, so wie die Herrn Staatsräthe, Freiherr v. Linden, Berger, Horneck, Molitor, Borié und der Unterzeichnete sich in den Wohnzimmern Sr. Königlichen Hoheit vor 10. Uhr versammelt hatten, geruhten Allerhöchstdieselben sich um 10 Uhr, nach dem mit Trommelschlage und Glockengeläute gegebenen Zeichen, in den Saal der Stände-Versammlung zu verfügen.

In den Vorzimmern wurden Se. Königliche Hoheit von dem Herrn Präsidenten der Stände, Geheimen Rath v. Engelhardt und einer Deputation von 4. Mitgliedern der Stände empfangen, und in den Saal der Stände-Versammlung geführt. Der Zug ging durch die mit Bürgergarde und Hofdienerschaft besetzten Gänge und Säle bis in den Versammlungssaal, wo die Stände Se. Königliche Hoheit stehend an den für sie bestimmten Plätzen erwarteten. Se. Königliche Hoheit ließen sich sodann unter dem Thronhimmel nieder; die Herrn Minister nahmen ihre Sitze zur rechten, die Herrn Staatsräthe zur linken

Seite

Seite, Sr. Königlichen Hoheit, und
die Herrn Stände dem Throne ein,
mal gegenüber ein.

Se. Königliche Hoheit geruhten die
Versammlung mit einer Anrede
über den Zweck der versammelten
Stände zu eröffnen, welche mit den
Worten schloß: „Mit vollkom-
menem Vertrauen versuche, hoffe
und erwarte ich die thätige Zu-
sammenwirkung der versammelten
rechtschaffenen Männer zum allge-
meinen Wohle. Zur Erreichung
dieses wichtigen Zweckes wollen
wir gemeinsam Hand anlegen
unter Gottes Segen!" – Hierauf
stellte der Herr Minister der
Justiz und des Innern Freiherr
v. Albini den Präsidenten der
Stände zur Eidesleistung vor.
Der Unterzeichnete las demselben
sodann die Eidesformel vor, wor-
auf derselbe das Handgelöbniß
in die Hände Sr. Königlichen Ho-
heit ablegte, und folgenden Eid
nach dem Vorsagen des Unter-
zeichneten förmlich ausschwor:

„Ich gelobe Gehorsam der Ver-
fassung und den Gesetzen,
Treue dem Großherzoge; ich ver-
spreche, die mir als Präsidenten

der

der Stände-Versammlung des
Großherzogthums Frankfurt
obliegenden Pflichten, nach zum
allgemeinen Wohle ohne Neben-
absichten, und nach bestem Wissen
und Gewissen zu erfüllen.
So wahr mir Gott helfe, und
sein heiliges Evangelium. " "

Nach der Einleitung des Prä-
sidenten machte der Unterzeich-
nete den Ständen die Formel des
auszuschwörenden Eides bekannt,
und rief sämtliche Mitglieder
der Stände nach der in dem Re-
gierungsblatte No 7. beobach-
teten Ordnung auf, das Handge-
löbniß in die Hände Sr Königlichen
Hoheit abzulegen; als:

Herr Geheime Rath u. Stadtschultheiß
Friedrich Max: v. Günderrode.
Herr Johann Karl Scherer.
Herr Georg Christian Kößel.
Herr Johann Gottfried Clausius.
Herr Dr Johann Martin Stark.
Herr Amtshauptmann Leonhard
Sitzenberger.
Herr Graf Waldbott Bassenheim
abwesend.
Herr Hofrath und Professor Se-
bastian Mau.
Herr Adam Eisenberger.

Herr

Herr Hofrath Philipp v. Herff.
Herr Amtsverweser Nikolaus Ley
Herr Amtsverweser Ignatz Küttgen
Herr Finanzrath Johann Manz.
Herr Amtsvogt Franz Simon
Herr Geheimer Kriegsrath Carl Friedrich Ludwig v. Carlshausen.
Herr Dr. Johann Georg Wachs.
Herr Johann Carl Lauter.
Herr Louis Constant Ubrecht.
Herr Geheimer Rath Freiherr Ludwig Friedrich Wilhelm August v. Gall.

Nach abgelegtem Handgelöbniß verfügten die Stände sich wieder auf ihre Plätze, und leisteten mit aufgehobenen Händen den förmlichen Eid, wie folgt:

„Wir geloben Gehorsam der Verfassung und den Gesetzen, Treue dem Großherzoge; wir versprechen, die uns in der Eigenschaft als Stände des Großherzogthums Frankfurt obliegenden Pflichten nur zum Wohl des allgemeinen Besten, ohne alle Nebenabsichten, nach bestem Wissen und Gewissen zu erfüllen. So wahr uns Gott helfe und sein heiliges Evangelium.“

Die nicht erschienenen Stände, Herr Graf Waldbott Bassenheim

von

von Aschaffenburg und Herr Loi-
Bonschaint von Hanau wurden, als
schon vor ihrer Ernennung zu Stän-
den des Großherzogthums, von ih-
rem Wohnorte abwesend, bei S.
Königlichen Hoheit von dem Un-
terzeichneten entschuldigt.

Nach geendigter Eidesleistung
beschloß der Präsident diese feier-
liche Handlung mit einer Rede
in welcher derselbe S. Königl.
Hoheit für das Allerhöchste Ver-
trauen dankte, und darlegte
daß, da, wo des Fürsten höch-
ster Wunsch seines Landes Wohlfahrt
ist, den Ständen es nicht schwer
fallen kann, die Pflichten, als Er-
wählte des Volkes mit jenen
ihrem geliebtesten Landesvater
zu vereinigen.

Nach dieser geendigten Rede
begaben S. Königliche Hoheit sich
mit dem nemlichen Zuge, und auf
die nemliche Art, wie bei der
Ankunft, aus dem Versammlungs-
saale der Stände wieder in Al-
lerhöchstdero Wohnung zurück.
Der Präsident und die Depu-
tation der Stände entfernten sich
an dem Orte des Empfanges, und
sich in den Versammlungssaal

zu

zurückzubegeben, wo durch den
Sekretaire Hofrathen Rau das
Protokoll über den ganzen Vor-
gang aufgenommen, und von
sämtlichen Ständen unterschrieben
wurde.

Hierauf baten sämtliche Stän-
de Sr. Königlichen Hoheit um
Audienz, welche Allerhöchstdiesel-
ben in Gegenwart der Herrn
Minister und Staatsräthe zu er-
theilen geruhten.

Mittags waren die Herren Mi-
nister, Staatsräthe und Stände
zur Hoftafel geladen, wobei den
Herren Minister und Staatsrä-
the zur rechten, und den Herren Stän-
den zur linken Seite Sr. Königlichen
Hoheit die Plätze angewiesen
waren. Staatsräthe, Stände
wurden mit Hofwagen zur Ta-
fel abgeholt, und wieder nach
Hause zurückgebracht.

Hanau am 15. Okt: 1810.

Der Staatsrath und Generalcommissär

[illegible]

Lit: B.

Eid

zur Verpflichtung der Mitglieder der Stände-Versammlung im Großherzogthum Frankfurt.

Ich gelobe Gehorsam der Verfassung und den Gesetzen, treue dem Großherzoge; ich verspreche, die mir in der Eigenschaft als Mann des Großherzogthums Frankfurt obliegenden Pflichten, nur zum Wohle des allgemeinen Besten, ohne alle Nebenabsichten, nach besten Wissen und Gewissen zu erfüllen. So wahr mir Gott helfe, und sein heiliges Evangelium.

Ludwig Otto Toussaint

Vollzogen auf h. Befehl Sr. königlichen Hoheit
Hanau am 10. 8ber 1810
[illegible]

III.

Biographien

der Mitglieder
der Reichsstände des Königreichs Westphalen

und

der Ständeversammlung
des Großherzogtums Frankfurt

Vorbemerkung

Dieses Buch ist ein Baustein für das Großprojekt "Parlamente in Hessen 1808-1813", das anläßlich der 50-Jahrfeier des Hessischen Landtags 1996 veröffentlicht werden soll. Deshalb wurde der Aufbau der Biographien so konzipiert, daß er mit anderen Zusammenstellungen von Abgeordnetenlebensläufen, die für das Gesamtwerk erarbeitet werden und/oder wurden, kompatibel ist.

Die persönlichen Daten der Abgeordneten wurden systematisch so erfaßt:
- Name, Titel
- Vornamen, Geburtstag, Geburtsort, Todestag, Sterbeort, Konfession;
- Eltern, Ehefrau(en), Hinweise auf direkte Vorfahren und Nachkommen mit parlamentarischen Karrieren;
- beruflicher und politischer Werdegang;
- Mitgliedschaften und Ämter in wichtigen Institutionen und Verbänden und in Parteien;
- Nobilitierungen, Auszeichnungen, Ehrungen;
- Mitgliedschaften und Ämter in anderen Parlamenten
  - Gemeindeebene,
  - Kreisebene/andere Kommunalverbandsebenen,
  - Provinzebene/Departementsebene,
  - altständische Vertretungen und Gliedstaatsebene,
  - nationale Ebene,
  - europäische Ebene;
- Mitgliedschaft (Wahlbezirke, "Klassen", Landeslisten u.ä.) und Ämter in Parlamenten in Hessen.

Angestrebt wurde die für Biographien notwendige Vollständigkeit der Daten; bei der Ermittlung der Auszeichnungen der in diesem Band verzeichneten Abgeordneten wurde aber nur der "Orden der Westphälischen Krone" komplett erfaßt.

Graf von Alvensleben Johann *August* Ernst

Geb. 6.8.1758 Erxleben, gest. 27.9.1827 Erxleben, ev.-luth. VATER: Joachim IV. von Alvensleben (1720-1782), Oberstleutnant, ab 1752 Bewirtschaftung der eigenen Güter. MUTTER: Sophia Luise Ernestine von Platen (1733-1799). EHEFRAU: Dorothea Sophia Friederike *Caroline* von Rohr (27.10.1771-12.3. 1816), Tochter eines preußischen Generalmajors, Heirat 8.7.1788 in Magdeburg. Der Sohn Albrecht (1794-1858) war Mitglied des Provinziallandtags der Provinz Sachsen, des Altmärkischen Kommunallandtags, Kgl. Preußischer Geheimer Staats- und Finanzminister und Mitglied des Preußischen Staatsrats.

Herr auf Erxleben II. - Bis 1775 Ausbildung durch Privatlehrer. Studium der Jurisprudenz und der Staatswissenschaften in Helmstedt 1775-1780. Referendar bei der Kriegs- und Domänenkammer in Magdeburg 1781-1784; Ausscheiden aus dem Staatsdienst auf Wunsch des Vaters; Bewirtschaftung der Familiengüter in Erxleben ab 1782, in Uhrsleben ab 1783. Minor-Präbende der Hohen Stiftskirche zu Halberstadt 1771, Major-Präbende 1786. Deputierter des engeren Ausschusses der Altmärkischen Stände in Berlin 1784. Domkapitular 1787, Wohnung in Halberstadt. Mitglied des Landschaftlichen Ausschusses zur Bearbeitung des Märkischen Provinzialgesetzbuches in Berlin 1793-1796. Am 3.11.1796 zum Domdechanten gewählt, am 24.11.1796 eingeführt; letzter Dechant des durch Dekret Jérômes am 1.12.1810 aufgehobenen Domkapitels. - Mitglied (für die Altmärkischen Stände) in der Ständedeputation aus dem künftigen Königreich Westphalen, die im August und September 1807 in Paris und Fontainebleau über die Westphälische Constitution verhandelte. Mitglied und Präsident des Departements-Wahlkollegiums des Elbe-Departements 1808-1813. - Ab 1810 wieder in Erxleben. Erwerb von Eichenbarsleben zusammen mit Graf von der Schulenburg-Emden 1813 (Alleineigentümer 1821). Nach dem Tode des Grafen von der Schulenburg-Wolfsburg an die Spitze der Herzoglich Braunschweigischen Regie-

rung berufen (1820), Staatsminister. Bitte um Entlassung anläßlich des Regierungsaustritts von Herzog Karl (30.10.1823). Rückkehr nach Erxleben. Mitglied des Preußischen Staatsrats durch Kabinettsordre vom 5.11.1824. Von den Ständischen Deputierten 1826 zum General-Direktor der Magdeburgischen Landes-Feuer-Sozietät gewählt.
Erhebung in den preußischen Grafenstand am 6.7.1798; Westphälische Bestätigung des Grafenstandes am 10.7.1813. - Roter Adlerorden 2. Klasse; Roter Adlerorden 1. Klasse (1816); Ritter des Johanniter-Ordens (1812); Großkreuz des Guelphen-Ordens (1821).
Mitglied des Distriktrats des Distrikts Neuhaldensleben 1808-1813.
Mitglied der Stände der Altmark 1784-1807. Mitglied des Departementsrats des Elbe-Departements 1808-1813. Mitglied der (Provinzial-)Stände der Mark Brandenburg und des Markgraftums Lausitz 1824-1827; Landtagsmarschall vom 5.4.1824-27.9.1827.
Mitglied der Reichsstände des Königreichs Westphalen vom 2.6.1808 bis 26.10.1813 (Elbe-Departement; Grundeigentümer).

Quellen: GGT, gräfl. Häuser, 1843, S. 14 f.; GHdA, Bd. 28 (1962), S. 15, und Bd. 47 (1970), S. 39; ADB 1, 377 f.; DBI 18, 393; StA Magdeburg Rep. B 18 I Nr. 1724 III Bl. 5, 53 v, 55; Deutscher Herold 1875, S. 135; GBüll KW 1813, Bd. II, S. 55; Hubatsch, aaO., Bd. 16, S. 41; Jahrbuch des Deutschen Adels 1896, S. 36; Moniteur 1808, S. 169; Wohlbrück, aaO., Bd. III, S. 389; Auskunft von Ludolf von Alvensleben, Wienhausen.

von Alvensleben
Johann Friedrich (VII.)

Geb. 16.12.1747 Zichtau, gest. 1.3.1829 Brieg, ev.-luth. VATER: Lewin Ludolf (IV.) von Alvensleben (1710-1750). MUTTER: Anna Hedwig von Alvensleben (1721-1772). EHEFRAU: Louise Eleonore Amalia *Sophia* von Alvensleben aus dem Hause Neugattersleben (11.10.1744-25.9.1815), Heirat 18.2.1772 in Neugattersleben.
Herr auf Schenkenhorst und Zichtau. - Trat im Februar 1764 bei dem preußischen Regiment Gensd'Armes ein; Abschied 1769 als Kornett. Ließ sich 1770 in Schenkenhorst nieder. Landrat des Salzwedelschen Kreises 30.11.1778 bis 11.1.1808. Erwerb von Zichtau

1787 und Wohnsitz dort. - Mitglied des Departements-Wahlkollegiums des Elbe-Departements 1808-1813. - In den Befreiungskriegen Mitbegründer des Elbhusaren-Regiments in Stendal; Einkleidung und Besoldung der Soldaten, dadurch Zwang zum Verkauf von Zichtau, Schenkenhorst und Engersen (Rückkauf von Zichtau durch die Schwiegertochter Charlotte von Rohr 1815). 1822 Senior der "Schwarzen Linie" der Familie von Alvensleben.

Mitglied des Distriktrats des Distrikts Salzwedel 1808-1813.

Mitglied des Departementsrats des Elbe-Departements 1808-1813.

Mitglied der Reichsstände des Königreichs Westphalen vom 2.6.1806 bis 26.10.1813 (Elbe-Departement; Grundeigentümer).

Quellen: StA Magdeburg Rep. B 18 I Nr. 1724 III Bl. 5, 53 v, 55, 77 v; von Alvensleben, aaO., S. 119; Jahrbuch des Deutschen Adels 1896, S. 63; Thiemer, aaO., S. 91-99; Wohlbrück, aaO., Bd. III, S. 371 f.; Auskunft von Ludolf von Alvensleben, Wienhausen.

von Arnstedt Friedrich Adrian

Geb. 25.6.1770 Halberstadt, gest. 19.1. 1833 Nordhausen, ev. VATER: Karl Adrian von Arnstedt (1716-1800), Kgl. Preußischer Kriegsrat und Direktor der Hohensteinschen Kammerdeputation, Ständedirektor der Grafschaft Hohenstein. MUTTER: Christiane Luise Antoinette von Lüdecke aus dem Hause Nieder-Siekte (1734-1779). Unverheiratet.

Herr auf Groß-Werther. - Ausbildung durch Privatlehrer in Ellrich; Domschule Halberstadt 1786; Studium der Kameral-Wissenschaften an der Universität Halle 1788-1791. Referendar an der Kriegs- und Domänenkammer Halberstadt; Assessor 1793-1797. Landrat der Grafschaft Hohenstein, später auch Ständedirektor. 1806/7 Leitung der Verproviantierung und Weiterbeförderung französischer Truppen in Ellrich. Absetzung als Landrat und zunächst Sekretär eines zum Maire (Bürgermeister) ernannten Dorfschulzen. - Mitglied und Präsident des Departements-Wahlkollegiums des Harz-Departements 1808-1813. - Nach den Befreiungskriegen Mitglied der Organisations-Kommission in Heiligenstadt. Wieder Landrat des Hohensteiner Kreises 1816-1833.

Rechtsritter des Johanniter-Ordens; Roter Adlerorden 3. Klasse (1828).

Mitglied des Distriktrats des Distrikts Nordhausen 1808-1813.

Mitglied des Departementsrats des Harz-Departements 1808-1813. -

Mitglied der Provinzialstände der Provinz Sachsen vom 2.10.1825 bis 1.10.1831 (für die Ritterschaft des Eichsfeldischen Bezirks).
Mitglied der Reichsstände des Königreichs Westphalen vom 2.6.1808 bis 26.10.1813 (Harz-Departement; Grundeigentümer).

Quellen: GGT, adelige Häuser, 1904, S. 24; DBI 35, 68-70; StA Magdeburg Rep. B 35 Tit. II a Nr. 2 Bl. 303, 305, und Rep. C 20 I a 290 I Bl. 12 v, 78 v; Hubatsch, aaO., Bd. 6, S. 176; Segler, aaO., S. 56.

von Bar
Herbord Sigismund *Ludwig*

Geb. 1.11.1763 Barenaue, gest. 20.12. 1844 Osnabrück, ev.-luth. VATER: Gotthard Ludwig von Bar (1727-1812), Kgl. Dänischer Kapitän. MUTTER: Klara Sophia Wilhelmine von Schele aus dem Hause Schelenburg (....-1782). EHEFRAU: Regine Katharina Charlotte Dürfeld (4.3.1769-17.1.1834), Heirat 2.5.1802 in Osnabrück. - Der Sohn Ludwig Erich Germann (1805-1875) war Kgl. Hannöverscher Staats- und Justizminister.

Herr auf Barenaue u.a.; Erblanddrost des Fürstentums Osnabrück. - Studium der Rechte in Göttingen. Auditor bei der Kurfüstlich Braunschweig-Lüneburgischen Justizkanzlei in Hannover 30.11.1785-1787; Rat bei der Justizkanzlei in Osnabrück 1787-1807. - Mitglied (für die Osnabrückischen Landeskollegien) in der Ständedeputation aus dem künftigen Königreich Westphalen, die im August und September 1807 in Paris und Fontainebleau über die Westphälische Constitution verhandelte. Präsident des Tribunals 1. Instanz in Osnabrück von Februar bis Oktober 1808. - Mitglied des Departements-Wahlkollegiums des Weser-Departements 1808-1811. - Besonderer Liquidator der öffentlichen Schuld für das ehemalige Fürstentum Osnabrück von Mai bis Oktober 1808. Staatsrat in der Innen- und Justizsektion des Staatsrats in Kassel 25.10.1808-1813. Wieder Kanzleirat und nun auch Konsistorialdirektor in Osnabrück. Präsident der Kgl. Hannöverschen Regierung in Osnabrück 1815-1823. Kgl. Hannöverscher Landrat in Osnabrück 15.5.1823-1837. Kgl. Hannöverscher Wirklicher Geheimer Rat 1835. Familiengeschichtliche Forschungen.

Ritter des Ordens der Westphälischen Krone (26.1.1810); Kommandeur des Ordens der Westphälischen Krone (14.11.1811); Ritter des Guelphen-Ordens; Kommandeur des Guelphen-Ordens (1818).
Mitglied der Provisorischen Allgemeinen Ständeversammlung des Kgr. Hannover vom 15.12.1814-26.10.1819 (Deputierter der Ritterschaft des Fsm. Osnabrück). Generalsyndikus der Provisorischen Allgemeinen Ständeversammlung vom 16.12.1814-18.10.1815; Präsident vom 18.10.1815-26.10.1819.
Mitglied der Reichsstände des Königreichs Westphalen vom 2.6.1808 bis 25.10.1808 (Weser-Departement; Gelehrte, Künstler und verdiente Bürger). Präsident der Kriminalgesetzgebungskommission in der Session 1808.

Quellen: GGT, adelige Häuser, 1900, S. 37; ADB 2, 44 ff.; DBI 54, 211; StA Osnabrück Best. 230 Nr. 9 Bl. 330; Bertram, aaO., S. 390; Hubatsch, aaO., Bd. 10; Leth, aaO., S. 52; Moniteur 1808, S. 100 ff., 241, 541, 601, und 1811, S. 1093; Rothert, aaO., Bd. 2, S. 519; Thimme, aaO., Bd. II, S. 6, 82, 128, 333.

von Baumbach (-Nentershausen) Ludwig (IV.) Wilhelm

Geb. 3.1.1755 Nentershausen, gest. 22.11. 1811 Nentershausen, ev.-ref. VATER: Reinhard von Baumbach (1708-1765), Hessen-Kasselischer Rittmeister im Leibregiment (König von Schweden). MUTTER: Christine Luise von Boineburg gen. Hohenstein (1730-1805). EHEFRAU: Christiane von Wangenheim (16.8.1764-6.11.1841), Heirat 5.11.1783 in Brüheim.
Herr auf Nentershausen. - Hauptmann. Landrat des Kurhessischen Stromsbezirks des Fuldastroms 1787-1798. - Präfekturrat im Werra-Departement 1808-1811.
Mitglied des Departementsrats des Werra-Departements 1808-1811.
Mitglied der Reichsstände des Königreichs Westphalen vom 2.6.1808 bis 22.11.1811 (Werra-Departement; Grundeigentümer).

Quellen: GGT, adelige Häuser, 1900, S. 56; GHdA, Bd. 55 (1973) S. 3; StA Marburg Bst. 5 Nr. 5521, Best. 77 a Nr. 1781; Baumbach, aaO., S. 43.

von Baumbach (-Lenderscheid) Wilhelm Ludwig (II.)

Geb. 12.4.1741 ..., gest. 19.9.1808 Kassel, ev. VATER: Wilhelm Ludwig (I.) von Baumbach (1710-1769), Ritterschaftlicher Obereinnehmer, Deputierter bei den Hessen-Kasselischen Landtagen 1753, 1754, 1755 und 1758. MUTTER: Sabine Friederike von Baumbach (1720-1789), Erbin von Sontra. EHEFRAU: Caroline Luise Henriette Wiebrecht (17.4.1737-10.1. 1820) aus Zerbst.

Landrat des Kurhessischen Stromsbezirks des Fuldastroms 1776-1786, dann in Hanau. Geheimer Regierungsrat; Vizepräsident, später Präsident der Regierung in Kassel. Hessen-Kasselischer Gesandter in besonderer Mission (Investitur des Kurfürsten) in Mainz 14.3.1790-11.4.1790; Hessen-Kasselischer Gesandter beim Heiligen Römischen Reich Deutscher Nation (Wahlkonvent) 21.6.1792-19.7.1792. - Kurhessischer Minister (für Anschluß an Frankreich "ehender als an Preußen"). Am 3.11.1806 gemeinsam mit dem Minister Friedrich Siegmund Waitz von Eschen, dem Diplomaten Carl Otto von der Malsburg, dem Oberjägermeister Friedrich Ludwig von Witzleben und dem Generalmajor Carl Heinrich von Webern vom in Bad Nenndorf befindlichen Kurfürsten Wilhelm I. zur "Regentschaft" in Kurhessen eingesetzt. Amtsenthebung als Minister und Vereidigung als französischer Zivildiener durch General Lagrange am 5.12.1806. Geheime Fortsetzung der Tätigkeit für den Kurfürsten (letzter Bericht an den Kurfürsten gemeinsam mit Waitz von Eschen am 26.7.1807). Lebte zuletzt in Kassel, Schöne Aussicht Nr. 10.

Mitglied der Reichsstände des Königreichs Westphalen vom 2.6.1808 bis 19.9.1808 (Werra-Departement; Grundeigentümer).

Quellen: StA Marburg Best. 5 Nr. 5521; Holtmeyer, aaO., S. 737; Jahrbuch des Deutschen Adels 1896, S. 138 ff.; Losch, Geschichte, aaO., S. 53; Losch, Kf. Wilhelm I., S. 231, 259, 280, 289; Stammtafeln 1888, aaO., Tafel Familie von Baumbach V.; Winter, aaO., S. 198, 201.

Dr. jur. h.c., Dr. phil. h.c. von Berlepsch Friedrich Ludwig

Geb. 04.10.1749 Stade, gest. 22.12.1818 Erfurt, ev. VATER: Johann Wilhelm Ludwig von Berlepsch (1717-1757), Kurfürstlich Hannöverscher Regierungsrat in Stade. MUTTER: Amalie Ernestine von Hardenberg aus dem Hause Wiederstedt, 1781 wieder verheiratet mit Bodo Friedrich von Bodenhausen, Präses der Bremen-Verdenschen Regierung, Geheimrat und Minister. EHEFRAU: *Emilie* Dorothea Friederike von Oppel (2.8.1757-1831), Heirat 1772 in Weimar, Auflösung der Ehe durch das Konsistorium in Hannover im Juli 1795; Anna Dorothea Helene Siever (1.7.1769-16.2.1811), Heirat 1797. - Der Sohn Carl Ludwig (1791-1848) war Kgl. Preußischer Landrat in Langensalza und 1837 Mitglied der Kurhessischen Ständeversammlung; der Enkel *Carl* Friedrich Ludwig Hans (1821-1893) war 1863-1866 Mitglied der Kurhessischen Ständeversammlung und ab 1867 des Preußischen Herrenhauses.

Herr auf Berlepsch und Bonafort. - Studium der Rechte in Göttingen 1766-1769; Auditor in der Justizkanzlei der Stader Regierung 1769-1771; Außerordentlicher Regierungsrat bei der Regierung des Herzogtums Lauenburg 1771, Wirklicher Regierungsrat 1774 und Erster Regierungsrat 1783. Berufung zum Hofrichter für die Fürstentümer Calenberg, Grubenhagen und Göttingen in Hannover am 12.5.1783, damit auch Präsident des Hofgerichts für Calenberg und Grubenhagen. - Wahl zum Ritterschaftlichen Land- und Schatzrat des Hannöverschen Quartiers mit 76 gegen 48 Stimmen am 10.1.1788; nach einem Antrag in der Landschaft 1794, "die Calenbergische Nation" solle sich in den Kriegen mit dem revolutionären Frankreich notfalls auch gegen den Willen des Königs für neutral erklären, "dimissio simplex" mit Kgl. Reskript und Postskript vom 13.5.1796. Daraus entstanden juristische Auseinandersetzungen bis hin zum Reichskammergericht und später zum Bundestag. Mit Kgl. Dekret vom 3.6.1796 an B. und Kgl. Reskript vom 3.6.1796 an die Landschaft Entlassung als Hofrichter wie als Land- und Schatzrat. Nach weiteren heftigen Auseinan-

dersetzungen: Landesverbot am 18.10.1799. Rückzug auf seine Güter. - Mitglied der Kommission, die im Distrikt Eschwege die bis dahin steuerfreien Grundbesitzungen der vordem privilegierten Stände abzuschätzen hatte, 1807/8. Präfekt des Werra-Departements in Marburg 1808-1809 als Nachfolger von Reimanns; Staatsrat in der Finanzsektion 1809-1813. Publizistische Tätigkeit (u.a. für eine "Volksrepräsentation" während des Hessen-Kasselischen Landtags 1815/16). Erbkämmerer von Hessen 1814-1818. Übersiedlung ins preußische Erfurt 1816.
Mitglied der Göttinger Loge "Augusta zu den drei Flammen" 1769.
Westphälische Adelsbestätigung als Baron am 12.1.1812. - Ritter des Ordens der Westphälischen Krone (26.1.1810). - Dr. jur. h.c. der Universität Göttingen (vor 1796); Dr. phil. h.c. (12.11. 1816).
Deputierter der Calenbergischen Ritterschaft auf den Landtagen 1793, 1794, 1795 und 1796.
Mitglied der Reichsstände des Königreichs Westphalen vom 2.6.1808 bis 5.8.1809 (Fulda-Departement; Grundeigentümer).

Quellen: GGT, gräfliche Häuser, 1871, S. 85; ADB 2, 403 f.; DBI 88, 145 ff.; NDB 2, 95; Deutscher Herold 1875, S. 132; Leerhof, aaO., passim; Oberschelp, aaO., Bd. I, S. 16; Bd. II, S. 267, 306 ff.; Thimme, aaO., Bd. II, S. 113, 292.

Bierbaum
Johann *Julius Georg*

Geb. 16.4.1761 Braunschweig, gest. 7.7.1844 Braunschweig, ev.-luth. VATER: Georg Wilhelm Bierbaum (1725-1802), Kaufmann in Braunschweig. MUTTER: Anna Elisabeth Müller. EHEFRAU: Sophie Rommel, Tochter des Konsistorialrats und Generalsuperintendenten Julius Philipp Rommel in Kassel, Heirat 23.4.1810 in Kassel.
Lebte bis 1803 in London, wo er sich schon vor 1793 selbständig machte und ein großes Vermögen erwarb, und dann wieder in Braunschweig. - Mitglied des Departements-Wahlkollegiums des Oker-Departements 1808-1813; provisorischer Wahlzeuge in dessen 1. Sitzung am 23.4.1808. Vom Tod seines Bruders Heinrich Wilhelm 1830 bis zur Übernahme der Leitung durch seinen Neffen Georg Wilhelm (II.) Führung der Firma G. W. Bierbaum & Sohn in Braunschweig (Großhandel vorwiegend mit Kolonialwaren, Hopfen und Indigo).

Mitglied der Reichsstände des Königreichs Westphalen vom 2.6.1808 bis 26.10.1813 (Oker-Departement; Grundeigentümer).

Quellen: StA Wolfenbüttel LB 3063 Westfalica; Stadtarchiv Braunschweig Best. 4 III 3:20 (Manuskript Ludwig Hänselmann: Geschichte der Familie Bierbaum in Braunschweig); Fulda-Hoffmeister, aaO., S. 133 ff.; Mack, aaO., S. 34-36.

Bippart
Johannes

Geb. ... 11.1768 Herda bei Eisenach, gest. 20.05.1841 (Spiegelhütte) Amelith, ev.-luth. VATER: Balthasar Bippart, Konduktor in Herda (?). EHEFRAU: Lucie Hüpeden (17.10.1771-1.4.1800) aus Hann. Münden, Heirat ca. 1790; Caroline Amalie Wilhelmine Mogk (oder Meyl?) (16.5.1781-22.6.1806), Tochter des Waldeckischen Rats Johann Heinrich Mogk (oder Meyl), Heirat 13.10.1800.

Mit der Ablegung des Großen Bürgereides in Münden am 14.10.1794 Erlangung des Rechts zum selbständigen Fernhandel. Kaufmann und Großhändler in Münden; Aufgabe der Handlung um 1807 und Übernahme der 1787 gegründeten Eckhardtsteinschen Glashütte Spiegelhütte in Amelith als Pächter (bereits ab 1801 Eckhardtsteinscher Mandatarius). - Mitglied des Departements-Wahlkollegiums des Leine-Departements 1808-1813. - Gutsbesitzer in Nienover, wo er zeitweise auch lebte.

Mitglied der Reichsstände des Königreichs Westphalen vom 2.6.1808 bis 26.10.1813 (Leine-Departement; Kaufleute und Fabrikanten).

Quellen: KB Amelith; HStA Hannover Best. Hann. 52 Nr. 1057 Bl. 4 ff., und Nr. 1060 Bl. 10 v; Oberschelp, aaO., S. 193; Sippel, aaO., Bd. 17, S. 313; Auskünfte des HStA Hannover und des Stadtarchivs Münden.

Blum
Franz Anton
Joseph Johannes Nikolaus

Get. 19.5.1767 Hildesheim, gest. 22.8. 1823 Hildesheim, kath. VATER: Franz Joseph Blum (....-1790), Hof- und Regierungsrat, Landrentmeister und Advocatus Patriae in Hildesheim. MUTTER: Maria Theresa Thon-Nienhauss. EHEFRAU: Maria Aemilia Niemeyer, Heirat 14.7. 1792 in Hildesheim.

Besuch des Josephinischen Gymnasiums in Hildesheim; Studium der Rechte in Helmstedt (u.a. bei Haeberlin) und Straßburg. Fürstl.-Hildesheimischer Rat; Hof- und Regierungsrat, auch Advocatus Patriae, 1790-1802; gab diese Stellen bei der Säkularisierung der Erzstifte zu Gunsten Preußens 1802 auf. Kgl. Großbritannisch und Kurbraunschweig-Lüneburgischer Hofrat in Hannover 1802-1803. - Nach der Annexion Hannovers durch Preußen privatisierte er auf eigener Besitzung im Hildesheimischen. Unterpräfekt des Distrikts Hildesheim 1808-1812. Advokat in Hildesheim. Beauftragung mit der Organisation der Verwaltung im ehemaligen Fürstentum Hildesheim durch den König von Hannover im Herbst 1813. Geheimer Justizrat 1815. Direktor des katholischen Konsistoriums in Hildesheim 1820.

Mitglied der Loge "Zum stillen Tempel" in Hildesheim.

Ritter des Guelphen-Ordens (1816).

Mitglied der Reichsstände des Königreichs Westphalen vom 2.6.1808 bis 26.10.1813 (Oker-Departement; Grundeigentümer).

Quellen: KB Hildesheim (im Kirchenbucharchiv der Diözese Hildesheim); DBI 109, 318; StA Wolfenbüttel LB 3063 Westfalica; Gürtler, aaO., S. 114.

Graf von Blumenthal
Heinrich (VIII.) Leopold August

Geb. 14.9.1765 Potsdam, gest. 7.11.1830 Neudeck, ev. VATER: Johann (Hans) August (seit 2.10.1786 Graf) von Blumenthal (1722-1788), Kgl. Preußischer Oberst. MUTTER: Elisabeth *Ulrike* Amalie Gräfin von Wartensleben (1741-1808). EHEFRAU: Friederike von Plessen auf Kleinvielen (4.9.1769-8.7.1848), Heirat 26.9.1788 in Neustrelitz.

Erbgraf und Herr auf Neudeck u.v.a. - Kornett beim Regiment Gensd'Armes in Berlin 1786; Abschied am 1.2.1788 als Leutnant. Bewirtschaftung eigener Güter (Betzendorf, Adamsdorf, Lieben). 1790 Kgl. Preußischer und Herzoglich Mecklenburg-Strelitzischer Kammerherr. Domherr in Magdeburg seit 15.7.1795. Durch Kriegsverwüstungen und Abschaffung der Erbuntertänigkeit erhebliche wirtschaftliche Probleme. Deputierter (für die Magdeburger Prälaten und Ritter) in der Stände-Deputation aus dem künftigen Königreich Westphalen, die im August und September 1807 in Paris und Fontainebleau über die Westphälische Constitution verhandelte. - Maire (Bürgermeister) von Magdeburg 1808-30.6.1809. - Mitglied des Departements-Wahlkollegiums des Elbe-Departements 1808-1813 und Wahlzeuge in dessen Sitzungen im April 1808. - Aus finanziellen Überlegungen Annahme des Angebots von König Jérôme, Erster Kammerherr und Gouverneur des Schlosses Napoleonshöhe (Wilhelmshöhe) in Kassel zu werden (August 1809). Verkauf der belasteten Güter. 1819 Erwerb des Gutes Neudeck bei Herzberg a.d. Elster.

Rechtsritter des Johanniter-Ordens; Ritter der Ehrenlegion.

Mitglied der Reichsstände des Königreichs Westphalen vom 2.6.1808 bis 26.10.1813 (Elbe-Departement; Grundeigentümer).

Quellen: GGT, gräfliche Häuser, 1873, S. 100 f.; GHdA, Bd. 22 (1960), S. 50 f.; DBI 110, S. 373; StA Magdeburg Rep. B 18 I Nr. 1724 III Bl. 5, 53, 66; Blumenthal, aaO., S. 126 f.; E. Fischer, aaO., S. 111 und Anm. 491; Leth, aaO., S. 51.

von Bodungen
Anton Christoph Ludwig Wilhelm Adolf

Geb. 20.3.1761 Lengeröden, gest. 3.4. 1850 Heiligenstadt, ev. VATER: *Karl* Christian Wilhelm von Bodungen (1722-1788), Kurfürstlich Mainzischer Kammerherr. MUTTER: Philippine Ernestine *Henriette* von Hagen aus dem Hause Rüdigershagen (...-1773). EHEFRAU: Karoline Johanne Eleonore von Hagen (16.10.1764-16.4.1825), Heirat 15.7.1787 in Kassel.
Herr zu Martinfeld, Kreis Heiligenstadt. - Kurfürstlich Hessischer Rittmeister der Gardes du Corps. Kurfürstlich Mainzischer Landrat im Eichsfeld. Präfekturrat im Harz-Departement 1808-1813. Mitglied des Departements-Wahlkollegiums des Harz-Departements 1808-1813. - Kgl. Preußischer Landrat des Kreises Mühlhausen 1816 und des Kreises Heiligenstadt ab 1816.
Rechtsritter des Johanniter-Ordens.
Mitglied des Distriktrats des Distrikts Heiligenstadt 1808-1813.
Mitglied der Reichsstände des Königreichs Westphalen vom 2.6.1808 bis 26.10.1813 (Harz-Departement; Grundeigentümer).

Quellen: GGT, adelige Häuser, 1990, S. 96; StA Magdeburg Rep. 35 II a Nr. 2 Bl. 305 v; Hubatsch, aaO., Bd. 6, S. 172; Jahrbuch des Deutschen Adels, aaO., 1896, S. 237.

von Borries
Philipp Karl Ludwig

Geb. 26.4.1778 Stade, gest. 17.6.1838 Herford, ev. VATER: Otto Heinrich von Borries (1728-1785), Hofgerichtsassessor in Stade, Justiz- und Konsistorialrat. MUTTER: Eleonore Sophie Freiin Grote (1749-1820). EHEFRAU: *Luise* Helene Gertrud Elisabeth von Bülow (25.6.1777-2.3.1861), Schwester des Westphälischen Finanzministers Ludwig Friedrich Viktor Hans von Bülow, Heirat 31.12.1806 in Grabow. - Der Bruder Franz Wilhelm (1785-1858) war Landrat in Bielefeld, 1837-1841 Mitglied des Provinziallandtags der Provinz Westfalen und stellvertretender Landtagsmarschall. Ein Sohn und weitere Nachkommen

waren über Generationen hinweg Landräte in Herford und Mitglieder des Provinziallandtags der Provinz Westfalen. Der Enkel Rudolf (1843-1890) war 1874-1877 Mitglied des Deutschen Reichstags (nationalliberal).
Fideikommißherr auf Steinlacke. - Besuch der Ritterakademie in Lüneburg vom 11.8.1792 bis 9.2.1793; Kornett 1794; Teilnahme an den Koalitionskriegen ab 1794, schwere Verwundung 1794. Staatswissenschaftliche Studien in Göttingen 1795. Rückkehr in den hannöverschen Militärdienst bis 1803, zuletzt Premierlieutenant. Übernahme des Ritterguts Steinlacke als Fideikommißgut 1803. Maire (Bürgermeister) 1808. - Mitglied des Departements-Wahlkollegiums des Weser-Departements 1808-1811. - Besonderer Liquidator der öffentlichen Schuld 1809. Kgl. Preußischer Rittmeister 1813; Führer einer von ihm in Steinlacke ausgebildeten Eskadron. Mitglied der Provisorischen Preußischen Regierungskommission in Bielefeld vom 11.11.1813 bis 1.8.1816 und der Provisorischen Preußischen Regierungskommission in Minden vom November 1814 bis 1.8.1816. Landrat in Bünde vom 8.4.1817 bis 31.12.1831, in Herford vom 1.1.1832 bis 17.6.1838.
Rechtsritter des Johanniter-Ordens.
Mitglied der Reichsstände des Königreichs Westphalen vom 2.6.1808 bis 5.3.1811 (Weser-Departement; Grundeigentümer).

Quellen: GGT, briefadelige Häuser, 1914, S. 78 ff.; DBI 129, 29; StA Osnabrück Best. 230 Nr. 9 Bl. 348 v, 364, 372; von Borries, aaO., S. 323; Kohl/Richtering, aaO., S. 250; Moniteur 1809, S. 191; Wegmann, aaO., S. 250; Auskunft von Dr. Reyner von Borries, Rittergut Steinlacke, Kirchlengern.

Graf von Brabeck
Moritz (Mauritz)
Friedrich Johannes Carl Maria

Geb. 27.1.1742 Brabeck, Amt Fredeburg, gest. 8.1.1814 ..., kath. VATER: Jodocus (Jobst) Edmund Freiherr von Brabeck (1705-1767), Amtmann von Liebenburg. MUTTER: Maria Felicitas von Kerckerinck (....-1775). EHEFRAU: Anna Franziska Freiin Weichs zur Wenne, Heirat 19.2.1788 in Hildesheim. - Schwager des Reichsstands Freiherr von Sierstorpff.

Fideikommißherr auf Söder u.a. - Besuch der Theresianischen Ritterakademie in Wien. Domkapitular in Hildesheim 1756, später auch in Münster und Paderborn. Kirchenpolitisch, auch bei Koadjutorwahlen sehr aktiv, zeitweise selbst Kandidat. Verließ 1788 mit päpstlichem Dispens den geistlichen Stand und heiratete, um den Stamm zu sichern. Rückzug auf das Familiengut Söder. Verwicklung in Prozesse u.a. wegen Majestätsbeleidigung im Zusammenhang mit seiner Tätigkeit in der Hildesheimer Ritterschaft 1799-1801 (zeitweise vom späteren Abgeordneten Haeberlin vertreten). Wirtschaftliche Aktivitäten (Kohlenbergbau, Eisenverhüttung). - Mitglied (für die Hildesheimer Stände) in der Ständedeputation aus dem künftigen Königreich Westphalen, die im August und September 1807 in Paris und Fontainebleau über die Westphälische Constitution verhandelte.

Gründer der "Fürstlich Anhalt-Dessauischen Chalkographischen Gesellschaft" (zur Förderung des "Kunstsinns" in Deutschland) 1795.

Erhebung in den preußischen Grafenstand am 10.7.1803.

Deputierter bei den Hildesheimer Landständen (des Domkapitels vor 1788, der Ritterschaft danach).

Mitglied der Reichsstände des Königreichs Westphalen vom 2.6.1808 bis 26.10.1813 (Oker-Departement; Grundeigentümer).

Quellen: KB Hildesheim (Dom, im Kirchenbucharchiv der Diözese Hildesheim); GGT, gräfliche Häuser, 1867, S. 1076; GHdA, Adelslexikon, Bd. 2, S. 48; ADB 3,231; DBI 132, 142; Bertram, aaO., Bd. 3, S. 193; Keinemann, aaO., S. 326; Kruse, aaO., passim; Obenaus, Versuche, aaO., S. 87 ff.

von Branconi
Franz Anton Salvator (Antonio Mariano Salvatore Francesco)

Geb. 31.10.1762 Neapel, gest. 20.5.1828 Langenstein, Kreis Halberstadt, ev. VATER: Giovanni Guiseppe *Francesco* Pessina de Branconi (....-1766), Kgl. Neapolitanischer General-Pachtbeamter. MUTTER: Maria Antonia Elsener (1746-1793). EHEFRAU: Sophie Karoline von Rössing (8.2.1767-16.3.1853), Heirat 17.11.1795.

Herr auf Langenstein. - Domherr in Halberstadt. Herzoglich Anhalt-Dessauischer Reisemarschall; Kgl. Preußischer und Kgl. Westphälischer Kammerherr; besonderer Liquidator der öffentlichen Schuld für das Halberstädtische 1808. Canton-Maire (Bürgermeister) von Halberstadt-Land 1808-1813. - Mitglied und Präsident des Departements-Wahlkollegiums des Saale-Departements 1808-1813. - Kgl. Preußischer Landrat des Kreises Halberstadt 1816-1824; Land- und Stadtgerichtsdirektor in Schleusingen. Rittermäßiger Reichsadelsstand Wien 3.12.1774.

Mitglied und Präsident des Departementsrats des Saale-Departements 1808-1813.

Mitglied der Reichsstände des Königreichs Westphalen vom 2.6.1808 bis 26.10.1813 (Saale-Departement; Grundeigentümer).

Quellen: GGT, briefadelige Häuser, 1907, S. 69; GHdA, Bd. 46 (1970), S. 55; DBI 133, 178; StA Magdeburg Rep. B 26.1 No. 11 Bl. 40; Hubatsch, aaO., Bd. 6, S. 50; Moniteur 1808, S. 169, und 1809, S. 191; Auskunft von Christof von Branconi, Wiesbaden.

Freiherr von Brenken
Franz Joseph

Geb. 5.6.1757 Erpernburg, Brenken, gest. 5.6.1832 Erpernburg, Brenken, kath. VATER: Friedrich Wilhelm von und zur Brenken (1716-1761), Kurfürstlich Kölnischer Kammerherr. MUTTER: Franziska Wilhelmine von Schorlemer-Herringhausen (1725-1815). EHEFRAU: Sophie Eleonore Freiin Wolff Metternich (1768-1848), Heirat 1789. - Der Sohn Friedrich Karl Dominik (1790-1867) war 1830/31 und 1845 stellvertretendes und 1854-1858 ordentliches Mitglied des Provinziallandtags der Provinz Westfalen. Der Enkel *Reinhard* Franz Karl Dominik (1818-1870) war 1852 und 1856-1868 Mitglied des Provinziallandtags der Provinz Westfalen, 1854-1870 Mitglied der Preußischen 1. Kammer bzw. des Herrenhauses und 1867-1870 Mitglied des Norddeutschen Reichstags (freikonservativ). Der Enkel *Hermann* Dietrich Dominikus (1820-1894) gehörte 1860-1877 als ordentliches und 1885 als stellvertretendes Mitglied dem Provinziallandtag der Provinz Westfalen an und war 1874-1884 Mitglied des Deutschen Reichstags (Zentrum).

Fideikommißherr auf Erpernburg und Wewer usw. - Maire (Bürgermeister) der Gemeinde Brenken 1808-1813.

Mitglied des Paderborner Landtags 1792 und des Landtags des Herzogtums Westfalen 1794.

Mitglied der Reichsstände des Königreichs Westphalen vom 2.6.1808 bis 26.10.1813 (Fulda-Departement; Grundeigentümer).

Quellen: GHdA, Bd. 30 (1963), S. 28; Auskunft des Westfälischen Archivamts Münster.

Brockmann
Johann Heinrich *Rudolf*

Geb. 23.7.1761 Wulften bei Schledehausen, gest. 3.3.1814 Wulften bei Schledehausen, ev.-luth. VATER: Everhard Henrich Brockmann. MUTTER: Anna Margarethe Nienhencke. EHEFRAU: *Luise* Charlotte Amalie Meyer (get. 21.10. 1768-4.6.1796), Tochter eines Amtsrentmeisters und Gutsbesitzers in Engelgarten bei Melle, Heirat 19.4.1792 in Hörste Kreis Halle; Margarethe Regine *Friederike* von Gülich (6.11.1771-26.3.1849), Tochter des Bürgermeisters Dr. Philipp Anton von Gülich in Osnabrück, Heirat 30.6.1799 in Osnabrück.
Kadett der Fürstbischöflich Münsterschen Militärschule (ca. 1776); Fähnrich 1784, 1784 beurlaubt und bis 1789 beim Landvermesser du Plat für die Osnabrücker Landvermessung beschäftigt. Leutnant 1788; Rückkehr in münsterschen Dienst; Teilnahme am Krieg gegen Frankreich 1792-1794; Hauptmann 1796. Erwerb des "Brockmannhofes" in Wulften (Schledehausen) 1793 durch Freikauf vom adeligen Haus Schelenburg für 4500 Rtl.; Bewirtschaftung des eigenen Gutes ab etwa 1796. - Mitglied des Departements-Wahlkollegiums des Weser-Departements 1808-1811. Mitglied der Steuerkommission für das Weser-Departement 1808.
Mitglied des Distriktrats des Distrikts Osnabrück 1808-... .
Mitglied der Reichsstände des Königreichs Westphalen vom 2.6.1808 bis 5.3.1811 (Weser-Departement; Grundeigentümer).

Quellen: KB Schledehausen; StA Osnabrück Best. 230 Nr. 9 Bl. 66, 121; Brockmann, aaO., S. 56 ff.; Thimme, aaO., S. 405; Auskünfte des StA Osnabrück und von Friedrich Traphagen, Bissendorf-Krevinghausen.

Brunswick
Johann Anton

Geb. 26.12.1759 (Taufe) Hamburg, gest. 15.11.1825 Minden, ev. VATER: Jakob Brunswieg. MUTTER: Metta Hilcken. EHEFRAU: Anne Dorothee Schröder (20.12.1750-20.2.1835).

Kaufmann in Minden. - Vorsteher des Kaufmannskollegiums Minden 1808-...; Mitglied des Marien-Kirchen-Collegii in Minden.

Mitglied der Reichsstände des Königreichs Westphalen vom 2.6.1808 bis 5.3.1811 (Weser-Departement; Kaufleute und Fabrikanten).

Quellen: KB St.Nikolai, Hamburg, und St. Marien, Minden; Auskünfte des Staatsarchivs Hamburg und des Kommunalarchivs Minden.

Buderus von Carlshausen
Carl Friedrich

Geb. 22.2.1759 Büdingen, gest. 5.8.1819 Hanau, ev.-luth. VATER: Friedrich Ludwig Buderus (....-1805), Lakai und Hauslehrer des Kapitäns von Winter in Büdingen. MUTTER: Catharina Elisabeth Reichert (....-1764). EHEFRAU: Maria Dorothea Gullmann (5.1.1767-1.6.1813), Tochter eines hanauischen Kammerrats, Heirat 12.11.1786 in Bruchköbel; *Charlotte* Juliane Ernestine von Mengersen, Heirat 27.2.1815.

Fideikommißherr auf Altenhaßlau. - Autodidakt. Schreib- und Musiklehrer der unehelichen Kinder des Hessen-Kasselischen Erbprinzen Wilhelm (des späteren Kurfürsten Wilhelm I.) in Hanau ab 1776. Hochfürstlich Hessen-Hanauischer Obereinnehmer an der Landkasse in Hanau; als solcher Kontakte mit Meyer Amschel Rothschild. Kammer-Zahlmeister und Rechnungsführer an der Oberrentkammer in Kassel ab 1792. Vorsitzender Rat im 2. Departement des Kriegskollegiums unter gleichzeitiger Übertragung der Verwaltung der Militärwitwenkasse. Landgräflicher Kommissar bei der Landständischen Rechnungsabhörung in Hessen-Kassel vom 8.8.1797 bis 3.1.1798. Kriegsrat, Kriegs-Zahlamts-, auch Kabinettskassen-Direktor (ca. 1800); gleichzeitig Vermögensverwalter verschiedener Mitglieder des landgräflichen Hauses einschließlich Mätressen und Abkömmlingen. - 1806 während des Krieges zum Kurfürsten nach Schleswig; seitdem Geheimer Kriegsrat und "von Carlshausen" genannt. Durchsuchung seiner Kasseler Wohnung 1807 durch Jacob Grimm; Umzug nach Hanau, da Frankfurt "Zentralpunkt aller meiner Geschäfte", während der Kurfürst einen Umzug nach Eisenach empfahl. Zweimal von den Franzosen in Hanau verhaftet. - Mitglied des Departements-Wahlkollegiums des Departements Hanau 1810-1813. - 1815 gemeinsam mit Jacob Grimm in Paris Bemühungen um die Rückführung der Kasseler Kunstschätze. Kurhessischer Bundestagsgesandter in Frankfurt 1815-1817. Kammerpräsident in Hanau.

Durfte mit Kurfürstlicher Genehmigung ab 1806 den Namen "von Carlshausen" annehmen; als "Buderus von Carlshausen" am 1.1.1814 durch Kurfürst Wilhelm I. von Hessen nobilitiert. - Großkreuz des Kurhessischen Löwenordens; Großkreuz des Großherzoglich Hessischen Verdienstordens.

Mitglied des Departementsrats des Departements Hanau 1810-1813.

Mitglied der Ständeversammlung des Großherzogtums Frankfurt vom 11.10.1810 bis 28.10.1813 (Departement Hanau; Güterbesitzer).

Quellen: GGT, briefadelige Häuser, 1907, S. 78; GHdA, Adelslexikon, Bd. 2, S. 156; Buderus von Carlshausen, aaO., S. 35 ff., 65 ff., 97 ff.; GfRegBl. 1810, Bd. I, S. 46; Grimm-Katalog, aaO., S. 34, 37 ff.; Hollenberg, aaO., S. 554 f.; Losch, Kf. Wilhelm I., aaO., S. 94, 278, 286, 314, 346.

Clausius
Georg *Gottfried*

Get. 13.4.1755 Frankfurt am Main, gest. 16.9.1822 Frankfurt am Main, ev.
VATER: Johann Bernhard Clausius, Bürger und Goldarbeiter in Frankfurt.
MUTTER: Maria Margaretha Koch aus Heidelberg. EHEFRAU: Anna Elisabetha Lieder (31.8.1751-3.3.1823), Tochter des Rats Johann Peter Lieder, Heirat 22.3.1784 in Frankfurt

Kauf- und Handelsmann in Frankfurt; Übernahme der Lederhandlung des Schwiegervaters 1784. - Mitglied des Departements-Wahlkollegiums des Departements Frankfurt 1810-1813.

Mitglied des 28er Kollegs (Bürgerliche Repräsentation der 14 Quartiere) der Freien bzw. Fürstprimatischen Stadt Frankfurt 1801-1810.

Mitglied des Departementsrats des Departements Frankfurt 1810-1813.

Mitglied der Ständeversammlung des Großherzogtums Frankfurt vom 11.10.1810 bis 28.10.1813 (Departement Frankfurt; reiche Kaufleute und Fabrikanten).

Quellen: Taufbuch Frankfurt 1755 ff., S. 52, Trauungen Frankfurt 1784 ff., S. 619 (in Stadtarchiv Frankfurt); GfRegBl. 1810, Bd. 1, S. 37, 154; Auskunft des Stadtarchivs Frankfurt.

Coqui
Johann Caspar

Geb. 4.1.1747 Magdeburg, gest. 10.6. 1824 Magdeburg, ev.-ref. VATER: Jacob Christoph Coqui (1716-1798), Strumpfwirkmeister, seit 11.4.1741 Bürger der Pfälzer Kolonie zu Magdeburg, 1755 dort Viertelsherr. MUTTER: Marie Bailleu (1733-....). EHEFRAU: Marie Roux (29.12.1739-18.8.1801), Witwe des David Maquet, Heirat 18.11.1770 in Magdeburg; Johanna Christiane *Henriette* Dürking (25.6.1779-20.6.1863), Gründerin des Coquischen Familienstifts zu Magdeburg-Buckau, Heirat 1.12.1801 in Magdeburg.

Entstammte einer um 1600 von Sedan über Leiden und Mannheim nach Magdeburg gekommenen Familie. Kaufmann und Weinhändler in Magdeburg. Betrieb mit seinem Schwiegersohn eine Zuckerfabrik und galt als einer der angesehensten und wohlhabendsten Magdeburger seiner Zeit. Bürger der Pfälzer Kolonie zu Magdeburg seit 26.10.1770; Bürgermeister der Pfälzer Kolonie 1788-1808. - Mitglied des Departements-Wahlkollegiums des Elbe-Departements 1808-1813.

Mitglied der Reichsstände des Königreichs Westphalen vom 2.6.1808 bis 26.10.1813 (Elbe-Departement; Grundeigentümer).

Quellen: DGB, Bd. 39, S. 139 ff.; StA Magdeburg Rep. B 18 I Nr. 1724 III Bl. 5, 53; J. Fischer, Pfälzer Kolonie, aaO., S. 24, 144 f.

von Cornberg
Philipp Georg Wilhelm

Geb. 13.6.1759 Minden, gest. 19.10.1811 Minden, ev. VATER: Christian Ludwig von Cornberg (1716-1791), Chefpräsident der Regierung zu Halberstadt, Dechant des Andreas-Stifts zu Minden. MUTTER: Sophie Henriette Helene von dem Bussche-Haldenhausen (1722-1785). EHEFRAU: Nicht verheiratet, aber verbunden mit Elisabeth Schortmann (....-22.12.1784).

Herr zu Lübbecke, Falkendyk und Wietersheim. - Besuch des Pädagogiums in Ilfeld; 1778 Domherr, später Probst und Domkapitular in Minden. - Kgl. Preußischer Landrat im Fürstentum Minden vom 8.6.1786 bis 10.4.1798 (aus gesundheitlichen Gründen auf eigenen Wunsch ausgeschieden). Mitglied der Reichsstände des Königreichs Westphalen vom 2.6.1808 bis 5.3.1811 (Weser-Departement; Grundeigentümer).

Quellen: GHdA, Bd. 31 (1963), S. 97; StA Osnabrück Best. 230 Nr. 9 Bl. 67; Philippi, Das Haus Hessen, aaO., S. 75; Cornberg, aaO.; Auskunft von Jobst-Christian Freiherr von Cornberg, Baden-Baden.

Costenoble
Johann Jakob

Geb. 11.1.1766 Herford, gest. 23.5.1838 Magdeburg, ev.-ref. VATER: Carl Heinrich Costenoble (1728-1778), Prediger in Herford. MUTTER: Anna Katharina Favreau (1737-1800) aus Magdeburg. EHEFRAU: Johanne Dorothea Elisabeth Kalinsky (13.10.1774 -....).

Entstammte einer aus Bailleul 1694 nach Deutschland gekommenen Familie. Jurist. Justiz-Kommissar und Kriminalrat der Pfälzer Kolonie zu Magdeburg. Syndikus und Richter der Pfälzer Kolonie ab 1791. Von der preußischen Regierung, obwohl nicht Mitglied der französischen Kirche in Magdeburg, zum Deputierten der französischen Kolonie ernannt. - Präfekturrat im Elbe-Departement 1808-1813. - Nach den Befreiungskriegen Direktor des Kgl. Preußischen Land- und Stadtgerichts in Magdeburg,

Geheimer Justizrat und führendes Mitglied der Deutsch-Reformierten Gemeinde.
Mitglied der Reichsstände des Königreichs Westphalen vom 2.6.1808 bis 26.10.1813 (Elbe-Departement; Gelehrte, Künstler und verdiente Bürger).
Quellen: DGB, Bd. 39, S. 637; Institut Euler; J. Fischer, Pfälzer Kolonie, aaO., S. 27, 142; Magdeburger Adreßbuch 1817, aaO., S. 57; Moniteur 1808, S. 185; Tollin, aaO., Bd. 3.1 a, S. 226, Bd. 3.1 b, S. 815 und Bd. 3.2, S. 302.

Culemann
Friedrich Carl

Geb. 5.4.1752 Detmold, gest. 29.8.1827 Blankenburg, ev. VATER: Nevelin Gerhard Culemann (1704-1772), Advocat und Defensor, seit 1745 Kammerrat in Detmold. MUTTER: Anna Margaretha Hildebrand (1713-1766). Unverheiratet.
Studium der Rechte in Göttingen 1770-1775. Teilnahme an den Feldzügen 1792 in der preußischen Armee als Auditeur und Regimentsquartiermeister des Halberstädter Regiments (Kommandeur: Herzog Karl Wilhelm Ferdinand von Braunschweig-Wolfenbüttel). - Nach der Kampagne Ernennung zum Wirklichen Rat bei der Kammer des (zu Braunschweig gehörenden) Fürstentums Blankenburg. Ablehnung eines Eintritts in westphälische Dienste. Oberhauptmann des Fürstentums Blankenburg und des Stiftsamts Walkenried 1814-1827.
Mitglied des Distriktrats des Distrikts Blankenburg 1808-1813.
Mitglied der Braunschweig-Wolfenbüttelschen und Blankenburgischen Landschaft (Landtag) 1819-1827 (wegen des Gerichts Braunlage und der Rittergüter Benzigerode und Cattenstedt).
Mitglied der Reichsstände des Königreichs Westphalen vom 2.6.1808 bis 26.10.1813 (Saale-Departement; Grundeigentümer).
Quellen: KB Detmold (in Nordrhein-Westfälisches Personenstandsarchiv Westfalen-Lippe, Detmold); DBI 212, 326 f.; StA Magdeburg Rep. B 26.4 No. 2 Bl. 9, 26; Bülow, aaO., S. 95; Hubatsch, aaO., Bd. 16, S. 50.

Dr. phil. Dammers Cornelius *Richard*

Geb. 26.3.1762 Paderborn, gest. 11.10. 1844 Paderborn, kath. VATER: Nikolaus Dammers, Kaufmann aus Hamburg. MUTTER: Maria Sabina Kanngießer, verw. Unkraut. Unverheiratet.
Gymnasium Theodorianum in Paderborn; Studium der Philosophie und Theologie in Paderborn; Dr. phil. 1781; Studium der Rechte in Heidelberg und Göttingen; Kanonikus am Bußdorfstift ab 1780; Priesterweihe 27.6.1786; Berufung an das Offizialsgericht in Paderborn, 1790 Assessor, 1799-1802 als Offizial dessen Vorsitzender; Generalvikar der Diözese Paderborn vom 29.5.1803 bis 1827; gleichzeitig Rektor der Universität Paderborn. - 1823 Apostolischer Vikar für die dem Bistum Paderborn neu zugewiesenen Gebiete (ehemals kölnische Länder, Westfalen, Minden, Eichsfeld, Thüringen, Sachsen), ab 1825 auch für Corvey. Domprobst in Paderborn 1823. Als Titularbischof von Tiberias Weihbischof in Paderborn 1824 (Bischofsweihe 24.8.1824). Wahl zum Bischof von Paderborn am 27.11.1841, Bestätigung durch König Friedrich Wilhelm IV. von Preußen am gleichen Tage und 1842 auch durch Papst Gregor XVI. Inthronisation am 23.8.1842.
Mitglied der Reichsstände des Königreichs Westphalen vom 2.6.1808 bis 26.10.1813 (Fulda-Departement; Gelehrte, Künstler und verdiente Bürger).

Quellen: Brandt-Hengst, aaO., S. 296 ff.

Delius
Conrad Wilhelm

Get. 30.5.1751 Versmold, gest. 18.2.1834 Herford, ev. VATER: Daniel Conrad Delius (1697-1768), Kaufmann (Leinenhandel), Postmeister und Bürgermeister in Versmold. MUTTER: Margareta Anna Heidsieck (1707-1786), Tochter eines Pastors. EHEFRAU: Wilhelmine *Sophia* Fucke, gesch. Sobbe, verw. Hagen (1746-1773), Tochter eines Chirurgen, Heirat 24.2.1773 in Werl; *Henriette* Dorothee Heidsieck (1754-1796), Tochter eines Pastors, Heirat 23.7.1777 in Buer; Henriette Amalie Anna Klara Luise Schultze (1768-1814); Tochter eines Pastors, Heirat 30.5.1797 in Buer. - Der Enkel Ernst Friedrich Wilhelm Heinrich Ludwig (Louis) (1807-1888), war Mitglied des Rheinischen Provinziallandtags, der 2. Preußischen Kammer bzw. des Abgeordnetenhauses von 1849-1862 und von 1867-1885 und Mitglied des Norddeutschen Reichstags 1867 (nationalliberal).
Pächter des Amtes Reineberg bei Lübbecke, Kommissionsrat. - Maire, später Bürgermeister von Bielefeld vom 5.2.1812 bis 1817.
Ritter des Ordens der Westphälischen Krone (22.3.1811).
Mitglied des Distriktrats des Distrikts Bielefeld 1808-1813.
Mitglied des Departementsrats des Weser-Departements 1808-1811.
Mitglied der Reichsstände des Königreichs Westphalen vom 2.6.1808 bis 26.10.1813 (Weser-Departement vom 2.6.1808 bis 5.3.1811, Fulda-Departement vom 5.3.1811 bis 26.10.1813; Grundeigentümer).

Quellen: DGB, Bd. 193, S. 459; StA Osnabrück Best. 230 Nr. 9 Bl. 330; Westfalen unter Hieronymus Napoleon, aaO., Februar 1812, S. 78.

Diederichs
Carl Anton

Geb. 22.10.1762 Pyrmont, gest. 25.11.1827 Herford, ev. VATER: Leopold Conrad Diederichs, Brunnencommissarius der Pyrmonter Domanialverwaltung. MUTTER: Anna Sophia Elisabeth Schultze (1729-1781).

EHEFRAU: Luzie Charlotte Sophie Menke, Heirat 26.4.1786 in Herford. Schulzeit am Friedrichs-Gymnasium in Herford; juristisches Studium in Göttingen und Halle; Kammerreferendar in Minden, Kriegs- und Steuerrat; 2. Bürgermeister von Herford ab 1.11.1785, 1. Bürgermeister (Stadtdirektor) ab 1791 bis zu seinem Tode (in westphälischer Zeit als Canton-Maire). - Mitglied des Departements-Wahlkollegiums des Weser-Departements 1808-1811.
Preußischer Adelsstand als "von Diederichs" am 20.6.1817.
Mitglied des Distriktrats des Distrikts Herford 1808-1813.
Mitglied des Departementsrats des Weser-Departements 1808-1811.
Mitglied der Reichsstände des Königreichs Westphalen vom 2.6.1808 bis 26.10.1813 (Weser-Departement vom 2.6.1808 bis 5.3.1811, Fulda-Departement vom 5.3.1811 bis 26.10.1813; Grundeigentümer).

Quellen: KB Bad Pyrmont; GGT, briefadelige Häuser, 1911, S. 171; DBI 234, 300; StA Osnabrück Best. 230 Nr. 9 Bl. 9, 132, 330 v; Auskunft des Stadtarchivs Herford.

Freiherr von Dörnberg
Carl Ludwig

Geb. 8.9.1749 Marburg, gest. 19.11.1819 Kassel, ev.-ref. VATER: Pandolfus Ferdinand von Dörnberg (1724-1793), 3. Erbküchenmeister von Hessen, bis 1763 Hessen-Kasselischer Staatsminister, Präsident des Kammergerichts in Berlin, Chef des geistlichen Departements in reformierten Kirchen- und Schulsachen, Preußischer Justizminister. MUTTER: Caroline Dorothea von Löwenstein. Unverheiratet.
Herr auf Herzberg. - Eintritt in den Deutschen Orden 1778, Titularkomtur von Fritzlar 1779. In dänischen Kriegsdiensten 1779. Unter General von Knyphausen Teilnahme am amerikanischen Unabhängigkeitskrieg mit Hessen-Kasselischen Truppen in englischen Diensten 1780. Hofmeister des Prinzen (späteren Kurfürsten) Wilhelm von Hessen-Kassel 1784-1796. 4. Erbküchenmeister von Hessen 1793-1819. Oberhofmeister der späteren Kurfürstin Auguste 1797. Geheimer Rat und Oberamtmann zu Hersfeld 1797-1807. 2. Ratsgebieter der Deutsch-Ordensballei Hessen, Übertragung der Kommende Schiffenberg durch Landkomtur Freiherr von Seckendorff am 17.10.1806. Komtur bis zur Aufhebung des Deutschen Ordens durch Dekret Napoleons vom 24.4.1809. - Mitglied und Präsident des Departements-Wahlkollegiums des Werra-Departements 1808-1813. - Gesandter Kurhessens in London in besonderer Mission (Verhandlungen über Sub-

sidien, Waffenlieferungen und Entschädigungen) vom 16.2. bis 28.6.1814. Deutschordens-Commandeur.
Mitglied der Reichsstände des Königreichs Westphalen vom 2.6.1808 bis 26.10.1813 (Werra-Departement; Grundeigentümer).

Quellen: StA Marburg Best. 340 Nr. 2933 und 3560; Moniteur 1808, S. 269; Niederquell, aaO., Sp. 520; Sieburg, aaO., S. 168 ff.; Stammtafeln 1888, aaO., Familie von Dörnberg, Tafel II; Winter, aaO., S. 515.

Dr. jur. h.c. Duysing Bernhard Christian

Geb. 15.9.1755 Marburg, gest. 28.6.1823 Kassel, ev. VATER: Dr. theol. Heinrich Otto Duysing (1719-1781), Professor der Theologie in Marburg, Deputierter der Universität Marburg auf den Hessen-Kasselischen Landtagen 1759, 1762 und 1764. MUTTER: Amalie Anna Elisabeth Kirchmeier (1725-1787), Tochter des Kirchenrats und Professor der Theologie Johann Christian Kirchmeier. EHEFRAU: Marie Caroline Bröske (13.9.1765-19.9.1849), Tochter des Amtmanns Ludwig Friedrich Bröske aus Schwarzenfels und der Anna Elisabeth Scheffer aus der Nachkommenschaft der hessischen Kanzler Scheffer und Feige. Cousin der Reichsstände von Porbeck.
Studium der Rechte in Marburg und Göttingen. 1776 Regierungsassessor, 1780 Justizrat in Marburg, 1784 in Rinteln, 1786 in Kassel. Regierungsrat in Rinteln ab 1.10.1788. Oberappellationsgerichtsrat in Kassel ab 3.6.1804 bis 1807 und wieder ab 1813 (faktische Teilnahme an der Arbeit des Gerichts bis 1821). Richter 2. Klasse am Appellationsgericht in Kassel 1808-1813.
Verleihung des Dr. jur. h.c. der Universität Marburg am 31.10.1817 anläßlich des Reformationsjubiläums am 31.10.1817.
Mitglied der Reichsstände des Königreichs Westphalen vom 2.6.1808 bis 26.10.1813 (Werra-Departement; Grundeigentümer).

Quellen: ADB 5, 502; Duysing, aaO., S. 2, 26 f.; Kulenkamp, aaO, S. 62 f.; Losch-Kartei; Moniteur 1808, S. 93; Strieder, aaO., 8. Bd., S. 509.

Eisenberger
Johann *Adam*

Geb. 17.7.1762 Mainz, gest. 24.5.1834 Aschaffenburg, kath. VATER: Johann Eisenberger (ca.1727-1795), Bürger von Mainz. MUTTER: Anna Gertrud Filmer. EHEFRAU: Margarethe Sesler aus Aschaffenburg, Heirat in Aschaffenburg.
Kauf- und Handelsmann in Aschaffenburg. - Mitglied des Departements-Wahlkollegiums des Departements Aschaffenburg 1810-1813. - Hauptmann der 1. Füsilier-Kompanie des Bürgermilitärs in Aschaffenburg.
Mitglied und Sekretär des Departementsrats des Departements Aschaffenburg 1810-1813.
Mitglied der Ständeversammlung des Großherzogtums Frankfurt vom 11.10.1810 bis 28.10.1813 (Departement Aschaffenburg; reiche Kaufleute und Fabrikanten).

Quellen: StA Würzburg Rep. 54 I L 1644 (MRA); Ketterer, aaO., S. 205; Auskünfte des Stadtarchivs Mainz und des Stadt- und Stiftsarchivs Aschaffenburg.

Engelhard
Johann Georg

Geb. 8.10.1747 Scheßlitz bei Bamberg, gest. 17.10.1827 Aschaffenburg, kath. VATER: Franz Xaver Engelhard, Administrator. MUTTER: Elisabeth .... EHEFRAU: Margareth Hafner aus Mainz.
Revisionsrat am Kurmainzischen Revisionsgericht; Mitglied des Kurfürstlichen Hofrats- und Landesregierung-Kollegiums auf der Gelehrtenbank als Geheimer Hof- und Regierungsrat; Zensor der Gedruckten Schriften bis 1790; Fürstprimatischer Geheimrat und Direktor des Fürstprimatischen Oberappellationsgerichts in Aschaffenburg 1803-1810; Großherzoglich-Frankfurtischer Geheimrat und Direktor des Oberappellationsgerichts in Aschaffenburg 1810-1813; Präsident des Appellationsgerichts Aschaffenburg.
Beilegung des Prädikats Staatsrat am 26.10.1810.
Mitglied der Ständeversammlung des Großherzogtums Frankfurt vom 11.10.1810 bis 26.10.1813 (Departement Aschaffenburg; Gelehrte und Künstler). - Präsident der Ständeversammlung in der Session 1810 vom 12.10.1810 bis 26.10.1810.

Quellen: KB (Matrikel) Scheßlitz (im Archiv des Erzbistums Bamberg); GfRegBl. 1810, Bd. 1, S. 69, 83; Auskünfte des Archivs des Erzbistums Bamberg und des Stadt- und Stiftsarchivs Aschaffenburg.

Freiherr von Friesen
Johann Georg Friedrich

Geb. 28.4.1757 Rötha, gest. 18.1.1824 Dresden, ev.-luth. VATER: Johann Friedrich Ernst Freiherr von Friesen (1725-1768), Kursächsischer Geheimrat, Domherr zu Naumburg. MUTTER: Christine Jakobine Gräfin von Werthern. EHEFRAU: Johanna Friederike Luise Karoline von Krosigk (1758-17.10.1781), Heirat 2.11.1778; Julie Karoline Gräfin von der Schulenburg-Wolfsburg (7.8.1764-23.7.1803), Heirat 27.7.1783. - Schwager des Präsidenten der Reichsstände Graf von der Schulenburg-Wolfsburg. - Der Enkel Heinrich (1831-1910) war von 1887-1893 Mitglied des Deutschen Reichstags (konservativ).

Herr auf Rötha und Rammelburg. - Besuch des Collegiums Carolinum in Braunschweig 1773-1775. Studium der Rechte in Würzburg und Leipzig 1775-1777. Kursächsischer Fahnenjunker in Leipzig 1775. Oberhofgerichtsbeisitzer 1777. Kurfürstlich Sächsischer Kammerherr 1779. Kurfürstlicher Kommissar bei der Brand-Versicherungs-Kommission 1780. Ober-Steuer-Einnehmer in Dresden 1783. Alleinbesitzer von Rammelburg 1800, das am 19.3.1808 westphälisch wurde. Kgl. Sächsischer Geheimer Rat 7.4.1810. Lebte nun meist in Dresden. Kgl. Oberkammerherr 17.3.1812. - Während der Abwesenheit des sächsischen Königs 1813 Mitglied der regierungsleitenden Immediat-Kommission. Berater des russischen Gouvernements in Dresden 1813/14. Präsident der Hilfs- und Wiederherstellungskommission 1814/15. Oberaufseher der Kunstsammlungen, Museen und Bibliotheken in Dresden. Großkreuz des Königlich-Sächsischen Civil-Verdienstordens (1816); Kaiserlich-österreichischer Leopoldsorden (1819).

Mitglied der Sächsischen Landstände ....-1820; Verweser der Stelle des Erblandmarschalls auf dem am 6.1.1811 eröffneten Landtag und auf dem auf den 19.11.1817 einberufenen Landtag.

Mitglied der Reichstände des Königreichs Westphalen vom 2.6.1808 bis 1810 (Saale-Departement; Grundeigentümer).

Quellen: GGT, freiherrliche Häuser, 1896, S. 271; DBI 351, 355 ff.; NDB 5, 611; von Friesen, aaO., Bd. 1 passim, Bd. 2, S. 248-255; Auskunft von Stefan Freiherr von Friesen, Rheinbach.

Fromm
Carl

Get. 21.4.1758 Groß-Bartloff, gest. 28.1.1820 Groß-Bartloff, kath. VATER: Martin Fromm (1727-1797), Fabrikant, Kurmainzischer Hofkammerrat, Mitglied der Landständischen Steuerdeputation seitens der Stände beim Landsteueramt des Eichsfelds. MUTTER: Anna Martha Degenhardt. EHEFRAU: Sophie Lutterberg (1782-23.5.1839), Heirat ca. 1802. - Die Schwester Dorothea war die Ehefrau des Abg. Meilhaus.
Kaufmann und Ökonom in Großbartloff. - Erbte mit seinen Brüdern Anton und Ignaz die Firma Martin Fromm & Söhne, ein Raschmacherunternehmen von Weltruf, widmete sich selbst aber mehr seinem fast 200 Morgen großen landwirtschaftlichen Betrieb. - Mitglied des Departements-Wahlkollegiums des Harz-Departements 1808-1813.
Mitglied des Distriktrats des Distrikts Heiligenstadt 1808-1813.
Mitglied der Reichsstände des Königreichs Westphalen vom 2.6.1808 bis 26.10.1813 (Harz-Departement; Grundeigentümer).

Quellen: KB Groß-Bartloff; StA Magdeburg Rp. B 35 II a Nr. 2 Bl. 305 v; Görich, aaO., S. 35, 90, 104, 140, 199; Wolf, aaO., S. 133/134.

Freiherr Gayling von Altheim
Ludwig Friedrich *Wilhelm* August

Geb. 14.10.1758 Hanau, gest. 9.1.1847 Hanau, ev.-ref. VATER: Eberhard Friedrich Freiherr Gayling von Altheim, Hessen-Hanauischer Kammerjunker und Oberamtmann zu Babenhausen. MUTTER: Augusta Carolina Wilhelmina von Reischach-Reichenstein. EHEFRAU: Maria Sophia Bayer von Boppard.
Herr zu Babenhausen. - Hessen-Hanauischer Regierungsrat und Hofgerichtsassessor. Geheimrat. Diplomatische Missionen für Kurfürst Wilhelm I. bei der Vollziehungskommission des rheinischen Reichskreises (1804-1806), bei Napoleon in Mainz (1804) und in Paris (1807). - Mitglied des Departe-

ments-Wahlkollegiums des Departements Hanau 1810-1813. - Oberhofmeister der Kurfürstin.
Großkreuz des Kurhessischen Löwenordens.
Mitglied der Ständeversammlung des Großherzogtums Frankfurt vom 11.10.1810 bis 28.10.1813 (Departement Hanau; Gelehrte und Künstler).

Quellen: GfRegBl. 1810, Bd. 1, S. 46; Losch, Kf. Wilhelm I., aaO., S. 288; Winter, aaO., S. 198 f.; Auskunft des Freiherrlich Gayling von Altheim'schen Gesamtarchivs Schloß Ebnet, Freiburg/Br.

von Günderode
Friedrich Maximilian

Geb. 14.12.1753 Frankfurt am Main, gest. 9.5.1824 Frankfurt am Main, ev.-luth. VATER: Justinian von Günderode (1721-1802), Ratsherr und Schöff in Frankfurt. MUTTER: Elisabeth Charlotte von Schneider, gen. Schmidt (1735-1817). EHEFRAU: Friederica Wilhelmine von Kettelhodt (27.12.1777-4.11.1823) aus Rudolstadt, Heirat 15.6.1796.
Gymnasium in Hanau und Karlsruhe. Studium der Rechte in Göttingen 1771-1773. Ausbildung beim Reichskammergericht in Wetzlar 1773-1775. In den Diensten des Fürsten von Nassau-Usingen Hof-Gerichts-Assessor in Wiesbaden (1775), Regierungsrat und Mitglied des Konsistoriums. Direktor der Polizei. - Zum Senator in Frankfurt gewählt am 11.1.1785. Mitglied des Kollegiums der Sieben Älteren Schöffen (kaiserliche Räte) 1787. Senatsdeputierter beim Bauamt 1789. Konsistorialpräsident. Frankfurter Vertreter in der Kreisversammlung des Oberrheinischen Kreises 1790-1796. Zu Verhandlungen über Kontributionsnachlaß in Paris 1792; dort Verhaftung. Erneut 1796 verhaftet und als Geisel in Frankreich. Vertreter Frankfurts auf dem Kongreß zu Rastatt vom 25.7.1797 bis 24.4.1799. Gründung einer Musterschule in Frankfurt 1804. Frankfurter Sondergesandter in Kurhessen zu Verhandlungen über die Rückgabe sequestrierter Güter 1804. Von Februar bis August 1806 wieder zu Kontributionsverhandlungen in Paris. Von Fürstprimas von Dalberg 1806 zum Stadtschultheiß von Frankfurt mit dem

Titel Geheimer Rat ernannt; 1810 vom nunmehrigen Großherzog Carl von Dalberg zum Präfekten des Departements Frankfurt ernannt. 1813 erfolgreiche Verhandlungen mit Napoleon und mit den verbündeten Monarchen, um Beschießung und Plünderung Frankfurts abzuwenden. Nach der Wiederherstellung der Selbständigkeit Frankfurts zunächst wieder Senator, Schöff und auch Bürgermeister. Nach Erlaß der Constitutions-Ergänzungsakte 1816 Präsident des Appellations-Gerichts auf Lebenszeit. Ritter des Großherzoglich Frankfurtischen Concordienordens.
Mitglied und Präsident der Gesetzgebenden Versammlung der Freien Stadt Frankfurt 1816-1824.
Mitglied der Ständeversammlung des Großherzogtums Frankfurt vom 11.10.1810 bis 28.10.1813 (Departement Frankfurt; Güterbesitzer).

Quellen: GGT, freiherrliche Häuser, 1856, S. 261; ADB 49. 631; DBI 435, 59 ff.; NDB 7, 260; Bagge, aaO., S. 157 ff.; Heyden, aaO., S. 166 ff.; Körner, aaO., S. 227; Winter, aaO., S. 107 f.

Dr. jur. Haeberlin Carl Friedrich

Geb. 5.8.1756 Helmstedt, gest. 16.8.1808 Helmstedt, ev.-luth. VATER: Dr. Franz Dominicus Haeberlin (1720-1787), Professor der Geschichte und des Staatsrechts in Helmstedt. MUTTER: Catharina Margarete Fischer (1729-1763). EHEFRAU: Caroline Wilhelmine Höfer (1760-1844), Tochter eines braunschweigischen Hofrats und Dechanten an St. Cyriaci in Braunschweig, Heirat 1783 in Erlangen.
Besuch des Gymnasiums in Halle (Saale), Holzminden und Schöningen. Studium der Rechte in Helmstedt 1773-1777. Auditor. Praktikant am Rechtskammergericht; dort Vertretung des Herzogs von Braunschweig-Wolfenbüttel. Professor der Rechte in Erlangen 1782-1786; Lehrstuhl für deutsches Staatsrecht in Helmstedt von 1786 bis zu seinem Tode. Verfasser grundlegender staatsrechtlicher Werke. Publizistische und anwaltliche Tätigkeit (u.a. für die späteren Abgeordneten von Berlepsch und Graf von Brabeck). - Geschäftsträger für Braunschweig-Wolfenbüttel und für Sachsen-Meiningen beim Kongreß zu

Rastatt vom 5.12.1797 bis 25.4.1799. Herzoglich Braunschweig-Wolfenbüttelscher Geheimer Justizrat 1799. Propst des Klosters Marienberg bei Helmstedt 1806.
Mitglied des Distriktrats des Distrikts Helmstedt 1808.
Mitglied der Reichsstände des Königreichs Westphalen vom 2.6.1808 bis 16.8.1808 (Oker-Departement; Gelehrte, Künstler und verdiente Bürger).
Quellen: ADB 10,278; NDB 7,420; Bosl-Franz-Hofmann, aaO., S. 1000; Winter, aaO., S. 34, 386.

von Hammerstein
Börries Friedrich Carl

Geb. 25.10.1781 Groß Hillingsfeld, gest. 30.12.1844 Apelern, ev. VATER: Georg Gottlieb Maximilian von Hammerstein (1754-1783), Fürstlich Hessen-Kasselischer Geheimer Legationsrat. MUTTER: Amalie Gertrud von Münchhausen (1759-1829). EHEFRAU: Dorothee Marianne Caroline Henriette von Eschwege, verw. von Hessberg (9.12.1792-21.12.1859), Heirat 14.5.1832.
Herr u.a. auf Apelern. - Studium in Göttingen. Kgl. Hannöverscher Hofjunker 1798, Kammerjunker 1805. Assistent des Deputierten der Schaumburgischen Landstände von Bardeleben 1806. Mitglied (für die Schaumburgischen Stände) in der Ständedeputation aus dem künftigen Königreich Westphalen, die im August und September 1807 in Paris und Fontainebleau über die Westphälische Constitution verhandelte. Zur Huldigung für König Jérôme im Dezember 1807 in Kassel. - Mitglied des Departements-Wahlkollegiums des Weser-Departements 1808-1811. - Kantons-Maire (Bürgermeister) von Rodenberg 1808. - Mitglied der Provisorischen Regierungskommission für die Grafschaft Schaumburg in Rinteln 1813/1814. Lebte abwechselnd in Apelern, Hannover und Kassel. Generalmajor 1822. Verabschiedung aus dem hannöverschen Hofdienst 1840.
Rechtsritter des Johanniter-Ordens (1820); Ritter des Guelphen-Ordens (1830), Kommandeur des Guelphen-Ordens (1837); Ritter des Kurhessischen Löwenordens (1832).

Mitglied des Landtags der Grafschaft Schaumburg vor 1807, auch Mitglied von deren Engerem Ausschuß.
Mitglied der Reichsstände des Königreichs Westphalen vom 2.6.1808 bis 26.10.1813 (Weser-Departement vom 2.6.1808 bis 5.3.1811, Aller-Departement vom 5.3.1811 bis 26.10.1813; Grundeigentümer). - Mitglied des (Partikular-)Landtags der Grafschaft Schaumburg hessischen Anteils vom 15.4.1815 bis 12.5.1817 (Stifter und Ritterschaft). - Mitglied der Kurhessischen Ständeversammlung vom 16.10.1830 bis 26.7.1832 und vom 11.11. 1833 bis 10.3.1838 (Schaumburgische Ritterschaft und Stifter Fischbeck und Obernkirchen).

Quellen: StA Osnabrück Best. 230 Nr. 9 Bl. 93, 364 ff.; von Hammerstein, Geschichte, aaO., S. 342 ff.; Leth, aaO., S. 52; Losch, Ständeversammlung, aaO., S. 25; Auskünfte von Ludwig Freiherr von Hammerstein, Berlin, und des Staatsarchivs Bückeburg.

Dr. phil. Henke
Heinrich *Philipp* Conrad

Geb. 3.7.1752 Hehlen / Weser, gest. 2.5. 1809 Helmstedt, ev.-luth. VATER: Friedrich August Henke (1713-1756), Pfarrer in Hehlen/Weser, später an der Garnisonskirche in Braunschweig. MUTTER: Johanna Dorothea Elisabeth Kern (1718-1784). EHEFRAU: Wilhelmina Benedicta Carpzow (1760-1835), Tochter eines Professors der Theologie in Helmstedt, Heirat 1780 in Helmstedt.
Nach dem frühen Tod des Vaters und wirtschaftlichen Schwierigkeiten in der Familie nahm sich der Senior der Braunschweiger Garnisonskirche, E. L. Pabst, Henkes an. Besuch der Waisenhausschule und des Gymnasiums in Braunschweig. Studium der Philosophie, der Philologie und der Literaturgeschichte in Helmstedt 1772-1777. Eigene Publikationen ab 1773; Herausgeber der Zeitschrift "Ephemeri des Literariae" 1776; Promotion, Habilitation. Außerordentlicher Professor der Philosophie in Helmstedt 1777, für Theologie 1778, Ordinarius für Theologie 1780. Direktor des Theologischen Seminars. Abt des Klosters Michaelstein (damit Vorsteher des dortigen Predigerseminars) 1786; Abt von Königslutter 1803. -

Vizepräsident des Braunschweigischen Konsistoriums 1804. Mitglied (für die Kurie der Braunschweig-Wolfenbüttelischen Prälaten) in der Ständedeputation aus dem künftigen Königreich Westphalen, die im August und September 1807 in Paris und Fontainebleau über die Westphälische Constitution verhandelte. Zur Huldigung für König Jérôme im Dezember 1807 in Kassel.

Deputierter in der Braunschweig-Wolfenbüttelischen Landschaft (Kurie der Prälaten) vor 1807.

Mitglied der Reichsstände des Königreichs Westphalen vom 2.6.1808 bis 2.5.1809 (Oker-Departement; Gelehrte, Künstler und verdiente Bürger).

Quellen: KB Hehlen und KB Helmstedt St.Stephani (beide in Kopie in StA Wolfenbüttel); ADB 11, 754; NDB 8, 526; Fulda-Hoffmeister, aaO., S. 133 ff.; Leth, aaO., S. 50, 55.

von Heß
Johann *Philipp* Christoph Erasmus Joseph

Geb. 2.6.1750 Hammelburg, gest. 18.11.1825 Hammelburg, kath. VATER: Ignatz Philipp von Heß, Fürstlich Würzburgischer Hofrat. MUTTER: Maria Apollonia von Amling. EHEFRAU: Maria Gertraud Wankel (ca. 1757-13.7.1828) Tochter des Hammelburger Stadtrats Georg Blasius Wankel, Heirat 11.11.1783. - Der Sohn Bernhard Franz von Heß (1792-1868) war bayerischer General und 1862/63 dreimal jeweils kurzzeitig amtierender bayerischer Kriegsminister.

Besitzer des “von Heß'schen Gutshofs“ in Hammelburg. - Fürstlich Fuldaischer adeliger Hof- und Regierungsrat (cum voto et sessione). Lebte abwechselnd in Hammelburg und Fulda. - Mitglied des Departements-Wahlkollegiums des Departements Fulda 1810-1813.

Am 2.5.1819 in die Adelsmatrikel des Königreichs Bayern eingetragen; Familie offenbar aber bereits 1766 geadelt.

Mitglied der Ständeversammlung des Großherzogtums Frankfurt vom 11.10.1810 bis 28.10.1813 (Departement Fulda; Güterbesitzer).

Quellen: KB (Matrikel) Hammelburg; Gritzner, aaO., S. 429; Kneschke, Lexikon, aaO., 4. Bd., S. 344; Auskünfte des BayHStA München, des Diözesan-Archivs Würzburg, der Stadt Hammelburg, des Carl von Heß-Krankenhauses in Hammelburg, von Dr. Berthold Jaeger, Fulda, und von Franz Warmuth, Bad Kissingen.

Heuser
Georg Ludwig Christian

Geb. 9.6.1745 Tann i.d. Rhön, gest. 2.8.1811 Bad Nenndorf, ev. VATER: Dr. jur. Justus George Heuser (1710-1763), Hersfelder Kanzleiadvokat, später Ritterschaftlicher Gesamt-Rat und Amtmann zu Tann. MUTTER: Johanna Regine Marie Fuhrmann. EHEFRAU: Hedwig Dorothea Elisabeth Esmann, verw. Schrader (...-26.12.1787) aus Brandenburg im Lippe-Bückeburgischen, Heirat ca. 1775/76; ... Wüstenfeld aus Bückeburg, Heirat ca. 1792.

Juristisches Studium in Jena, Marburg und Rinteln. Auditeur und Quartiermeister des Füsilier-Regiments von Loßberg in Rinteln 1722; blieb bei dessen Verlegung nach Nordamerika 1776, da er gerade geheiratet hatte, in Rinteln. Regierungsrat, Justizrat, Regierungsarchivar, ab 1803 Geheimer Regierungsrat in Rinteln. - Mitglied des Tribunals 1. Instanz in Rinteln ab 1808. Mitglied des Departements-Wahlkollegiums des Weser-Departements 1808-1811.

Mitglied und Präsident des Distriktrats des Distrikts Rinteln 1808-1811. Mitglied der Reichsstände des Königreichs Westphalen vom 2.6.1808 bis 2.8.1811 (Weser-Departement vom 2.6.1808 bis 5.3.1811, Leine-Departement vom 5.3. bis 2.8.1811; Gelehrte, Künstler und verdiente Bürger).

Quellen: StA Marburg Best. 5 Nr. 4586; StA Osnabrück Best. 230 Nr. 9 Bl. 9; Heuser, aaO., S. 92 ff.; Losch-Kartei; Moniteur 1808, S. 100 ff.

von Heydwolff
Friedrich Wilhelm Ernst

Geb. 20.10.1746 Germershausen, gest. 26.4.1824 Germershausen, ev. VATER: Johann Gottfried von Heydwolff (1695-1762), Besitzer sämtlicher Heydwolffscher Güter. MUTTER: Marie Charlotte von Knobelsdorff (1690-1766) aus Herwigsdorf. EHEFRAU: Amalie von Tettau (....-1832), Heirat 1776. - Der Neffe Friedrich August Bogislaw von Heydwolff (1778-1858) und der Großneffe *Heinrich* Carl Friedrich Gerhard von Heydwolff (1823-1883) waren vom 12.4.1831 bis 10.3.1838 bzw. vom 27.10.1862 bis 31.10.1863 Mitglieder der Kurhessischen Ständeversammlung als Abgeordnete der Ritterschaft des Lahnstroms.

Herr auf Germershausen. - Page am Hof zu Kassel 1764-1767. Fähnrich des 3. Garderegiments bis 1772; Hauptmann. Obervorsteher des adeligen Stifts

Kaufungen ab 20.2.1787, bei den Stiften Kaufungen und Wetter ab ... 1821 bis 24.4.1824.
Freimaurer.
Deputierter bei den Hessen-Kasselischen Landtagen 1786 und 1797/98. Mitglied der Reichsstände des Königreichs Westphalen vom 2.6.1808 bis 26.10.1813 (Werra-Departement; Grundeigentümer). - Mitglied des Hessen-Kasselischen Landtags vom 1.3.1815 bis 10.5.1816 (Prälatischer Deputierter, Obervorsteher); Amtierender Direktor der 1. Kurie und des gesamten Landtags in Vertretung des Erbmarschalls Karl Georg Riedesel Freiherr zu Eisenbach vom 15.2.1816 bis 10.5.1816.

Quellen: GHdA, Bd. 12 (1956), S. 136 ff.; StA Marburg Best. 5 Nr. 18395 und Best. 77 a Nr. 1781; Hollenberg, aaO., S. 641; Speitkamp, aaO., S. 146; Stammtafeln 1888, aaO., Tafel 17.

von Hiddessen
Wilhelm Franziskus Joseph Xaverius

Geb. 15.10.1768 Warburg, gest. 31.3.1853 Salzkotten, kath. VATER: Petrus Ignatius von Hiddessen, Freigraf (Richter). MUTTER: Henriette Wüstenberg. EHEFRAU: Maria Anna Vüllers (16.10.1770-... 1833), Heirat 19.8.1792 in Paderborn.
Besitzer des erbfreien von Hiddessenschen Gutes in Warburg. Inhaber des erblichen Freigrafen- (Gografen- oder Richter-) Amts in Warburg ab 1787; da zu jung, Übernahme des Amtes selbst erst 1796. Kgl. Preußischer Justiz- und Polizeidirektor mit dem Titel "Kriegsrat" in Warburg 1803-1807. - Maire (Bürgermeister) von Stadt und Kanton Warburg 1808-1813. 1816 mit der kommissarischen Verwaltung des Landratsamts in Warburg beauftragt. Kgl. Preußischer Landrat des Kreises Warburg vom 8.4.1817 bis 1830.
Mitglied der Reichsstände des Königreichs Westphalen vom 2.6.1808 bis 26.10.1813 (Fulda-Departement; Grundeigentümer).

Quellen: Wegmann, aaO., S. 285; Auskunft des Archivs und Museums der Stadt Warburg.

Freiherr von Hövel *Friedrich* Alexander Joseph Raphael

Geb. 16.4.1766 Haus Herbeck bei Hagen, gest. 8.11.1826 Münster, kath. VATER: *Christoph* Levin Johann von Hövel (1732-1784). MUTTER: Antonie Maria Franziska von Elverfeld (1733-1801). EHEFRAU: Wilhelmine von Ritz aus dem Hause Etgendorf (14.1.1776-27.2.1862), Tochter eines Kurpfälzischen Hofratspräsidenten, Heirat 14.8.1796 in Stoppenberg.

Fideikommißherr auf Junkernthal, Herbeck, Dudenroth, Portendieck und Enkingmühl. - Schulbesuch bei den Jesuiten in Fulda 1775-1782. Eintritt in die Fürstbischöfliche Garde in Münster 1783. Studium der Rechte in Münster 1785-1787 und in Göttingen 1787-1789. Bewirtschaftung der eigenen Güter bis 1795. Begründung der Freundschaft mit dem Reichsfreiherrn vom Stein. Studium der Geognosie (Geologie) in Freiberg in Sachsen 1795. Landrat des Wetterschen Kreises (heute Hagen und Ennepe-Ruhr-Kreis) in der Grafschaft Mark 1797-1807. Kgl. Preußischer Kammerpräsident in Minden 1805-1807. - Präfekt des Leine-Departements in Göttingen vom 10.1. bis 25.10.1808. Mitglied des Departements-Wahlkollegiums des Leine-Departements 1808-1809. Staatsrat (in der Finanzsektion) vom 25.10.1808 bis Oktober 1809 (Ausscheiden aus Verärgerung darüber, daß er nicht mit der Leitung des Berg-, Hütten- und Salinenwesens betraut wurde). - In Diensten des Großherzogtums Berg 1809-1810. Rückkehr nach Herbeck 1810. Organisation der Landwehr im Kreis Hagen 1813. Zusammen mit Stein, Vincke, Hardenberg u.a. Vorbereitung einer preußischen Verfassung (Anfang 20er Jahre) und der Gesetze für die Provinzialstände.

Mitglied der Königlichen Societät der Wissenschaften zu Göttingen.

Mitglied der Klevisch-Märkischen Stände (Ritterschaft) 1790 ff. - Mitglied der Provinzialstände der Provinz Westfalen 1826.

Mitglied der Reichsstände des Königreichs Westphalen vom 2.6.1808 bis 25.10.1808 (Leine-Departement; Gelehrte, Künstler und verdiente Bürger).

Quellen: GGT, uradelige Häuser, 1908, S. 352; GHdA, Bd. 4, (1952), S. 204; DBI 550, 140; NDB 9, 372; HStA Hannover Best. Hann 52 Nr. 1057 Bl. 4 ff.; Moniteur, 1808, S. 35 und S. 541, 605; Schulte, aaO., S. 128 f.; Thimme, aaO., Bd. II, S. 318; Häming, aaO., Nr. 665.

Hoffbauer
Peter Friedrich

Geb. 24.7.1750 Bielefeld, gest. 6.1.1823 Herford, ev. VATER: Christian Friedrich Hoffbauer (1712-1780), Camerarius in Bielefeld. MUTTER: Rebecca Philippina Schloimann. Unverheiratet.

Juristisches Studium in Halle. Sekretär des Freiherrn von Asseberg. Erbe beträchtlichen Kapitalvermögens. Kriegs- und Domänenrat an der Kammer in Minden ab 1786. Kgl. Preußischer Geheimrat. Gutachtertätigkeit für den Präfekten des Weser-Departements bei der Abgrenzung der Distrikte, Kantone und Kommunen 1808 (setzte sich gegenüber Mitgutachtern mit seinen Vorstellungen von Abgrenzungen nach wirtschaftlichen und kirchlichen Kriterien gegenüber sogenannten natürlichen Grenzen durch). Besonderer Liquidator der öffentlichen Schuld für das ehemalige Fürstentum Minden und die Grafschaft Ravensburg 1808. - Mitglied des Departements-Wahlkollegiums des Weser-Departements 1808-1811. Chef der "Provisorischen Preußischen Regierungskommission" in Minden ab 7.12.1813.

Mitglied des Departementsrats des Weser-Departements 1808-1811.

Mitglied der Reichsstände des Königreichs Westphalen vom 2.6.1808 bis 5.3.1811 (Weser-Departement; Grundeigentümer).

Quellen: KB Bielefeld Altstädter Nicolai-Gemeinde; StA Osnabrück Best. 230 Nr. 9 Bl. 67, 331; Kohl/Richtering, aaO., S. 253; Minerva, aaO., S. 52-58; Moniteur 1808, S. 241; Schmidt, Minden-Ravensberg, aaO., S. 9; Auskünfte Kommunalarchiv Minden, Geheimes Staatsarchiv Preuß. Kulturbesitz, Berlin, und der Ev. Kirche von Westfalen, Landeskirchliches Archiv, Bielefeld.

Hübner
Carl Adolf

Geb. 30.4.1739 Mühlhausen/Thüringen, gest. 10.4.1824 Mühlhausen/Thüringen, ev.-luth. VATER: Johann Adolf Hübner (1707-1791), Stadtschreiber, später Regierender Bürgermeister der Reichsstadt Mühlhausen i.Th. MUTTER: Anna Katharina Schreiber (1712-1784). EHEFRAU: Regine Juliane Rotschier (14.2.1743-16.9.1795), aus altem Mühlhausener Patriziergeschlecht, Tochter eines Bürgermeisters, Heirat 2.12.1777 in Mühlhausen; Bernhardine Christine Caroline von Winzingerode (11.3.1756-13.11.1848), Heirat 19.2.1797.
Juristischer Forstamtsaktuar 1768. Ratsherr in Mühlhausen ab 1777. Vorsitzender des Obervormundschaftsamts 1780. Lehnsträger der Deutschorden-Güter der Balley Thüringen ab 1771, am 24.7.1782 als solcher auf dem Komturhof zu Zwästen bei Jena verpflichtet. 1781 Konsistorialassessor. 2.1.1789 Syndikus und Kanzleidirektor sowie Direktor des Kriminal- und Appellationsgerichts in Mühlhausen. - Deputierter der Reichsstadt Mühlhausen auf dem Kongreß des Niedersächsischen und Westphälischen Reichskreises im Juli 1796 und im Februar 1797 in Hildesheim. 4.1.1802 Wirklicher Kaiserlicher Rat. 1803 Mitglied des von Preußen provisorisch eingesetzten Magistrats. Deputierter der Stadt Mühlhausen bei der Huldigung für den König von Preußen am 10.7.1803 in Hildesheim. Am 22.7.1805 pensioniert.
Mitglied der Reichsstände des Königreichs Westphalen vom 2.6.1808 bis 26.10.1813 (Harz-Departement; Gelehrte, Künstler und verdiente Bürger).

Quellen: DGB, Bd. 12, S. 135 f.

Jacobsson Israel

Geb. 17.10.1768 Halberstadt, gest. 13.9. 1828 Berlin, mosaisch. VATER: Israel Jacob (1729-1803), Inhaber eines Wechselgeschäfts und Vorsteher der Judengemeinde in Halberstadt. EHEFRAU: Minna Samson (22.12.1767-4.2.1819), Tochter von Herz Samson, Kammeragent des Herzogs Karl Wilhelm Ferdinand von Braunschweig, Heirat 1786; Jeanette Leffmann (Cohen) (1801-1874), Tochter eines Bankiers aus Hannover, Heirat ... In jüdischer Orthodoxie erzogen und zum Rabbiner bestimmt; Abwendung von diesen Plänen unter dem Einfluß von Moses Mendelssohn. Gründung eines Handelshauses in Braunschweig; Hoffaktor und Kammeragent des Herzogs von Braunschweig in Nachfolge seines Schwiegervaters Herz Samson. Pacht der Waisenhaus-Lotterie 1796-1804. Gründung der Jacobsson-Schule in Seesen zur Ausbildung von Juden in Ackerbau und Handwerk (ab 1805 auch Aufnahme christlicher Kinder). Erwirkte Aufhebung des Leibzolls für die Juden in Braunschweig, Baden und Hessen-Darmstadt (1803-1805) und beschränktes Bürgerrecht in Baden und Hessen-Darmstadt 1808. Verleihung der vollen braunschweigischen Untertanenrechte für sich und seine ehelichen Nachkommen 1804 und des Bürgerrechts der Stadt Braunschweig 1805. Betrieb einer Rauch- und Tabakwarenfabrik in Seesen ab 1805. - Anleihen an deutsche Fürsten ab 1803 und mehrfach an König Jérôme. Badischer Hofagent; Hessen-Darmstädtischer Kommerzienrat; Mecklenburg-Schwerinischer Geheimer Finanzrat. Teilnahme an einer jüdischen Notabeln-Konferenz in Paris 1806, deren Folge u.a. auch die emanzipierte Rechtsstellung der Juden im Kgr. Westphalen war. Kgl. Westphälischer Finanzrat. Bildung des Kgl. Westphälischen Konsistoriums der Israeliten für die damals 19.036 Juden im Königreich durch König Jérôme unter Jacobssons Präsidentenschaft (31.3.1808). - Erwerb mehrerer Rittergüter, aufgehobener Klöster und Deutschordens-Kommenden wegen Nicht-Rückzahlung von Anleihen ab 1810. Wohnsitz in Berlin ab 1814. Eröffnung einer Reformsynagoge dort 1814; Schließung mit

Kabinettsordre vom 9.12.1823 wegen Widerstands der jüdischen Orthodoxie ("Keine neue Sekte unter den Juden"). Berliner Bürgerrecht 1824 (auch 1816 in Mecklenburg naturalisiert).
Ritter des Ordens der Westphälischen Krone (1812).
Mitglied der Reichsstände des Königreichs Westphalen vom 2.6.1808 bis 26.10.1813 (Oker-Departement; Kaufleute und Fabrikanten).
Quellen: ADB 13, 619; DBI 595, 179; NDB 10, 248 f.; Kleinschmidt, Jacobsson, aaO., S. 202 ff.; Thimme, aaO., Bd. II, S. 14, 229 ff., 247, 533, 544, 559.

von Kaisenberg
Johann Christoph *Leopold*

Geb. 3.11.1766 Nesselröden, gest. 11.11. 1835 Heiligenstadt, kath. VATER: Hugo Ferdinand Kaisenberg (1706-1779), Kaiserlicher Stabskapitän. MUTTER: Elisabeth von Horn. EHEFRAU: Katharina von Prenczis (6.8.1760-22.11.1826), Heirat 19.8.1789 in Heiligenstadt.
Herr auf Nesselröden, Rusteberg, Steinheuterode und Uder. - Studium der Rechte in Göttingen ab 1784. Kurfürstlich-Mainzischer Geheimer Kabinettssekretär 1789). Kurfürstlich-Mainzischer Hofrat, Regierungsrat (ab 1790) des Kurfürstlich-Weltlichen Staats im Eichsfelde. Mitglied des Kurfürstlichen Geheimen Staatskabinetts im Hohen Kurmainzischen Weltlichen Staat, auch Fürstlich-Wormsischer Hof- und Regierungsrat (ab Ende 1793). Regierungs- und Oberlandesgerichtsdirektor in Heiligenstadt und Stadthauptmann in Duderstadt, Wirklicher Geheimer Rat (1799). Direktor der Kgl. Preußischen Provinzial-Justizbehörde der Regierung und des Pupillen-Kollegiums für das Eichsfeld und Erfurt (1803). Vizepräsident (1805) und Chefpräsident (1805) der Kgl. Preußischen Regierung in Erfurt. - Friedensrichter in Duderstadt (1808); Präsident des Tribunals 1. Instanz in Heiligenstadt (1808-1813). - Mitglied des Departements-Wahlkollegiums des Harz-Departements 1808-1813. - Zweiter Präsident des Kgl. Preußischen Oberlandesgerichts Emmerich (1813-1819). Präsident des Kgl. Preußischen Oberlandesgerichts Halberstadt (ab 1819). Präsident der nach den Beschlüssen des

Wiener Kongresses gebildeten Zentraluntersuchungskommission in Mainz (1820-1830). Pensionierung und Rückkehr auf den Rusteberg im Eichsfeld (1830).
Mitglied der Akademie der Schönen Künste und Wissenschaften in Erfurt (ab 1807).
Reichsadelsbestätigung und -erneuerung Wien 24.8.1797. - Ritter des Ordens der Westphälischen Krone (20.2.1810); Roter Adlerorden 3. Klasse; Kommandeur des Guelphen-Ordens.
Mitglied der Provinzialstände der Provinz Sachsen vom 2.10.1828 bis 2.10.1834 (für die Ritterschaft des Eichsfelder Bezirks).
Mitglied der Reichsstände des Königreichs Westphalen vom 2.6.1808 bis 26.10.1813 (Harz-Departement; Grundeigentümer). Präsident der Kriminalgesetzgebungskommission in der Session 1809.

Quellen: GHdA, Bd. 52 (1972), S. 230; DBI 621, 133; HStA Hannover Best. Hann. 52 Nr. 181; StA Magdeburg Rep. B 35 II a Nr. 2 Bl. 247 v, 307 v, und Rep. C 20 I a Nr. 290 I Bl. 70 v; Moniteur 1808, S. 189 und 1810, S. 121; Auskunft von E.N. von Kaisenberg unter Bezugnahme auf von Kaisenberg, Moritz, König Jérôme Bonaparte, Ein Zeit- und Lebensbild, Leipzig 1899, und "Der alte Herr vom Berge" in "Aus der Heimat", Heiligenstadt, 1906, Nr. 91-93.

Dr. jur. Keferstein Gabriel *Wilhelm* Gottlieb

Geb. 16.9.1755 Kröllwitz, gest. 16.6.1816 Halle a.d. Saale, ev. VATER: Georg Christoph Keferstein (1723-1802), Pächter und Eigentümer der Papiermühlen Kröllwitz. MUTTER: Maria Sophia Christiane Henriette Jacobi (1729-1803), Tochter eines Pfarrers. EHEFRAU: Christiane Saalfeld (27.1.1752-3.3.1824), Tochter eines Ratsmeisters in Halle, Heirat 8.10. 1782.

Besuch der Schule des Waisenhauses und des Stadtgymnasiums in Halle. Studium der Rechte, der Geschichte, Mathematik und Philosophie in Halle 1772-1775 (Abschluß als Dr. jur.). Advokat des Saale- und des Mansfelder Kreises 1778. Justizkommissar und Notar in Halle 1781; Hoffiskal 1784. Syndikus des Magistrats der Stadt Halle 1786-1805. Polizei-Ratsmeister in

Halle (als Nachfolger seines Schwiegervaters) 1806-1807. Gemeinsam mit dem späteren Abgeordneten Dr. Niemeyer nach der französischen Besetzung Halles verhaftet und nach Pont-à-Mousson verbracht (Mai bis Oktober 1807). Friedensrichter 1808. Wieder Notar 1808-1813. Förderung der Braunkohlenindustrie und der Pfännerschaft. - Im April/Mai 1813 Bürgermeister der zeitweise wieder preußischen Stadt Halle; bei Rückkehr der westphälischen Regierung zu Haus-, später Stadtarrest verurteilt; dadurch gesundheitlich gebrochen.
Mitglied der Loge "Zu den drei Degen" in Halle; Meister vom Stuhl 1808-1813. - Initiator der bis ins 20. Jahrhundert durchgeführten "Bergkonzerte" in Halle.
Mitglied des Munizipalrats der Gemeinde Halle 1808-1813.
Mitglied der Reichsstände des Königreichs Westphalen vom 2.6.1808 bis 26.10.1813 (Saale-Departement; Grundeigentümer).

Quellen: DGB, Bd. 85, S. 252; Gürtler, aaO., S. 32, 110; Hertzberg, aaO., S. 269, 328, 368-424; Keferstein, aaO., S. 221 ff.; Moniteur 1808, S. 178.

Graf von Keller
Dorotheus Ludwig *Christoph*

Geb. 19.2.1757 Stedten, gest. 22.11.1827 Stedten, ev. VATER: Christoph Dietrich von Keller (1699-1766), Herzoglich Württembergischer Wirklicher Geheimrat, später Herzoglich Sachsen-Gothaischer Geheimrat und Minister. MUTTER: Auguste Luise *Eleonore* Freiin von Mauchenheim, gen. Bechtolsheim (1732-1781). EHEFRAU: Amalie Gräfin zu Sayn-Wittgenstein-Berleburg (5.12.1771-1.2.1853), Heirat 15.6.1790. - Der Sohn Iwan Gustav Friedrich *Alexander* (1801-1879), Wirklicher Geheimrat, Schloßhauptmann in Potsdam und Intendant der Kgl. Gärten, war 1866-1870 Mitglied des Preußischen Abgeordnetenhauses (konservativ); der Sohn *Gustav* Ludwig Emil (1805-1897) war 1848/49 Mitglied der Deutschen Nationalversammlung (Casino-Partei).
Herr auf Steinheuterode, Stedten und Möbisburg. - Studium der Rechte und der Geschichte in Göttingen und Straßburg. Mitarbeiter des Kurfürstlich Mainzischen Statthalters in Erfurt (und spätereren Fürstprimas und Großherzogs von Frankfurt), Carl Theodor von Dalberg, bis 1777. Als Kgl. Preußischer Legationsrat und Kammerherr ab 5.2.1777 in die Diplomatenschule aufgenommen. Ab September 1779 Preußischer Gesandter in St.Petersburg, Stockholm und Den Haag bis 1795 (teilweise mit Unterbre-

chungen, teilweise auch gleichzeitig). Preußischer Gesandter beim Kaiser in Wien vom 8.6.1797 bis 16.8.1806; sollte danach Staatsminister in Berlin werden, was er ablehnte. Rückkehr auf seine Güter. - Mitglied des Departements-Wahlkollegiums des Harz-Departements 1808-1810. - Entwarf 1808 und 1810 in französisch die Dankadresse des Präsidenten der Reichsstände, die der Abgeordnete Niemeyer ins Deutsche übersetzte und Präsident Graf von der Schulenburg-Wolfsburg vortrug. Gesandter des Großherzogtums Frankfurt in Paris 1810-1813. Als Kurfürstlich Hessischer Geheimer Staatsminister Gesandter im Alliierten Hauptquartier vom 17.4.1814 bis 18.6.1814 und Bevollmächtigter beim Wiener Kongreß vom 24.9.1814 bis 30.6.1815, auch stellvertretender Bevollmächtigter von Braunschweig-Wolfenbüttel vom 27.4.1815 bis 8.6.1815 (Legationssekretär: Jacob Grimm), Wiedereintritt in preußische Dienste 1815. Regierungspräsident in Erfurt 1816-1817.
Erhebung in den preußischen Grafenstand 29.11.1789. - Ritter des Ordens der Westphälischen Krone (20.2.1810); Ritter des Roten Adlerordens 1. Klasse; Großkreuz des Kurhessischen Löwenordens.
Mitglied der Provinzialstände der Provinz Sachsen vom 2.10.1825 bis 22.11.1827 (wegen Krankheit keine Teilnahme am 2. Landtag im Okt./Nov. 1827).
Mitglied der Reichsstände des Königreichs Westphalen vom 2.6.1808 bis Ende 1810 (Harz-Departement; Grundeigentümer). Präsident der Finanzkommission in den Sessionen 1808 und 1809.

Quellen: GGT, gräfliche Häuser, 1941, S. 234; ADB 15, 563; DBI 636, 173; StA Magdeburg Rep. C 20 I a Nr. 290 I Bl. 12 v; Rep B 35 II a Nr. 2 Bl. 306; Rep. C 90 Nr. 38 Bl. 26; Hubatsch, aaO. , Bd. 6, S. 165; Moniteur 1810, S. 121; Winter, aaO., S. 34, 196, 201, 325, 333, 339.

von Klencke
Carl Wilhelm *Leopold*

Geb. 21.2.1767 Hämelschenburg, gest. 27.8.1823 Soest/Westfalen, ev. VATER: Leopold Wilhelm von Klencke (1731-1800), Kurhannoverscher Generalmajor. MUTTER: Sophie Eleonore von Offerhaus (1737-1820). EHEFRAU: Dorothea von Berswordt, verw. von Bockum-Dolffs (20.2.1775-16.4.1855), Heirat Mai 1823.
Königlich Preußischer Husarenleutnant im Regiment L'Estocq 1801/02; später Kgl. Hannöverscher Offizier, zuletzt vor der Okkupation Hannovers Major. Lebte in westphälischer Zeit in Rinteln. Oberstleutnant und Brigadier einer hannöverschen Landwehrbrigade 1814. Verkaufte 1818 die ihm gemeinsam mit seinem Bruder Georg Wilhelm Ignatz gehörende Zehntgerichtsbarkeit Hohenrode bei Rinteln.
Mitglied der Reichsstände des Königreichs Westphalen vom 2.6.1808 bis 26.10.1813 (Weser-Departement vom 2.6.1803 bis 5.3.1811, Leine-Departement vom 5.3.1811 bis 26.10.1813; Grundeigentümer).

Quellen: GGT, adelige Häuser, 1901, S. 485; StA Osnabrück Rep. 230 Nr. 9, S. 67, 69 v, 93 und 364 ff.; Auskünfte des StA Bückeburg und von Georg von Ilten, Hämelschenburg.

von Knorr
Anton *Carl* Philipp Christian

Get. 1.8.1750 Sollstedt, gest. 17.5.1826 Sollstedt, ev. getauft, kath. begraben. VATER: Johann Albrecht Ferdinand von Knorr (1718-1751), Hauptmann der Eichsfelder Landmiliz. MUTTER: *Charlotte* Sophie Juliane Freiin von Bodungen (....-1779). EHEFRAU: Josephine (Sophia) von Linsingen (....-1842), kath. Heirat ca. 1777. - Der Sohn Christian Georg *Sittig* (1784-1847), war Mitglied der Provinzialstände der Provinz Sachsen für die Ritterschaft des Eichsfelder Wahlkreises 1839.
Kurmainzischer Kammerherr seit 1777; mit allen Knorr'schen Gütern belehnt (u.a. im Eichsfeld Sollstedt und Breitenbich); Kurmainzischer Hof- und Regierungsrat. Mitglied der Kurfürstlichen Chaussee- und

Wegebaukommission für das Eichsfeld (ca. Mitte neunziger Jahre des 18. Jh.s). - Kantons- und Gemeinde-Maire (Bürgermeister) von Dachrieden 1808-1813. - Mitglied des Departements-Wahlkollegiums des Harz-Departements 1808-1813.
Mitglied der Reichsstände des Königreichs Westphalen vom 2.6.1808 bis 26.10.1813 (Harz-Departement; Grundeigentümer).
Quellen: StA Magdeburger Rep. B 35 II a Nr. 2 Bl. 306; Deubner, aaO., S. 77-84; Paulsen, aaO., S. 28.

Koch
Nikolaus

Advokat beim Vizedomamt in Fulda, Repetent in der juristischen Fakultät der Universität Fulda; Regierungsadvokat in Fulda ab (ca.) 1796. Amtsverweser des Centamts Fulda und Justizbeamter. - Landdistriktsmaire (Bürgermeister) Fulda-Land 1810-1813.
Mitglied der Ständeversammlung des Großherzogtums Frankfurt vom 11.10.1810 bis 28.10.1813 (Departement Fulda; Güterbesitzer).
Quellen: Auskunft Dr. Berthold Jaeger, Fulda.

Kühne
Friedrich Louis

Geb. 5.1.1751 Markt Alvensleben, gest. 5.5.1828 Magdeburg, ev. VATER: Johann Philipp Kühne (1696 oder 1702-1774), Oberamtmann in Alvensleben und des Ritterguts Sülldorf, Besitzer des Stadtguts in Wanzleben. MUTTER: Johanne Magdalene *Elisabeth* Müller (....-1798) Besitzerin der Rittergüter Sülldorf und Horchhausen. EHEFRAU: Luise (Christiane Elisabeth) Sibeth (....-10.12.1786), Heirat 7.2.1775; Minna Gansauge (28.12. 1761-9.12.1806), Heirat 26.6.1788. - Der Sohn Ludwig (*Louis*) Samuel Bogislaw (1786-1864) war hoher preußischer Beamter und 1848/49 amtierender Preußischer Finanzminister.
Studierte Jura in Halle und bewirtschaftete dann die braunschweigische

Domäne Unseburg bei Althensleben, wo er den Titel Amtsrat erhielt. Übernahm 1778 das große, wertvolle Amt Wanzleben (1219 ha). 1794 schwerer Unfall, teilweise Lähmung. Einquartierung der französischen Marschälle Soult und Ney 1806. Nach Erkenntnissen der Westphälischen Regierung soll sein Einkommen damals 4000.- Rtl. im Jahr betragen haben. - Canton-Maire (Bürgermeister) von Wanzleben 1808-1813. Gewährung von Versteck für Major von Schill 1809. Übergabe des Amtes an den Sohn Philipp 1811.
Mitglied der Reichsstände des Königreichs Westphalen vom 2.6.1808 bis 26.10.1813 (Elbe-Departement; Grundeigentümer).

Quellen: DGB, Bd. 4, S. 356; ADB 17, 347; NDB 13, 201; StA Magdeburg Rep. 18 I Nr. 1724 I Bl. 69/70 und Rep. 18 I Nr. 1724 III Bl. 6 v, 79, 80, 81 v; Jonas, aaO., Bd. 1, S. 60, 99 f.; Auskunft von Philipp Kühne, Göttingen.

Lambrecht
Carl Friedrich Ferdinand

Geb. 6.10.1758 Bahrdorf in Braunschweig, gest. 28.1.1828 Kaltendorf bei Oebisfelde, ev. VATER: Justus Heinrich Valentin Lambrecht (1724-1780), Pächter der Güter Bahrdorf und Neuhaus, Drost zu Sommerschenburg und Oebisfelde. MUTTER: Antoinette Caroline Breyman (....-1787) aus Salder. EHEFRAU: Henriette Sidonie Wilhelmine Breymann (Ehe geschieden); Auguste Friederike *Wilhelmine* Honig (16.9.1781-20.2.1844) (2. Heirat). Pächter zu Sommerschenburg. Kgl. Preußischer Amtmann, später Oberamtmann zu Sommerschenburg.
Reichsadelsstand Wien am 8.3.1795; die preußische Anerkennung wurde versagt; am 22.12.1886 erhielt der Enkel Hans August Wilhelm *Ferdinand* den preußischen Adelsstand.
Mitglied der Reichsstände des Königreichs Westphalen vom 2.6.1808 bis 26.10.1813 (Elbe-Departement; Grundeigentümer).

Quellen: GGT, briefadelige Häuser, 1913, S. 467; Stammtafel der Familie Lambrecht, aaO. (aus dem Besitz von Wolf Lambrecht, Kassel).

Lavater
Johann Karl

Geb. 28.1.1769 Hanau, gest. 22.2.1837 Hanau, ev.-ref. (franz.-ref.) VATER: Johann *Konrad* Lavater (1745-1810) aus Zürich, Kaufmann und Kurfürst-

lich Hessischer Hofrat in Hanau. MUTTER: Sara Le Plat (Leoblat) (1721?-1825 oder 1827) aus Hanau. EHEFRAU: Sally Breeze (12.11.1777- ... 1855 oder 1857) aus Liverpool, Heirat 1799.
Kauf- und Handelsmann (Particulier) in Hanau. Leihbank- und Kommerzienassessor, 1797 Kommerzienrat in Hanau. - Mitglied des Departements-Wahlkollegiums des Departements Hanau 1810-1813.
Mitglied der Kommerziendeputation in Hanau 1812.
Mitglied des Departementsrats des Departements Hanau 1810-1813.
Mitglied der Ständeversammlung des Großherzogtums Frankfurt vom 11.10.1810 bis 28.10.1813 (Departement Hanau; Güterbesitzer).

Quellen: DGB, Bd. 65, S. 174 ff.; GfRegBl. 1810, Bd. 1, S. 47, 160; Auskunft des Stadtarchivs Hanau.

Löbbecke
Carl Friedrich

Geb. 30.9.1768 Braunschweig, gest. 18.8. 1839 Braunschweig, ev.-ref. VATER: Johann Melchior Löbbecke (1728-1783), Kaufmann. MUTTER: Anna Dorothea Krause (1744-1795). EHEFRAU: Adelheid Christine Scharrnbeck (... -1774-16.9.1798), Heirat 20.5.1793; *Sophie* Christine Hoffmeister (10.11.1772-1.1. 1851), Tochter eines Vikars, Heirat 19.1. 1801.
Kaufmann und Bankier in Braunschweig. Seit 10.6.1774 Mitinhaber der Firma Gebr. Löbbecke & Co. in Braunschweig; seit 1783 alleinige Führung des Geschäfts. 1795 Mitbegründer der Firma Löbbecke & Hollmann in Breslau. Schied am 1.1.1812 zu Gunsten des Sohnes aus der braunschweigischen Firma aus.
Vorsteher der Reformierten Gemeinde Braunschweig.
Ritter des Ordens Heinrichs des Löwen (1.1.1835).
Mitglied der Reichsstände des Königreichs Westphalen vom 2.6.1808 bis 31.8.1813 (Oker-Departement; Kaufleute und Fabrikanten).

Quellen: GGT, briefadelige Häuser, 1907, S. 490; StA Wolfenbüttel LB 3063 Westfalica; Henniges/Vogel, aaO., S. 119; Müller, Bilanz, aaO., S. 43 ff., 61.

von Löhneysen
Carl August Friedrich

Geb. 2.6.1765 Neindorf, gest. 19.8.1827 Remlingen, ev.-luth. VATER: August Rudolf Heinrich von Löhneysen (1734-1811), Forstbeamter, 1791 Hofjägermeister; ab 1764 Deputierter der Braunschweig-Wolfenbüttelischen Landschaft; 1790-1804 Schatzrat. MUTTER: Luise Auguste von Veltheim (....-1765). EHEFRAU: Charlotte Dorothee Wilhelmine Breymann (12.5.1774-23.9.1851), Tochter des Oberamtmanns Johann Julius Heinrich Breymann, Heirat 22.4.1798 in Blankenburg.
Herr auf Neindorf und Remlingen. - Collegium Carolinum in Braunschweig 1781-1784; Studium der Rechte in Helmstedt 1784-1787. Assessor an der Fürstlichen Kammer zu Blankenburg am 12.7.1787, Kammerrat am 9.10.1793. Berufung an die Kammer in Braunschweig 1800 als Kommissar für die General-Wegebesserungskommission. Direktor der direkten Steuern für das Oker-Departement 1808-1813. Wieder Kammerrat 1814, Vizedirektor 17.6.1814, Direktor 1815 bis zum Abschied wegen angegriffener Gesundheit am 2.5.1818. Bewirtschaftung des Guts Remlingen von 1820-1827.
Mitglied des Departementsrats des Oker-Departements 1808-1813.
Mitglied der Reichsstände des Königreichs Westphalen vom 2.6.1808 bis 26.10.1813 (Oker-Departement; Grundeigentümer).

Quellen: StA Wolfenbüttel LB 3063 Westfalica; von Löhneysen, aaO., S. 170 und 174; Moniteur 1808, S. 209; Rösch, aaO., S. 353-355; Auskunft von Hilbert Freiherr von Löhneysen, Kassel.

Lueder
Carl Ludowig

Get. 26.7.1763 Bielefeld, Sterbedaten unbekannt (Kirchenbücher Bielefeld und Brackwede von 1820-1844 zerstört), ev. VATER: Friedrich Wilhelm Lüders, Kriegsrat. MUTTER: Sophia Charlotta Lüdern. EHEFRAU: Johanne Francisca Marie Sophie Schrader.
Kaufmann, zunächst Bielefeld; betrieb seit 1801 eine Damast-Manufaktur im Amt Brackwede. 1803 beschäftigte er hier sieben Webstühle; bekam 1804 zur Erweiterung seiner Anlagen eine "Gratifikation" (Zuschuß) aus dem (staatlichen) Meliorations- und Gnadenfonds zur Entwicklung des Gewerbes; beschäftigte dazu 50 bis 60 Hausspinner und blieb auch nach den Kriegsjahren 1812-1815 wirtschaftlich erfolgreich. - Mitglied des

Departements-Wahlkollegiums des Weser-Departements 1808-1811. - Mitglied der Reichsstände des Königreichs Westphalen vom 2.6.1808 bis 26.10.1813 (Weser-Departement vom 2.6.1803 bis 5.3.1811, Fulda-Departement vom 5.3.1811 bis 26.10.1813; Kaufleute und Fabrikanten).

Quellen: KB Bielefeld; StA Osnabrück Best. 230 Nr. 9 Bl. 67, 318; Schrader, aaO., S. 72; Auskünfte des StA Münster, der Evangelischen Kirche von Westfalen, Landeskirchliches Archiv, Bielefeld, und des Stadtarchivs Bielefeld.

Lutteroth
Ludwig *Wilhelm*

Geb. 30.10.1753 Mühlhausen in Thüringen, gest. 13.7.1821 Mühlhausen in Thüringen, ev.-luth. VATER: *Ascan* Wilhelm Lutteroth (1720-1755), Teilhaber der Fa. Christian Lutteroth Söhne in Mühlhausen, Kgl. Dänisch-Norwegischer Agent (Konsul). MUTTER: Maria Sophia Hagenbruch (1728-1773). Unverheiratet.

Entstammte einer alten Mühlhäuser Ratsfamilie. Kaufmann; 1803 Kgl. Preußischer Kommerzienrat. - Mitglied des Departements-Wahlkollegiums des Harz-Departements 1808-1813. - Beigeordneter des Maire (Bürgermeisters) von Mühlhausen. - Seit 1811 Mitbesitzer des Gutes Kloster Zelle.

Mitglied der Reichsstände des Königreichs Westphalen vom 2.6.1808 bis 26.10.1813 (Harz-Departement; Kaufleute und Fabrikanten).

Quellen: DGB, Bd. 18, S. 221, und Bd. 171, S. 35; NDB 15, 564; StA Magdeburg Rep. B 35 II a Nr. 2 Bl. 308.

Meilhaus
Franz *Valentin*

Get. 14.2.1744 Kiedrich/Rheingau, Sterbedaten unbekannt, kath. VATER: Ludwig Meilhaus. MUTTER: Gertrud ..... EHEFRAU: Maria *Dorothea* Fromm (get. 27.8. 1753-....), Heirat 18.1.1773 in Großbartloff. Schwager des Abg. Fromm.

Kaufmann in Heiligenstadt (Weinhandel); Teilhaber einer Textilfabrik. In den neunziger Jahren Adjunkt des Landrentmeisters und Mitglieds der Landständischen Steuerdeputation beim Landsteueramt des Eichsfelds, seines Schwiegervaters Martin Fromm (Großbartloff); später selbst Landrentmeister in Heiligenstadt. Verzog von dort 1810.

Mitglied der Reichsstände des Königreichs Westphalen vom 2.6.1808 bis .... (Harz-Departement; Kaufleute und Fabrikanten).

Quellen: KB Kiedrich (Diözesanarchiv Limburg); KB Großbartloff; StA Magdeburg Rep. B 35 II a Nr. 2 Bl. 24, 25, 325, 345; Auskunft von Karl Jünemann, Heiligenstadt.

Freiherr von Mengersen Friedrich *Wilhelm* Bruno

Geb. 25.2.1777 Rheder, gest. 27.10.1836 Zschepplin bei Eilenburg, kath. VATER: Clemens August von Mengersen (1742-1800), Fürstlich Hildesheimischer und Paderbornischer Geheimrat und Oberhofmarschall. MUTTER: Maria Anna von Westphalen zu Fürstenberg (1755-....). EHEFRAU: Therese Freiin von Bender und Loitha (20.1.1785-17.8.1844), Tochter eines Kabinettssekretärs von Kaiserin Maria Theresia, Heirat 2.8.1802. - Der Sohn *Joseph* Bruno (1804-1873) war 1851-1852 Mitglied des Provinziallandtags der Provinz Westfalen und 1847 Mitglied des (preußischen) Vereinigten Landtags.

Erbte 1800 die Güter Rheder, Borgholz, Warburg und die Drosteien zu Schwalenberg, Oldenburg, Lügde und Woldenburg. 1803 Beleihung mit den vom Vater neu gekauften Gütern Himmighausen (mit Erpentrup) und Langeland und mit dem Erbtorhüteramt des Fürstentums Paderborn. Hofdienste bei Jérôme, Ehrenstallmeister der Königin. In den Freiheitskriegen Oberkommandant des Landsturms. 1814 K.K. Österreichischer Kämmerer. Erwarb und bewirtschaftete später Gut Zschepplin bei Eilenburg.

Erhebung in den preußischen Grafenstand am 17.1.1816. - Ritter des Ordens der Westphälischen Krone (5.2.1810).

Mitglied des Distriktrats des Distrikts Höxter 1808-1813.

Mitglied der Provinzialstände der Provinz Westfalen 1826-1828.

Mitglied der Reichsstände des Königreichs Westphalen vom 2.6.1808 bis 26.10.1813 (Fulda-Departement; Grundeigentümer).

Quellen: GGT, gräfliche Häuser, 1871, S. 526; StA Marburg Rep. 76 a Nr. 472; Meyer, aaO., S. 105 f.; Moniteur 1810, S. 61; Häming, aaO., Nr. 1039.

Menz
Johannes

Geb. 1.11.1773 Eiterfeld, Sterbedaten unbekannt, kath. VATER: Johannes Aquilinius Menz. MUTTER: Maria Margaretha ... EHEFRAU: Christina Weishahn, Tochter des Hofrats Johann Franz Weishahn.
Juristisches Studium in Fulda; Rechtspraktikant in Fulda; Amtsadvokat (2.3.1798); Rechnungsrevisor und Aktuar bei der Hospital-Kommission (18.2.1800); Wirklicher Assessor bei der Hofrentkammer in Fulda mit Sitz und Stimme unter Beibehaltung der Geschäfte beim Adeligen Konvent und bei der Hospital-Kommission (20.9.1800). Nach 1803 Finanzrat. Um 1830/ 1833 Geheimer Finanzrat zu Wasserlos.
Mitglied der Ständeversammlung des Großherzogtums Frankfurt vom 11.10.1810 bis 28.10.1813 (Departement Fulda; reiche Kaufleute und Fabrikanten). - Mitglied der Kurhessischen Ständeversammlung vom 4.6. bis 31.10.1833 (Hünfeld-Land).

Quellen: KB Eiterfeld; Losch, Ständeversammlung, aaO., S. 39; Auskunft Dr. Berthold Jaeger, Fulda.

von Meysenbug
Heinrich

Geb. 13.7.1742 Riede, gest. 14.3.1810 Kassel, ev. VATER: Wilhelm Karl von Meysenbug, Oberst und Kammerherr. MUTTER: ... EHEFRAU: Unverheiratet.
Erb-Lehen-Gerichtsherr zu Riede, Züschen, Retterode, Lichtenau, Heimarshausen, Cappel, Meisebach; Bewirtschaftung der eigenen Güter. - Landrat des Kurhessischen Stromsbezirks des Schwalmstroms von 1775-1798.
Mitglied der Reichsstände des Königreichs Westphalen vom 2.6.1808 bis 14.3.1810 (Fulda-Departement; Grundeigentümer).

Quellen: KB Riede; StA Marburg Best. 5 Nr. 4302; XV A 1430 f. (darin rudimentäre "Stammtafel des hochadeligen Geschlechts derer von Meysenbug") und 76 a Nr. 9.

Morchutt
Valentin Friedrich

Geb. 21.10.1765 Hersfeld, Sterbedaten unbekannt, ev. VATER: Hermann Morchutt (1731-1810), Enkel eines aus Italien eingewanderten Weinhänd-

lers, Kaufmann in Hersfeld, 1780 Bürgermeister von Hersfeld. MUTTER: Catharina *Agneta* Stemler. EHEFRAU: Sophia Maria *Henriette* Sattler aus Kassel, Heirat 19.5.1793 in Kassel.
Kauf- und Handelsmann in Hersfeld (Kolonialwaren). Ratsverwandter, Ratsschöffe in Hersfeld. Mitglied der Deputation des Magistrats von Hersfeld zur Begrüßung Jérômes in Kassel am 7.12.1807. - Bürgermeister von Hersfeld 1830-1832.
Mitglied der Reichsstände des Königreichs Westphalen vom 2.6.1808 bis 26.10.1813 (Werra-Departement; Kaufleute und Fabrikanten).

Quellen: KB Hersfeld; Stadtarchiv Kassel (Personenkartei und allgemeine Korrespondenz dazu); Thiele, aaO., Bd. 4, Eheschließungen, Frauenregister, L-Z, S. 212; Auskunft Dr. Waldemar Zillinger, Bad Hersfeld.

von Motz
Friedrich Christian Adolf

Geb. 18.11.1775 Kassel, gest. 30.6.1830 Berlin, ev. VATER: Justin Heinrich von Motz (1733-1813), Kurhessischer Wirklicher Geheimrat; Präsident des Oberappellationsgerichts in Kassel; in westphälischer Zeit III. Präsident des Oberappellationsgerichts in Kassel. MUTTER: Johanna Luise Rieß (1745-1818). EHEFRAU: Luise *Albertine* Amalie von Hagen (17.2.1779-14.12.1852), Tochter des Halberstädter Landrats von Hagen und Erbin von Gut Vollenborn.
Herr auf Oberurff und Kolnow. - Privatunterricht; Besuch des Kasseler Pädagogiums; Studium der Rechts- und Staatswissenschaften in Marburg 1791-1795; Ausbildung bei der preußischen Regierung in Halberstadt. Wahl zum Landrat des Halberstädtischen Kreises 1801. Assessorexamen 1801. Landrat des Untereichsfeldischen Kreises 1803-1807. - Direktor der direkten Steuern für das Harz-Departement vom 13.4.1808 bis 1813. Mitglied des Departements-Wahlkollegiums des Harz-Departements 1808-1813. Ab 9.5.1808 besonderer Liquidator der öffentlichen Schuld für das ehemalige Fürstentum Eichsfeld. - Nach den Befreiungskriegen zunächst Organisation der Finanzverwaltung bei der preußischen Regie-

rung in Halberstadt (Militär- und Zivilgouvernement zwischen Elbe und Weser). Gouverneur des zeitweise preußischen Teils des Fürstentums Fulda 1815-1816; preußischer Bevollmächtigter bei den Grenzregulierungen zwischen Preußen, Kurhessen und Sachsen-Weimar 1815/16. Vizepräsident der preußischen Regierung in Erfurt 1816, Regierungspräsident 1817. Regierungspräsident und Provisorischer Oberpräsident in Magdeburg 1821, Oberpräsident der ganzen Provinz Sachsen 1824. Kgl. Preußischer Finanzminister vom 1.7.1825 bis 30.6.1830 (Sanierung der Staatsfinanzen; Bildung einer Zentralkasse; Abschluß vieler Zoll- und Handelsverträge, darunter des Zollvertrags mit Hessen-Darmstadt, der die Grundlage für den Deutschen Zollverein bildete; Wegbereiter von Eisenbahnen). Mitglied der (preußischen) Immediatkommission für die ständischen Angelegenheiten ab 3.9.1825.
Rittermäßiger Reichsadelsstand, Wien, 15.4.1780. - Roter Adlerorden mit Eichenlaub (1827); Großkreuz des Hessischen Ludwigs-Ordens (1828).
Mitglied der Reichsstände des Königreichs Westphalen vom 2.6.1808 bis 26.10.1813 (Harz-Departement; Grundeigentümer).

Quellen: GGT, briefadelige Häuser, 1914, S. 657; ADB 22, 408; StA Magdeburg Rep. B 35 II a Nr. 2 Bl. 306 v; Hubatsch, aaO., Bd. 6, S. 165; Mommsen, aaO., S. 267 ff.; Moniteur 1808, S. 209, 241; Obenaus, Preußen, aaO., S. 240; von Petersdorff, aaO., passim; Taddey, aaO., S. 826.

von Münchhausen (Vahlberg) Ludwig Friedrich

Geb. 11.8.1758 Gut Hainspitz bei Altenburg in Thüringen, gest. 14.9.1827 Braunschweig, ev.-luth. VATER: Albrecht Edmond Georg von Münchhausen (1729-1796), Herzoglich Braunschweigischer Geheimrat, Hof- und Zeremonienmeister. MUTTER: Gertrude Melusine von Adelebsen (1735-1798). EHEFRAU: Lydia Dewar (... 1768-31.3.1800), Heirat 27.3.1791 in Braunschweig; Karoline Charlotte von Plessen (... 1769-8.11.1806), Heirat 11.11.1801 in Braunschweig; Karoline Charlotte von Praun (12.9.1784-11.5.1863), Heirat 8.3.1808 in Braunschweig.

Herr auf Odenburg, Vahlberg und Haynspitz. - Hofrichter, Justizpräsident zu Vahlberg. - Mitglied des Departements-Wahlkollegiums des Oker-Departements 1808-1818; Wahlzeuge in dessen Sitzungen im April 1808. - Maire (Bürgermeister) von Braunschweig vom 31.1.1809 bis 1814 (am 27.11.1813 von dem alliierten Befehlshaber nach dem Zusammenbruch Westphalens bestätigt). Herzoglich Braunschweigischer Oberkammerherr. Hofmarschall.
Ritter des Ordens der Westphälischen Krone (5.2.1810); Ritter des Johanniter-Ordens; Kommandeur des Guelphen-Ordens (1819).
Mitglied des Departementsrats des Oker-Departements 1808-1813.
Mitglied der Reichsstände des Königreichs Westphalen vom 2.6.1808 bis 26.10.1813 (Oker-Departement; Grundeigentümer).

Quellen: GGT, adelige Häuser, 1903, S. 587; StA Wolfenbüttel LB 3063 Westfalica; Lenthe/Mahrenholz, aaO., S. 237 f.; Moniteur 1810, S. 61; Puhle, aaO., S. 360; Auskunft von Rembert Freiherr von Münchhausen, Groß Vahlberg.

von Münchhausen (Lucklum)
Philipp Otto

Geb. 15.7.1748 ..., gest. 22.12.1816 Göttingen, ev.-luth. VATER: Börries von Münchhausen (1702-1773), Landdrost zu Moringen. MUTTER: Sophie Magdalene *Christine* aus dem Winkel (1722-1789). EHEFRAU: Philippine Marie Louise Christiane Quenstedt (7.4.1787-11.7.1841), Heirat 29.11.1816 in Göttingen.
Herr auf Moringen-Oberdorf. - Student in Göttingen 1768. Rittmeister der hannöverschen Garde; Hauskomtur der Deutschordens-Kommende Göttingen 1791-1803; Landkomtur der Ballei Lucklum des Deutschen Ritterordens 1804-1809. - Mitglied des Departements-Wahlkollegiums des Leine-Departements 1808-1813.
Erhebung zum westphälischen Baron am 5.11.1812. - Deutschordensritter; Ritter des Ordens der Westphälischen Krone (5.2.1810), Kommandeur des Ordens der Westphälischen Krone (14.11.1810), Groß-Schatzmeister des Ordens der Westphälischen Krone 1810-1812. - Mitglied der Reichsstände des Königreichs Westphalen vom 2.6.1808 bis 26.10.1813 (Oker-Departement; Grundeigentümer).

Quellen: Deutscher Herold 1875, S. 133; Lenthe/Mahrenholz, aaO., S. 215; Moniteur 1810, Nr. 17, S. 61, und Nr. 157, S. 693; Auskunft von Heyno Freiherr von Münchhausen, Apelern.

Graf zu Münster-Langelage, Freiherr von Oer *Ludwig* (genannt: Louis) Ernst Friedrich Wilhelm

Geb. 6.11.1774 Osnabrück, gest. 9.5.1824 Langelage, ev.-luth. VATER: Ludwig Friedrich Dietrich Wilhelm Graf von Münster (1750-1793), Fürstlich Osnabrückischer Oberhofmarschall. MUTTER: Johanne Adolphine Sophie Charlotte Freiin von Münchhausen aus dem Hause Schwöbber (1755-1830). EHEFRAU: Caroline Friederike *Emilie* Freiin von der Reck (16.2.1790-21.1.1849).

Oberforstmeister. - Mitglied des Departements-Wahlkollegiums des Weser-Departements 1808-1811. - Oberstleutnant des Landwehrbataillons Osnabrück. Kgl. Hannöverscher Oberstleutnant.

Mitglied des Departementsrats des Weser-Departements 1808-1811.

Mitglied der Provisorischen Allgemeinen Ständeversammlung des Kgr. Hannover vom 15.12.1814-26.10.1819 (Deputierter der Ritterschaft des Fsm. Osnabrück). Mitglied der 1. Kammer der Allgemeinen Ständeversammlung des Kgr. Hannover vom 28.12.1819-9.5.1824 (Deputierter der Ritterschaft des Fsm. Osnabrück).

Mitglied der Reichsstände des Königreichs Westphalen vom 2.6.1808 bis 5.3.1811 (Weser-Departement; Grundeigentümer).

Quellen: GGT, gräfliche Häuser, 1894, S. 720; StA Osnabrück Best. 230 Nr. 9 Bl. 364 ff., 123, 330; Bertram, aaO., S. 375, 396, Graf zu Münster, aaO.,S. 132 (Nr. 2100); Auskunft von Alexander Graf zu Münster, Schwäbisch Gmünd.

Nathusius
Johann *Gottlob*

Geb. 30.4.1760 Baruth, Niederlausitz, gest. 23.7.1835 Althaldensleben, ev.-luth. VATER: Heinrich Wilhelm Nathusius (1718-1786), Kursächsischer General-Acciseeinnehmer. MUTTER: Christine Friederike Süssenbach (1731-1794). EHEFRAU: Luise Wilhelmine Engelhard (24.6.1787-27.1.1875), Tochter des Geheimen Kriegsrats am Kriegskolleg in Kassel, Johann *Philipp* Nikolaus Engelhard, Heirat 28.2.1808 in Kassel. - Der Enkel Philipp von Nathusius (1842-1900) war 1877/78 Mitglied des Deutschen Reichstags (konservativ); der Enkel Gottlob Engelhard von Nathusius (1838-1899) war 1889/90 Mitglied des Preußischen Abgeordnetenhauses (freikonservativ).

Handlungslehrling, Handlungsdiener 1780-1784. Autodidaktische Studien in Wirtschaft, Geldwesen, Physik und Chemie. Wechsel zum Handelshaus Sengewald nach Magdeburg 1784. Beim Tod Sengewalds am 14.4.1785 Übernahme des Geschäfts gemeinsam mit dessen Schwager; Umfirmierung in "Richter & Nathusius". Nach Aufhebung des preußischen Tabakmonopols ab 1.6.1787 Betrieb einer Tabakfabrik in Magdeburg, die 1793 beim Tod Richters bald selbst ein faktisches Monopol in Preußen besaß. Mitglied der Kommission der Preußischen Tabaksadministration (1795); Kgl. Geheimer Rat. Auseinandersetzungen mit der preußischen Regierung wegen der wirtschaftlichen Betätigungsfreiheit 1795 bis 1797. Austritt und Rückgabe des Geheimratspatents; spielte mit dem Gedanken nach Amerika auszuwandern. Riesige unternehmerische Erfolge. 1807 reichster Bürger Magdeburgs. Nach 1807 Vermittler zwischen Westphalen und Preußen wegen Salzlieferungen. Aufgabe der Tabakfabrik nach Errichtung des Königreichs Westphalen. - Mitglied des Departements-Wahlkollegiums des Elbe-Departements 1808-1813; Wahlzeuge bei dessen Sitzungen 1808. - Im Sommer 1808 mit Abg. Jacobsson in westphälischem Auftrag in Amsterdam zu Finanzverhandlungen. Berater des Westphälischen Finanzministers Ludwig Friedrich Viktor Hans von Bülow. Kritiker der Fremdherrschaft, aber Befürworter der neuen Regie-

rungsform und der Westphälischen Constitution bis in seine alten Tage hinein. Kauf des Klosters Althaldensleben 1810, ab 1811 Erwerb weiterer Güter. Mitglied der Kommission für die Bildung und Bekleidung der Landwehr ab 1814. Aufbau eines wirtschaftlichen Konzerns (Kupferkammer; Maschinenfabrik; Spiritus- und Liqueurfabrik; Bier- und Essigbrauerei; Steinbrüche, Ziegelei, Steingut- und Porzellanfabrik; Obst- und Gartenbau; Mühlen; Rübenzuckerfabrik, später Rohrzuckerraffinerie). Einer der großen Kreditgeber seiner Zeit.
Eisernes Kreuz; Roter Adlerorden 3. Klasse.
Ausschußverwandter in der (alten) Stadt Magdeburg 1802.
Mitglied der Provinzialstände der Provinz Sachsen 1825-1831 (ließ sich ab 1829 vertreten).
Mitglied der Reichsstände des Königreichs Westphalen vom 2.6.1808 bis 26.10.1813 (Elbe-Departement; Kaufleute und Fabrikanten).

Quellen: DGB, Bd. 39, S. 558; GHdA, Bd. 57 (1974), S. 308; ADB 23, 271; StA Magdeburg Rep. B 18 I Nr. 1724 III Bl. 8, 53 v, 66 v, 74 v; Fulda-Hoffmeister, aaO., S. 133 ff.; E. v. Nathusius, aaO., passim.

Dr. phil. Nau
Bernhard *Sebastian*

Get. 13.3.1766 Mainz, gest. 15.2.1845 Mainz, kath. VATER: Johann Nau, Kurmainzischer Rentenassessor. MUTTER: Magdalene Antonia Marcloff. EHEFRAU: Agnes Schneider, Heirat 1796 in Mainz.
Habilitation als Privatdozent in Mainz 1786; außerordentlicher Professor mit dem Charakter eines Hofrats 1788; Ordinarius der Polizeiwissenschaften und der Statistik an der Historisch-Statistischen Fakultät 1791, zugleich ab 1793 Professor der Naturgeschichte. Regierungskommissär beim österreichischen Militär-Gouverneur 1795/96, Kurfürstl. Wirklicher Hofrat, Mitglied der Bergkommission, Beisitzer des Direktoriums des Armeninstituts. Kurmainzischer Legationssekretär beim Rastatter Kongreß 1797. Fortsetzung der Lehrtätigkeit an der nach Aschaffenburg übergesiedelten Universität.

Mitglied des Departements-Wahlkollegiums des Departements Aschaffenburg 1810-1813. - Direktor der Rübenzuckerfabrik Aschaffenburg 1811. Mitglied der gemeinschaftlichen österreich-bayerischen Regierung in Worms 1815. Bayerischer Bevollmächtigter bei der Rhein-Schiffahrts-Zentral-Kommission in Mainz. Konservator der mineralogischen Sammlungen und Professor der Naturgeschichte an der Kgl. Akademie der Wissenschaften in München 1820. Ab 1821 wieder bayerischer Bevollmächtigter in Mainz und 1831 maßgeblich am Abschluß des Rhein-Schiffahrts-Vertrags beteiligt. Wirklicher Geheimer Rat 1831.
Adels- und Ritterstand des Königreichs Bayern mit Diplom vom 24.8.1814, in die Adelsmatrikel des Königreichs Bayern eingetragen am 22.1.1819.
Mitglied und Präsident des Departementsrats des Departements Aschaffenburg 1810-1813.
Mitglied der Ständeversammlung des Großherzogtums Frankfurt vom 11.10.1810 bis 28.10.1813 (Departement Aschaffenburg; Güterbesitzer). Sekretär der Ständeversammlung in der Session 1810.

Quellen: ADB 23, 294; DBI 865, 56; GfRegBl. 1810, 1. Bd., S. 40, 157; Ketterer, aaO., S. 205; Kneschke, Lexikon, aaO., Bd. 6, S. 450; Auskünfte des bayerischen Hauptstaatsarchivs München, des Stadt- und Stiftsarchivs Aschaffenburg und des Stadtarchivs Mainz.

Dr. phil., Dr. theol. h.c. Niemeyer August Hermann

Geb. 1.9.1754 Halle a.d. Saale, gest. 7.7.1828 Halle a.d. Saale, ev. VATER: Johann Konrad Philipp Niemeyer (1711-1767), Prediger, Diakonus und Archidiakonus Adjunctus in Halle. MUTTER: Auguste Sophie Freylinghausen (1717-1763), Tochter des Waisenhaus-Direktors Johann Atanasius Freylinghausen in Halle. EHEFRAU: Agnes Wilhelmine von Köpken (15.2.1769-....), Tochter des Magdeburger Hofrats Friedrich von Köpken, Heirat 5.10.1786 in Magdeburg.
Niemeyer war ein Urenkel August Hermann Franckes, des Begründers der Francke'schen Stiftungen in Halle.
Besuch des Pädagogiums in Halle; Studium der Theologie in Halle 1771-

1777; Promotion am 18.4.1777. Beginn akademischer Lehrtätigkeit 1777 als Magister und Privatdozent; außerordentlicher Professor der Theologie 1779, Ordinarius 1784. Daneben Mitdirektor der Franckeschen Stiftungen in Halle ab 1785, Direktor ab 1799; Inspektor des Pädagogiums ab 1784, Leiter ab 1787; Konsistorialrat ab 1792; Prorektor der Universität 1793/94. Vorsitzender des städtischen Armenkollegiums in Halle 1799-1806. Ober-Konsistorial- und Schulrat 1804 (als solcher Staatlicher Kommissar für die Vereinigung der lutherischen und reformierten Gemeinden in Halle ab 1804). Verhaftung (zusammen mit dem späteren Abgeordneten Dr. Keferstein u.a.) nach der französischen Besetzung Halles und Deportation nach Pont-à-Mousson vom 18.5. bis 9.10.1807. - Zur Huldigung für König Jérôme im Dezember 1808 in Kassel. Nach Wiedereröffnung der am 20.10.1806 von den Franzosen geschlossenen Universität ab 1.1.1808 wieder Professor und nun Kanzler und "beständiger Rektor" (bis 19.10.1816). Präsident des hallischen Schulrats 1808-1813. Ablehnung des preußischen Angebots, als Staatsrat an die Spitze des Departements des Kultus und des Unterrichts in Berlin zu treten, wegen seiner "Anhänglichkeit" an die Universität Halle und die Stiftungen. - Zur Huldigung für König Friedrich Wilhelm IV. im September 1815 in Magdeburg. Oberkonsistorialrat beim Konsistorium für die Provinz Sachsen ab 4.5.1816.
Initiator der "Gesellschaft freiwilliger Armenfreunde" in Halle. - Mitbegründer des "Hallischen patriotischen Wochenblatts" (des späteren Tagblatts) 1799. - Präsident der Hallischen Bibelgesellschaft ab 18.12.1816.
Ritter des Ordens der Westphälischen Krone (5.2.1810); Roter Adlerorden 3. Klasse (1817) und 2. Klasse mit Eichenlaub (1826); Silberne Bürgerkrone der Stadt Halle (1827). - Verleihung des Dr. theol. h.c. der Universität Halle am 12.6.1794.
Mitglied des Munizipalrats der Gemeinde Halle 1808-1813.
Mitglied der Reichsstände des Königreichs Westphalen vom 2.6.1808 bis 26.10.1813 (Saale-Departement; Gelehrte, Künstler und verdiente Bürger).

Quellen: ADB 23, 677; Hertzberg, aaO., S. 244-259, 289, 324, 364-383, 448; Jacobs-Gruber, aaO., passim; Menne, aaO., passim; Moniteur 1810, S. 61; Rötger, aaO., passim.

Nottebohm
Johann *Abraham*

Geb. 25.8.1748 Lippstadt, gest. 7.8.1814 Kupferhammer bei Brackwede, ev.-luth. VATER: Dr. med. Johann Dietrich Nottebohm (1685-1758), Kurmainzischer Leib-Medicus; der Grafschaft Catzen-Ellenbogen Physicus; Ratsverwandter (Senator) zu Lippstadt. MUTTER: Anna Katharina Rettberg (1711-1759). EHEFRAU: Johanna *Eleonore* Möller (8.12.1753-9.6.1823), Heirat 21.2.1773 in Kupferhammer bei Brackwede.

Besuch der französischen Handelsschule Gardelange in Hanau. Kaufmännische Lehre beim Bankhaus B. Metzler & Co. in Frankfurt. Commis bei der Fa. Nedermeyer & Vogd in Antwerpen. Assoziierte sich dort mit dem Lippstädter Jan Kruse und erwarb ein bedeutendes Vermögen. Erbte Anteil am Kupferhammer in Brackwede und ließ sich dessen Freiheiten vom König von Preußen bestätigen. Führte etwa ab 1780 englisches Kupfer und raffinierten Zucker ein. - Mitglied des Departements-Wahlkollegiums des Weser-Departements 1808-1811. - Nach Kontinentalsperre und Aufhebung der Privilegien des Kupferhammers Aufnahme von Exportgeschäften mit Bielefelder Leinen; 1811 gänzliche Auflösung der Kupferhandlung, Konzentration auf Handelsgeschäfte mit Wien und dem Orient.

Mitglied der Reichsstände des Königreichs Westphalen vom 2.6.1808 bis 26.10.1813 (Weser-Departement vom 2.6.1808 bis 5.3.1822, Fulda-Departement vom 5.3.1811 bis 26.10.1813; Grundeigentümer).

Quellen: DGB, Bd. 128, S. 82 f.; StA Osnabrück Best. 230 Nr. 9 Bl. 364 ff., 134; Auskunft von Dr. Carl-Ludwig Nottebohm, Weinheim.

Freiherr Ostmann von der Leye
Florenz Conrad

Geb. 3.5.1766 Leye, gest. 29.10.1831 Osnabrück, kath. VATER: Stephan Florenz Ostmann von der Leye (1733-1813), Fürstbischöflich Münsterischer Oberst. MUTTER: Maria Freiin von Nordeck zu Rabenau (1742-

1797). EHEFRAU: Maria Theresia von Boeselager (get. 31.10.1764-14.10.1814), Heirat 29.9.1789 in Osnabrück; Anna Maria Hagedorn, Heirat 11.3.1818 in Osnabrück.
Fideikommißherr auf Leye, Horneberg und Altenhagen. - Schule, Gymnasium, Studium in Münster 1775-1787; juristisches Studium in Göttingen 1787-1789. Fürstbischöflich-Osnabrückischer, dann Kgl. Hannöverscher Kammerherr ab 1791. - Mitglied des Departements-Wahlkollegiums des Weser-Departements 1808-1811. Mitglied der Steuerkommission des Weser-Departements 1808. - Präfekturrat im (französischen) Oberems-Departement 1811-1813. Mitglied der Provisorischen Regierungskommission für das Fürstentum Osnabrück vom 9.11.1813 bis 1816. Kgl. Hannöverscher Regierungsrat beim Regierungskollegium in Osnabrück 1816-1823 unter dem Regierungspräsidenten von Bar. Erster Regierungsrat bei der Landdrostei Osnabrück ab 1823.
Mitglied des Kgl. Historischen Instituts in Göttingen 1789.
Mitglied des Departementsrats des Weser-Departements 1808-1811.
Mitglied der Provisorischen Allgemeinen Ständeversammlung des Kgr. Hannover vom 22.12. bis ... 9.1816 (Deputierter des Stifts St. Johann zu Osnabrück vom 22.12.1814 bis 18.3.1815 und der Ritterschaft Osnabrück vom 18.3.1815 bis ...9.1816).
Mitglied der Reichsstände des Königreichs Westphalen vom 2.6.1808 bis 5.3.1811 (Weser-Departement; Grundeigentümer).

Quellen: GHdA, Bd. 88, (1986), S. 364; DBI 922, 103; StA Osnabrück Best. 230 Nr. 9 Bl. 364 ff., 113, 330; Bertram, aaO., S. 396; Kohl/Richtering, aaO., S. 224; Ostmann von der Leye, aaO., S. 23 ff.; Thimme, aaO., S. 405.

von Plessen
Hans George Gottfried

Geb. 5.2.1765 Herzberg, gest. 13.1.1837 Büstedt, ev.-luth. VATER: Hans Friedrich von Plessen (1732-1786), Herzoglich Braunschweigischer Oberhauptmann. MUTTER: Lucie Luise von Bibow (1737-1786). EHEFRAU: Marie Dorothea Margarethe Friederike *Charlotte* von Plessen aus dem Hause Greven (25.9.1777-17.1.1833), Heirat 30.5.1794 in Baumgarten.
Herr auf Büstedt. - Juristisches Studium in Helmstedt. Mecklenburg-Schwerinischer Leutnant (Garde zu Pferd) 1790. Kammerjunker und Auditor bei der Justizkanzlei in Schwerin 1790. Kanzleirat und Kammerherr in Braunschweig. Probst des Stifts Steterburg. Schatzrat. - Deputierter

(für die braunschweigischen Stände) in der Ständedeputation aus dem künftigen Königreich Westphalen, die im August und September 1807 in Paris und Fontainebleau über die westphälische Constitution verhandelte. - Oberhauptmann des braunschweigischen Distrikts Schöningen 1814.
Kommandeur des Guelphen-Ordens 1823; Kommandeur 1. Klasse des Ordens Heinrichs des Löwen.
Mitglied des Departementsrats des Oker-Departements 1808-1813.
Mitglied der Braunschweig-Wolfenbüttelischen und Blankenburgischen Landschaft (Landtag) vor 1807 und 1819-1832; Präsident der 1. Sektion und damit der gesamten Ständeversammlung 1820-1832.
Mitglied der Reichsstände des Königreichs Westphalen vom 2.6.1808 bis 26.10.1813 (Oker-Departement; Grundeigentümer).

Quellen: GGT, adelige Häuser, 1903, S. 706; StA Wolfenbüttel LB 3063 Westfalica; Braunschweigische Verordnungssammlung 1820, S. 53 f.; Familiengeschichte von Plessen, aaO., S. 18; Grefe, aaO., S. 135, 195; Hubatsch, aaO., Bd. 11, S. 80; Leth, aaO., S. 50; Naumann, aaO., S. 16 ff.; Puhle, aaO., S. 419.

Pomme
Johann August *Carl*

Geb. 5.3.1763 Krottorf, gest. 17.4.1831 Krottorf, ev. VATER: Johann Gottfried Pomme, Einnehmer und Freisasse in Krottorf. MUTTER: Anna Christine Beckurths (Becours) aus Dingelstedt bei Halberstadt. EHEFRAU: Catharina Dorothea Brüggemann (28.10.1769-11.5.1825), Heirat 22.11. 1787 in Krottorf.
Freisasse, Ökonom und Steuereinnehmer in Krottorf, letzteres sowohl unter preußischer als auch unter westphälischer Verwaltung. - Maire (Bürgermeister) von Krottorf 1808-1813.
Mitglied der Reichsstände des Königreichs Westphalen vom 2.6.1808 bis 26.10.1813 (Saale-Departement; Grundeigentümer).

Quellen: KB Krottorf; Register der Heirats-, Geburts- und Sterbeakten in Crottorf 1808, S. 26, und 1809, S. 5 und 9; ZStA Kgr. Westphalen Rep. 6 II A Nr. 6 Bl. 11 v.

von Porbeck (Höxter)
Georg Dietrich Reinhard

Geb. 24.6.1766 Marburg, gest. 25.9.1837 Kassel, ev. VATER: Georg Heinrich Ludwig von Porbeck (1725 bis ca. 1798), Landgräflich Hessi-

scher Major und Platzkommandant zu Marburg. MUTTER: Katharina Christina Sibylla Kirchmeyer (1725-1789), Tochter des Kirchenrats und Professors der Theologie Johann Christian Kirchmeyer, Zwillingsschwester der Mutter des Abg. Duysing. EHEFRAU: Elisabeth von Zenk (11.3.1765-25.6.1828), Heirat 26.6.1793 in Braunschweig. - Bruder des Abg. Otto von Porbeck und Cousin des Abg. Duysing.
Jurist beim Reichskammergericht in Wetzlar 1786-1789. Regierungsrat bei der Fürstlichen Kammer zu Neuwied 1790-1798. Regierungsrat, dann Hofrichter in Gräflich Bentheim-Steinfurtischen Diensten 1798-1802. Oranien-Nassau-Corveyischer Geheimer Justizrat, Regierungs- und Kammerdirektor in Höxter 1803-1808. - Präsident des Tribunals 1. Instanz in Höxter 1808-1813. Kommissar zur Besitznahme des Fürstentums Corvey für das Haus Oranien 1813. Provisorischer Provinzial- und Stadtgerichtsdirektor in Höxter 1815-1816. Regierungsdirektor und Leiter der 1. Abteilung der Kgl. Preußischen Regierung in Aachen (22.4. bis Ende 1816; Nachfolger: August von Reimann). Regierungsdirektor (1816-1819), Regierungsvizepräsident in Arnsberg (1819-1836). Übersiedlung nach Kassel zu seinem Bruder (1836) mit der preußischen Erlaubnis, seine Pension in Kurhessen verzehren zu dürfen.
Reichsadelsstand Wien 9.6.1779. - Niederländischer Löwenorden (1819); Roter Adlerorden 4. Klasse (1833), 3. Klasse mit Schleife (1836).
Mitglied der Reichsstände des Königreichs Westphalen vom 2.6.1808 bis 26.10.1813 (Fulda-Departement; Gelehrte, Künstler und verdiente Bürger).

Quellen: GHdA, Bd. 20 (1959), S. 380; DBI 972, 369 ff.; Fehrmann, aaO., S. 342; Losch-Kartei; Moniteur 1808, S. 100.

Dr. jur. h.c. von Porbeck (Kassel)
Heinrich *Otto* Aemilius Friedrich

Get. 11.10.1764 Marburg, gest. 26.4.1841 Kassel, ev. VATER: Georg Heinrich Ludwig von Porbeck (1725 bis ca. 1798), Landgräflich Hessischer Major und Platzkommandant zu Marburg. MUTTER: Katharina Christina Sibylla Kirchmeyer (1725-1789), Tochter des Kirchenrats und Professors der Theologie Johann Christian Kirchmeyer, Zwillingsschwester der Mutter des Abg. Duysing. Unverheiratet. - Bruder des Abg. Georg von Porbeck und Cousin des Abg. Duysing.
Jurist; Regierungsassessor in Hanau 1786, in Kassel 1787. Justizrat in

Kassel 1793, Regierungsrat 1797. Landesherrlicher Kommissar beim Stift Kaufungen 1804-1807 und 1814-1821. - Präsident des Tribunals 1. Instanz in Kassel 1808-1813. Geheimer Regierungsrat in Kassel 1814. Verfasser des Erstentwurfs einer kurhessischen Verfassung für die Landtagsberatungen 1815; Mitglied der Verfassungskommission 1815/16, Befürworter der Aufhebung der Partikularstände in den kurhessischen Landesteilen und von deren Ersetzung durch eine allgemeine Volksrepräsentation. - Regierungsvizepräsident in Kassel 1817-1819, Regierungspräsident 1819-1821. Präsident des Oberappellationsgerichts in Kassel 1821-1833. Landesherrlicher Kommissar bei der 300-Jahr-Feier der Universität Marburg 1827. Kurfürstlicher Prinzipal-Kommissar bei der Eröffnung des Kurhessischen Landtags am 19.10.1830. Versetzung in den Ruhestand am 22.4. 1833. Besitzer der Kalbsburg bei Fritzlar.
Reichsadelsstand Wien 9.6.1779. - Ritter des Ordens der Westphälischen Krone (20.2.1810); Ritter (1817), Commandeur 2. Klasse (1818), Commandeur 1. Klasse (1821), Großkreuz (1827) des (kurhessischen) Ordens vom Goldenen Löwen. - Verleihung des Titels "Excellenz" (29.12.1826); Verleihung des Dr. jur. h.c. bei der 300-Jahr-Feier der Universität Marburg 1827.
Mitglied der Reichsstände des Königreichs Westphalen vom 2.6.1808 bis 26.10.1813 (Fulda-Departement; Grundeigentümer). Präsident der Zivilgesetzgebungskommission in der Session 1809.

Quellen: GHdA, Bd. 20 (1959), S. 380; StA Marburg Best. 5 Nr. 5498; Kulenkamp, aaO., S. 67 f.; Moniteur 1808, S. 100, und 1810, S. 121; Seier, Akten, aaO., passim.

Raven
Johann Anton Friedrich

Geb. 3.6.1764 Einbeck, gest. 23.3.1832 Einbeck, ev.-luth. VATER: Christian Raven, Patrizier in Einbeck. MUTTER: Johanne Christine Wunstorf. EHEFRAU: Christine Marie Bahr (...-12.1.1801); Philippine Amalie Dumont (...-8.2.1827), Heirat 17.5.1801.
Patrizier in Einbeck; Privatgelehrter; Erzieher und Hofmeister in livländischen Familien; Anfang des 19. Jh.s zurück in Einbeck. Rat- und Vizesyndikus in Einbeck. Friedensrichter der Stadt Einbeck 1808. - Mitglied des Departements-Wahlkollegiums des Leine-Departements 1808-1813. Herzoglich Sachsen-Hildenburghausenscher Rat.
Mitglied und Meister vom Stuhl der Einbecker Loge "Georg zu den drei Säulen".

Mitglied der Provisorischen Allgemeinen Ständeversammlung des Kgr. Hannover vom ... 11.1818 bis 26.10.1819; Mitglied der 2. Kammer der Allgemeinen Ständeversammlung des Kgr. Hannover vom 28.12.1819 bis ... 1825 (Deputierter der Stadt Einbeck).
Mitglied der Reichsstände des Königreichs Westphalen vom 2.6.1808 bis 26.10.1813 (Leine-Departement; Grundeigentümer).

Quellen: KB Einbeck; HStA Hannover Best. Hann. 52 Nr. 1057 Bl. 4 ff.; Bertram, aaO., S. 396; Gürtler, aaO., S. 179; Moniteur 1808, S. 193; Strombeck, aaO., S. 10; Auskunft des Stadtarchivs Einbeck.

von Reimann
Georg Johann Gerhard *August*

Get. 22.8.1771 Kleve, gest. 26.2.1847 Berlin, ev. VATER: Johann Reinhard Peter von Reimann, Geheimer Rat und Landrentmeister. MUTTER: Anna Christina Godefreda von Forell. EHEFRAU: ... von Tschirsky.

Juristisches Studium. Referendar bei der Preußischen Kriegs- und Domänenkammer in Kleve, dann in Hamm. Assessor in Kleve 1797, Kriegs- und Domänenrat 1799; Dritter Rat der Kammer in Münster 1803-1804; in gleicher Eigenschaft 1804-1806 bei der Kammer in Paderborn. 1806-1808 während der französischen Besetzung selbständige Besorgung der Verwaltung. - Präfekt des Werra-Departements in Marburg vom 10.1. bis 25.7.1808, dann des Fulda-Departements in Kassel bis 1812 und (unter Ernennung zum Staatsrat) des Oker-Departements in Braunschweig 1812/13; Entlassung. Übernahme der alten Verwaltungsaufgaben in Braunschweig. Mitarbeit in der Herzoglichen Regierung unter dem Grafen von der Schulenburg-Wolfsburg als Geheimer Regierungsrat Ende 1813 bis März 1814. Wiedereintritt in preußische Dienste. Auf Veranlassung Hardenbergs dem Generalgouvernement des Nieder- und Mittelrheins in Aachen zugewiesen. Mitarbeit bei der Einkleidung und Ausrüstung der rheinischen Landwehr. Ablehnung der Bitte des Grafen von der Schulenburg-Wolfsburg zum Eintritt in braunschweigische Dienste "aus Liebe für mein

Vaterland und aus Dankbarkeit für die freundliche und günstige Wiederaufnahme in den Kgl. Preußischen Dienst" (Ende 1815). Organisation der Regierung in Trier (Ende 1815). Übernahme der Verwaltung als "der mit der einstweiligen Oberverwaltung der Kgl. Rheinprovinzen beauftragte Regierungspräsident" auf Weisung Hardenbergs (23.3.-22.4.1816). Regierungspräsident in Aachen. Präsident der Generaltilgungskommission 1814/15 (bis 1822), der Generalliquidationskommission ab 1816; 1818 auch Direktor der 1. Abt. der Regierung in Aachen. Nach sozialen Unruhen im Rheinland 1828 und 1830 Werbung um Verständnis für die Arbeiter in Berlin. 1834 nach dort versetzt und für kommissarische Beschäftigung (Vorbereitung insbesondere von Polizeigesetzen) zur Disposition gestellt. Mitglied des Preußischen Staatsrats.

Die Familie wurde ein Vierteljahr nach dem Tode Friedrichs des Großen geadelt; August von Reimann wurde am 3.7.1829 in die Adelsmatrikel der preußischen Rheinprovinz in der Klasse der Edelleute unter Nr. 70 eingetragen. - Ritter des Ordens der Westphälischen Krone (5.2.1810).

Mitglied der Reichsstände des Königreichs Westphalen vom 2.6.1808-2.2.1812 (Werra-Departement; Gelehrte, Künstler und verdiente Bürger).

Quellen: Ev. Zentalarchiv Berlin; Moniteur 1808, S. 35, 381, und 1810, S. 61; Poll, aaO., S. 295 ff.; Thimme, aaO., Bd. II, S. 111 ff.

von Ritzenberg
Christian Friedrich

Geb. 30.07.1747 Halberstadt, Sterbedaten unbekannt, ev. VATER: Albert Eberhard Ritzenberg, Regierender Bürgermeister und Kgl. Rat. EHEFRAU: Charlotte Wilhelmine Johanne Diederichs (1756-26.6.1808), Tochter des Kgl. Preußischen Kammerrats und Oberamtmanns zu Oschersleben, Friedrich Diederichs, Heirat 16.2.1775 in Oschersleben.

Regierungsrat in Halberstadt 11.3.1773; Nebenstellen dabei: Konsistorial- und Pupillenrat. Präsident des Tribunals 1. Instanz und des Ev. Konsistoriums in Halberstadt 1808 bis 1813. Besaß ein Gut in Oschersleben.

Erhebung in den westphälischen Ritterstand am 11.7.1813; Preußische Anerkennung des Adelsstandes am 20.6.1816.

Mitglied der Reichsstände des Königreichs Westphalen vom 2.6.1808 bis 26.10.1813 (Saale-Departement; Grundeigentümer).

Quellen: KB Halberstadt St. Martini; KB Oschersleben; Deutscher Herold 1874, S. 84; Gritzner, aaO., S. 81; Kneschke, Lexikon, aaO., Bd. 7, S. 523; Auskünfte des ZStA Merseburg und des Stadtarchivs Halberstadt.

Dr. jur. Robert
Georg Friedrich Carl

Geb. 2.5.1765 Marburg, gest. 24.12.1833 Marburg, ev. VATER: Dr. jur. Carl Wilhelm Robert (1740-1803), Professor in Marburg, 1797 Oberappellationsgerichtsrat in Kassel, Deputierter der Universität Marburg auf dem Hessen-Kasselischen Landtag 1785/86. MUTTER: Elisabeth Victorie Scheffer, Tochter des Regierungsrats George Heinrich Scheffer in Marburg. EHEFRAU: Katharina Margarethe Wilhelmine Fincke (...-Oktober 1793), Heirat 1792; Barbara Katharine Juliane Bücking (...-7.6.1817), Tochter eines Marburger Kaufmanns, Heirat 6.2.1802.

Juristischer Assessor bei der Regierung in Marburg 29.10.1784. Promotion, Privatdozent an der Philipps-Universität 25.8.1785; unter Niederlegung des Assessorats außerordentlicher Professor des Staatsrechts ab 25.5.1787, Ordinarius ab 25.4.1793. Dekan der juristischen Fakultät 1798, 1802, 1806, 1810, 1814, 1817, 1821, 1822, 1823, 1830; Prorektor 1796, 1805, 1806, 1815. - Mitglied (für die Kurhessischen Stände) in der Ständedeputation aus dem künftigen Königreich Westphalen, die im August und September 1807 in Paris und Fontainebleau über die Westphälische Constitution verhandelte. - Kurhessischer Geheimer Regierungsrat und Vizekanzler der Universität Marburg 2.6.1815.

Mitglied (bis 1815) und zeitweise Meister vom Stuhl der Marburger Loge "Marc Aurel zum Flammenden Stern".

Kommandeur 1. Klasse des Kurhessischen Hausordens vom Goldenen Löwen (30.9.1818).

Mitglied der Reichsstände des Königreichs Westphalen vom 2.6.1808 bis 26.10.1813 (Werra-Departement; Grundeigentümer). Sekretär der Reichsstände während der Sessionen 1808 und 1809. - Mitglied des Hessen-Kasselischen Landtags vom 1.3.1815 bis 10.5.1816 (Prälatischer Deputierter, Universität Marburg).

Quellen: DBI 1044, 190; Gundlach, aaO., S. 117; Gürtler, aaO., S. 43, 124; Leth, aaO., S. 50; Seier, Akten, aaO., S. XXXVIII, 10, 236; Speitkamp, aaO., S. 146.

Röschel
Georg Christoph

Get. 27.6.1752 Frankfurt am Main, gest. 4.11.1813 Frankfurt am Main, ev. VATER: Johann Röschel (1719-1796), Gasthalter zur Reichskrone in Frankfurt und Mitglied des 51er-Kollegs. MUTTER: Maria Elisabeth Artope (1724-1766). EHEFRAU: Rosina Margarethe Artope (12.5.1759-25.9.1824), Heirat 21.8.1775 in Frankfurt.

Gasthalter in Frankfurt. Rentier.

Mitglied der Ständeversammlung des Großherzogtums Frankfurt vom 11.10.1810 bis 28.10.1813 (Departement Frankfurt; Güterbesitzer).

Quellen: Taufbuch Frankfurt 1751-1754, S. 616; Trauungen in Frankfurt 1775, S. 34; Totenbuch Frankfurt 1813-1814, S. 260 (alle in Stadtarchiv Frankfurt); Institut Euler; Staatskalender Frankfurt 1813 in HStA Wiesbaden mit zeitgenössischen handschriftlichen Zusätzen.

Dr. theol. h.c. Rötger
Gotthilf Sebastian

Geb. 5.4.1749 Klein Germersleben, gest. 16.5.1831 Magdeburg, ev. VATER: Sebastian Petrus Rötger (1712-1768), Pastor in Klein Germersleben. MUTTER: Johanne Margarethe Christine Müller (1716-1777) aus Magdeburg. EHEFRAU: Henriette Luise Caroline Klöker (12.5.1761-17.10.1840), Heirat 13.9.1781 in Halberstadt.

Besuch der Schule in Neuhaldensleben ab 1756; Pädogogium (Gelehrtenschule) des Klosters Unser Lieben Frauen zu Magdeburg 1765-1667; Theologiestudium in Halle ab Oktober 1767; erste Predigt in Wörbzig (Anhalt-Köthen) am 16.3.1767; Hauslehrer und Pfarrer an St. Johannis in Magdeburg 1769; Lehrer am Pädagogium in Magdeburg ab April 1771; Prokurator des Klosters Unser Lieben Frauen am 1.7.1774; Wahl zum Propst des Klosters am 17.12.1779, Bestätigung durch Friedrich den Großen, Amtseinführung am 31.1.1780. - Deputierter der Magdeburger Landstände zur Monierung eines Entwurfs zum allgemeinen Landrecht für die preußischen Staaten in Berlin 1786.

Mitglied des Departements-Wahlkollegiums des Elbe-Departements 1808-1813. - Spezialliquidator der öffentlichen Schuld im früheren Herzogtum Magdeburg (9.5.1808).
Roter Adlerorden 2. Klasse (4.5.1821); Bürgerkrone der Stadt Magdeburg (31.1.1830). - Verleihung des Dr. theol. h.c. der Universität Halle 1821.
Mitglied der Landstände des Hzm. Magdeburg 1781-1807; Mitglied des Weiteren, bald des Engeren Ausschusses und dessen Sekretär. - Mitglied des Departementsrats des Elbe-Departements 1808-1813.
Mitglied der Reichsstände des Königreichs Westphalen vom 2.6.1808 bis 26.10.1813 (Elbe-Departement; Gelehrte, Künstler und verdiente Bürger).

Quellen: KB Klein Germersleben und KB Dom Magdeburg; ADB 29, 303 ff.; StA Magdeburg Rep. B 18 I Nr. 1724 III Bl. 8 v, 53 v, 77.

Roloff
Johann Gottfried

Geb. ...1741 Pansfelde, Mansfelder Gebirgskreis (?), gest. 12.12.1809 Ermsleben, ev. VATER: Johann Christoph Roloff, Kämmerer zu Aschersleben, vordem Amtsrat zu Pansfelde. MUTTER: Maria Catharina Hertzgroth. EHEFRAU: Marie Ernestine Henriette Tuckermann (28.1.1751-7.5.1810), Heirat 21.4.1768 in Unseburg, Kreis Wanzleben.
Advokat im Fürstentum Halberstadt. Friedensrichter in Ermsleben 1808-1809.
Mitglied der Reichsstände des Königreichs Westphalen vom 2.6.1808 bis 12.12.1809 (Saale-Departement; Gelehrte, Künstler und verdiente Bürger).

Quellen: DGB, Bd. 89, S. 515; StA Magdeburg Rep. B 26.4 No. 2 Bl. 87 v; ZStA Kgr. Westphalen Rep. 6 II A Nr. 6 Bl. 106; Institut Euler.

Rosenthal
Albertus *Hieronymus*

Geb. 10.7.1763 Kassel, gest. 22.9.1845 Hombressen, ev. VATER: Samuel Rosenthal (1728-1792), Fürstlicher Jagdzeugmeister in Kassel, später Oberförster in Hombressen. MUTTER: Maria Elisabeth Telmar. EHEFRAU: Anna Katharina Runge (22.11.1771-30.4.1795), Tochter des Ratsherrn Johann Philipp Runge zu Hofgeismar, Heirat 28.1.1789.
Förster, später Oberförster in Hombressen.

Mitglied der Reichsstände des Königreichs Westphalen vom 2.6.1808 bis 26.10.1813 (Fulda-Departement; Grundeigentümer).

Quellen: Handschriftliche Aufzeichnungen von E. Grimmell in StA Marburg Best. 340 (Akz.-Nr. 1971/36 Nr. 562-Rosenthal).

Rosentreter
Carl Heinrich

Geb. 12.12.1754 Aschersleben, gest. 24.1.1820 Aschersleben, ev. VATER: Carl Philipp Rosentreter, Kauf- und Handelsherr in Aschersleben. EHEFRAU: Amalie Juliane Haupt.
Kaufmann und Fabrikant zu Aschersleben; Vertrieb von Erzeugnissen Aschersleber Tuchmacher (1788 als "Fabrikverleger" bezeichnet); Brauherr.
Mitglied der Gilde Deutsch-Französischer Kaufmannschaft seit 7.1.1789.
Mitglied des Departementsrats des Saale-Departements 1808-1813.
Mitglied der Reichsstände des Königreichs Westphalen vom 2.6.1808 bis 26.10.1813 (Saale-Departement; Kaufleute und Fabrikanten).

Quellen: KB Aschersleben St.Stephan; Auskünfte des Stadtarchivs und des Kreismuseums in Aschersleben.

Rüttger
Ignatz Wilhelm Joseph

Geb. 8.8.1763 Großenlüder, gest. 13.1.1842 Fulda, kath. VATER: Franz Bernhard Rüttger, Amtsverweser des Centamts Großenlüder. MUTTER: Anna Katharina Zwenger. EHEFRAU: Sophie Kluberdung.
Als "Poeta" 1778 an der Universität Fulda immatrikuliert. Amtsverweser des Zent-, ab 1803 des Oberamts Großenlüder. 1812 bereits pensioniert.
Mitglied der Ständeversammlung des Großherzogtums Frankfurt vom 11.10.1810 bis 28.10.1813 (Departement Fulda; Güterbesitzer).

Quellen: KB Großenlüder und KB Fulda-Stadtpfarrei (in Bistumsarchiv Fulda); Auskünfte von Dr. Berthold Jaeger, Fulda, und des Bistumsarchivs Fulda.

von Schlieffen
Martin Ernst

Geb. 30.10.1732 Pudenzig, Kreis Naugard, gest. 15.9.1825 Windhausen, Kreis Kassel, ev.-luth. VATER: Hans Michael von Schlieffen (1684-1752), Kgl. Preußischer Hauptmann. MUTTER: Anna Helena von Petersdorff (1693-1742). Unverheiratet.

Fahnenjunker im Bredowschen Garnisons-Regiment in Berlin 1745; 1749 zur Garde nach Potsdam. Abschied wegen schwerer Krankheit 1755. Ablehnung einer Wiedereinstellung durch Friedrich den Großen 1757. Übernahme in hessen-kasselische Dienste, zunächst als Fähnrich; 1760 Adjutant des Landgrafen Friedrich II., 1762 Bewährung in Frontstellungen, 13.6.1763 Generalmajor und Oberkammerherr des Landgrafen, 26.10.1772 Generalleutnant und Staatsminister. - Vom 13.3.1776 bis 5.6.1776 als Bevollmächtigter Gesandter in London zu Subsidienverhandlungen, die auch eine persönliche englische Pension von jährlich 300 Pfund (bis zum Tode gezahlt) eintrugen. Wäre gern Oberbefehlshaber der hessischen Truppen in Amerika geworden, mußte jedoch wegen seiner kulturpolitischen Aufgaben (Collegium Carolinum, Freundschaft mit Johannes von Müller) in Kassel bleiben. - Diplomatische Dienste für Preußen beim Schaumburger Vergleich 1787. Übertritt in preußische Dienste, Generalleutnant 1789; Gouverneur von Wesel; Gesandter in besonderer Mission in Flandern und den Niederlanden (Sommer 1789); Oberbefehlshaber der preußischen Truppen im Bistum Lüttich 1790. Abschied 1792. Lebte fortan meist in Windhausen und Kassel.

Mitglied der Kgl. Akademie der Wissenschaften in Berlin.

Westphälische Adelsbestätigung als "Baron" (2.4.1813). - Ritter (5.2.1810), Kommandeur (28.3.1811), Großkommandeur (Oktober 1813) des Ordens der Westphälischen Krone; Rechtsritter des Schwarzen Adlerordens; Ritter des Kurhessischen Löwenordens.

Mitglied der Reichsstände des Königreichs Westphalen vom 2.6.1808 bis 26.10.1813 (Fulda-Departement; Grundeigentümer).

Quellen: GHdA, Bd. 26 (1961), S. 331 ff. insbesondere S. 348; ADB 31, 516; von Both/Vogel, aaO., passim, insbesondere S. 29 ff.; Moniteur 1810, S. 61, und 1811, S. 279; Strieder, aaO., S. 184; Winter, aaO., S. 199, 202, 329.

Schmidtmann
Ferdinand Philipp Heinrich August

Geb. ca. 1746 Gut Senfdamm, Amt Wittlage, gest. 6.1.1823 Osnabrück, kath. VATER: Ernst August Philipp Schmidtmann (...-1771), Rentmeister zu Wittlage. MUTTER: Marie Barbara Ferdinandine Schelver. EHEFRAU: Bernhardine Anna Adelheid Müseler.

Juristisches Studium in Göttingen 1769-1776. Amtsauditor, Amtsrentmeister (1776-1808) in Iburg. - Canton-Maire (Bürgermeister) in Iburg 1809-1910, für Osnabrück Land 1810-1812. - Amtmann, später Oberamtmann des Kgl. Hannöverschen Amtes Osnabrück 1818-1823.

Mitglied des Departementsrats des Weser-Departements 1808-1811.

Mitglied der Reichsstände des Königreichs Westphalen vom 2.6.1808 bis 5.3.1811 (Weser-Departement; Grundeigentümer).

Quellen: StA Osnabrück Best. 230 Nr. 9 Bl. 364 ff.; Hubatsch, aaO., Bd. 10, S. 327; Auskunft des StA Osnabrück.

Schmitz
Peter *Friedrich*

Geb. 27.10.1762 Monjoye (Monschau), Sterbedaten unbekannt, ev. VATER: Matthias Schmitz, Kaufmann und Fabrikant in Monschau. MUTTER: Regina Christina Bolenius. EHEFRAU: Eleonore Antoinette Amalie *Caroline* Bonneß, Tochter eines Kgl. Preußischen General-Chirurgus, Heirat 13.8.1789 in Magdeburg.

Kaufmann (Kolonialwaren und inländische Produkte) in Magdeburg; erhielt am 14.5.1788 das Freie Bürgerrecht der Stadt Magdeburg. - Mitglied des "Realisierungs Comites der Kriegs-Contribution" 1808. Mitglied des Departements-Wahlkollegiums des Elbe-Departements 1808-1813.

Altermann und Kämmerer der Kaufleute-Brüderschaft in Magdeburg (schon vor 1806).

Mitglied der Reichsstände des Königreichs Westphalen vom 2.6.1808 bis 26.10.1813 (Elbe-Departement; Kaufleute und Fabrikanten).

Quellen: KB Monschau; KB St. Johannis Magdeburg; StA Magdeburg Rep. B 18 I Nr. 1724 Bl. 8, 41 v; Auskünfte der Kirchenbuchstelle der Ev. Superintendentur, des Staatsarchivs und des Stadtarchivs Magdeburg.

Schnerr
Johann Michael (geboren), Johann Carl (genannt)

Geb. 9.11.1764 Kirchberg/Jagst, gest. 13.11.1813 Frankfurt am Main, ev. VATER: Johann Caspar Schnerr (1735-1777), Hofschuster. MUTTER: Maria Apollonia (1734-1772). EHEFRAU: Anna Maria Elisabetha Vogelhuber (...7.1763-24.10.1801), Heirat 1.11.1791; Elisabeth Barbara Rittberger (...5.1778-22.3.1807), Heirat 6.2.1804.

Gastwirt. Erwarb am 7.9.1791 das Frankfurter Bürgerrecht. Rentier. - Mitglied des Departements-Wahlkollegiums des Departements Frankfurt 1810-1813.

Mitglied des 28er Kollegs (Bürgerliche Repräsentation der 14 Quartiere) der Fürstprimatischen Stadt Frankfurt 1807-1810.

Mitglied des Munizipalrats der Großherzoglichen Stadt Frankfurt 1810-1813.

Mitglied des Departementsrats des Departements Frankfurt 1810-1813.

Mitglied der Ständeversammlung des Großherzogtums Frankfurt vom 11.10.1810 bis 28.10.1813 (Departement Frankfurt; Güterbesitzer).

Quellen: KB Kirchberg/Jagst; Totenbücher Frankfurt 1801, S. 221, 1807; S. 104; 1813/14, S. 282 (in Stadtarchiv Frankfurt); GfRegBl. 1810, 1. Bd., S. 38, 154, 155; Auskünfte des Stadtarchivs Frankfurt und von Dekan i.R. Richard Glück, Kirchberg-Lendsiegel.

Schröder
Johann Lucas

Geb. 13.7.1760 Spangenberg, gest. 20.10.1813 Kassel, ev. VATER: Johann Schröder (1717-1779), Kaufmann in Spangenberg. MUTTER: Henriette Louise von Börnstedt (1724-1781). EHEFRAU: Catharina Margarethe Schirmer.

Kaufmann in Spangenberg; Kommerzienrat.

Mitglied der Reichsstände des Königreichs Westphalen vom 2.6.1808 bis 26.10.1813 (Werra-Departement; Kaufleute und Fabrikanten).

Quellen: KB Spangenberg (in StA Marburg); Institut Euler; Thiele, aaO., Verstorbene 1731-1839, Bd. 13, S. 122.

Graf von der Schulenburg-Altenhausen
August Karl Jakob (genannt: Karl Just)

Geb. 12.1.1764 Altenhausen, gest. 20.5.1838 Altenhausen, ev. VATER: Alexander Jakob von der Schulenburg (1710-1775), Generalmajor. MUTTER: Ehrengard Sophie von der Schulenburg (1737-1786). EHEFRAU: Friederike Wilhelmine Dorothea von Kleist (1768-13.8.1788), Heirat 24.8.1786; Maria Luise von Kleist (6.7.1772-12.5.1827), Heirat 23.12. 1792. - Bruder des Abg. Graf von der Schulenburg-Emden.

Herr auf Altenhausen und Ivenrode. - Ausbildung an der Ecole Militaire in Berlin ab 1776; Junker bei den Husaren 1780; Kornett 1784; Abschied aus gesundheitlichen Gründen 1786. Bewirtschaftung eigener Güter. - Maire (Bürgermeister) von Altenhausen 1808-1813. - Mitglied des Departements-Wahlkollegiums des Elbe-Departements 1808-1813; Wahlzeuge in dessen Sitzungen im April 1808. - In den Befreiungskriegen Divisionär des Landsturms in den magdeburgischen Holzkreisen.

Erhebung in den preußischen Grafenstand am 6.7.1798; Westphälische Bestätigung des Grafenstandes am 10.7.1813. - Roter Adlerorden 3. Klasse. Mitglied des Departementsrats des Elbe-Departements 1808-1813. - Mitglied der Provinzialstände der Provinz Sachsen 1825-1831 und 1837 (für den Grafen zu Stolberg-Roßla) 1837.

Mitglied der Reichsstände des Königreichs Westphalen vom 2.6.1808 bis 26.10.1813 (Elbe-Departement; Grundeigentümer).

Quellen: GGT, gräfliche Häuser, 1897, S. 993 f.; GGT adelige Häuser, 1901, S. 789; StA Magdeburg Rep. B 18 I Nr. 1724 III Bl. 7, 53, 66, 78; Rep. C 90 Nr. 122 Bl. 1; Danneil, aaO., Bd. II, S. 587; Deutscher Herold, 1875, S. 135; G. Schmidt, aaO., Bd. 2, S. 594 f.; von der Schulenburg/Wätjen, aaO., S. 218/260; Segler, aaO., S. 56.

Graf von der Schulenburg-Angern Friedrich Christoph Daniel

Geb. 9.2.1769 Angern, gest. 16.5.1821 Magdeburg, ev. VATER: Alexander Friedrich Christoph (seit 30.7.1753: Graf) von der Schulenburg (1720-1801), Oberst. MUTTER: Luise Eleonore von Bismarck (1743-1803). EHEFRAU: Henriette Christiane Charlotte Rohtt zu Holzschwang (1778-9.4.1811), Heirat 27.2. 1803; Auguste Luise Adolfine von Cramm (13.7.1793-15.10.1854), Heirat 10.7.1812. - Der Sohn Edo (1816-1904) war 1871-1904 Mitglied des Preußischen Herrenhauses. Der Enkel Friedrich (1843-1921) gehörte ab 1907 dem Preußischen Herrenhaus bis zur Auflösung 1918 an.

Herr auf Angern. - Besuch der Klosterschule Bergen bei Magdeburg 1785-1789; Studium der Rechts- und Staatswissenschaften in Halle 1789-1792; Referendar bei der Kammer in Magdeburg. Landrat des Zweiten Magdeburgischen Holzkreises 1793-1801 (Abschied, um Angern nach dem Tode des Vaters zu bewirtschaften). Kriegs- und Domänenrat in Magdeburg 1804, noch im gleichen Jahr Kammerdirektor im damals zu Preußen gehörenden Warschau. 1806 Rückkehr nach Angern. - Mitglied des Departements-Wahlkollegiums des Elbe-Departements 1808-1813. - Organisation der Landwehr 1813/14 gemeinsam mit dem Vetter Graf von der Schulenburg-Altenhausen; im Januar 1814 Generalkommissar der Stendaler und Gardelegener Kommission für die Bildung und Bekleidung der Landwehr. Regierungs-(Chef-)Präsident der Kgl. Preußischen Regierung in Magdeburg 1816-1821.

Kommendator des Johanniter-Ordens; Eisernes Kreuz am Weißen Band. Mitglied der Reichsstände des Königreichs Westphalen vom 2.6.1808 bis 26.10.1813 (Elbe-Departement; Grundeigentümer).

Quellen: GGT, gräfliche Häuser, 1897, S. 998; GGT, adelige Häuser, 1901, S. 789 ff.; StA Magdeburg Rep. 18 I Nr. 1724 III Bl. 7; Nathusius, aaO., S. 185; G. Schmidt, aaO., Bd. 2, S. 659 ff.; von der Schulenburg/Wätjen, aaO., S. 269 ff.

Graf von der Schulenburg-Emden
Philipp Ernst *Alexander*

Geb. 27.1.1762 Bremervörde, gest. 17.10.1820 Emden, Kreis Neuhaldensleben, ev. VATER: Alexander Jakob von der Schulenburg (1710-1775), Generalmajor. MUTTER: Ehrengard Sophie von der Schulenburg (1737-1786). EHEFRAU: Karoline Ernestine Friederike von Alvensleben (18.6.1766-9.3.1856), Heirat 31.7.1789 in Eichenbarleben. - Bruder des Abg. Graf von der Schulenburg-Altenhausen. - Der Sohn Eduard (1792-1871) war Mitglied des Provinziallandtags der Provinz Sachsen und 1854-1871 Mitglied des Preußischen Herrenhauses. Der Enkel Ernst (1832-1905) gehörte von 1894 bis 1905 dem Preußischen Herrenhaus an.
Herr auf Emden. - Ausbildung an der Ecole Militaire in Berlin; Kornett im Preußischen Kürassier-Regiment Nr. 7 (von Ihlow) in Salzwedel (Teilnahme an der Besetzung der Niederlande 1787). Bewirtschaftung von Emden ab 1787. - Deputierter der Magdeburger Prälaten und Ritter in der Ständedeputation aus dem künftigen Königreich Westphalen, die im August und September 1807 in Paris und Fontainebleau über die Westphälische Constitution verhandelte. Präfekt des Elbe-Departements 1807-1812. Staatsrat in Kassel vom 8.5.1812 bis Oktober 1813. - Rückkehr nach Emden. Vorsitzender der Neuhaldenslebener Kommission für die Bildung und Bekleidung der Landwehr im Januar 1814.
Mitglied der Großen Mutterloge "Friedrich zur Grünen Linde", deputierter Großmeister, Großmeister (1812-1814).
Erhebung in den preußischen Grafenstand am 6.7.1798; Westphälische Bestätigung des Grafenstandes am 10.7.1813. - Ritter des Ordens der Westphälischen Krone (5.2.1810).
Mitglied der Reichsstände des Königreichs Westphalen vom 2.6.1808 bis 8.5.1812 (Elbe-Departement; Grundeigentümer).

Quellen: GGT, gräfliche Häuser, 1897, S. 993; GGT, adelige Häuser, 1901, S. 789; Gürtler, aaO., S. 41, 116; Leth, aaO., S. 51, 55; Nathusius, aaO., S. 185; G. Schmidt, aaO., Bd. 2, S. 593; von der Schulenburg/Wätjen, aaO., S. 258.

Graf von der Schulenburg-Wolfsburg Carl Friedrich *Gebhard*

Geb. 21.3.1763 Braunschweig, gest. 25.12.1818 Wolfsburg, ev. VATER: Gebhard Werner Graf von der Schulenburg (1722-1788, Preußischer Legationsrat (1746), Hofmarschall (1750) und Geheimer Etatminister (1776). MUTTER: Sophie Charlotte von Veltheim (1735-1793). EHEFRAU: *Wilhelmine* Anna Christine von Münchhausen-Remeringhausen (8.4.1769-21.3.1832), Heirat 17.9.1789. - Schwager des Abg. Freiherr von Friesen. Der Sohn Werner (1792-1861) war Mitglied der Provinzialstände der Provinz Brandenburg, Vizelandtagsmarschall 1837 und 1841 und Mitglied der 1. Preußischen Kammer 1849-1851. Der Enkel Günther (1819-1895) war 1869-1873 Mitglied des Preußischen Abgeordnetenhauses (konservativ) und 1883-1895 des Preußischen Herrenhauses. Der Urenkel Werner (1857-1924) gehörte von 1904-1918 dem Preußischen Herrenhaus an.

Herr auf Wolfsburg, Brome, Bisdorf u.a. - Frühe Kindheit in Stuttgart, wo der Vater Preußischer Gesandter und von Friedrich dem Großen beauftragt war, den Streit zwischen Herzog Karl II. von Württemberg und den Ständen beizulegen, was 1770 mit dem "Erbvergleich" gelang. Dann nach Ausbildung durch Privatlehrer in Braunschweig, Besuch der Klosterschule Bergen bei Magdeburg bis 1777 und des Collegiums Carolinum in Braunschweig 1778-1782. Juristisches Studium an der Universität Göttingen 1782-1785. Prinzenbegleiter. Kammerjunker. Assessor bei der Klosterratsstube in Braunschweig und Schloßhauptmann in Wolfsburg bis 1790. Wieder Prinzenbegleiter. Oberhofmeister der Erbprinzessin bis 1796. Bewirtschaftung der eigenen Güter. - Mitglied und Präsident des Wahlkollegiums des Oker-Departements 1808-1813. - 1809 Kontakte zum aus Braunschweig vertriebenen Herzog Friedrich Wilhelm; daraufhin polizeiliche Beobachtung. 1813 Besetzung der Wolfsburg durch Truppen des Marschalls Davoust und später durch Kosaken. 1813 Verlust eines Sohnes in der westphälischen Jägergarde, 1814 eines anderen in einem schlesischem Husarenregiment. Am 27.12.1813 vom zurückgekehrten Herzog

Friedrich Wilhelm an die Spitze der Provisorischen Braunschweigischen Regierungskommission berufen; Ende Januar 1814 Begleitung des Herzogs ins Hauptquartier nach Frankreich. Wegen Schwierigkeiten in seiner Stellung zum Herzog Rücktritt im März 1814. Rückzug auf seine Güter, die teils im preußischen Wolfsburg, teils im hannöverschen Brome und teils im braunschweigischen Bisdorf lagen. - Auf Wunsch des Prinzregenten Georg von Großbritannien (später König Georg IV.), des Vormunds des noch minderjährigen Herzogs Karl III. von Braunschweig-Wolfenbüttel, Rückkehr an die Spitze des Geheimen Ratskollegs als Staatsminister am 2.10.1815; im Amt verstorben.
Ritter des Ordens der Westphälischen Krone (24.1.1810); Großkreuz des Guelphen-Ordens; Roter Adlerorden 1. Klasse; Rechtsritter des Johanniter-Ordens. - Verleihung des Titels "Excellenz" durch Kgl. Dekret vom 31.1.1810.
Mitglied der Provisorischen Allgemeinen Ständeversammlung des Kgr. Hannover vom 15.12.1814 bis 25.12.1818; Präsident vom 15.12.1814 bis 16.10.1815.
Mitglied der Reichsstände des Königreichs Westphalen vom 2.6.1808 bis 26.10.1813 (Oker-Departement; Grundeigentümer). Präsident der Reichsstände in der Session 1808 vom 14.6.1808 bis 22.8.1808 und in der Session 1809 vom 10.10.1809 bis 12.3.1810.

Quellen: GGT, gräfl. Häuser, 1897, S. 986, und 1898, S. 937; GHdA, Bd. 2 (1952), S. 369; ADB 32, 665 ff.; StA Wolfenbüttel LB 3063 Westfalica; Bertram, aaO., S. 397; Bosl-Franz-Hofmann, aaO., S. 2562 f.; Danneil, aaO., Bd.II, S. 422; Eschenburg, aaO., passim; Hubatsch, aaO., Bd. 16, S. 40; Moniteur 1810, S. 59; G. Schmidt, aaO., Bd. 2, S. 627; v.d. Schulenburg/ Wätjen, aaO., S. 236 f.

Seiler
Johann George

Geb. 9.11.1767 Halberstadt, gest. 18.3.1846 Aschersleben, ev. VATER: Johann George Seiler, Zeugmacher und Fabrikant in Halberstadt. MUTTER: Anna Margarethe Justina Diedrichsen. EHEFRAU: Sophie Goldhagen Wwe., geb. Frauendienst (18.8.1775-26.5.1842), Heirat 3.1.1802 in Aschersleben.
Jurist; Syndikus in Aschersleben vom 22.1.1796 bis 1802; Stadtrichter in Aschersleben von 1802 bis 1808. Friedensrichter für Aschersleben Stadt

von 1808 bis 1813. Direktor des Kgl. Preußischen Land- und Stadtgerichts Aschersleben.
Ritter des Kgl. Preußischen Adlerordens 3. Klasse mit der Schleife.
Mitglied der Reichsstände des Königreichs Westphalen vom 2.6.1808 bis 26.10.1813 (Saale-Departement; Grundeigentümer). Sekretär der Reichsstände während der Sessionen 1808 und 1809.

Quellen: KB St.Stephani Aschersleben; KB St.Moritz und St.Peter und Paul Halberstadt; Moniteur 1808, Nr. 44, S. 178; Auskünfte der Ev. Stadt- und Domgemeinde-Kustosbüro-Halberstadt, des Stadtarchivs Aschersleben und des Kreismuseums Aschersleben.

Sickenberger
Leonhard

Geb. 26.3.1752 Weiberhof bei Sailauf/Unterfranken, gest. 25.4.1826 Weiberhof bei Sailauf/Unterfranken, kath. VATER: Jakob Sickenberger. MUTTER: Elisabeth .... EHEFRAU: Sophia Köhler aus Aschaffenburg.
Hofbauer auf dem Weiberhof. - Centhauptmann auf dem Weiberhof. - Mitglied des Departements-Wahlkollegiums des Departements Aschaffenburg 1810-1813.
Mitglied des Departementsrats des Departements Aschaffenburg 1810-1813.
Mitglied der Ständeversammlung des Großherzogtums Frankfurt vom 11.10.1810 bis 28.10.1813 (Departement Aschaffenburg; Güterbesitzer).

Quellen: KB Sailauf; GfRegBl. 1810, 1. Bd., S. 41, 157.

Freiherr von Sierstorpff (-Driburg) Caspar *Heinrich* (V.) Joseph

Geb. 19.5.1750 Hildesheim, gest. 29.3. 1842 Braunschweig, kath. VATER: *Peter* (III.) Joseph Albert Francken von Sierstorpff (1716-1770), Fürstbischöflich Hildesheimischer Kanzler. MUTTER: Anna Theresia *Hedwig* Katharina Freiin von Spaethgen (1723-1776). EHEFRAU: Theresia *Sophia* Felicitas Gottlob Maria Freiin von Brabeck (get. 4.8.1743-9.9. 1808), Heirat 1776; Friederike Wilhelmine Philippine Auguste Luise *Charlotte* von Vincke (19.5.1780-2.5.1833), Schwester des westphälischen Oberpräsidenten von Vincke, Heirat 25.10.1810. - Schwager des Abg. Graf von Brabeck.

Herr auf Driburg mit Gehrden, Charlottenhof und Rothenhaus. - Juristisches Studium in Hildesheim und Erfurt; 1772 Promotion in Leipzig. Ausbildung in der Fürstlich Auersperg'schen und Kurmainzischen Direktorialkanzlei in Regensburg 1772/73. Wohnsitz in Hildesheim und Himmelsthür. Im Oktober 1782 Hofjägermeister und Braunschweig-Wolfenbüttelischer Kammerherr; Oberhofjägermeister ab 1788; daneben Direktion der Porzellanfabrik Fürstenberg; Generalaufsicht über das Forst- und Jagdwesen im Herzogtum Braunschweig-Wolfenbüttel und im Fürstentum Blankenburg ab 4.5.1789. Konservator der Gewässer und Forsten im Oker-Departement ab 5.5.1808, ab 20.6.1808 auch Jagd-Capitain des Distrikts Braunschweig. - Nach dem Ende des Kgr. Westphalen wieder Oberjägermeister und Mitglied des Kammerkollegiums in Braunschweig bis 1828; 1818 auch Oberforstmeister. Verabschiedung unter Verlust aller Titel, Ämter und Würden durch Herzog Karl; Prozeß deswegen, der zu seinen Gunsten ausging, vom Herzog aber willkürlich kassiert wurde; 1830 durch den neuen Herzog Wilhelm nach Braunschweig zurückgerufen und sofort wieder in das frühere Amt eingesetzt. Eintritt in den Ruhestand 1834. Gründung des Bades in Driburg.

Erhebung in den preußischen Grafenstand als "Graf von Sierstorpff-Driburg" am 15.10.1840. - Kommandeur (1819), Großkreuz des Guelphen-

Ordens (1828); Großkreuz des Ordens Heinrichs des Löwen (25.4.1834). Mitglied des Departementsrats des Oker-Departements 1808-1813. - Mitglied der Provinzialstände der Provinz Westfalen 1833-1837.
Mitglied der Reichsstände des Königreichs Westphalen vom 2.6.1808 bis 26.10.1813 (Oker-Departement; Grundeigentümer).

Quellen: GGT, gräfliche Häuser, 1906, S. 287; GHdA, Bd. 54 (1973), S. 89 ff.; ADB 34, 215 ff.; DBI 1184, 270 ff.; Häming, aaO., Nr. 1539; Haesert, aaO., passim; Moniteur 1808, S. 217, 305; Zwarzel, aaO., S. 236 ff.

Simon
Franz

Geb. 13.5.1775 Fulda, gest. 15.10.1847 Fulda, kath. VATER: Friedrich Joseph Balthasar Simon, Fuldischer Hof- und Regierungsrat. MUTTER: Genofeva Gerlach.
Amtsvogt des Justizamts Eiterfeld. - Distriktmaire (Bürgermeister) des Distrikts Eiterfeld (1810-1813).
Mitglied der Ständeversammlung des Großherzogtums Frankfurt vom 11.10.1810 bis 28.10.1813 (Departement Fulda; Gelehrte und Künstler).

Quellen: Auskünfte des Stadtarchivs Fulda und von Dr. Berthold Jäger, Fulda.

Spindler
Johann Christoph *Ludwig*

Geb. 21.11.1757 Crailsheim, gest. 25.12.1817 auf dem Agathof in Bettenhausen bei Kassel, ev. VATER: Johann Gottfried Spindler (1724-1775), Ratsherr und jüngerer Baumeister in Crailsheim. MUTTER: Albertine Maria Veit (1731-1771). EHEFRAU: Johanne Katharine Rost (14.6.1760-29.5.1811), Heirat 21.2.1786 in Waldau bei Kassel.
Teilhaber, ab 1785 Leiter der Leinwandbleiche und Kattun-Druckerei Gebr. Ahnesorge in Bettenhausen bei Kassel; brachte die seit 1793 auf dem Agathof befindliche Fabrik in den Jahren 1792-1798 an die Spitze aller hessischen Industrien (über 300 Beschäftigte). 1811 Überlassung des

Unternehmens an seinen Schwager Jacob Christoph Nerong aus Flensburg.
Mitglied der Reichsstände des Königreichs Westphalen vom 2.6.1808 bis 26.10.1813 (Fulda-Departement; Kaufleute und Fabrikanten).
Quellen: GHdA, Bd. 12 (1956), S. 450 f.; 850 Jahre Bettenhausen, aaO., S. 110; Holtmeyer, aaO., Bd. VI, S. 622.

Sporleder
Johann *Adam*

Geb. 25.12.1772 Jesberg, gest. 31.7.1846 Jesberg, ev. VATER: Johann Henrich Sporleder (1745-1822), Ackermann zu Jesberg. MUTTER: Anna Christine Schröder (1744-1778), Tochter eines Ackermanns aus Zwesten. EHEFRAU: Wilhelmine Brom (11.3.1780-17.11.1819), Tochter des Metzgers Conrad Brom zu Rauschenberg, Heirat 8.6.1798; Sophie Trieschmann (14.3.1791-29.4.1860), Tochter des Krämers Hermann Trieschmann aus Treysa, Heirat 9.4.1820.
Ackermann (ökonom), auch Branntweinbrenner in Jesberg. - Maire (Bürgermeister) von Jesberg von Mai 1809 bis August 1811.
Mitglied der Reichsstände des Königreichs Westphalen vom 2.6.1808 bis 26.10.1813 (Werra-Departement; Grundeigentümer). - Mitglied der Kurhessischen Ständeversammlung vom 20.4. bis 12.7.1838 (Ziegenhain/Lahn).
Quellen: KB Jesberg; StA Marburg Best. 77 a Nr. 1781; ZStA Kgr. Westphalen Rep. 6 II A Nr. 6. Bl. 16 v; Losch, Ständeversammlung, S. 52.

Dr. jur. Stark
Johann Martin

Geb. 13.1.1776 Frankfurt am Main, gest. 26.9.1854 Frankfurt am Main, ev.-ref. VATER: Dr. jur. Johann Martin Stark (1727-1796), Advokat in Frankfurt am Main. MUTTER: Maria Magdalena Schlosser (1736-1830). Unverheiratet.
Advokat in Frankfurt. Adjunkt des Konsulenten der Börsenvorsteherschaft Dr. Huth ab 1803; dessen Nachfolger ab 1806. Konsulent der Handelskammer 1808-1810. Ab 24.4.1810 - wieder als Nachfolger von Huth - Konsulent des Ausschusses Löblicher Bürgerschaft von 51 Personen (51er Kolleg). - Mitglied des Departements-Wahlkollegiums des Departements

Frankfurt 1810-1813. - Mitglied des Almosenkastenamts ab 1810, dessen Senior 1813; Mitkommissar der an die Stelle der Allgemeinen Armenkommission tretenden Spendensektion des Allgemeinen Almosenkastens ab 1819. Provisorischer Konsulent des Frankfurter Frauenvereins ab 1813. Administrator der Philipp Heinrich Fleck'schen Stiftung (für private Fürsorge) von 1816 bis 1854. - Am 25.8.1816 bei Neukonstituierung des Kollegs der Ständigen Bürgerrepräsentation (früher 51er Kolleg) zu dessen Konsulenten gewählt (bis 1852). - Provisorischer Senior des Pflegeamts 1817/18. Senior der Anstalt für Epileptische ab 14.10.1819, später (bis 1852) der Anstalt für Irre und Epileptische.
Praktische Arbeit in der Armenpflege ab 1802. - In der Niederländischen Gemeinde Mitteläaltester, 1828 "im Amt stehender Senior", 1829 Senior des gemeindlichen Waiseninstituts.
Mitglied des Ausschusses Löblicher Bürgerschaft von 51 Personen (51er Kolleg) 1800-1810.
Mitglied der Ständeversammlung des Großherzogtums Frankfurt vom 11.10.1810 bis 28.10.1813 (Departement Frankfurt; Gelehrte, Künstler und verdiente Bürger).
Quellen: Handelskammer, aaO., S. 1076; GfRegBl. 1810, Bd. 1, S. 38; Schmidt-Scharff, aaO., passim; Auskunft des Stadtarchivs Frankfurt.

von Stockhausen
Ernst Friedrich Christian Borries

Geb. 18.8.1749 Imbsen, gest. 8.1.1815 Hann. Münden, ev.-luth. VATER: Ernst Heinrich von Stockhausen (1720-1778), Braunschweigischer Licentkommissar, Hauptmann der Infanterie. MUTTER: Sophie von Münchhausen (1730-1752). Unverheiratet.
Herr auf Löwenhagen, Imbsen und Hohenlucht. - Am 28.11.1765 vom Fürsten Carl August Friedrich zu Waldeck zum Fähnrich in dessen in den Diensten der Vereinigten Niederlande stehenden Infanterie-Regiments ernannt; Hauptmann (1779); später Oberst-Leutnant. Übernahme der väterlichen Güter (ca. 1790). - Mitglied des Departements-Wahlkollegiums des Leine-Departements 1808-1813.
Erbmarschall von Corvey (vor 1807).
Mitglied der Reichsstände des Königreichs Westphalen vom 2.6.1808 bis 26.10.1813 (Leine-Departement; Grundeigentümer).
Quellen: KB Löwenhagen; GGT, adelige Häuser, 1902, S. 798; HStA Hannover Best. Hann.

52 Nr. 1057 Bl. 4 ff., 65; Stammtafeln 1888, Familie von Stockhausen, Tafel IV; Auskunft Otto Kleinsorge, Dransfeld.

Erbgraf von Stolberg-Wernigerode Henrich

Geb. 25.12.1772 Schloß Wernigerode, gest. 16.2.1854 Schloß Wernigerode, ev.-luth. VATER: Christian Friedrich Graf von Stolberg-Wernigerode (1746-1824). MUTTER: Auguste Eleonore Gräfin zu Stolberg-Stolberg (1748-1821). EHEFRAU: Jenny Prinzessin von Schönburg-Waldenburg (4.10.1780-29.8.1809), Heirat 4.8.1799; Eberhardine Freiin von der Recke (25.1.1785-24.10.1852), Tochter des Preußischen Staatsministers Eberhard von der Recke, Heirat 30.12.1810. - Der Enkel Otto (1837-1896), Oberpräsident der Provinz Hannover 1867-1873, war 1862-1895 Mitglied des Provinziallandtags der Provinz Sachsen (Landtagsmarschall 1871-1875, Vorsitzender 1876 und 1882-1895), 1867-1896 Mitglied des Preußischen Herrenhauses und der 1. Kammer des Ghzm. Hessen und 1867 und 1871-1878 Mitglied des Reichstags (freikonservativ); 1878-1881 war er Stellvertreter des Reichskanzlers und Vizepräsident des Preußischen Staatsministeriums.

Nach Ausbildung durch Privatlehrer bis 1790 Studium in Straßburg (1789 durch französische Revolutionswirren unterbrochen) und ab 1791 in Göttingen; längerer Aufenthalt in Dresden zur Einführung in Kunst und Wissenschaft. Teilnahme an den väterlichen Geschäften ab 1796, Verwaltung des Vorwerks Wernigerode ab 1797. Bewirtschaftung des Marienhofs in Ilseburg ab 1799. - Mitglied der gräflichen Kammer. Bemühungen um die Rettung der Stellung des Hauses (Reichsunmittelbarkeit, Souveränität) bei Dalberg, Jérôme, in Berlin und bei Napoleon. Am 10.12.1807 an der Spitze der berittenen Nobelgarde zum Empfang Jérômes in Kassel. Oberstallmeister. - Übernahme der Verwaltung der Grafschaft nach der Abreise des Vaters nach Schlesien nach Scheitern aller Bemühungen um eine Sonderstellung im Königreich (Mai 1809). Unter dem Generalgouver-

nement (1813 ff.) zeitweise Landrat des Kreises Osterwiek. Rückkehr des Vaters nach Wernigerode 1814. Vertretung des Gesamthauses Stolberg beim Wiener Kongreß 1814/15. Mitglied des Preußischen Staatsrats 1825. Genoß das besondere persönliche Vertrauen sowohl Friedrich Wilhelms III. als auch Friedrich Wilhelms IV.
Ritter des Ordens der Westphälischen Krone (5.2.1810); Schwarzer Adlerorden (1840).
Mitglied der Provinzialstände der Provinz Sachsen 1825-1854; Landtagsmarschall 1825-1845.
Mitglied des (preußischen) Vereinigten Landtags 1847 und 1848.
Mitglied der Reichsstände des Königreichs Westphalen vom 2.6.1808 bis 26.10.1813 (Saale-Departement; Grundeigentümer).

Quellen: ADB 36, 396; StA Magdeburg Rep. C 20 I a Nr. 290 II Bl. 42 v und Rep. C 90 Nr. 24, 41, 60, 82, 122, passim; Bosl-Franz-Hofmann, aaO., S. 2789; Freytag-Loringhoven, aaO., Bd. IV, Tafel 56; Kleinschmidt, Die Grafen, aaO., S. 278-285; Moniteur 1810, S. 61.

Dr. jur., Dr. phil. h.c. von Strombeck *Friedrich* Carl

Geb. 16.9.1771 Braunschweig, gest. 17.8. 1848 Wolfenbüttel, ev.-luth. VATER: Christoph Georg Strombeck (....-1801), lebte "in guten Verhältnissen von seinen Gütern". MUTTER: Christiane Henriette Luise Häseler (....-1807). EHEFRAU: Amalie von Bülow (18.7.1778-25.12. 1860), Heirat 2.4.1799 in Wolfenbüttel. Herr auf Groß-Twülpstedt, Erbherr auf Groß-Sisbeck. - Besuch des Martinsgymnasiums in Braunschweig, Collegium Carolinum 1788, Universität Helmstedt 1789, Universität Göttingen (Stud. jur. et phil.) 1791. Reisen, Übersetzungen römischer Autoren. Außerordentlicher Assessor des Hofgerichts Wolfenbüttel ab 2.4.1795. Abteilich-Gandersheimischer Hofrat 1799; Propst des Klosters Brunshausen 1799. Hofrat in Braunschweig 1801. Ordentlicher Hofgerichtsassessor von der Kurie der Ritterschaft (Mai 1801). Rat im Justizkollegium Wolfenbüttel.

Zur Huldigung für König Jérôme im Dezember 1807 in Kassel. Präsident des Tribunals 1. Instanz in Einbeck ab 15.2.1808. Mitglied des Departements-Wahlkollegiums des Leine-Departements 1808-1813; dessen Sekretär in den Sitzungen 1808. 2. Präsident des Appellationshofs Celle ab 14.8.1810. Staatsrat in Kassel vom 1.9.1813 bis zum Ende des Königreichs Westphalen im Oktober 1813. Wegen Aufenthaltsverbot in Kassel Rückkehr nach Wolfenbüttel. Wieder Übersetzungen. - Am 28.5.1816 Ernennung zum Geheimen Justizrat und Mitglied des Ober-Appellationsgerichts in Wolfenbüttel (für Braunschweig, Lippe-Detmold, Schaumburg-Lippe und Waldeck und Pyrmont) durch die Fürstin von Lippe; Ernennung zum Fürstlich-Lippischen Geheimen Rat am 9.9.1823. - Mitglied des Landes-Steuer-Collegiums in Braunschweig als von Seiten der Landstände erwählter Steuerrat 1822-1834, zuletzt 1833-1834 als Steuer-Direktor der Herzoglichen Steuer-Direktion. - Übertragung auch der Waldeckischen und Schaumburg-Lippischen Stelle am Ober-Appellationsgericht 1827 und ab 5.1.1843 dessen Präsident. Herzoglich Braunschweig-Wolfenbüttelischer Geheimer Rat.

Mitglied der Societät der Wissenschaften in Göttingen ab 1812.

Reichsadelsstand Wien 25.11.1800, Erhebung zum westphälischen Baron am 22.9.1812.

Ritter des Ordens der Westphälischen Krone (20.2.1810).

Mitglied der Braunschweig-Wolfenbüttelischen und Blankenburgischen Landschaft (Landtag) 1819-1832; deren Protokollführer 1819-1832.

Mitglied der Reichsstände des Königreichs Westphalen vom 2.6.1808 bis 1.9.1813 (Leine-Departement; Gelehrte, Künstler und verdiente Bürger). Präsident der Zivilgesetzgebungskommission in der Session 1808.

Quellen: GHdA, Bd. 31, (1963), S. 433; ADB 36, 614; DBI 1241, 317 ff.; HStA Hannover Best. Hann. 52 Nr. 1057 Bl. 4 ff.; Deutscher Herold 1874, S. 84; Figge, aaO., passim; Grefe, aaO., S. 19, 135 f., 144, 195; Moniteur 1808, S. 100 ff., und 1810, S. 121, 447.

Suren
Franz Xaver Anton *Wilhelm* Clemens

Geb. 17.10.1766 Salzkotten, gest. 11.1.1810 Salzkotten, kath. VATER: Franz Joseph Suren, Consul (Bürgermeister), später Regierender Bürgermeister in Salzkotten. MUTTER: Maria Sibylla Cosar (oder Cäsar). EHEFRAU: Maria Anna Westphalen.
Studium in Paderborn (ab 1782) und Münster. - Consul (Bürgermeister) bzw. Senator (Ratsmitglied) von Salzkotten 1791-1805; Regierender Bürgermeister 1800-1803. - Miteigentümer der Saline in Salzkotten.
Mitglied der Reichsstände des Königreichs Westphalen vom 2.6.1808 bis 11.1.1810 (Fulda-Departement; Grundeigentümer).

Quellen: KB St. Johannes Salzkotten; Auskünfte des StA Münster, des Nordrhein-Westfälischen Personenstandsarchivs Westfalen-Lippe in Detmold und der Stadt Salzkotten (Franz Josef Ewers).

Thon
Elias

Geb. 24.6.1776 Fürstenstein (Albungen), gest. 6.2.1837 Solz, ev. VATER: Elias Thon (1729-1797), Verschuerscher Verwalter in Solz, später Conductor auf Fürstenstein. MUTTER: Anna Christina Eschstruth (....-1804), Gastwirtstochter aus Cornberg. EHEFRAU: Louise Charlotte Bauermeister Wwe., geb. Sundheim (2.5.1785-14.4.1862), Heirat ca. 1808.
Verwalter/Ökonom in Germerode; Conductor/Verwalter bei der Familie Verschuer in Solz (spätestens ab 1817).
Mitglied des Distriktrats des Distrikts Eschwege 1808-1813.
Mitglied der Reichsstände des Königreichs Westphalen vom 2.6.1808 bis 26.10.1813 (Werra-Departement; Grundeigentümer).

Quellen: KB Albungen; KB Eichenberg; KB Solz; Auskunft Rudi Eichhorn, Rotenburg/Fulda.

Thorbecke
Christian Franz

Geb. 4.10.1763 Osnabrück, gest. 21.1. 1830 Osnabrück, ev.-luth. VATER: Daniel Franz Thorbecke (1731-1815), Fürstbischöflich Osnabrückischer Hofagent, Kaufmann und Fabrikant. MUTTER: Clara Elisabeth Klincke (1745-1826). EHEFRAU: Margarete *Agnes* Gertrud Lodtmann (16.9.1768-29.4.1837), Heirat am 20.10.1791 in Osnabrück.

Besuchte das Ratsgymnasium in Osnabrück; Handlungslehrling bei der Fa. Lübbert & Dumas in Hamburg 1779-1784. Gehilfe des Vaters. Einstimmige Wahl zum Rats- und Lohnherrn der Neustadt Osnabrück 1800. - Maire adjoint (Beigeordneter) in Osnabrück 1808-1812. Mitglied des Departements-Wahlkollegiums des Weser-Departements 1808-1811. Maire (Bürgermeister) 1812/13. - 2. Bürgermeister im nun vereinigten Stadtrat von Osnabrück (1814-1830) und Kgl. Hannöverscher Polizei-Direktor (1816-1830). Übernahme des väterlichen Geschäfts und der Fabrik 1815.

Begründer der Rettungsgesellschaft bei Feuersgefahr 1801 und des Vereins von Kaufleuten zur Errichtung einer Armenanstalt 1802; Mitglied der Kommission zur endgültigen Regelung des Armenwesens und von den 30 Hauptgewerbetreibenden zum Mitglied der Handelskammer gewählt. Begründer der Stadtsparkasse Osnabrück.

Mitglied des Distriktrats des Distrikts Osnabrück 1808-18...

Mitglied der Reichsstände des Königreichs Westphalen vom 2.6.1808 bis 5.3.1811 (Weser-Departement; Kaufleute und Fabrikanten).

Quellen: DGB, Bd. 100, S. 529; DBI 1269, 221 ff.; StA Osnabrück Best. 230 Nr. 9 Bl. 113, 364 ff.; Thimme, aaO., Bd. II, S. 126, 590, 645; Wysocki, aaO., S. 47 ff., 228 ff.

Toussaint
Ludwig (genannt: Louis) Otto

Geb. 17.9.1766 Hanau, gest. 25.7.1825 Hanau, ev.-ref. (franz.-ref.) VATER: Pierre Etienne Toussaint, Goldarbeiter in Hanau. MUTTER: Susanne Marie

Pauly. EHEFRAU: Henriette Marie Engel aus Berlin. - Der Sohn Friedrich *Otto* war 1842 Mitglied der Kurhessischen Ständeversammlung.
Bijouterie-Händler und Bijouteriewaren-Fabrikant in der Hanauer Neustadt. Kgl. Preußischer Kriegs- und Domänenrat. Oberst der Hanauer Bürgergarde 1810. - Mitglied des Departements-Wahlkollegiums des Departements Hanau 1810-1813. - Im Februar 1813 auf Befehl Napoleons als Geisel für das Wohlverhalten der Städte Hanau und Mainz nach Paris gebracht.
Mitglied des Departementsrats des Departements Hanau 1810-1813.
Mitglied der Ständeversammlung des Großherzogtums Frankfurt vom 11.10.1810 bis 28.10.1813 (Departement Hanau; reiche Kaufleute und Fabrikanten).

Quellen: KB Hanau (wallonische Gemeinde); HStA Wiesbaden Abt. 371 Nr. 76 Bl. 10; GfRegBl. 1810, 1. Bd., S. 47, 161; Auskunft des Stadtarchivs Hanau.

von Trott zu Solz Wilhelm Friedrich

Geb. 24.12.1762 Solz, gest. 25.1.1825 Kassel, ev. VATER: Carl Wilhelm von Trott zu Solz (1720-1791), hessischer Hauptmann. MUTTER: Auguste Friederike Spiegel zum Desenberg (1739-1775). EHEFRAU: Charlotte von Porbeck, gen. von Oheimb (1775-13.7.1828), Heirat 4.9.1792 in Marburg. - Der Sohn Friedrich (1794-1855) heiratete eine Tochter des Abg. von Baumbach-Nentershausen; er war Mitglied der Kurhessischen Ständeversammlung 1830-1832 und 1838-1848, 1831 Vizepräsident, 1831/32 und 1847/48 Präsident der Ständeversammlung und 1832-1836 Vorstand des Justizministeriums und von 1832 bis 1836 kurhessischer Außenminister.
Herr auf Solz u.a. - Regierungsassessor in Marburg 1787; Justizrat 1794; Regierungsrat 1801; Mitglied des Hofgerichts 1802; Oberappellationsrichter in Kassel 1804. Mitglied des westphälischen Appellationshofs 1808-1813; wieder Kurhessischer Oberappellationsrichter ab 1813. Kammerherr 1818.

Obervorsteher des adeligen Stifts Kaufungen 1806-1810 und 1813-1821, ab 1821 bei den Stiftern Kaufungen und Wetter bis 25.1.1825. - Ritterschaftlicher Deputierter bei der General-Brand-Assekuranz-Kommission. Westphälische Adelsbestätigung als Baron am 5.11.1812.
Mitglied der Reichsstände des Königreichs Westphalen vom 2.6.1808 bis 26.10.1813 (Werra-Departement; Grundeigentümer).

Quellen: Deutscher Herold 1875, S. 133; Jahrbuch des Deutschen Adels, aaO., 1899, S. 640; Kulenkamp, aaO., S. 63 f.; Stammtafeln 1888, Familie von Trott zu Solz, Tafel III.

Ulrich
Anton Ludwig

Geb. 9.5.1751 Brilon, gest. 8.10.1834 Bredelar, kath. VATER: Ludwig Joseph Ulrich (....-1786), Gutspächter in Hoppecke bei Brilon, dann Landwirt und Eisengewerke in Brilon und mehrfach Bürgermeister und Kämmerer. MUTTER: Gertrud Elisabeth Laer. EHEFRAU: Catharina Biedenharen (ca. 1749-9.4.1827).
Gründung eines Hammer- und Hüttenwerks in Altenbeken 1774; Bau eines Hochofens 1777. Übernahme des väterlichen Erbes in Brilon (Hof- und Eisengewerke) 1786. - Maire (Bürgermeister) von Altenbeken 1808-1813. Kauf- und Handelsmann in Eisenwaren in Brilon 1818-1827. Übersiedlung zur Familie des Sohnes Theodor nach Bredelar 1827.
Mitglied des Distriktrats des Distrikts Höxter 1808-1813.
Mitglied der Reichsstände des Königreichs Westphalen vom 2.6.1808 bis 26.10.1813 (Fulda-Departement; Kaufleute und Fabrikanten).

Quellen: Auskünfte des StA Münster (Best. Kgr. Westphalen B 1 Nr. 181), des Kath. Probsteipfarramts St.Petrus und Andres in Brilon und der Gemeinde Altenbeken.

Dr. phil., Dr. theol. h.c. Wachler Johann Friedrich *Ludwig*

Geb. 15.4.1767 Gotha, gest. 4.4.1838 Breslau, ev.-luth. VATER: Carl Adolf Wachler (1731-1812), Geheimer Rat und Assessor des Steuerkollegiums in Gotha. MUTTER: Friederike Marie Mengewein (1733-1822), Amtmannstochter aus Gräfentonna. EHEFRAU: Juliane Asbrand (10.5.1769-21.9.1846), Tochter eines Professors der Theologie in Rinteln, Heirat 24.11.1789. - Der Sohn Ernst (1803-1888) war 1841-1845 Stadtverordneter in Breslau, 1848 Mitglied der Preußischen Nationalversammlung, 1849-1851 der 1. Kammer, 1859-1866 und 1870-1882 des Preußischen Abgeordnetenhauses und 1867-1871 des Norddeutschen Reichstags (nationalliberal); der Enkel Ludwig (1835-1908) war 1876-1878 Mitglied des Preußischen Abgeordnetenhauses (nationalliberal); der Enkel Paul (1834-1813) war von 1866 bis 1875 Mitglied des Preußischen Abgeordnetenhauses (freikonservativ) und von 1902 bis 1912 Mitglied des Herrenhauses.

Ausbildung durch Privatlehrer; Gymnasium in Gotha 1783. Studium der Theologie in Jena ab 1784; Verweisung von der Universität wegen eines verbotenen Duells. Nunmehr Studium der Philologie in Göttingen; Promotion 21.10.1788. Hauslehrer, Außerordentlicher Professor in Rinteln. Rektor des Friedrichs-Gymnasiums in Herford 24.12.1789-14.7.1794. - 3. Ordentlicher Professor der Theologie in Rinteln ab September 1794, ab 1797 Professor der Geschichte und Verwaltung der Universitätsbibliothek. Prorektor 1800/1801. Nach Marburg versetzt am 23.6.1801 mit Anwartschaft auf eine historische Professur und als 2. Bibliothekar; Ordentlicher Professor der Theologie nach lutherischem Lehrbegriff ab 18.3.1803. Mitglied des Staatswissenschaftlichen Instituts ab 11.2.1803. Wirklicher Konsistorialrat beim Konsistorium in Marburg ab 26.2.1805. Leitung des Predigerseminars ab 1809. Prorektor 1810, Mitdirektor des Philologischen Seminars 1811-1815. - Berufung zum Schul- und Konsistorialrat der Kgl. Preußischen Regierung und Professor der Geschichte an der Universität Breslau am 23.2.1815; Entlassung aus kurhessischen Diensten am

11.3.1815. - In Breslau vor allem Aufsicht über die Gymnasien; 1824 Aufgabe der Konsistorialratstätigkeit, statt dessen Oberbibliothekar der Kgl. Universitäts-Bibliothek; Rektor 1830.
Große Goldene Medaille für Wissenschaft und Kunst (1833). - Verleihung des Dr. theol. h.c. der Universität Rinteln am 21.1.1801.
Mitglied der Reichsstände des Königreichs Westphalen vom 2.6.1808 bis 26.10.1813 (Werra-Departement; Gelehrte, Künstler und verdiente Bürger).
Quellen: ADB 40, 416; DBI 1319, 127 ff.; Gundlach, aaO., S. 351; Wachler, Chronik, aaO., S. 23-94; Wachler, Lebensbilder, aaO., passim.

Dr. phil. Wachs
Johann George

Geb. 9.7.1779 Bischofsheim bei Hanau, gest. ...1834 ..., ev.-ref. VATER: Augustin Franz Wachs, Hofgerichtssekretär zu Hanau. MUTTER: Catharina Maria Philippina Höhler. EHEFRAU: ...
Vorsteher der Waisenhäuser zu Hanau. Mitglied des Departements-Wahlkollegiums des Departements Hanau 1810-1813. - Verfasser der "Offenen Erklärung kurhessischer Staatsbürger"; am 1.3.1834 in Hanau zu sechs Monaten Gefängnis verurteilt.
Mitglied des Departementsrats des Departements Hanau 1810-1813.
Mitglied der Ständeversammlung des Großherzogtums Frankfurt vom 11.10.1810 bis 28.10.1813 (Departement Hanau; Güterbesitzer). - Mitglied der Kurhessischen Ständeversammlung vom 2.2. bis 18.3.1833 (Deputierter für Hanau).
Quellen: KB Bischofsheim; HStA Wiesbaden Abt. 371 Nr. 76 Bl. 9; GFRegBl. 1810, 1. Bd., S. 47, 161; Friedrich, aaO., S. 51; Losch, Ständeversammlung, aaO., S. 37.

Graf Waldbott von Bassenheim *Friedrich Carl* Franz Rudolf

Geb. 10.4.1779 ..., gest. 6.5.1830 München, kath. VATER: Johann Maria *Rudolf* Graf Waldbott von Bassenheim (1731-1805), bis 1778 Reichskammergerichtspräsident, Kaiserlich-Königlicher Geheimer Rat. MUTTER: Isabelle Felicitas Barbara Gräfin von Nesselrode-Ereshofen (ca. 1750-1824). EHEFRAU: Charlotte Freiin Wamboldt von Umstadt (17.8. 1793-...), Heirat 9.2.1809. - Der Sohn Hugo (1820-....) war erblicher Reichsrat in Bayern, Mitglied der Kammer der Standesherren in Württemberg und Standesherr in Nassau.

Herr zu Bassenheim, Heppach, Reiffenberg und Kranzberg (1805), zu Buxheim (1810) und zu Winterrieden (1823). - Major, auch der Landwehr und der Spessarter Freiwilligen 1813. - Mitglied des Departements-Wahlkollegiums des Departements Aschaffenburg 1810-1813 (bei den Sitzungen 1810 abwesend). - K.K. Österreichischer Kammerherr, Erbschenk des Herzogtums Nassau.

Deutschordensritter. - Bestätigung, das Prädikat "Erlaucht" zu führen, durch die Bundesversammlung des Deutschen Bundes am 22.4.1829.

Erbliches Mitglied der Bayerischen Kammer der Reichsräte vom 26.5.1818 bis 6.5.1830. Standesherr auch im Kgr. Württemberg und im Hzm. Nassau.

Mitglied der Ständeversammlung des Großherzogtums Frankfurt vom 11.10.1810 bis 28.10.1813 (Departement Aschaffenburg; Güterbesitzer; blieb wegen Abwesenheit bei den Sitzungen als einziges Mitglied unvereidigt).

Quellen: DBI 1326, 351; HStA Wiesbaden Abt. 371 Nr. 76 Bl. 8; Gollwitzer, aaO., S. 64, 68, 81, 105, 121; GfRegBl. 1810, Bd. 1, S. 39; Stammtafeln Waldbott, aaO., Tafeln III und IV; Ketterer, aaO., S. 153; Ostadel, aaO., S. 31 f.; Schwennicke, aaO., Tafel 164.

Freiherr von Wangenheim
Ludwig Adam Ernst Walrab

Geb. 16.3.1760 Sonneborn, gest. 28.9. 1820 Wiebrechtshausen, ev.-luth. VATER: Walrab Adolf Freiherr von Wangenheim (1726-1767), Herzoglich Sächsischer Hauptmann. MUTTER: Christiane Charlotte Magdalene von Stutterheim aus dem Hause Serba (....-1802). EHEFRAU: Juliane von Post (22.10.1771-7.4.1828), Heirat 4.8.1789 in Lachem.

In Gotha erzogen. Angehöriger des zur hannöverschen Armee gehörenden Infanterie-Regiments Sachsen-Gotha. - Fähnrich im späteren hannöverschen Infanterie-Regiment Nr. 7 in Hameln am 18.7.1780, Leutnant am 12.8.1785. Ober-Adjudant des Prinzen Adolph von Großbritannien, Herzogs von Cambridge, ab 6.3.1793. Schwere Verwundung bei Rexpolde am 6./7.9.1793. Ernennung zum Hauptmann (Capitaine) am 6.10.1793. Besuch in Windsor. Beurlaubung wegen der Verwundung. Ausbildung in Kameralistik und Landwirtschaft beim späteren Abg. Wedemeyer in Katlenburg. Übertragung der Verwaltung des Klosterguts Wiebrechtshausen bei Northeim unter Verwendung des Charakters eines Kgl. Drosten. - Mitglied des Departements-Wahlkollegiums des Leine-Departements 1808-1813. - Oberhauptmann zu Wiebrechtshausen ab ca. 1816.

Ritter des Guelphen-Ordens (1816).

Mitglied des Departementsrats des Leine-Departements 1808-1813.

Mitglied der Reichsstände des Königreichs Westphalen vom 2.6.1808 bis 26.10.1813 (Leine-Departement; Grundeigentümer).

Quellen: GHdA, Bd. 13 (1956), S. 510; HStA Hannover Best. Hann. 52 Nr. 1057 Bl. 4 ff., 64, 65 v; von Wangenheim, aaO., 37.

Wedemeyer
Johann *Franz Justus* (Rufname: Franz Just)

Geb. 5.8.1745 Katlenburg, gest. 9.6.1819 Katlenburg, ev.-luth. VATER: Franz Georg Wedemeyer (1697-1764), Oberamtmann in Katlenburg.

MUTTER: Dorothea Sophia Könemann aus Lüne. EHEFRAU: Charlotte Justine von Pape, Heirat 19.6.1780. - Der Enkel Ludwig Wilhelm (1819-1875) war vom 18.5.1848 bis 29.3.1849 Mitglied der Deutschen Nationalversammlung, von 1866 bis 1867 des Preußischen Abgeordnetenhauses und von 1867 bis 1871 Mitglied des Norddeutschen Reichstags (konservativ).

Herr auf Langhagen in Mecklenburg. - Amtmann in Katlenburg (spätestens seit den neunziger Jahren des 18. Jh.s). Ausbilder des späteren Abg. von Wangenheim in Kameralistik und Landwirtschaft nach dessen Beurlaubung aus militärischen Diensten wegen Verwundung (ca. 1793f.). - Mitglied des Departements-Wahlkollegiums des Leine-Departements 1808-1813. - Kgl. Hannöverscher Oberamtmann des Amtes Katlenburg-Lindau 1818-1819.

Mitglied des Departementsrats des Leine-Departements 1808-1813.

Mitglied der Reichsstände des Königreichs Westphalen vom 2.6.1808 bis 26.10.1813 (Leine-Departement; Grundeigentümer).

Quellen: KB Katlenburg; GGT, briefadelige Häuser, 1909, S. 877 f.; HStA Hannover Best. Hann. 52 Nr. 1057, Bl. 4 ff., Bl. 67; Hubatsch, aaO., Bd. 10, S. 191.

von Westernhagen
August Ernst Wilhelm

Geb. 5.4.1770 Teistungen, gest. 10.8.1840 Haynrode, ev. VATER: Wilhelm Günther Hugo von Westernhagen (1732-1777), Königlich Preußischer Premier-Lieutenant. MUTTER: Friederike Luise von Westernhagen aus dem Hause Teistungen-Oberhof (1730-1789). EHEFRAU: Amalie von Wissel (1774-20.12.1801), Heirat 12.12.1790 in Teistungen; Helene Sophie von Hitzacker (1.6.1787-8.5.1856), Heirat 1.4.1804 in Ascherode. - Der Sohn Adolf (1806-1890) war von 1837 bis 1843 Mitglied der Provinzialstände der Provinz Sachsen.

Herr auf Teistungen-Unterhof. - Sachsen-Gothaischer Kapitän (Hauptmann); später in weimarischen, preußischen und hannöverschen Diensten. Hzgl. Sachsen-Gothaischer und Kgl. Preußischer Kammerherr. - Mitglied des Departements-Wahlkollegiums des Harz-Departements 1810-1813. Rechtsritter des Johanniter-Ordens.

Mitglied des Distriktrats des Distrikts Duderstadt 1808-1813.

Deputierter der Eichsfelder Stände 1807 und 1813-1815.

Stellvertretendes Mitglied der Provinzialstände der Provinz Sachsen 1825-1837 (Stellvertreter von Friedrich Adrian von Arnstedt 1825-1831).
Mitglied der Reichsstände des Königreichs Westphalen vom 2.6.1808 bis 26.10.1813 (Harz-Departement; Grundeigentümer).

Quellen: GGT, adelige Häuser, 1915, S. 803; GHdA, Bd. 22 (1960), S. 471; StA Magdeburg Rep. C 20 I a Nr. 290 II Bl. 12 v, 78 v, Rep. B 35 Tit. 7 II a Nr. 2 Bl. 307; von Westernhagen, aaO., S. 355.

Dr. phil. h.c. Westfeld Christian Friedrich Gotthard

Geb. 2.6.1746 Apfelstädt, gest. 23.3.1823 Weende, ev.-luth. VATER: Tobias Westfeld (1695-1762), Pfarrer und Superintendant. MUTTER: Maria Concordia Christina Pfeiffer (....-1760). EHEFRAU: Maria Margareta Richter (3.9.1754-15.2.1811).
Besuch des Gymnasiums in Gotha. Sollte Theologie studieren, widmete sich aber in Göttingen der Mathematik, Physik und Kameralistik. Lehrer am Gymnasium in Bückeburg 1766. Fürstlich Lippe-Bückeburgischer Kammerrat. Befassung (auch literarisch) mit landwirtschaftlichen Reformfragen. 1773 Berufung ins hannöversche Wülfinghausen als Klosteramtmann und 1795 nach Weende. - Mitglied der von den Franzosen eingesetzten Provisorischen Administrativkommission der ehemaligen Fürstentümer Göttingen und Grubenhagen wie auch des Hohensteinischen von September 1807 bis 31.3.1808. Besonderer Liquidator der öffentlichen Schuld für die ehemaligen Fürstentümer Göttingen und Grubenhagen und das Hohensteinische 1808-1813. Präfekturrat im Leine-Departement 1808-1813. Mitglied des Departements-Wahlkollegiums des Leine-Departements 1808-1813. - Vom Vorwurf der Kollaboration 1814 freigesprochen, Pachtvertrag für Weende verlängert.
Mitglied der Göttinger Sozietät der Wissenschaften 1795.
Verleihung des Dr. phil. h.c. der Universität Göttingen am 2.6.1815.
Mitglied der Reichsstände des Königreichs Westphalen vom 2.6.1808 bis 26.10.1813 (Leine-Departement; Grundeigentümer).

Quellen: ADB 42, 191; Institut Euler; Haase, aaO., S. 250 ff.; Moniteur 1808, S. 241; Oberschelp, aaO., Bd. I, S. 116 Anm. 457; Thimme, aaO., Bd. II, S. 110, 121, 333.

Wilmerding Johann Heinrich

Geb. 8.4.1749 Braunschweig, gest. 14.4. 1828 Braunschweig, ev.-luth. VATER: Johann Heinrich Wilmerding (1705-1782), Bürgermeister in Braunschweig 1749-1782. MUTTER: Dorothea *Catharina* von Strombeck (....-1790). EHEFRAU: ... von der Heyde.

Besuch des Martinsgymnasiums in Braunschweig. Studium der Rechte in Göttingen. Advokat in Braunschweig; Sekretär beim Obergericht des Magistrats der Stadt. Gerichtsverwalter; Syndikus des Obergerichts, damit auch Direktor der Geistlichen Gerichte und Bürgermeister 1782 bis 1.3.1808. Rückzug ins Privatleben (Arbeiten im Archiv in Wolfenbüttel). - Präsident des Gesundheitskollegiums in Braunschweig ab 31.8.1808. Stadtdirektor (Oberbürgermeister) von Braunschweig 1814-1825.

Ritter des Ordens der Westphälischen Krone (20.2.1810).

Mitglied des Departementsrats des Oker-Departements 1808-1813.

Mitglied der Braunschweig-Wolfenbüttelischen und Blankenburgischen Landschaft (Landtag) vor 1807 und 1819-1825.

Mitglied der Reichsstände des Königreichs Westphalen vom 2.6.1808 bis 26.10.1813 (Oker-Departement; Grundeigentümer).

Quellen: DBI 1374, 178 ff.; StA Wolfenbüttel LB 3063 Westfalica; Braunschweigische Verordnungssammlung 1820, S. 53 f.; Braunschweigisches Adreßbuch, aaO., 1812; Moniteur 1808, S. 493, und 1810, S. 121; Auskunft des Stadtarchivs Braunschweig.

IV.

Daten

zur Mitgliedschaft,
zur Alters- und Sozialstruktur

und

zur Arbeit der Parlamente
1808-1813

1. Mitglieder der Reichsstände und der Ständeversammlung

a. Zahl der Abgeordneten

	KW	Ghzm. F.
Gesetzliche Zahl gem. Art. 29 Const/§ 26 OrgPat	100	20
Verbliebene gesetzliche Zahl zu Beginn der Session 1809 (1810)	92	—
Zahl der während der Session anwesend gewesenen Abgeordneten (Teilnahme an mindestens einer Sitzung)		
Session 1808	98	—
Session 1809 (1810)	78	—
Session 1810	—	19
Zahl der Abgeordneten bei der Auflösung des Königreichs und des Großherzogtums im Oktober 1813	76	20

b. Vorzeitige Beendigung der Mitgliedschaft

durch Tod	8	0
wegen Ernennung zum Staatsrat [1]	6	0
wegen territorialer Veränderungen des Staatsgebiets	9	0
wegen Mandatsniederlegung	1	0

aa. Beendigung der Mitgliedschaft durch Tod

Acht Abgeordnete verstarben bis zur Auflösung des Königreichs Westphalen im Oktober 1813 [2]:

16.08.1808 Dr. Haeberlin
19.09.1808 von Baumbach(-Lenderscheid)
02.05.1809 Dr. Henke
12.12.1809 Roloff
11.01.1810 Suren
14.03.1810 von Meysenbug

[1] Mit Ausnahme des Amts eines Ministers oder des eines Staatsrats war jedes andere Amt mit dem eines Mitglieds der Stände verträglich; s. o. S. 20.

[2] Der frühere Abg. von Cornberg verstarb am 19.10.1811, war aber zu diesem Zeitpunkt bereits wegen des Ausscheidens großer Teile des Weser-Departements aus dem Königreich nicht mehr Mitglied der Reichsstände (vgl. S. 61).

02.08.1810 Heuser
22.11.1811 von Baumbach(-Nentershausen)

Bis zur Auflösung des Großherzogtums verstarb kein Mitglied der Ständeversammlung.

bb. Beendigung der Mitgliedschaft wegen Ernennung zum Staatsrat

Sechs Mitglieder der Reichsstände wurden zu Mitgliedern des Staatsrats ernannt und schieden damit aus den Reichsständen aus[3]:

25.10.1808 von Bar, Freiherr von Hövel
05.08.1809 Dr. h.c. von Berlepsch
02.02.1812 von Reimann
08.05.1812 Graf von der Schulenburg-Emden
01.09.1813 Dr. von Strombeck

Die Beilegung des Titels Staatsrat[4] für den Abg. Engelhard, Präsident der Ständeversammlung des Großherzogtums in der Session 1810, führte nicht zur Mitgliedschaft im Verfassungsorgan Staatsrat und berührte deshalb die Mitgliedschaft in der Ständeversammlung nicht.

cc. Beendigung der Mitgliedschaft wegen territorialer Veränderung des Staatsgebiets

Neun Mitglieder der Reichsstände schieden nach Abtretung der nordwestlichen Teile des Königreichs aus[5]:

[3] Vgl. oben S. 211 Anm. 1.
[4] Vgl. oben S. 107 Anm. 21.
[5] Mit der Abtrennung großer Teile des Weser-Departements vom Königreich nach dem französischen Senatsbeschluß vom 13.12.1810 und der Entlassung der Untertanen dieser Gebiete aus der Treuepflicht durch König Jérôme am 5.3.1811 entsandten diese Gebiete keine Abgeordneten mehr in die Reichsstände. Die verbleibenden Abgeordneten aus dem aufgelösten Weser-Departement wurden fortan als Abgeordnete des Aller-Departements (von Hammerstein), des Fulda-Departements (Delius, Diederichs, Lueder, Nottebohm) und des Leine-Departements (von Klencke) geführt; vgl. Almanac royal 1812, aaO., S. 79 ff.

05.03.1811 von Borries, Brockmann, Brunswick, von Cornberg, Hoffbauer, Graf zu Münster-Langelage, Freiherr Ostmann von der Leye, Schmidtmann, Thorbecke.

Änderungen in der Mitgliedschaft der Frankfurter Ständeversammlung wegen Gebietswechsel gab es nicht.

dd. Beendigung der Mitgliedschaft wegen Mandatsniederlegung

Ein Mitglied der Reichsstände legte sein Mandat nieder:

1810 Freiherr von Friesen[6].

Mandatsniederlegungen in der Ständeversammlung des Großherzogtums konnten nicht festgestellt werden.

[6] Vgl. oben S. 62 Anm. 11.

2. Alters- und Sozialstruktur der Abgeordneten

a. Altersgliederung beim erstmaligen Zusammentritt

Es waren im Königreich Westphalen am 2. Juli 1808 und im Großherzogtum Frankfurt am 15. Oktober 1810 alt	KW Zahl	KW %	Ghzm.F. Zahl	Ghzm.F. %
bis 30 Jahre	2	2	0	0
31 bis 40 Jahre	15	15	5	25
41 bis 50 Jahre	41	41	6	30
51 bis 60 Jahre	27	27	6	30
61 bis 70 Jahre	14	14	2	10
71 Jahre und älter	1	1	0	0
Alter unbekannt	—	—	1	5

b. Durchschnittsalter beim erstmaligen Zusammentritt der Versammlungen — 49.4 Jahre — 47.3 Jahre

c. Die ältesten und die jüngsten Abgeordneten [1]

aa. Die fünf ältesten Mitglieder

Königreich Westphalen	
von Schlieffen	30.10.1732
Hübner	30.04.1739
von Baumbach (-Lenderscheid)	12.04.1741
Roloff	1741
Meilhaus	14.02.1744
Großherzogtum Frankfurt	
Engelhard	08.10.1747
von Heß	02.06.1750
Sickenberger	26.03.1752
Röschel	get. 27.06.1752
von Günderode	14.12.1753

[1] Der Abg. Koch mußte unberücksichtigt bleiben; die Lebensdaten konnten nicht ermittelt werden.

bb. Die fünf jüngsten Mitglieder

Königreich Westphalen	
von Hammerstein	25.10.1781
von Borries	26.04.1778
Freiherr von Mengersen	25.02.1777
Thon	24.06.1776
von Motz	18.11.1775
Großherzogtum Frankfurt	
Dr. Wachs	09.07.1779
Graf Waldbott von Bassenheim	10.04.1779
Dr. Stark	13.01.1776
Simon	13.05.1775
Menz	01.11.1773

d. Die am längsten überlebenden Abgeordneten

Königreich Westphalen [2]	
(Erb-)Graf von Stolberg-Wernigerode	† 16.02.1854
von Hiddessen	† 31.03.1853
von Bodungen	† 03.04.1850
von Strombeck	† 17.08.1848
von Reimann	† 26.02.1847
Großherzogtum Frankfurt [3]	
Dr. Stark	† 26.09.1854
Simon	† 15.10.1847
Freiherr Gayling von Altheim	† 09.01.1847
Dr. Nau	† 15.02.1845
Rüttger	† 13.01.1842

[2] Die Abg. Lueder, Meilhaus, Morchutt, von Ritzenberg und Schmitz mußten unberücksichtigt bleiben; es fehlen ihre Sterbedaten.

[3] Für die Abg. Koch und Menz fehlen die Todesdaten; sie mußten deshalb für diese Übersicht unberücksichtigt bleiben.

	KW Zahl	KW %	Ghzm. F. Zahl	Ghzm. F. %
e. Adelige und nichtadelige Abgeordnete				
Adelige Abgeordnete	49	49	5	25
davon: "alt"-adelige Abgeordnete	40	40	3	15
"Beamten"-Adel	9	9	2	10
Nichtadelige Abgeordnete	51	51	15	75
f. Berufsstruktur				
Grundeigentümer, Pächter, Landwirte	31	31	3	15
Beamte, Richter, Diplomaten	27	27	8	40
Professoren, Geistliche	7	7	1	5
Kauf- und Handelsleute	19	19	7	35
andere	16	16	1	5
g. Konfessionen				
evangelisch	84	84	10	50
davon: evangelisch-lutherisch	30	30	2	10
evangelisch-reformiert	5	5	5	25
römisch-katholisch	15	15	10	50
israelitisch	1	1	0	0

3. Frühere Landeszugehörigkeiten und spätere Karrieren der Abgeordneten

a. Frühere Landeszugehörigkeiten der Abgeordneten[1]	KW Zahl	KW %	Ghzm. F. Zahl	Ghzm. F. %
Herzogtum Braunschweig-Wolfenbüttel	14	14	—	—
davon: "altes" Herzogtum Braunschweig-Wolfenbüttel	13	13	—	—
Fsm. Blankenburg	1	1	—	—
Fürstprimatische Staaten	—	—	10	50
davon: rechtsrheinische Teile des ehemaligen Ebm. Mainz (Fsm. Aschaffenburg)	—	—	5	25
ehemalige Reichsstadt Frankfurt	—	—	5	25
Kurfürstentum Hessen	21	21	—	—
davon: "alte" Landgrafenschaft Hessen-Kassel	18	18	—	—
Gft. Schaumburg hessischen Anteils	3	3	—	—
Gft. Hanau	—	—	5	25
Fürstentum Nassau-Oranien	1	1	5	25
davon: ehemaliges Fbm. Corvey	1	1	—	—
ehemaliges Fbm. Fulda	—	—	5	25
Königreich Preußen	63	63	—	—
davon: "altes" Kgr. Preußen	33	33	—	—
ehemals kurmainzische Gebiete (Eichsfeld, Erfurt)	8	8	—	—
ehemals kurkölnische Gebiete (Hzm. Westfalen)	1	1	—	—

[1] Es werden die Landeszugehörigkeiten in den Staaten aufgeführt, die unmittelbar vor Bildung des Königreichs Westphalen 1807 bzw. des Großherzogtums Frankfurt 1810 bestanden; die weitere Untergliederung umfaßt dann nicht alle alten Reichsstände im Rechtssinne, sondern meist Herrschaftsgebiete vor dem Reichsdeputationshauptanschluß von 1803.

ehemaliges Kfm. Braunschweig-Lüneburg (Hannover)	12	12	—	—
davon: "altes" Kfm. Braunschweig-Lüneburg	6	6	—	—
ehemaliges Hochstift Osnabrück	6	6	—	—
ehemaliges Hochstift Hildesheim	2	2	—	—
ehemaliges Hochstift Paderborn	5	5	—	—
ehemalige Reichsstadt Mühlhausen	2	2	—	—
Königreich Sachsen (wegen der Gft. Mansfeld sächsischen Anteils)	1	1	—	—

b. Spätere Karrieren der Abgeordneten

29 von 108 das Jahr 1813 überlebenden ehemaligen Abgeordneten der Reichsstände und Ständeversammlung hatten noch eine Karriere als Chef eines Kreises, Amtes oder Distrikts, als Vizepräsident oder Präsident eines (Regierungs-)Bezirks, einer Provinz oder zentralen staatlichen Verwaltung, als Richter oder Präsident eines Obergerichts oder als Diplomat oder gar Staatsminister vor sich; 27 der 108 Überlebenden, also genau ein Viertel, waren ab 1814 bis 1854 in zwölf verschiedenen parlamentarischen Versammlungen tätig, acht davon wiederum in einer Präsidentenfunktion.

aa. Karrieren ehemaliger Abgeordneter in Exekutiv- oder Justizfunktionen

Königreich Preußen insgesamt[2]	11
davon: Landräte	5
Regierungsvizepräsidenten	2
Regierungspräsidenten	4
Oberpräsidenten	2
Minister	1
Richter an Oberlandesgerichten	1
Präsident an Oberlandesgerichten	1

[2] Die Addition der einzelnen Ämter ergibt teilweise höhere Zahlen, weil einzelne ehemalige Abgeordnete verschiedene Ämter nacheinander innehatten.

Königreich Hannover insgesamt		3
davon:	Oberamtmänner	2
	Regierungspräsidenten/Landdroste	1
Kurfürstentum Hessen insgesamt		7
davon:	Regierungsvizepräsidenten	1
	Regierungspräsidenten/Kammerpräsidenten	2
	Diplomaten	2
	Minister	1
	Richter am Oberappellationsgericht	3
	Präsident des Oberappellationsgerichts	1
Herzogtum Braunschweig-Wolfenbüttel insgesamt		6
davon:	Oberhauptleute	2
	Kammerdirektor	1
	Minister	2
	Richter am Oberappellationsgericht	1
	Präsident des Oberappellationsgerichts	1
Freie Stadt Frankfurt insgesamt		2
davon:	Konsulent der ständigen Bürgerpräsentation	1
	Richter am Appellationsgericht	1
	Präsident des Appellationsgerichts	1

Chefbeamte auf der Kreisebene

Königreich Preußen: Landräte

von Arnstedt	Hohensteiner Kreis	1816-1833
von Bodungen	Kreis Mühlhausen	1816
	Kreis Heiligenstadt	1816 ff.
von Borries	Kreis Bünde	1817-1831
	Kreis Herford	1832-1838
von Branconi	Kreis Halberstadt	1816-1824
von Hiddessen	Kreis Warburg	1817-1830

Königreich Hannover: Oberamtmänner

Schmidtmann	Amt Osnabrück	1818-1823
Wedemeyer	Amt Katlenburg-Lindau	1818-1819

Herzogtum Braunschweig-Wolfenbüttel: Oberhauptmänner

Culemann	Fsm. Blankenburg und Stiftsamt Walkenried	1814-1827
von Plessen	Distrikt Schöningen	1814 ff.

Stellvertretende Chefbeamte auf Bezirksebene

Königreich Preußen: Regierungsvizepräsidenten

von Motz	Erfurt	1816-1817
von Porbeck (Höxter)	Arnsberg	1819-1836

Kurfürstentum Hessen: Vizepräsidenten der Regierung

von Porbeck (Kassel)	Kassel	1817-1819

Chefbeamte auf der Bezirksebene

Königreich Preußen: Regierungspräsidenten

Graf von Keller	Erfurt	1816-1817
von Motz	Erfurt	1817-1821
von Reimann	Aachen	1816-1834
Graf von der Schulenburg-Angern	Magdeburg	1816-1821

Königreich Hannover: Präsident der Provinzialregierung, Landdrost

von Bar	Osnabrück	1815-1837

Kurfürstentum Hessen: Präsident der Regierung (Kassel) bzw. der Rentkammer (Hanau)

Buderus von Carlshausen	Hanau	18....-1819
von Porbeck (Kassel)	Kassel	1819-1821

Chefbeamte preußischer Provinzen

von Motz
provisorisch mit der Verwaltung der Provinz Sachsen beauftragter Regierungspräsident 1821-1824
Oberpräsident 1824-1825

von Reimann
mit dem Aufbau der Verwaltung in den Königlichen Rheinprovinzen beauftragter Regierungspräsident 1816

Graf von der Schulenburg-Angern
Regierungspräsident in Magdeburg als Verwaltungschef für das gesamte Gebiet der späteren Provinz Sachsen 1816-1821

Hohe Beamte auf zentraler Ebene und Diplomaten

Kurfürstentum Hessen

Buderus von Carlshausen
Gesandter beim Deutschen Bund 1815-1817

Freiherr von Dörnberg
a.o. Gesandter in besonderer Mission in Großbritannien 1814

Graf von Keller
bevollmächtigter Gesandter in besonderer Mission im Alliierten Hauptquartier 1814
1. Bevollmächtigter beim Wiener Kongreß 1814-1815

Herzogtum Braunschweig-Wolfenbüttel

Graf von Keller
Stellvertretender Bevollmächtigter beim Wiener Kongreß 1815

von Löhneysen
Vizedirektor der Herzoglichen Kammer 1814-1815
Direktor der Herzoglichen Kammer 1815-1818

Dr. von Strombeck
Direktor der Herzoglichen Steuerdirektion 1832-1835

Freie Stadt Frankfurt
Dr. Stark
Konsulent der ständigen Bürgerpräsentation 1816-1852

Minister

Königreich Preußen
von Motz, Finanzminister 1825-1830

Kurfürstentum Hessen
Graf von Keller, Staatsminister 1814-1815

Herzogtum Braunschweig-Wolfenbüttel
Graf von Alvensleben, Staatsminister 1820-1823
Graf von der Schulenburg-Wolfsburg,
Präsident der provisorischen Regierungskommission 1814
Staatsminister 1815-1818

Richter und Präsidenten an Obergerichten

Duysing
Richter am Oberappellationsgericht Kassel 1813-1821

Günderode
Richter und Präsident des Appellationsgerichts Frankfurt 1816-1824

von Kaisenberg
Richter und 2. Präsident des Oberlandesgerichts Emmerich 1813-1819
Richter und Präsident des Oberlandesgerichts Halberstadt 1819-........

von Porbeck (Kassel)
Richter und Präsident des Oberappellationsgerichts Kassel 1821-1833

Dr. von Strombeck
Richter am Gemeinsamen Oberappellationsgericht für Braunschweig-Wolfenbüttel, Lippe-Detmold, Schaumburg-Lippe und Waldeck in Wolfenbüttel[3] 1816-........
Präsident dieses Gerichts 1843-........

von Trott zu Solz
Richter am Oberappellationsgericht Kassel 1813-1825

bb. Spätere Parlamentsmitgliedschaften einschließlich Präsidialfunktionen

Königreich Preußen

Vereinigter Landtag
(Erb-)Graf von Stolberg-Wernigerode 1847, 1848

Provinzial-Stände/Provinziallandtage

Mark Brandenburg und Markgraftum Lausitz
Graf von Alvensleben 1824-1827
Landtagsmarschall 1824-1827

Provinz Sachsen
von Arnstedt 1825-1831
von Kaisenberg 1828-1834
Graf von Keller 1825-1827
Nathusius 1825-1831
Graf von der Schulenburg-Altenhausen 1825-1831, 1837
(Erb-)Graf von Stolberg-Wernigerode 1825-1854
Landtagsmarschall 1825-1845
von Westernhagen
stellvertr. Mitglied 1825-1837

Provinz Westfalen
Freiherr von Hövel 1826
Freiherr (Graf) von Mengersen 1826-1828

[3] Dr. von Strombeck wurde 1816 nur von Lippe-Detmold ernannt; 1827 erhielt er auch die schaumburgische und die waldeckische Stelle, die braunschweigische Ernennung wohl noch später.

Königreich Bayern	
Kammer der Reichsräte	
Graf Waldbott von Bassenheim	1818-1830
Königreich Sachsen	
Landstände	
Freiherr von Friesen	1805-1820
Landtagsmarschall-Verweser	1810/11, 1817
Königreich Hannover	
Provisorische Allgemeine Ständeversammlung	
von Bar	1814-1819
Präsident	1815-1819
Graf zu Münster-Langelage	1814-1819
Freiherr Ostmann von der Leye	1814-1816
Raven	1818-1819
Graf von der Schulenburg-Wolfsburg	1814-1815
Präsident	1814-1815
Allgemeine Ständeversammlung	
1. Kammer	
Graf zu Münster-Langelage	1819-1824
2. Kammer	
Raven	1819-1825
Kurfürstentum Hessen	
Landstände von Hessen-Kassel ("alte" Landgrafschaft)	
von Heydwolff	1815-1816
amtierender Direktor der 1. Kurie und damit amtierender Präsident der gesamten Landstände	1816
Dr. Robert	1815-1816
Landstände der Grafschaft Schaumburg hessischen Anteils	
von Hammerstein	1815-1817

Ständeversammlung des Kurfürstentums Hessen	
von Hammerstein	1830-1832, 1833-1838
Menz	1833
Sporleder	1838
Dr. Wachs	1833

Herzogtum Braunschweig-Wolfenbüttel	
Landschaft (Landtag)	
Culemann	1819-1827
von Plessen	1819-1832
Präsident der 1. Sektion und damit auch der gesamten Landschaft	1819-1832
Dr. von Strombeck	1819-1825
Wilmerding	1819-1825

Freie Stadt Frankfurt	
Gesetzgebende Versammlung	
von Günderode	1816-1824
Präsident	1816-1824

4. Sitzungen, parlamentarische Arbeit und Entschädigung der Abgeordneten

a. Sitzungen	KW 1808	KW 1809 (1810)	Ghmz: F. 1810
öffentliche Plenarsitzungen im Sitzungssaal	14	10	4
nichtöffentliche Plenarsitzungen in der Wohnung der Präsidenten	?	überliefert: 3	überliefert: 1
Zahl der Kommissionssitzungen			
Finanzkommission	...	...	...
Zivilgesetzgebungskommission	...	...	...
Kriminalgesetzgebungskommission	...	...	...
gemeinsame Kommissionssitzungen	...	...	...

b. Gesetzgebungsstatistik	KW 1808	KW 1809 (1810)	Ghmz: F. 1810
beratene Gesetzentwürfe	10	9	3
angenommene Gesetzentwürfe	9	8	3
abgelehnte Gesetzentwürfe	1	1	0
durchschnittlicher Prozentsatz der Zustimmung zu den angenommenen Gesetzentwürfen, bei denen das Abstimmungsergebnis überliefert ist.	87,6 %	91,0 %	100 %

c. Entschädigung der Abgeordneten

Königreich Westphalen

Reise- und Aufenthaltskosten gem. Dekret vom 10.5.1808 [1]

Session 1808

Es wurden gezahlt für	Juni	Fr. 31 932.-
	Juli	Fr. 52 776.-
	August	Fr. 41 692.-
	insgesamt:	Fr. 126 360.-

Der Präsident erhielt zu seiner Verfügung für die Session Fr. 8 000.-

Session 1810

Es wurden gezahlt für	Januar	Fr. 37 980.-
	Februar	Fr. 39 474.-
	März	Fr. 15 732.-
	insgesamt:	Fr. 93 186.-

Der Präsident erhielt wiederum für die Session Fr. 8 000.- zur Verfügung.

Großherzogtum Frankfurt

Über die Leistungen an die Abgeordneten der Ständeversammlung für Reisegelder und Diäten gem. Dekret vom 12.10.1810 konnten keine Unterlagen gefunden werden.

1 S. o. S. 22, 37. Die folgenden Angaben beruhen auf ZStA Kgr. Westphalen Rep. 6 II A Nr. 6 Bl. 117, 151, 156 und 209.

Quellen- und Literaturverzeichnis

1. Ungedruckte Quellen in Archiven, Bibliotheken und Instituten

Bensheim:	Institut zur Erforschung historischer Führungsschichten (Institut Euler). Sämtliche Abgeordnete und Amtspersonen in diesem Buch betreffende Bestände
Braunschweig:	Stadtarchiv Bestand H III 3:20 (handschriftliches Manuskript: Hänselmann, Ludwig, Geschichte der Familie Bierbaum in Braunschweig)
Frankfurt am Main:	Stadtarchiv Taufbücher 1751 ff. Trauungen 1775 ff. Totenbücher 1813 ff.
Hannover:	Niedersächsisches Hauptstaatsarchiv (Magazin Pattensen) Best. Hann. 52 Nr. 181 Best. Hann. 52 Nr. 1056 Best. Hann. 52 Nr. 1057 Best. Hann. 52 Nr. 1058 Best. Hann. 52 Nr. 1059 Best. Hann. 52 Nr. 1060
Kassel:	Gesamthochschul-Bibliothek Kassel - Landesbibliothek und Murhard'sche Bibliothek der Stadt Kassel Losch-Kartei (Personen der hessischen Geschichte) Stadtarchiv Personenkartei
Krottorf:	Evangelische Kirchengemeinde (Kgl. Westphälisches) Register der Heirats- und Sterbeakten in Crottorf 1808 und 1809

Magdeburg:	Staatsarchiv Rep. B 18 I Nr. 1724 I Rep. B 18 I Nr. 1724 III Rep. B 18 I Nr. 1739 Rep. B 26.1 Nr. 11 Rep. B 26.4 Nr. 2 Rep. B 35 Tit. II a Nr. 2 Rep. C 20 I a Nr. 290 I und II Rep. C 90 Nr. 2, 24, 38, 41, 56, 60, 76, 82, 122
Marburg a.d. Lahn:	Hessisches Staatsarchiv Best. 5 Nr. 4302, 4586, 5498, 5521, 18395 Best. XV A 1340 f. Best. 76 a Nr. 9, 429, 472 Best. 77 a Nr. 1779, 1781, 1844 Best. 98 q Nr. 1 Best. 340 Nr. 562, 2933, 3560
Merseburg:	Zentrales Staatsarchiv Bestand Königreich Westphalen Rep. 1 C II Nr. 11 Vol. I und II Rep. 6 II A Nr. 4 Rep. 6 II A Nr. 6 Rep. 6 II A Nr. 17 Vol. I Rep. 6 II A Nr. 49
Osnabrück:	Niedersächsisches Staatsarchiv Best. 230 Nr. 9
Wiesbaden:	Hessisches Hauptstaatsarchiv Abt. 371 Nr. 33 Abt. 371 Nr. 76 Abt. 371 Nr. 586 Abt. 371 Nr. 1013
Wolfenbüttel:	Niedersächsisches Staatsarchiv Best. LB 3063 Westfalica
Würzburg:	Staatsarchiv Rep. 54 I L 1644 (MRA) Rep. 54 I L 1645 (MRA)

2. Ungedruckte und privat gedruckte Quellen in Privatbesitz

Brockmann, Erich, Geschichte der Familie Brockmann 1540 bis 1979. Maschinenschriftliches Manuskript.

Lambrecht, Paul, und Lambrecht, Hermann, Stammtafel der Familie Lambrecht. Heide 1927.

von Löhneysen, Heinz, von Löhneysen. Eine Familiengeschichte. Maschinenschriftliches Manuskript.

3. Gedruckte Quellen

Braunschweiger Adreßbuch 1811. Braunschweig 1811.

Braunschweigische Verordnungssammlung 1819 und 1820.

Großherzoglich frankfurtisches Regierungsblatt: 3 Bände. Frankfurt 1810-1813.

Staatskalender für das Großherzogtum Frankfurt 1812. Frankfurt o.J. (1812).

Heiligen Römischen Reiches freie Wahl- und Handelsstadt Frankfurt. Verbesserter Raths- und Stadt-Calender (1800-1806),
Staats Calender der Fürst-Primatischen Stadt Frankfurt (1807-1810),
Staats-Calender der Großherzoglichen Stadt und des Departements Frankfurt (1812-1813),
Regierungs-Calender der freien Stadt Frankfurt (o.J. [1817]).
Frankfurt 1800-1817.

Staats- und Hofkalender des Fürst-Bistums Fulda auf das Jahr 1792, 1793, 1796. Fulda jeweils o.J.

Hochfürstlich bzw. Landgräflich Hessen-Casselischer Staats- und Adreß-Calender (1774-1802),
Kur-Hessischer Staats- und Adreß-Kalender (1803-1806, 1814-1819),
Handbuch des kurhessischen Militair-, Hof- und Civilstaats (1820-1822), Kurhessisches Staats- und Adreß-Handbuch (1823-1831).
Cassel 1774-1831.

Magdeburger Adreßbuch 1817. Magdeburg 1817.

Kurmainzischer Hof- und Staatskalender auf das Jahr 1794, 1796, 1797. Mainz jeweils o.J.

Verhandlungen des Landtags der Grafschaft Schaumburg hessischen Anteils während des Jahres 1815, nebst Fortsetzung der Verhandlungen im Jahre 1815 und 1816. 2 Teile. O.O., o.J.

Bulletin des lois et décrets du Royaume de Westphalie - Gesetz-Bulletin des Königreichs Westphalen. 13 Bände. Cassel 1808-1813.

Almanac royal de Westphalie pour l'an 1810, 1811, 1812, 1813. 4 Bände. Cassel 1810-1813.

Le Moniteur westphalien. Gazette offizielle. / Westphälischer Moniteur. Offizielle Zeitung. Cassel 1807-1813.

Sammlung aller Instructionen über die Staatsverwaltung des Königreichs Westphalen. 2 Bände zu je 3 Heften. O.O. 1809 und 1810/12.

4. Auskünfte

a. Amtliche Auskünfte

Altenbeken:	Gemeinde Altenbeken
Aschaffenburg:	Stadt- und Stiftsarchiv
Aschersleben:	Kreismuseum
	Stadtarchiv
Badbergen:	Ev.-luth. Pfarramt St. Georg
Bamberg:	Archiv des Erzbistums
Bebra:	Ev. Pfarramt Solz
Berlin:	Evangelisches Zentralarchiv-Kirchenbuchstelle
	Geheimes Staatsarchiv Preußischer Kulturbesitz
Bielefeld:	Evang. Kirche von Westfalen, Landeskirchliches Archiv
	Gesamtverband der evang. Kirchengemeinden des Kirchenarchivs Bielefeld
	Stadtarchiv und Landesgeschichtliche Bibliothek
Bissendorf:	Ev.-luth. St. Laurentius-Kirchengemeinde Schledehausen
	Kath. Pfarramt St. Laurentius Schledehausen
Braunschweig:	Stadtarchiv
	Stadtbibliothek
Brilon:	Kath. Propstei-Pfarramt St. Petrus und Andreas
	Stadtarchiv
Bückeburg:	Niedersächsisches Staatsarchiv
Detmold:	Nordrhein-Westfälisches Personenstandsarchiv Westfalen-Lippe
Dresden:	Staatsarchiv
Einbeck:	Ev.-luth. Kirchenbuchamt
	Stadtarchiv
Eschwege:	Evang. Pfarramt Albungen
Frankfurt am Main:	Historisches Museum
	Stadtarchiv
Fulda:	Bistumsarchiv
	Stadtarchiv
Göttingen:	Ev.-luth. Kirchenbuchamt
Großbartloff:	Kath. Pfarramt St. Peter und Paul

Halberstadt:	Ev. Stadt- und Domgemeinde-Kustosbüro
Hamburg:	Staatsarchiv
Hammelburg:	Carl von Heß-Krankenhaus
Hanau:	Museum
	Stadtarchiv
Hannover:	Niedersächsisches Hauptstaatsarchiv, auch Magazin Pattensen
Hann. Münden:	Kirchenbuchamt
	Stadtarchiv
Heiligenstadt:	Kath. Pfarramt ad St. Aegidium
	Kath. Pfarramt der Propsteikirche
Herford:	Kommunalarchiv
Bad Hersfeld:	Kirchliches Rentamt des Kirchenkreises Hersfeld
Hildesheim:	Kirchenbucharchiv der Diözese Hildesheim
Bad Iburg:	Stadt Bad Iburg
Jesberg:	Evang. Pfarramt
Kassel:	Gesamthochschul-Bibliothek - Landesbibliothek und Murhard'sche Bibliothek der Stadt Kassel
	Stadtarchiv
	Stadtmuseum
Katlenburg-Lindau:	Ev.-luth. Pfarramt Katlenburg
Limburg:	Diözesanarchiv des Bistums Limburg
Magdeburg:	Evang. Superintendantur-Kirchenbuchstelle
	Ev.-reformierte Gemeinde
	Staatsarchiv
	Stadtarchiv
Mainz:	Naturhistorisches Museum
	Stadtarchiv
Marburg a.d. Lahn:	Hessisches Staatsarchiv
	Universitätsbibliothek
Marsberg:	Kath. Kirchengemeinde Christkönig Bredelar
Merseburg:	Zentrales Staatsarchiv
Minden:	Kommunalarchiv
	Kreiskirchenamt
München:	Bayerisches Hauptstaatsarchiv
Münster i.W.:	Nordrhein-Westfälisches Staatsarchiv
	Westfälisches Archivamt
Niedenstein:	Evang. Pfarramt Kirchberg

Oschersleben:	Ev. Kirchengemeinde St. Nicolai
Osnabrück:	Ev.-luth. Gesamtverband
	Niedersächsisches Staatsarchiv
Bad Pyrmont:	Ev.-luth. Kirchengemeinde St. Petri
Rinteln:	Stadtarchiv
Salzkotten:	Kath. Pfarramt
	Stadt Salzkotten
Warburg i.W.:	Stadtarchiv und Museum
Wolfenbüttel:	Niedersächsisches Staatsarchiv
Würzburg:	Diözesanarchiv der Diözese Würzburg
	Staatsarchiv

b. Private Auskünfte und Hinweise

von Alvensleben, Ludolf, Wienhausen
von Baumbach, Friedrich-Wilhelm, Nentershausen
von Baumbach, Gustfried, Frielendorf
Graf von Berlepsch, Sittich, Witzenhausen
von Blumenthal, Wulf-W., Konstanz
von Borries, Melita, Krefeld
Dr. von Borries, Reyner, Kirchlengern
von Branconi, Christof, Wiesbaden
Freiherr von Cornberg, Jobst-Christian, Baden-Baden
von Delius, Uta, Bielefeld
Deutsches Adelsarchiv, Marburg a.d. Lahn
Freiherr von Dörnberg, Hans-Eppo, Oberaula
Freiherr von Dörnberg'sche Stiftung Burg Herzberg-Familienarchiv, Willingshausen
Dr. Eckhardt, Wilhelm A., Marburg a.d. Lahn
Eichhorn, Rudi, Rotenburg/Fulda
Follmer, Günter, Berlin
Freiherr von Friesen, Stefan, Rheinbach
Freiherrlich Gayling von Altheim'sches Gesamtarchiv Schloß Ebnet, Freiburg i.Br.
Dr. Grebe, Hermann, Homberg/Efze
Glück, Richard, Kirchberg-Lendsiedel
Freiherr von Hammerstein, Ludwig, Berlin
von Ilten, Georg, Emmerthal-Hämelschenburg
Institut zur Erforschung historischer Führungsschichten, Bensheim
Jünemann, Karl, Heiligenstadt
von Kaisenberg, Ernst Nikolaus, Heidenheim/Brenz
Ritterschaftliches Stift Kaufungen, Kaufungen
Klaube, Frank Roland, Kassel
Kleinsorge, Otto, Dransfeld
Knierim, Kurt, Spangenberg
Kühne, Philipp, Göttingen
Freiherr von Löhneysen, Heinz, Nürnberg
Freiherr von Löhneysen, Hilbert, Kassel
Meinhof, Friedrich, Heiligenstadt
Mühlhaus, Barbara, Heiligenstadt

Freiherr von Münchhausen, Heyno, Apelern
Freiherr von Münchhausen, Rembert, Groß-Vahlberg
Graf zu Münster, Ernst Georg, Schwäbisch Gmünd
Nowack, Rolf, Uslar
Schattenberg, Horst, Simmerath
Dr. Graf von der Schulenburg, Günzel, Wolfsburg
von der Schulenburg-Beetzendorf, Job-Werner, Bonn
von Stockhausen, Hans Ludwig, Trendelburg
Fürst zu Stolberg-Wernigerode, Christian Henrich, Hirzenhain
Telschow, P., Wanzleben
Traphagen, Friedrich, Bissendorf
von Trott, Thilo, Bebra
Warmuth, Franz, Bad Kissingen
Wegner, Karl-Hermann, Kassel
Dr. Freiherr von Wintzingerode-Knorr, Karl-Wilhelm, Wolfsburg
Dr. Zillinger, Waldemar, Bad Hersfeld

5. Literatur

Im folgenden Verzeichnis sind in den wissenschaftlichen Bibliotheken Hessens, im Fernleihverkehr, in den Dienst- und/oder Handbibliotheken der Archive und im Deutschen Adelsarchiv in Marburg an der Lahn zugängliche und vom Verfasser benutzte Schriften aufgeführt.

Allgemeine Deutsche Biographie. Hrsg. von der Historischen Kommission bei der Bayerischen Akademie der Wissenschaften. 56 Bände. Leipzig 1875-1912.

von Alvensleben, Udo A. E., Zichtau unter den Herren von Alvensleben. In: Heimatbuch Salzwedel 1940, S. 228 f.

von Alvensleben, Udo Gebhard Ferdinand, Handbuch für die Familie von Alvensleben anläßlich des 800sten Jahrestages der ersten urkundlichen Erwähnung. O.O. 1966.

Arbeitsgemeinschaft zur Vorbereitung der 850-Jahrfeier Bettenhausen im August 1976 (ARGE 850) (Hg.), 850 Jahre Bettenhausen. Kassel 1976.

Bagge, E. W. G., Kurze Lebensbeschreibung und Charakterisierung des verstorbenen Freiherrn F. M. von Günderode, Stadtschultheißen und Schöffen der freien Stadt Frankfurt, Mitstifters und Vorstehers der Musterschule, in der Einladungsschrift zu der 1825 zu haltenden öffentlichen Prüfung in der Musterschule. In: Stricker, Wilhelm, Geschichte von Frankfurt (unter Karl von Dalberg vom Untergang der Reichsstadt bis zur Beschwörung der Constitutions-Ergänzungsakte. 1806-1816). Frankfurt 1874, S. 157 ff.

Baron von Baumbach, August, Geschichte der zur althessischen Ritterschaft gehörenden Familie von Baumbach. Marburg 1886.

von Baumbach-Nassenerfurth, Karl, Stammtafeln der althessischen Ritterschaft aus neuerer Zeit. Rudolstadt o.J. (1932).

Freiherr von Beaulieu-Marconnay, Karl, Karl von Dalberg und seine Zeit. Zur Biographie und Charakteristik des Fürsten Primas. 2 Bände. Weimar 1879.

Berding, Helmut, Napoleonische Herrschafts- und Gesellschaftspolitik im Königreich Westphalen 1807/1813. (Kritische Studien zur Geschichtswissenschaft 7). Göttingen 1973.

Berge, O., Die Innenpolitik des Landgrafen Friedrich II. von Hessen-Kassel. Diss. phil. Mainz (MS) 1952.

Bernays, Guillaume, Schicksale des Großherzogtums Frankfurt und seiner Truppen. Eine kulturhistorische und militärische Studie aus der Zeit des Rheinbundes. Berlin 1882.

Bertram, Mijndert, Staatseinheit und Landesvertretung. Die erste oder provisorische Allgemeine Ständeversammlung des Königreichs Hannover und ihre definitive Organisation (1814-1819). Hannover 1986.

Bilz, Wolfram, Die Großherzogtümer Würzburg und Frankfurt. Ein Vergleich. Diss. Würzburg 1968.

Bitter, August, Das Schloß Riede. In: Hessischer Gebirgsbote. 90. Jg. (1989), S. 101 f.

Graf von Blumenthal, Hans, Geschichte des Geschlechts der Grafen und Herren von Blumenthal. Bielefeld 1903.

Boldt, Hans (Hg.) unter Mitwirkung von Franz Werner Mansberg, Reich und Länder. Texte zur deutschen Verfassungsgeschichte im 19. und 20. Jahrhundert. München 1987.

von Borries, Melita, Familienbuch der von Borries. O.O. 1975.

Bosl, Karl; Franz, Günther; Hoffmann, Hanns Herbert (Bearb.), Biographisches Wörterbuch zur deutschen Geschichte. Begründet von Helmuth Rößler und Günther Franz. 2., völlig neu bearbeitete und stark erweiterte Auflage. 3 Bände. München o.J. (1973, 1974, 1975).

von Both, Wolf, und Vogel, Hans, Landgraf Friedrich II. von Hessen-Kassel. Ein Fürst der Zopfzeit. (Veröffentlichungen der Historischen Kommission für Hessen 27,2). München 1973.

Botzenhart, Manfred, Reform, Restauration, Krise. Deutschland 1789-1847, 2. Auflage. Frankfurt 1989.

Brandt, Hans Jürgen, und Hengst, Karl, Die Bischöfe und Erzbischöfe von Paderborn. Paderborn 1984.

Buderus von Carlshausen, F. W. Lothar, Carl Friedrich Buderus. Das Leben eines Beamten in schwerer Zeit. In: Hessenland, Bd. 42 (1931), S. 33 ff., 65 ff. und 97 ff.

von Bülow, G. P., Rückblicke auf mein Leben. Helmstedt 1844.

von Buttlar-Elberberg, Rudolf, Stammbuch der althessischen Ritterschaft. Wolfhagen 1888.

Conrad, Horst, und Haunfelder, Bernd (Bearb.), Preußische Parlamentarier. Ein Photoalbum 1859-1867. Mit einem Vorwort von Lothar Gall. (Photodokumente zur Geschichte des Parlamentarismus und der politischen Parteien, Band 1). Düsseldorf 1986.

Freiherr von Cornberg, Horst, Stammtafel der Freiherrn von Cornberg. Leipzig 1927.

Croon, Gustav (Bearb.), Der Rheinische Provinziallandtag bis zum Jahre 1874. Düsseldorf 1918 (Neudruck Köln 1974).

Darmstädter, Paul, Das Großherzogtum Frankfurt. Frankfurt 1901.

Demandt, Karl E., Geschichte des Landes Hessen. Revidierter Nachdruck der 2. Auflage. Kassel 1980.

Denhard, B., Geschichte der Stadt und Grafschaft Hanau unter französischer Herrschaft vom 1. November 1806 bis 6. November 1813. In: Zeitschrift für Preußische Geschichte und Landeskunde, 4. Jg. (1867), S. 137 ff.

Deubner, K. A., Grundbesitz des Geschlechts von Knorr auf dem Eichsfelde. In: Unser Eichsfeld, 26. Jg. (1931), S. 77 ff.

Deubner, K. A., Namen-, Wappen- und Siegelgeschichte des Geschlechts von Knorr. In: Unser Eichsfeld, 25. Jg. (1930), S. 49 ff.

Deutsches Geschlechterbuch. Genealogisches Handbuch bürgerlicher Familien. Herausgegeben von Reichspräsidialrat Dr. jur. Bernhard Koerner von 1898-1952; fortgesetzt von Regierungsvizepräsident Dr. jur. Edmund Strutz bis 1964, nach dessen Tod von Marianne Strutz-Kördel. Ab Band 155 übernehmen die jeweiligen Bearbeiter die Redaktionsverantwortung unter der Mitarbeit von Archivar Friedrich Wilhelm Euler. Bände 1-194. Charlottenburg, Görlitz, Limburg 1889-1987.

Dietz, Alexander, Frankfurter Bürgerbuch. Frankfurt 1897.

Freiherr von Dörnberg, Siegfried, Stammtafeln der Althessischen Ritterschaft. Bad Hersfeld 1958.

Dülfer, Kurt, und Engel, Franz, Die hessischen Beamten in der Grafschaft Schaumburg von 1640 bis 1800. (Schaumburger Studien, Heft 2). Bückeburg 1963.

Duysing, Albertine, Erinnerungen aus dem Kreise der althessischen Familie Duysing. Cassel 1911.

Eisentraut, G., Die Herren von Meysenbug. In: Hessenland, Jg. 31 (1917), S. 97 ff. und 139 ff.

Eschenburg, W. A., Carl Friedrich Gebhard Graf von der Schulenburg-Wolfsburg. Biographischer Abriß. In: Braunschweiger Magazin, 6.-8. Stück (6., 13. und 20.2.1819), S. 82 ff., 98 ff. und 114 ff.

Fehrmann, Friedrich, Die ersten Mitarbeiter. In: 150 Jahre Regierung und Regierungsbezirk Aachen. Beiträge zu ihrer Geschichte. Herausgegeben vom Regierungspräsidenten in Aachen. Aachen 1967, S. 341 ff.

Figge, Robert, Friedrich Karl von Strombeck. Ein braunschweigischer Gelehrter. In: Braunschweigisches Jahrbuch, Band 26 (1955). S. 99 ff.

Fischer, Ekkehard, Magdeburg zwischen Spätabsolutismus und bürgerlicher Revolution. Untersuchungen zur Wirtschafts-, Bevölkerungs- und Sozialstruktur einer preußischen Festungs- und Provinzhauptstadt in der zweiten Hälfte des 18. und zu Beginn des 19. Jahrhunderts. 2 Bände. Diss. phil. Halle-Wittenberg. Magdeburg (MS) 1966.

Fischer, Johannes, Die Pfälzer Kolonie zu Magdeburg. Zum Andenken an ihre vor 250 Jahren erfolgte Begründung. (Magdeburger Kultur- und Wirtschaftsleben 19). Magdeburg o.J. (1939).

von Frank, Karl Friedrich, Standeserhebungen und Gnadenakte für das Deutsche Reich und die Österreichischen Erblande bis 1806 sowie kaiserlich österreichische bis 1823 mit einigen Nachträgen zum "Altösterreichischen Adels-Lexikon" 1823-1918. 5 Bände. Senftenegg 1971-1974.

Franz, Eckehard G., und Wolf, Jürgen Rainer (Bearb.), Landstände und Landtage in Hessen. Von der Einung des Mittelalters zur demokratischen Volksvertretung. Katalog zur Ausstellung der Hessischen Staatsarchive zum Hessentag 1983 in Lauterbach. O.O. (Darmstadt) 1983.

Baron Freytag von Loringhoven, Frank, Europäische Stammtafeln. Band IV. Marburg 1957.

Friedrichs, Heinz F., Das "Schwarze Buch" der Bundes-Zentralbehörde über revolutionäre Umtriebe 1832-1842. In: Hessische Familienkunde, Band 1 (1951), Sp. 29 ff.

Freiherr von Friesen, Ernst, Geschichte der reichsfreiherrlichen Familie von Friesen. 2 Bände. Dresden 1899.

Fulda, Carl, und Hoffmeister, Jacob, (Hg.), Hessische Zeiten und Persönlichkeiten 1751 bis 1831 nebst Seitenblicken auf welthistorische Begebenheiten. Aus dem Nachlasse hessischer Beamter herausgegeben. Marburg 1876.

Genealogisches Handbuch des Adels. Bearbeitet unter Aufsicht des Ausschusses für adelsrechtliche Fragen der deutschen Adelsverbände in Gemeinschaft mit dem Deutschen Adelsarchiv. (Untertitel jetzt: Herausgegeben vom Deutschen Adelsarchiv e.V.; bearbeitet unter Aufsicht des Deutschen Adelsrechtsausschusses.) Bände 1-95 der Gesamtreihe. Glücksburg, heute Limburg 1951-1989.

Goecke, Rudolf, und Ilgen, Theodor, Das Königreich Westphalen. Sieben Jahre französischer Fremdherrschaft im Herzen Deutschlands 1807-1813. Düsseldorf 1888.

Görich, Nicolaus, Groß-Bartloff. Chronik. Nach archivalischen und anderen Quellen. O.O. (Dingelstedt). o.J. (1923).

Gollwitzer, Heinz, Die Standesherren. Die politische und gesellschaftliche Stellung der Mediatisierten 1815-1918. Ein Beitrag zur deutschen Sozialgeschichte. Stuttgart 1957.

Gorzny, Willi (Hg.); Koch, Hans-Albrecht und Uta; Koller, Angelika (Bearb.), Deutscher Biographischer Index. 4 Bände, Neue Folge (Bände 1 und 2) und Mikrofichen. München, London, New York, Oxford, Paris 1986-1989.

Gothaisches Genealogisches Taschenbuch.
Gräfliche Häuser 1825-1942.
Freiherrliche Häuser 1848-1942.
Adelige Häuser 1900-1906; Uradelige Häuser 1907-1919; Adelige Häuser: Deutscher Adel 1920-1931; Adelige Häuser Teil A 1932-1942.
Briefadelige Häuser 1907-1919; Adelige Häuser Teil B 1920-1942.
Gotha 1825-1942.

Graepler, Carl (Bearb.), Imagines professorum academiae Marburgensis. (Veröffentlichungen der Historischen Kommission für Hessen 36). Marburg 1977.

Grefe, Ernst Hermann, Gefährdung monarchischer Autorität im Zeitalter der Restauration. Der braunschweigische Umsturz 1830 und die zeitgenössische Publizistik. (Quellen und Forschungen zur Braunschweigischen Geschichte 27). Braunschweig 1987.

Grimm, Dieter, Deutsche Verfassungsgeschichte 1776-1866. Vom Beginn des modernen Verfassungsstaats bis zur Auflösung des Deutschen Bundes. Frankfurt 1988.

Gritzner, A. F. M., Chronologische Matrikel der brandenburg-preußischen Standeserhöhungen von 1600-1873. Berlin 1873.

Gritzner, Maximilian, Standes-Erhebungen und Gnaden-Acte Deutscher Landesfürsten während der letzten Jahrhunderte. 2 Bände. Görlitz 1880, 1881.

Grünthal, Günther, Parlamentarismus in Preußen 1848/49-1857/58. Preußischer Konstitutionalismus - Parlament und Regierung in der Reaktionsära. (Handbuch der Geschichte des deutschen Parlamentarismus). Düsseldorf 1982.

Gürtler, Heinz, Deutsche Freimaurer im Dienste napoleonischer Politik. Die Geschichte der Freimaurer im Königreich Westphalen. (Quellen und Darstellungen zur Freimaurerfrage 3). Berlin 1942.

Gundlach, Franz (Bearb.), Catalogus professorum academiae Marburgensis. Die akademischen Lehrer der Philipps-Universität in Marburg von 1527 bis 1910. (Veröffentlichungen der Historischen Kommission für Hessen und Waldeck 15). Marburg 1927.

Haase, Carl, Politische Säuberungen in Niedersachsen 1813-1815 (Veröffentlichungen der Historischen Kommission für Niedersachsen und Bremen XXXV). Hildesheim 1983.

Häming, Josef (Bearb.) und Bruns, Alfred (Hg.), Die Abgeordneten des Westfalenparlaments 1826-1978. Zusammengestellt von Josef Häming, eingeleitet und herausgegeben von Alfred Bruns. (Westfälische Quellen und Archivverzeichnisse Band 2). Münster 1978.

Häming, Josef (Bearb.) und Bruns, Alfred (Hg.), Die Abgeordneten des Westfalenparlaments 1826-1978. Nachtrag 1983. (Westfälische Quellen und Archivverzeichnisse Band 9). Münster 1984.

Haesert, Karl, Stammtafeln der Grafen von Francken-Sierstorpff und der Grafen von Sierstorpff-Driburg, vorher Reichsfreiherren von Sierstorpff und Herren von Francken-Sierstorpff. O.O. o.J. (1939).

von Hammerstein, E., Geschichte der freiherrlich von Hammersteinischen Familie. Göttingen 1856.

Freiherr von Hammerstein-Gesmold, Emil, Urkunden und Regesten zur Geschichte der Burggrafen und Freiherrn von Hammerstein. Hannover 1891.

Handelskammer zu Frankfurt (Hg.), Geschichte der Handelskammer zu Frankfurt (1707-1908). Frankfurt 1908.

Hartung, Fritz, Deutsche Verfassungsgeschichte vom fünfzehnten Jahrhundert bis zur Gegenwart. 6. Auflage. Stuttgart o.J. (1954).

Hassel, Georg, und Murhard, Karl (Hg.), Westfalen unter Hieronymus Napoléon. Jg. 1. Bd. 1 und 2. Braunschweig 1812.

Haunfelder, Bernd, und Pollmann, Klaus Erich (Bearb.), Reichstag des Norddeutschen Bundes 1867-1870. Historische Photographien und biographisches Handbuch. (Photodokumente zur Geschichte des Parlamentarismus und der politischen Parteien Band 2). Düsseldorf 1989.

Henniges, H., und Voges, H., Chronik der Familie Löbbecke. Braunschweig 1911.

Hertzberg, Gustav Friedrich, Geschichte der Stadt Halle an der Saale von den Anfängen bis zur Neuzeit. 3 Bände. Halle an der Saale 1889-1893.

Hessischer Landtag (Hg.), 175 Jahre Nassauische Verfassung. Katalog der Ausstellung des Hessischen Landtags und des Hessischen Hauptstaatsarchivs zur Erinnerung an den Erlaß der Nassauischen Landständischen Verfassung am 1./2. September 1814, Hessischer Landtag, Wiesbaden, 19. September bis 13. Oktober 1989. Text: Wilfried Schüler. (Hessische Schriften zum Föderalismus und Länderparlamentarismus Nr. 2). Wiesbaden 1989.

Heuser, Friedrich Wilhelm, Heusersches Familienbuch mit Nachrichten über verwandte Geschlechter. Merholz 1900.

van den Heuvel, Christine, Beamtenschaft und Territorialstaat. Behördenentwicklung und Sozialstruktur der Beamtenschaft im Hochstift Osnabrück 1500-1800. Osnabrück 1984.

Heyden, Eduard, Galerie berühmter und merkwürdiger Frankfurter. Frankfurt 1861.

Höffner, Harald, Kurhessens Ministerialvorstände der Verfassungszeit 1831-1866. Diss. Gießen 1981.

Hollenberg, Günter, und Jäger, Berthold (Bearb.), Hessen-Kasselische Landtagsabschiede 1649-1798. (Veröffentlichungen der Historischen Kommission für Hessen 48.3; Vorgeschichte und Geschichte des Parlamentarismus in Hessen 5). Marburg 1989.

Holtmeyer, Alois, Kreis Cassel-Stadt (Die Bau- und Kunstdenkmäler im Regierungsbezirk Cassel, Bd. VI). Marburg 1923.

Hubatsch, Walther (Begründer), Grundriß zur deutschen Verwaltungsgeschichte 1815-1945. 22 Bände. Marburg 1975 ff.

Huber, Ernst Rudolf (Hg.), Dokumente zur deutschen Verfassungsgeschichte. Bd. 1: Deutsche Verfassungsdokumente 1803-1850. Stuttgart 1961.

Jacobs, A. und Gruber, J. G. (Hg.), August Hermann Niemeyer. Zur Erinnerung an dessen Leben und Wirken. Halle 1831.

Jahrbuch des deutschen Adels. Herausgegeben von der Deutschen Adelsgenossenschaft. 1.-3. Band. Berlin 1896-1899.

Jeserich, Kurt G. A., Pohl, Hans, und von Unruh, Georg Christoph, (Hg.), Deutsche Verwaltungsgeschichte. 6 Bände und Registerband. Stuttgart 1983-1988.

Jonas, Gertrud, Charlotte Louise Bennecke und ihr Kreis. Familienbild für Verwandte und Freunde. 2 Bände. 3. Auflage. Münster 1979.

Keferstein, Karl Ludwig, Gabriel Wilhelm Gottlieb Keferstein. In: Mitteldeutsche Lebensbilder. Band III. Magdeburg 1928, S. 221 ff.

Keinemann, Friedrich, Das Domkapitel zu Münster im 18. Jahrhundert. Verfassung, persönliche Zusammensetzung, Parteiverhältnisse. (Geschichtliche Arbeiten zur westfälischen Landesforschung, Band 11). Münster i.W. 1967.

Ketterer, Hermann, Das Fürstentum Aschaffenburg und sein Übergang an die Krone Bayern. Festschrift zum Jahrhundertgedächtnis. Aschaffenburg 1914/15.

Kleinschmidt, Arthur, Geschichte des Königreichs Westphalen. Kassel 1970 (Reprint).

Kleinschmidt, Arthur, Die Grafen zu Stolberg-Wernigerode in der Rheinbundzeit. Nach den Wernigeroder Archiven. In: Forschungen zur Brandenburgischen und Preußischen Geschichte. 5. Band. Leipzig 1892, S. 277 ff.

Kleinschmidt, Arthur, Dr. Israel Jacobsson. In: Zeitschrift des Harzvereins für Geschichte und Altertumskunde. Bd. 23 (1890), S. 202 ff.

Klötzer, Wolfgang, Die Freie Stadt Frankfurt am Main. In: Heinemeyer, Walter (Hg.), Das Werden Hessens. (Veröffentlichungen der Historischen Kommission für Hessen 50). Marburg 1986, S. 545 ff.

Kneschke, Ernst Heinrich, Deutsche Grafen-Häuser der Gegenwart in heraldischer, historischer und genealogischer Beziehung. Leipzig 1852-1854.

Kneschke, Ernst Heinrich (Hg.), Neues allgemeines Deutsches Adels-Lexikon. 9 Bände. Leipzig 1859-1870.

Koch, Rainer (Hg.), und Stahl, Patricia (Bearb.), Die Frankfurter Nationalversammlung 1848/49. Ein Handlexikon der Abgeordneten der deutschen verfassungsgebenden Reichsversammlung. Bearbeitet unter Mitwirkung von Roland Hoede, Leonie Krämer und Dieter Skala. Kelkheim 1989.

Koch, Rainer, Grundlagen bürgerlicher Herrschaft. Verfassungs- und sozialgeschichtliche Studien zur bürgerlichen Gesellschaft in Frankfurt am Main (1612-1866). (Frankfurter Historische Abhandlungen 27). Wiesbaden 1983.

Köbler, Gerhard, Historisches Lexikon der deutschen Länder. Die deutschen Territorien vom Mittelalter bis zur Gegenwart. 2., verbesserte Auflage. München 1989.

Kohl, Wilhelm, und Richtering, Helmut, Behörden der Übergangszeit. (Das Staatsarchiv Münster und seine Bestände, Band 1). Münster 1964.

Kohl, Willy, Die Verwaltung der östlichen Departements des Königreichs Westphalen 1807-1814. (Historische Studien, Heft 323). Berlin 1937.

Kosch, Wilhelm, Biographisches Staatshandbuch. 2 Bände. Bern 1963.

Koselleck, Reinhart, Preußen zwischen Reform und Revolution. Allgemeines Landrecht, Verwaltung und soziale Bewegung von 1791 bis 1848. München 1989.

Kretzschmar, Hellmuth, Geschichtliche Nachrichten von dem Geschlechte von Alvensleben seit 1800. Ergänzungsband zu S. W. Wohlbrücks “Geschichtliche Nachrichten über das Geschlecht von Alvensleben“. Burg bei Magdeburg 1930.

Kruse, Joachim, Die Chalcographische Gesellschaft zu Dessau, Profil eines Kunstverlags um 1800. In: Anmerkung 64 des Goethe-Museums Düsseldorf. Düsseldorf 1990.

Kulenkamp, Elard Johannes, Beiträge zur Geschichte des Kurfürstlichen Ober-Appellations-Gerichts zu Cassel, nebst biographischen und literarischen Nachrichten von den bei diesem Gericht seit seiner Errichtung angestellten Personen. Cassel 1847.

Kurhessen nach den Freiheitskriegen. In: Hessisches Volksblatt. Organ der Hessischen Rechtspartei, 16. Jg. (1905), 16.7.1905 (S. 2).

Leerhoff, Heiko, Friedrich Ludwig von Berlepsch, hannoverscher Hofrichter, Land- und Schatzrat und Publizist 1749-1818. (Veröffentlichungen der Historischen Kommission für Niedersachsen und Bremen 32; Niedersächsische Biographien 3). Hildesheim 1970.

von Lenthe, Gebhardt, und Mahrenholz, Hans, Stammtafeln der Familie von Münchhausen. (Schaumburger Studien im Auftrag der historischen Arbeitsgemeinschaft für Schaumburg, Heft 28 und Heft 36) Teil I: Tafeln. Rinteln 1971. Teil II: Textband. Rinteln 1976.

Leth, Ehrhart, Annalen des Königreichs Westphalen. 1. Heft. Göttingen 1809.

Lichter, Adolf, Landesherr und Stände in Hessen-Cassel 1797-1821. Göttingen 1913.

Losch, Philipp, Die Abgeordneten der kurhessischen Ständeversammlungen von 1830 bis 1866. Marburg 1909.

Losch, Philipp, Geschichte des Kurfürstentums Hessen 1803 bis 1866. Marburg 1922.

Losch, Philipp, Kurfürst Wilhelm I., Landgraf von Hessen. Ein Fürstenbild aus der Zopfzeit. Marburg 1923.

Mack, Heinrich, Das Bierbaumsche Haus an der Fallersleber Straße, Sitz der Verwaltung des Elektrizitätswerks und der Straßenbahnen Braunschweig AG, im Wandel der Zeiten. Braunschweig 1928.

Mackenzie, Kenneth, The English Parliament. 7. Auflage. Harmondsworth 1968.

Mann, Bernhard (Bearb.), Biographisches Handbuch für das Preußische Abgeordnetenhaus 1867-1918. Bearbeitet von Bernhard Mann unter Mitarbeit von Martin Doerry, Cornelia Rauh und Thomas Kühne. (Handbücher zur Geschichte des Parlamentarismus und der politischen Parteien, Band 3). Düsseldorf 1988.

Maeuss, J., Die Juden im Königreich Westphalen. In: Geschichtsblätter für Stadt und Land Magdeburg, 42. Jg. (1907), S. 47 ff.

Meißner, Julius, Braunschweigs Befreiung von der Fremdherrschaft. In: Braunschweiger Schreibkalender für das Jahr 1913, S. 29 ff.

Menne, Karl, August Hermann Niemeyer. Sein Leben und Wirken. Zum Gedächtnis des 100-jährigen Todestages. (Beiträge zur Geschichte der Universität Halle-Wittenberg). Halle (Saale) 1928.

Meyer, Johannes, Geschichte des Geschlechts von Mengersen. Leipzig 1937.

Meyer, Ralph, Geschichte der Deutsch-Reformierten-Gemeinde zu Magdeburg von den Anfängen bis zur Gegenwart. 2 Bände. Magdeburg 1914.

Michels, Paul, Ahnentafeln Paderborner Domherren. Nach den Aufschwörungstafeln, Epitaphien und anderen Denkmälern. Paderborn 1966.

Mommsen, Wilhelm, Friedrich von Motz. In: Lebensbilder aus Kurhessen und Waldeck 1830-1930. Herausgegeben von Ingeborg Schnack. 2. Band. (Veröffentlichungen der Historischen Kommission für Hessen und Waldeck 20). Marburg 1940, S. 267 ff.

Müller, Friedrich, Kassel seit siebzig Jahren, zugleich auch Hessen unter vier Regierungen, die westphälische mit inbegriffen. Geschildert auf Grund eigener Erlebnisse. 2 Bände. Cassel 1876 und 1879.

Müller, Theodor, Bilanz zweier Jahrhunderte. Zur Geschichte des Bankhauses Gebr. Löbbecke & Co. Braunschweig 1961.

Graf zu Münster, Ernst-Georg, Die Grafen zu Münster. Familienkundliche Notizen. Schwäbisch Gmünd 1981.

von Nathusius, Elsbeth, Johann Gottlob von Nathusius. Ein Pionier deutscher Industrie. 2. Auflage. Stuttgart 1915.

Naumann, M., Die Plessen. Stammfolge vom XIII. bis XX. Jahrhundert. Görlitz 1940.

Neue Deutsche Biographie. Herausgegeben von der Historischen Kommission bei der Bayerischen Akademie der Wissenschaften. Bände 1-15. Berlin 1953-1987.

Niebergall, Theodor, Die Deutsch-Ordensritter der Ballei Hessen seit 1500, ihre Schilde, Grabmäler, Wappen und Portraits. In: Hessische Familienkunde, Band 3, Heft 10 (1956), Sp. 513 ff.

Obenaus, Herbert, Anfänge des Parlamentarismus in Preußen bis 1848 (Handbuch der Geschichte des deutschen Parlamentarismus). Düsseldorf 1984.

Obenaus, Herbert, Die Reichsstände des Königreichs Westphalen. In: Francia, Band 9. Sigmaringen 1981, S. 299-329 und Tafel V.-VIII.

Obenaus, Herbert, Versuche einer Reform der Hildesheimer Ritterschaft im ausgehenden 18. Jahrhundert. Über eine Schrift des Freiherrn Moritz von Brabeck. In: Niedersächsisches Jahrbuch für Landesgeschichte, Bd. 37 (1965), S. 75 ff.

Oberschelp, Reinhard, Niedersachsen 1760-1820. Wirtschaft, Gesellschaft, Kultur im Land Hannover und Nachbargebieten. (Veröffentlichungen der Historischen Kommission für Niedersachsen und Bremen XXXV). Hildesheim 1982.

Graf von Oeynhausen, Julius, Verzeichnis der Standeserhöhungen im ehemaligen Königreich Westphalen. In: Der Deutsche Herold, Jahrgang V (1874), S. 81-85.

Ostadel, Herbert, Die Kammer der Reichsräte in Bayern 1819 bis 1848. Ein Beitrag zur Geschichte des Frühparlamentarismus. (Miscellanea bavarica monacensia, Heft 12). München 1968.

Freiherr Ostmann von der Leye, Mariano, Geschichte des Gutes Leye und der Familie Ostmann von der Leye. O.O. 1933 (MS, z.T. handschriftlich).

Paulsen, Karl Johann, Die Knorr im Eichsfeld. O.O., o.J. (MS).

von Petersdorff, Hermann, Friedrich von Motz. Eine Biographie. 2 Bände. Berlin 1913.

Philippi, Hans, Das Haus Hessen. Ein europäisches Fürstengeschlecht. Kassel 1983.

Poll, Bernhard, Regierungspräsident August von Reimann. In: 150 Jahre Regierung und Regierungsbezirk Aachen. Beiträge zu ihrer Geschichte. Herausgegeben vom Regierungspräsidenten in Aachen. Aachen 1967, S. 293 ff.

Puhle, Dorothea, Das Herzogtum Braunschweig-Wolfenbüttel im Königreich Westphalen. (Beihefte zum Braunschweigischen Jahrbuch, Band 5). Braunschweig 1989.

Reif, Heinz, Westfälischer Adel 1770-1860. Göttingen 1979.

Renkhoff, Otto, Nassauische Biographie. Kurzbiographien aus 13 Jahrhunderten. (Veröffentlichungen der Historischen Kommission für Nassau XXXIX). Wiesbaden 1985.

Rimpau, Hans Hellmuth, Die Bilder von Deutsch-Ordensrittern im Rittersaal der Kommende Lucklum. In: Familie und Volk, Jg. 4 (1955) S. 21 ff.

Robert, Georg Friedrich Carl, Urkundliche Beiträge zur Staatengeschichte Deutschlands in der Napoleonischen Zeit. Wortgetreu aus dem Manuscripten-Nachlaß I. Verhandlungen der Deputierten des Königreichs Westphalen, zu Paris, in den Monaten August und September des Jahres 1807; nebst 25 Anlagen. Kiel 1852.

Rösch, Siegfried, Goethes Verwandtschaft. Neustadt a.d. Aisch 1956.

Rötger, Gotthilf Sebastian, Rückblicke ins Leben. Veranlaßt durch das Jubelfest des Herrn Kanzlers Dr. Niemeyer. Magdeburg 1827.

Rothermund, H. W., Das gelehrte Hannover. 1. Band. Bremen 1823.

Rothert, Wilhelm, Allgemeine hannoversche Biographie. 3 Bände. Hannover 1912-1916.

Rückblicke auf die Zeit des Westphälischen Königreichs, besonders auf den Königlichen Hof zu Cassel und die ständischen Versammlungen in den Jahren 1808 und 1810, von einem daselbst gegenwärtig gewesenen Preußen. In: Minerva, 139. Band (1826, 3. Band), Jena 1826, S. 1 ff., mit

Berichtigung von J. H. Wilmerding S. 468 ff.

Saalfeld, Friedrich, Über die Nazionalrepräsentation in Westfalen in Vergleichung mit der von Frankreich und dem Königreich Italien. In: Westfalen unter Hieronymus Napoleon, Juli 1812, S. 71 ff.

Sante, Georg Wilhelm, und A.G. Ploetz-Verlag (Hg.), Geschichte der deutschen Länder. "Territorien-Ploetz". 2 Bände. Würzburg 1964 und 1971.

Schmidt, Georg, Das Geschlecht von der Schulenburg. 3 Bände. Beetzendorf 1899.

Schmidt, Hans, Minden-Ravensberg unter französisch-westfälischer Herrschaft. Diss. Frankfurt 1933.

Schmidt, Hans, Vom Leinen zur Seide. Die Geschichte der Firma C. A. Delius & Söhne und ihrer Vorgängerinnen und das Wirken ihrer Inhaber für die Entwicklung Bielefelds 1722-1925. Lemgo 1926.

Schmidt-Scharff, (N.N.), Das Versorgungshaus in Frankfurt am Main 1816-1924. Ein Beitrag zur vaterstädtischen Geschichte aus dem Gebiete der Wohlfahrtspflege. Mit einer einleitenden Darstellung der Versorgung Alter und Siecher in Frankfurt am Main bis zur Gründung des Versorgungshauses von Pfarrer C. Enders. Frankfurt am Main 1924.

Schrader, Gerhard, August Wilhelm Kisker. In: Rheinisch-Westfälische Wirtschaftsbiographien, Band IV, Münster 1941. S. 71 ff.

Schröder, Wilhelm Heinz, Lebenslaufforschung zwischen biographischer Lexikographie und kollektiver Biographie. Überlegungen zu einem "Biographischen Handbuch der Parlamentarier in den deutschen Reichs- und Landtagen bis 1935" (BIOPARL). In: Historical Social Research, Bd. 31 (1984), S. 38 ff.

Graf von der Schulenburg, Dietrich Werner, und Wätjen, Hans, Geschichte des Geschlechts von der Schulenburg 1237 bis 1983. Wolfsburg 1984.

Schultz, Wilhelm, Westfälische Köpfe. 300 Lebensbilder bedeutender Westfalen. Münster 1963.

von Schutzbar genannt Milchling, Winfried, Stammtafeln der Althessischen Ritterschaft. O.O. (Göttingen) 1977.

Schwarz, Max, MdR. Biographisches Handbuch der Reichstage. Hannover 1965.

Schwennicke, Detlev (Hg.), Europäische Stammtafeln. Neue Folge, Band IV. Marburg 1981.

Segler, Gerhard, Der erste Provinziallandtag der Provinz Sachsen 1825. In: Thüringisch-Sächsische Zeitschrift für Geschichte und Kunst, Bd. XX, 1931, S. 1 ff.

Seier, Hellmuth (Hg.), Speitkamp, Winfried, und Seier, Hellmuth (Bearb.), Akten zur Entstehung und Bedeutung des kurhessischen Verfassungsentwurfs von 1815/16. (Veröffentlichungen der Historischen Kommission für Hessen, 48,1; Vorgeschichte und Geschichte des Parlamentarismus in Hessen 2). Marburg 1985.

Seier, Hellmuth, Modernisierung und Integration in Kurhessen 1803-1806. In: Heinemeyer, Walter (Hg.), Das Werden Hessens. (Veröffentlichungen der Historischen Kommission für Hessen 50). Marburg 1986, S. 431 ff.

Sieburg, Dankward, Die hessischen Erbämter unter besonderer Berücksichtigung des Erbküchenmeisteramtes der Freiherrn von Dörnberg. In: Schwälmer Jahrbuch 1988, S. 168 ff.

Sippel, Wilm, Daten zur Nordhessischen Führungsschicht. In: Forschungsberichte der Stiftung Sippel, Band 17 (1987).

Speitkamp, Winfried, Restauration als Transformation. Untersuchungen zur kurhessischen Verfassungsgeschichte 1813-1830. (Quellen und Forschungen zur hessischen Geschichte 67). Darmstadt und Marburg 1986.

Staatliche Kunstsammlungen Kassel (Hg.), Aufklärung und Klassizismus in Hessen-Kassel unter Landgraf Friedrich II. 1760-1785. Ausstellungskatalog. Kassel 1979.

Stammtafeln des mediatisierten Hauses Waldbott von Bassenheim. O.O. 1901.

Steinwachs, Otto, Philipp von Nathusius. In: Mitteldeutsche Lebensbilder. Band I. Magdeburg 1926, S. 221 ff.

Strieder, Friedrich Wilhelm, Grundlage zu einer Hessischen Gelehrten- und Schriftsteller-Geschichte, fortgesetzt von Ludwig Wachler und Karl Wilhelm Justi. 18 Bände. Göttingen, Cassel, Marburg 1781-1819.

Strieder, Friedrich Wilhelm, Grundlage zur Militärgeschichte des Landgräflich Hessischen Corps. Cassel 1798.

von Strombeck, Friedrich Karl, Darstellungen aus meinem Leben und aus meiner Zeit. 2. Teil. 2., etwas vermehrte Auflage. Braunschweig 1835.

Taddey, Gerhard (Hg.), Lexikon der deutschen Geschichte. Personen, Ereignisse, Institutionen. Von der Zeitenwende bis zum Ausgang des 2. Weltkriegs. Stuttgart 1979.

Thiele, Helmut, Einwohner und Familien der Stadt Kassel. Eheschließungen, Geborene, Verstorbene. 1731-1839. 13 Bände. Kassel 1986 (MS vervielfältigt).

Thiemer, (N.N.), Zur Geschichte des Kreises und des Landratsamtes Salzwedel. In: Salzwedeler Wochenblatt, Jubiläumsausgabe, 1.12.1932, S. 91 ff.

Thimme, Friedrich, Die inneren Zustände des Kurfürstentums Hannover unter der französisch-westphälischen Herrschaft 1806-1813. 2 Bände. Hannover, Leipzig 1893 und 1895.

Tollin, Henri, Geschichte der französischen Kolonie zu Magdeburg. 3 in 6 Bänden. Magdeburg 1886-1889.

Verzeichnis der Adelsbestätigungen im ehemaligen Königreich Westphalen. In: Der Deutsche Herold, Jahrgang VI (1875), S. 132-136.

Vierhaus, Rudolf, Göttingen im Zeitalter Napoleons. In: Göttinger Jahrbuch, Bd. 27 (1979), S. 17 ff.

Vierhaus, Rudolf, Von der altständischen zur Repräsentativ-Verfassung. Zum Problem institutioneller und personeller Kontinuität vom 18. und 19. Jahrhundert. In: Bosl, Karl (Hg.) unter Mitwirkung von Möckl, Karl, Der moderne Parlamentarismus und seine Grundlagen in der ständischen Repräsentation. Berlin 1977, S. 177-194.

Voß, Christian Daniel (Hg.), Die Zeiten oder Archiv für die neueste Staatengeschichte. Halle. Bände 13 bis 22.

Wachler, Ernst, und Wachler, Max (Hg.), Chronik der Familie Wachler vom Ende des 16. Jahrhunderts bis zur Gegenwart. Unter Mitwirkung von Wilhelm Bernhardi, Wilhelm Boch und Ludwig Glatzel. Jena 1910.

Wachler, Max, Ludwig Wachler. In: Lebensbilder aus Kurhessen und Waldeck 1830-1930. Herausgegeben von Ingeborg Schnack. 4. Band

(Veröffentlichungen der Historischen Kommission für Hessen und Waldeck 20). Marburg 1950, S. 404 ff.

Walter, Bernd, Die Beamtenschaft in Münster zwischen ständischer und bürgerlicher Gesellschaft. Münster 1987.

von Wangenheim, Friedrich Hermann Albert, Beiträge zur Familien-Geschichte der Freiherren von Wangenheim beider Stämme, Wangenheim und Winterstein. Göttingen 1874.

Freiherr von Wangenheim, Walrab, Genealogie der Freiherren von Wangenheim. O.O. 1953.

Wegmann, Dietrich, Die leitenden staatlichen Verwaltungsbeamten der Provinz Westfalen 1815-1918. (Veröffentlichungen der Historischen Kommission Westfalen XXIIa). Münster 1969.

Weidemann, Johannes, Neubau eines Staates. Staats- und verwaltungsrechtliche Untersuchung des Königreichs Westphalen. (Schriften der Akademie für Deutsches Recht). Leipzig 1936.

von Westernhagen, Max, Geschichte der Familie von Westernhagen auf dem Eichsfelde während eines Zeitraums von 7 Jahrhunderten. Erfurt 1913.

Winkopp, P. A. (Hg.), Rheinischer Bund. Eine Zeitschrift historisch-politisch-statistisch-geographischen Inhalts. 7. Band (1808), Nr. 27, und 14. Band, Nr. 26.

Winter, Otto Friedrich, Repertorium der diplomatischen Vertreter aller Länder seit dem Westfälischen Frieden. Band III: 1764-1815. Graz, Köln 1965.

Wohlbrück, S. W., Geschichtliche Nachrichten von dem Geschlecht von Alvensleben und dessen Gütern. 3 Bände. 1819-1829.

Wolf, Johann, Politische Geschichte des Eichsfeldes. Neubearbeitung und Herausgabe: Klemens Löffler. Dingelstedt 1921.

Wysocki, Josef, 75 Thaler sind schon ein Capital. Jubiläumsschrift zum 150-jährigen Bestehen der Stadtsparkasse Osnabrück. Frankfurt 1975.

Zimmermann, Paul, Die hohe Polizei im Königreich Westphalen. In: Braunschweiger Heimat 4 (1913), S. 51 ff.

Zwarzel, Adolf, Aus dem Leben des Oberjägermeisters Caspar Heinrich

Freiherrn (seit 1840 Grafen) von Sierstorpff, des Gründers von Bad Driburg. Nach seinem Briefwechsel und den von ihm verfaßten Familiennachrichten. In: Westfälisches Adelsblatt, Band 4 (1927), S. 236 ff.

Zweihundert Jahre Brüder Grimm. Ausstellungskataloge. Bände 1-3,1: Kassel 1985; Band 3,2: Marburg 1989.

Verzeichnis der Abkürzungen und der abgekürzt zitierten Literatur

1. Abkürzungen

aaO.	am angegebenen Ort
AB	Departement Aschaffenburg
Abg.	Abgeordneter
a.d.	an der
ADB	Allgemeine Deutsche Biographie (s. Quellen- und Literaturverzeichnis)
Abt.	Abteilung
Anl.	Anlage
a.o.	außerordentlich
Art.	Artikel
Bd.	Band
Bearb.	Bearbeiter(in)
Best.	Bestand
Bl.	Blatt
Bm.	Bistum
Br.	Breisgau
BS	Oker-Departement (Hauptstadt: Braunschweig)
bzw.	beziehungsweise
ca.	circa
Co.	Compagnie
Const	Constitution des Königreichs Westphalen vom 15. November 1807
DBI	Deutscher Biographischer Index (s. Quellen- und Literaturverzeichnis: Gorzny)
Ebm.	Erzbistum
ev.	evangelisch
ev.-luth.	evangelisch-lutherisch
ev.-ref.	evangelisch-reformiert
f., ff.	folgende
F	Frankfurt (auch Departement)
Fbm.	Fürstbistum
Fr.	Franken
franz.-ref.	französisch-reformiert

Fsm.	Fürstentum
fürstl.	fürstlich
GBüllKW	Bulletin des lois et décrets du royaume de Westphalie. - Gesetz-Bulletin des Königreichs Westphalen (s. Quellen- und Literaturverzeichnis)
GE	Grundeigentümer (im Königreich Westphalen) bzw. Güterbesitzer (im Ghzm. Frankfurt) gem. Art 29 Const/Art. 39 OrgPat
geb.	geboren
Gebr.	Gebrüder
gem.	gemäß
gen.	genannt
gest.	gestorben
get.	getauft
GfRegBl.	Großherzoglich frankfurtisches Regierungsblatt (s. Quellen- und Literaturverzeichnis)
Gft.	Grafschaft
Ghzm.	Großherzogtum
GK	Gelehrter, Künstler und/oder sonst um den Staat verdienter Bürger gem. Art. 29 Const/Art. 39 OrgPat
GÖ	Leine-Departement (Hauptstadt: Göttingen)
GVBl.	Gesetz- und Verordnungsblatt für das Land Hessen
HA	Saale-Departement (Hauptstadt: Halberstadt)
HE	Harz-Departement (Hauptstadt: Heiligenstadt)
Hg.	Herausgeber(in)
HStA	Hauptstaatsarchiv
HU	Departement Hanau
HV	Hessische Verfassung vom 1. Dezember 1946
hzgl.	herzoglich
Hzm.	Herzogtum
Instruction	Instruction die Wahl- und Departementskollegien betreffend vom 16. September 1810 (Großherzogtum Frankfurt)
i.Th.	in Thüringen
Jg.	Jahrgang
kath.	katholisch
Kf.	Kurfürst
KF	Kaufmann/Fabrikant gem. Art. 29 Const/Art 39 OrgPat
Kfm.	Kurfürstentum

kgl.	königlich
Kgr.	Königreich
k.k.	kaiserlich-königlich
KS	Fulda-Departement (Hauptstadt: Kassel)
KW	Königreich Westphalen
LB	Landständische Bibliothek
lt.	laut
MA	Elbe-Departement (Hauptstadt: Magdeburg)
MR	Werra-Departement (Hauptstadt: Marburg an der Lahn)
NDB	Neue Deutsche Biographie (s. Quellen- und Literaturverzeichnis)
NF	Neue Folge
No, Nr.	Nummer
OrgPat	Höchstes Organisations-Patent der Verfassung des Großherzogtums Frankfurt vom 16. August 1810
OS	Weser-Departement (Hauptstadt: Osnabrück)
Rep.	Repertorium
Rtl.	Reichstaler
s.	siehe
S.	Seite
s.o.	siehe oben
Sp.	Spalte
StA	Staatsarchiv
s.u.	siehe unten
Tit.	Titel
u.a.	und andere, unter anderem (n)
v	verso (Rückseite)
vgl.	vergleiche
W.-C.-Dekret	Königliches Dekret vom 18. März 1808, welches die Verrichtungen der Wahl-Collegien des Königreichs Westphalen wie auch die Art und Weise, wie sie gehalten werden sollen, bestimmt.
z.B.	zum Beispiel
ZStA	Zentrales Staatsarchiv

2. Abgekürzt zitierte Literatur

Folgende Kurzbezeichnungen für Werke des Quellen- und Literaturverzeichnisses wurden in den Anmerkungen verwandt:

DBI	Gorzny, Willi (Hg.) u.a., Deutscher Biographischer Index ...
Deutscher Herold 1874	Graf von Oeynhausen, Julius, Verzeichnis der Standeserhöhungen ...
Deutscher Herold 1875	Verzeichnis der Adelsbestätigungen ...
Grimm-Katalog	Zweihundert Jahre Brüder Grimm. Ausstellungskataloge ...
Kleinschmidt, Geschichte	Kleinschmidt, Arthur, Geschichte des Königreichs Westphalen ...
Kleinschmidt, Die Grafen	Kleinschmidt, Arthur, Die Grafen zu Stolberg-Wernigerode ...
Kleinschmidt, Jacobsson	Kleinschmidt, Arthur, Dr. Israel Jacobsson ...
Kneschke, Lexikon	Kneschke, Ernst-Heinrich (Hg.), Neues allgemeines Deutsches Adels-Lexikon ...
Losch, Geschichte	Losch, Philipp, Geschichte des Kurfürstentums Hessen 1803-1866 ...
Losch, Kf. Wilhelm I.	Losch, Philipp, Kurfürst Wilhelm I. ...
Losch, Ständeversammlung	Losch, Philipp, Die Abgeordneten der kurhessischen Ständeversammlungen ...
Minerva	Rückblicke auf die Zeit des westphälischen Königreichs ...
Moniteur	Le Moniteur westphalien ...
Obenaus, Anfänge	Obenaus, Herbert, Anfänge des Parlamentarismus in Preußen ...
Obenaus, Reichsstände	Obenaus, Herbert, Die Reichsstände des Königreichs Westphalen ...

Obenaus, Versuche	Obenaus, Herbert, Versuche einer Reform der Hildesheimer Ritterschaft ...
Schmidt, Minden-Ravensburg	Schmidt, Hans, Minden-Ravensburg unter französisch-westphälischer Herrschaft ...
Schmidt, Leinen/Seide	Schmidt, Hans, Vom Leinen zur Seide ...
Seier, Akten	Seier, Hellmuth, (Hg.) u.a., Akten zur Entstehung ...
Stammtafeln 1888	von Buttlar-Elberberg, Rudolf, Stammbuch ...
Wachler, Chronik	Wachler, Ernst, und Wachler, Max (Hg.), Chronik der Familie Wachler ...
Wachler, Lebensbilder	Wachler, Max, Ludwig Wachler ...
Westphalen unter Hieronymus Napoleon	Hassel, Georg, und Murhard, Karl (Hg.), Westfalen unter Hieronymus Napoleon ...

Bildnachweise

1. Veröffentlichungsrechte für Abbildungen stellten zur Verfügung:

Apelern:	Börries Freiherr von Hammerstein S. 142
Aschaffenburg:	Stadt und Stiftsarchiv S. 168
Baden-Baden:	Jobst-Christian Freiherr von Cornberg S. 131
Bebra:	Trottenstiftung Solz S. 200
Berlin:	Bankhaus Löbbecke & Co. S. 158
Bonn:	Job Werner von der Schulenburg-Beetzendorf S. 186
Brakel-Rheder:	Freiherr Spiegel von und zu Peckelsheim S. 161
Braunschweig:	Stadtarchiv S. 208
Büren-Brenken:	Freiherr von und zu Brenken S. 126
Dresden:	Staatliche Kunstsammlungen - Kupferstich-Kabinett S. 138
Emmerthal:	Georg von Ilten, Hämelschenburg S. 155
Frankfurt am Main:	Fritz Knapp Verlag S. 199
	Stadtarchiv S. 140
Freiburg/Br.:	Freiherrlich Gayling von Altheim'sches Gesamtarchiv Schloß Ebnet S. 139
Fulda:	Stadtarchiv S. 95
Göttingen:	Philipp Kühne S. 156
Hanau:	Museum Schloß Philippsruhe S. 26
Heidenheim/Brenz:	Ernst-Nikolaus von Kaisenberg S. 151
Hirzenhain:	Christian-Henrich Fürst zu Stolberg-Wernigerode S. 195
Kassel:	Gesamthochschul-Bibliothek - Landesbibliothek und Murhard'sche Bibliothek der Stadt Kassel, Außentitel Ausgabe Hessen Bibliothek, Tafeln XX-XXIX, Tafeln XXXV-XXXIX S. 136, 152
	Martin Lengemann S. 15, 25 (2), 40
	Staatliche Kunstsammlungen Schloß Wilhelmshöhe Tafeln II-XI, S. 103
	Stadtarchiv S. 81
Kirchlengern:	Dr. Reyner von Borries, Steinlacke S. 122
Köln:	Der Regierungspräsident Köln S. 176
Konstanz:	Wulf-W. von Blumenthal S. 121

Limburg/Lahn:	C. A. Starke Verlag S. 130, 134, 149, 167, 171
Magdeburg:	Staatsarchiv Tafeln XXXIII-XXXIV
Mannheim:	G. Gassner S. 192
Marburg an der Lahn:	Bildarchiv Foto Marburg S. 23, 43
	N. G. Elwert Universitätsbuchhandlung und Verlag S. 128
	Hessisches Staatsarchiv S. 36, 92
	Historische Kommission für Hessen S. 163, 178, 202
Merseburg:	Zentrales Staatsarchiv Tafeln XXX-XXXII
Münster:	Westfälisches Landesmuseum für Kunst- und Kulturgeschichte - Photoarchiv Diepenbroick S. 114, 120 169, 179, 191
Nentershausen:	Friedrich-Wilhelm von Baumbach S. 115
Nieheim:	Dr. von und zur Mühlen S. 147
Obernkirchen:	Erich Brockmann S. 127
Osnabrück:	Kulturgeschichtliches Museum S. 52
Paderborn:	Bonifatius GmbH Druck.Buch.Verlag S. 133
Regensburg:	Sigrid Gräfin Waldbott von Bassenheim S. 204
Schwäbisch Gmünd:	Ernst-Georg Graf zu Münster S. 166
Vahlberg:	Rembert Freiherr von Münchhausen S. 164
Waake:	Adolf Freiherr von Wangenheim S. 205
Weinheim:	Dr. Carl-Ludwig Nottebohm S. 171
Wienhausen:	Familienverband von Alvensleben S. 111, 112
Wiesbaden:	Christof von Branconi S. 125
	Hessisches Hauptstaatsarchiv Tafeln XLX-XLVII, S. 17
Witzenhausen:	Sittich Graf von Berlepsch S. 117
Wolfenbüttel:	Herzog August Bibliothek S. 124, 182
	Niedersächsisches Staatsarchiv Tafeln XII-XIX, S. 141, 143, 150, 196
Wolfsburg:	Dr. Günzel Graf von der Schulenburg, Nordsteimke Tafel I, S. 188
Zierenberg:	Dr. Raban von der Malsburg, Escheberg S. 15, 40

2. Vorlagen für Abbildungen fertigten an oder stellten zur Verfügung:

Braunschweig:	Stadtarchiv S. 208
Dresden:	Staatliche Kunstsammlungen - Kupferstich-Kabinett S. 138
Kassel:	Carl Eberth S. 115 Martin Lengemann Tafeln XXX-XXXIV, S. 15, 25 (2), 36, 40, 92, 117, 130, 133, 136, 149, 152, 163, 167, 171, 176, 178, 199, 202, 208 Staatliche Kunstsammlungen Schloß Wilhelmshöhe (Gabriele Bößert) Tafeln II-XI, S. 103 Stadtarchiv S. 81
Magdeburg:	Staatsarchiv Tafeln XXXIII-XXXIV
Marburg an der Lahn:	Bildarchiv Foto Marburg S. 23, 43 Hessisches Staatsarchiv S. 36, 92
Merseburg:	Zentrales Staatsarchiv Tafeln XXX-XXXII
Regensburg:	Photo-Studio Daniel S. 204
Wiesbaden:	Hessisches Hauptstaatsarchiv S. 17
Wolfenbüttel:	Niedersächsisches Staatsarchiv - Chr. Treptow S. 141, 143, 150, 196

Für die übrigen Abbildungen wurden private Vorlagen, die von den die Veröffentlichungsrechte zur Verfügung stellenden Personen oder Institutionen überlassen wurden, verwendet.

Register

Der Index erschließt die Kapitel I bis IV und die Anmerkungen. Er umfaßt alle darin verzeichneten Personen- und Ortsnamen und unter den einzelnen Gebieten die vorparlamentarischen und/oder parlamentarischen Gremien, die in den Kapiteln I bis IV und den Anmerkungen erwähnt sind. Lediglich auf die Aufnahme der Reichsstände des Königreichs Westphalen und der Ständeversammlung des Großherzogtums Frankfurt wurde verzichtet.
Die Ziffern bezeichnen die Seiten; nur bei Namensgleichen wurden in Klammern entweder auch die Lebensdaten oder die Bezeichnung “sen.“ für den Älteren angefügt.

A

Aachen 174, 177, 220
Adamsdorf 121
von Adelebsen (= von Münchhausen), Gertrude Melusine 164
Agathof 192
Albungen 198
Aller-Departement 16
Altenbeken 66, 201
Altenburg i. Th. 164
Altenhagen 172
Altenhaßlau 128
Altenhausen 66, 185
Althaldensleben 167 f.
Althensleben 157
Altmark 15, 111 f.
— Altmärkische Stände 111 f.
Graf von Alvensleben, Albrecht 111
von Alvensleben (= von Alvensleben), Anna Hedwig 112
Gräfin von Alvensleben (geb. von Rohr), Dorothea Sophia Friederike *Caroline* 111
von Alvensleben, Joachim (IV.) 111
Graf von Alvensleben, Johann *August* Ernst 34, 38, 41, 56, 61, 111 f., 222 f.
von Alvensleben, Johann Friedrich (VII.) 39, 41, 56, 61, 68, 80, 112
von Alvensleben (= Gräfin von der Schulenburg-Emden), Karoline Ernestine Friederike 187
von Alvensleben, Lewin Ludolf (IV.) 112
von Alvensleben (-Neugattersleben) (= von Alvensleben), Louise Eleonore Amalia *Sophia* 112
von Alvensleben (geb. von Platen), Sophia Luise Ernestine 111
Alvensleben, Markt 156
Amelith 61, 119
von Amling (= von Heß), Maria Apollonia 144
Amsterdam 167
Angern 66, 186
Anhalt-Köthen, Herzogtum 18, 179
Antwerpen 171
Apelern 63, 142
Apfelstädt 207
Apollonia (= Schnerr), Maria 184
Arnsberg 174, 220
von Arnstedt (geb. von Lüdecke), Christiane Luise Antoinette 113
von Arnstedt, Friedrich Adrian 44 ff., 57, 61, 113, 223
von Arnstedt, Karl Adrian 113
Artope (= Röschel), Maria Elisabeth 179
Artope (= Röschel), Rosina Margarethe 179

Asbrand (=Wachler), Juliane 202
Aschaffenburg
— Departement 16, 93 f., 99 f., 137, 169, 190, 204
— Departementsrat 137, 169, 190
— Fürstentum 16, 217
— Stadt 93, 101, 137, 168 f., 190
Ascherode 206
Aschersleben 65 f., 180 f., 189
Freiherr von Asseberg 148

B

Babenhausen 139
Baden, Markgrafschaft 150
Bahr (=Raven), Christine Marie 175
Bahrdorf 157
Bailleu (=Coqui), Marie 130
Bailleul 131
Bamberg 137
von Bar, Gotthard Ludwig 114
von Bar, Herbord Sigismund *Ludwig* 34, 54 f., 60 f., 69, 71, 80, 87 f., 90, 114 f., 172, 212, 220, 224
von Bar (geb. von Schele), Klara Sophia Wilhelmine 114
von Bar (geb. Dürfeld), Regina Katharina Charlotte 114
von Bardeleben, ... 142
Barenaue 114
Baruth 167
Bassenheim 204
Bauermeister Wwe. (=Thon, geb. Sundheim), Louise Charlotte 198
von Baumbach (-Lenderscheid) (geb. Wiebrecht), Caroline Luise Henriette 116
von Baumbach (-Nentershausen) (geb. von Wangenheim), Christiane 115
von Baumbach (geb. von Boineburg gen. Hohenstein), Christine Luise 115
von Baumbach (-Nentershausen), Ludwig (IV.) Wilhelm 50 f., 59, 61, 80, 115, 200, 212
von Baumbach, Reinhard 115
von Baumbach (-Sontra), Sabine Friederike 116
von Baumbach, Wilhelm Ludwig (I.) 116
von Baumbach (-Lenderscheid), Wilhelm Ludwig (II.) 50 f., 59, 61, 69 f., 80, 116, 211, 214
Baumgarten 172
Bayer von Boppard (=Freifrau Gayling von Altheim), Maria Sophia 139
Bayern, Königreich 17 f., 144, 169, 204, 224
— Kammer der Reichsräte 204, 224
de Beauharnais, Eugène 17
Beckurths (Becours) (=Pomme), Anna Christine 173
Becours - s. Beckurths
Freiin von Bender und Loitha (= Freifrau von Mengersen), Therese 161
Benzigerode 132
Berding, Helmut 13, 31
Berg, Großherzogtum 13, 147
Bergen (bei Magdeburg) 186, 188
Berlepsch 117
von Berlepsch (geb. von Hardenberg), Amalie Ernestine 117
von Berlepsch (geb. Siever), Anna Dorothea Helene 117
von Berlepsch, *Carl* Friedrich Ludwig Hans 117
von Berlepsch, Carl Ludwig 117
von Berlepsch (geb. von Oppel), *Emilie* Dorothea Friederike 117
von Berlepsch, Friedrich Ludwig 42, 56, 61, 71, 80, 117 f., 141, 212
von Berlepsch, Johann Wilhelm Ludwig 117
Berlin 111, 121, 150, 154, 170, 176 f., 179, 182, 185, 187, 195
von Berswordt (=von Klencke, verw. von Bockum-Dolffs), Dorothea 155
Bettenhausen 66, 192

Betzendorf 121
von Bibow (= von Plessen), Lucie Luise 172
Freiherr von Bibra, Philipp 96
Biedenharen (= Ulrich), Catharina 201
Bielefeld
— Distrikt 134
— Distriktsrat 134
— Stadt 62, 64, 122 f., 134, 148, 159
Bierbaum (geb. Müller), Anna Elisabeth 118
Bierbaum, Georg Wilhelm (I.) 118
Bierbaum, Georg Wilhelm (II.) 118
Bierbaum, Heinrich Wilhelm 118
Bierbaum, Johann *Julius Georg* 32, 48, 58, 61, 118 f.
Bierbaum (geb. Rommel), Sophie 118
Bilz, Wolfram 31
Bippart, Balthasar 119
Bippart (geb. Mogk [Meyl]), Caroline Amalie Wilhelmine 119
Bippart, Johannes 46 f., 58, 61, 80, 119
Bippart (geb. Hüpeden), Lucie 119
Bischofsheim 101
Bisdorf 188
von Bismarck (= Gräfin von der Schulenburg-Angern), Luise Eleonore 186
von Bismarck-Welle, ... 39, 41
Blankenburg
— Distrikt 132
— Distriktsrat 132
— Fürstentum 132, 173, 197, 208, 217, 220
— Stadt 62, 132, 159
Blum, *Franz Anton* Joseph Johannes Nikolaus 48, 58, 61, 82 f., 120
Blum, Franz Joseph 120
Blum (geb. Niemeyer), Maria Aemilia 120
Blum (geb. Thon-Nienhauss), Maria Theresia 120
Gräfin von Blumenthal (geb. Gräfin von Wartensleben), Elisabeth *Ulrike* Amalie 121
Gräfin von Blumenthal (geb. von Plessen), Friederike 121
Graf von Blumenthal, *Heinrich (VIII.)* Leopold August 38, 41, 56, 61, 121
Graf von Blumenthal, Johann (Hans) August 121
Graf von Bocholtz, ... 79
von Bockum-Dolffs Wwe. (= von Klencke, geb. von Berswordt), Dorothea 155
von Bodenhausen, Bodo Friedrich 117
von Bodungen, *Anton* Christoph Ludwig Wilhelm Adolf 45, 57, 61, 122, 215
Freiin von Bodungen (= von Knorr), *Charlotte* Sophie Juliane 155
von Bodungen, *Karl* Christian Wilhelm 122
von Bodungen (geb. von Hagen), Karoline Johanne Eleonore 122
von Bodungen (geb. von Hagen), Philippine Ernestine *Henriette* 122
von Börnstedt (= Schröder), Henriette Louise 184
von Boeselager (= Freifrau Ostmann von der Leye), Maria Theresia 172
von Boineburg gen. Hohenstein (= von Baumbach), Christine Luise 115
Bolenius (= Schmitz), Regina Christina 183
Bonafort 61, 117
Bonaparte
— Jérôme (= Hieronymus Napoléon) 13 ff., 45, 51, 70 ff., 77, 84, 142, 144, 150, 161, 163, 170, 195, 197
— Napoléon 13 ff., 135, 139, 141, 195
Bonneß (= Schmitz), Eleonore Antoinette Amalie *Caroline* 183
Borgholz 161
von Borries (geb. Freiin Grote), Eleonore Sophie 122
von Borries, Franz Wilhelm 122
von Borries, Otto Heinrich 122
von Borries, *Philipp* Karl Ludwig 54 f., 60 f., 122 f., 213, 215
von Borries, Rudolf 123

Brabeck 124
Gräfin von Brabeck (geb. Freiin Weichs zur Wenne), Anna Franziska 124
Freiherr von Brabeck, Jodocus (Jobst) Edmund 124
Freifrau von Brabeck (geb. von Kerckerinck), Maria Felicitas 124
Graf von Brabeck, *Moritz* (Mauritz) Friedrich Johannes Carl Maria 48, 58, 62, 80, 124, 141, 191
Freiin von Brabeck (=Freifrau von Sierstorpff), Theresia *Sophia* Felicitas Gottlob Maria 191
Brackwede 64, 159, 171
von Branconi, Franz Anton Salvator (Antonio Mariano Salvatore Francesco) 49 f., 58, 62, 125
de Branconi, Giovanni Guiseppe *Francesco* Pessina 125
de Branconi (geb. Elsener), Maria Antonia 125
von Branconi (geb. von Rössing), Sophie Karoline 125
Brandenburg (in Schaumburg-Lippe) 145
Brandenburg, Mark 112, 188, 223
— Provinzialstände 112, 188, 223
Braunlage 132
Braunschweig, Stadt 47, 61, 63 f., 66 f., 118, 138, 141, 143, 150, 158, 164 f., 172, 176, 188, 191, 196, 208
Braunschweig-Lüneburg, Kurfürstentum (= Hannover, Kurfürstentum) 15 f., 218
Braunschweig-Wolfenbüttel
— Herzogtum 15, 132, 141, 144, 150, 154, 159, 173, 191, 197, 208, 217, 219 ff., 223, 225
— — Landschaft (Landtag) 132, 144, 173, 197, 208, 225
— Herzog Friedrich Wilhelm 188 f.
— Herzog Karl III. 112, 189, 191
— Herzog Karl Wilhelm Ferdinand 132, 150
— Herzog Wilhelm 191
Bredelar 201
Breeze (=Lavater), Sally 158
Breitenbach 62
Breitenbich 64, 155
Bremervörde 187
Brenken 126
Freiherr von Brenken, Franz Joseph 42, 56, 62, 126
von und zur Brenken (geb. von Schorlemmer), Franziska Wilhelmine 126
Freiherr von Brenken, Friedrich Karl Dominik 126
von und zur Brenken, Friedrich Wilhelm 126
Freiherr von Brenken, *Hermann* Dietrich Dominikus 126
Freiherr von Brenken, *Reinhard* Franz Karl Dominik 126
Freifrau von Brenken (geb. Freiin Wolff Metternich), Sophie Eleonore 126
Breslau 158, 202
Breymann (=Lambrecht), Antoinette Caroline 157
Breymann (= von Löhneysen), Charlotte Dorothee Wilhelmine 159
Breymann (=Lambrecht), Henriette Sidonie Wilhelmine 157
Breymann, Johann Julius Heinrich 159
Brieg 112
Brilon 201
Brockmann (geb. Nienhencke), Anna Margarethe 127
Brockmann, Everhard Heinrich 127
Brockmann, Johann Heinrich *Rudolf* 53 ff., 60 ff., 127, 213
Brockmann (geb. Meyer), *Luise* Charlotte Amalie 127
Brockmann (geb. von Gülich), Margarethe Regine *Friederike* 127
Bröske, Ludwig Friedrich 136
Bröske, (=Duysing), Marie Caroline 136
Brom, Conrad 193
Brom (= Sporleder), Wilhelmine 193
Brome 188

Bromeis, Karl 24
Bruchköbel 128
Brüggemann (= Pomme), Catharina Dorothea 173
Brunshausen, Kloster 196
Brunswick (geb. Schröder), Anne Dorothee 128
Brunswick, Johann Anton 54 f., 60 ff., 128, 213
Brunswieg, Jakob 128
Brunswieg (geb. Hilcken), Metta 128
Buderus (geb. Reichert), Catharina Elisabeth 128
Buderus, Friedrich Ludwig 128
Buderus von Carlshausen, Carl Friedrich 98, 100 f., 128 f., 220 f.
Buderus von Carlshausen (geb. von Mengersen), *Charlotte* Juliane Ernestine 128
Buderus von Carlshausen (geb. Gullmann), Maria Dorothea 128
Bückeburg 145, 207
Bücking, (= Robert), Barbara Katharine Juliane 178
Büdingen 128
von Bülow (= von Strombeck), Amalie 196
von Bülow, Ludwig Friedrich Viktor Hans 122, 167
von Bülow (= von Borries), *Luise* Helene Gertrud Elisabeth 122
Bünde 123, 219
Büstedt 65, 172
von dem Bussche, ... 55
von dem Bussche-Haldenhausen (= von Cornberg), Sophie Henriette Helene 131
Buxheim 204

C

Cäsar (Cosar) (= Suren), Maria Sibylla 198
Calenberg, Fürstentum 117 f.
— Landtag 118
Cappel 162
Carpzow (= Henke), Wilhelmina Benedicta 143
Cattenstedt 132
Celle 45, 197
Charlottenhof 191
Clausius (geb. Lieder), Anna Elisabetha 129
Clausius, Georg *Gottfried* 96, 99, 101, 129 f.
Clausius, Johann Bernhard 129
Clausius (geb. Koch), Maria Margaretha 129
Cohen (Leffmann) (= Jacobsson), Jeanette 150
von Coninx, Peter Heinrich 73, 87
Coqui, Jacob Christoph 130
Coqui, Johann Caspar 39, 41, 56, 62, 80, 130
Coqui (geb. Dürking), Johanna Christiane *Henriette* 130
Coqui (geb. Bailleu), Marie 130
Coqui (geb. Roux, verw. Maquet), Marie 130
Cornberg 198
von Cornberg, Christian Ludwig 131
von Cornberg, Philipp Georg Wilhelm 53, 55, 60 ff., 131, 211, 213
von Cornberg (geb. von dem Bussche-Haldenhausen), Sophie Henriette Helene 131
Corvey, Fürstentum/Fürstbistum 15, 133, 174, 194, 217
Cosar (Cäsar) (= Suren), Maria Sibylla 198
Costenoble (geb. Favreau), Anna Katharina 131
Costenoble, Carl Heinrich 131
Costenoble, Johann Jakob 38 f., 41, 56, 62, 69 f., 79, 82 f., 131 f.
Costenoble (geb. Kalinsky), Johanne Dorothea Elisabeth 131
Crailsheim 192

von Cramm (=Gräfin von der Schulenburg-Angern), Auguste Luise Adolfine 186
Culemann (geb. Hildebrand), Anna Margaretha 132
Culemann, Friedrich Carl 49 f., 58, 62, 80, 82, 86, 88 f., 132, 220, 225
Culemann, Nevelin Gerhard 132

D

Dachrieden 156
Dagobertshausen 62
von Dalberg, Carl Theodor (=Carl, Großherzog von Frankfurt) 13 ff., 22, 27, 31, 102, 104 f., 140 f., 153, 195
Dammers, Cornelius *Richard* 42, 57, 62, 133
Dammers (geb. Kanngießer, verw. Unkraut), Maria Sabina 133
Dammers, Nikolaus 133
Davoust, Louis Nicolas 188
Degenhardt (=Fromm), Anna Martha 139
Delius, Conrad Wilhelm 53, 55, 60, 62, 134, 212
Delius, Daniel Conrad 134
Delius, Ernst Friedrich Wilhelm Heinrich Ludwig (Louis) 134
Delius (geb. Schultze), Henriette Amalie Anna Klara Luise 134
Delius (geb. Heidsieck), *Henriette* Dorothee 134
Delius (geb. Heidsieck), Margareta Anna 134
Delius (geb. Fucke, verw. Hagen, gesch. Sobbe), Wilhelmina *Sophia* 134
Delius, ... (Unterpräfekt) 55
Demandt, Karl 13
Detmold 132
Deutscher Bund 204, 221
— Bundesversammlung 204
Deutsches Reich 13, 116, 123, 126, 138, 153, 167, 195, 206
— Deutsche Nationalversammlung 153, 206
— Deutscher Reichstag 123, 126, 138, 167, 195
— Heiliges Römisches Reich Deutscher Nation 13, 116
Dewar (=von Münchhausen), Lydia 164
Diederichs (geb. Schultze), Anna Sophia Elisabeth 134
Diederichs, Carl Anton 53 ff., 60, 62, 134 f., 212
Diederichs (=von Ritzenberg), Charlotte Wilhelmine Johanne 177
Diederichs, Friedrich 177
Diederichs, Leopold Conrad 134
Diederichs (geb. Mencke), Luzie Charlotte Sophie 135
Diedrichsen (=Seiler), Anna Margarethe Justina 189
Dingelstedt (bei Halberstadt) 173
Freiherr von Dörnberg, Carl Ludwig 50 f., 59, 62, 135 f., 221
von Dörnberg (geb. von Löwenstein), Caroline Dorothea 135
von Dörnberg, Pandolfus Ferdinand 135
Dresden 138, 195
Driburg 191
Dudenroth 147
Duderstadt
— Distrikt 206
— Distriktsrat 206
— Stadt 151, 206
Dürfeld (=von Bar), Regina Katharina Charlotte 114
Dürking (=Coqui), Johanna Christiane *Henriette* 130
Düsseldorf 88
Dumont (=Raven), Philippine Amalie 175
Duysing (geb. Kirchmeier), Amalie Anna Elisabeth 136
Duysing, Bernhard Christian 50 f., 59, 62, 136, 174, 222
Duysing, Heinrich Otto 136

Duysing (geb. Bröske), Marie Caroline 136

E

Eichenbarsleben 111, 187
Eichsfeld 15, 113 f., 122, 133, 139, 151 f., 155 f., 160, 163, 206, 217
— Stände 113, 306
Eilenburg 161
Einbeck 65 f., 175 f., 197
Eisenach 129
Eisenberger (geb. Filmer), Anna Gertrud 137
Eisenberger, Johann 137
Eisenberger, Johann *Adam* 94, 100 f., 137
Eisenberger, (geb. Sesler), Margarethe 137
Eiterfeld 101, 162, 192
Elbe 164
Elbe-Departement 16, 18, 56, 111 f., 121, 130 ff., 157, 167 f., 180, 183, 185 ff.
— Departements-Wahlkollegium 38 ff., 111, 113, 121, 130, 167, 180, 183, 185 f.
— Departementsrat 112 f., 180, 185
Elbingerode 15
Ellrich 113
Elsener (=de Branconi), Maria Antonia 125
Graf und edler Herr von Eltz, gen. Faust von Stromberg, *Johann* Philipp Jacob Nepomuk 93
von Elverfeld (=von Hövel), Antonie Maria Franziska 147
Emden (Kreis Neuhaldensleben) 66, 187
Emmerich 151, 222
Engel (=Toussaint), Henriette Marie 200
Engelgarten 127
Engelhard, Franz Xaver 137
Engelhard, Johann Georg 29, 94, 100 ff., 105, 107, 137, 212, 214
Engelhard (geb. Hafner), Margareth 137
Engelhard, Johann *Phillipp* Nikolaus 32, 167
Engelhard (=Nathusius), Luise Wilhelmine 167
Engersen 113
Enkingmühl 147
Ennepe-Ruhr-Kreis 147
Erfurt 117 f., 151 f., 153, 164, 191, 217, 220
Erlangen 141
Ermsleben 65, 180
Erpenburg 62, 126
Erperntrup 161
Erxleben 61, 111
Eschstruth (=Thon), Anna Christina 198
Eschwege
— Distrikt 198
— — Distriktsrat 198
— Stadt 118, 198
von Eschwege (=von Hammerstein, verw. von Hessberg), Dorothee Marianne Caroline Henriette 142
Esmann (=Heuser, verw. Schrader), Hedwig Dorothea Elisabeth 142
Etgendorf 147

F

Falkendyk 131
Favreau (=Costenoble), Anna Katharina 131
Filmer (=Eisenberger), Anna Gertrud 137
Fincke (=Robert), Katharina Margarethe Wilhelmine 178
Fischbeck 143
Fischer (=Haeberlin), Catharina Margarete 141
Flandern 182
Flensburg 193
Fontainebleau 14, 111, 114, 121, 124, 142, 144, 173, 178, 187

von Forell (= von Reimann), Anna Christina Godefreda 176
Francke, August Hermann 169
Frankfurt
— Departement (mit Wetzlar) 16, 94 f., 99, 129 f., 141, 179, 184, 193 f.
— Departements-Wahlkollegium 94 f., 129, 184, 193 f.
— Departementsrat 129, 184
— Großherzogtum passim
— Großherzog Carl s. Dalberg
— Stadt 16, 31, 73, 94, 101, 129, 140 f., 171, 179, 184, 193 f., 217, 219, 222, 225
— Gesetzgebende Versammlung 141
Frankreich 14, 16, 116
Frauendienst (= Seiler, verw. Goldhagen), Sophie 189
Fredeburg, Amt 124
Freiberg in Sachsen 147
Freylinghausen (= Niemeyer), Auguste Sophie 169
Freylinghausen, Johann Atanasius 169
Freifrau von Friesen (geb. Gräfin von Werthern), Christine Jakobine 138
Freiherr von Friesen, Heinrich 138
Freiherr von Friesen, Johann Friedrich Ernst 138
Freiherr von Friesen, *Johann Georg* Friedrich 34, 49, 58, 62, 80, 138, 188, 213, 224
Freifrau von Friesen (geb. von Krosigk), Johanna Friederike Luise Karoline 138
Freifrau von Friesen (geb. Gräfin von der Schulenburg-Wolfsburg), Julie Karoline 138
Fritzlar 135, 175
Fromm (geb. Degenhardt), Anna Martha 139
Fromm, Anton 139
Fromm, Carl 44 f., 57, 63, 139, 160
Fromm (= Meilhaus), Dorothea 139, 160
Fromm, Ignaz 139
Fromm, Martin 139, 160
Fromm (geb. Lutterberg), Sophia 139
Fucke (= Delius, verw. Hagen, gesch. Sobbe), Wilhelmina *Sophia* 134
Fürstenberg 191
Fürstenstein (bei Albungen) 198
Fürstprimatischer Staat 16, 217
Fuhrmann (= Heuser), Johanna Regine Marie 145
Fulda
— Departement (des Ghzm. Frankfurt) 16, 96 f., 100, 144, 156, 162, 181, 192
— Departements-Wahlkollegium 96 f.
— Fürstbistum 16, 164, 217
— Stadt 96, 101, 144, 147, 156, 162, 181, 192
Fulda-Departement 16, 18, 41 f., 56 f., 118, 126, 133, 135, 146, 160 ff., 174 ff., 181 f., 193, 198, 201
— Departements-Wahlkollegium 41 f., 135
Fuldastrom, Stromsbezirk 115 f.

G

Gansauge (= Kühne), Minna 156
Freifrau Gayling von Altheim (geb. von Reischach-Reichenstein), Augusta Carolina Wilhelmina 139
Freiherr Gayling von Altheim, Eberhard Friedrich 139
Freiherr Gayling von Altheim, *Ludwig* Friedrich *Wilhelm* August 98, 100 f., 139 f., 215
Freifrau Gayling von Altheim (geb. Bayer von Boppard), Maria Sophia 139
Gehrden 191
Gerlach (= Simon), Genofeva 192
Germerode 66, 198

Germershausen 63, 145
Göttingen
— Fürstentum 15, 117, 207
— Stadt 45, 63, 114, 117, 123, 132 f., 135 f., 140, 142, 147, 151, 153, 165, 172, 183, 188, 195 ff., 202, 207 f.
Goldhagen Wwe. (= Seiler, geb. Frauendienst), Sophie 189
Goslar 15
Gotha 202, 205, 207
Gräfentonna 202
Grandjean de Montigny, Auguste Henri Victor 24, 32, Tafeln II - XI
Gregor XVI., Papst 133
Grimm, Dieter 32
Grimm, Jacob 129, 154
Groß-Bartloff 63, 139, 160
Großbritannien 221
— Adolph, Prinz von G., Herzog von Cambridge 205
— König Georg IV., vorher Prinzregent 189
Großenlüder 181
Groß Hillingsfeld 142
Groß-Sisbeck 196
Groß-Twülpstedt 196
Groß-Werther 61, 113
Freiin Grote (= von Borries), Eleonore Sophie 122
Grubenhagen, Fürstentum 15, 117, 207
von Gülich (= Brockmann), Margarethe Regine *Friederike* 127
von Gülich, Philipp Anton 127
von Günderode (geb. von Schneider, gen. Schmidt), Elisabeth Charlotte 140
von Günderode (geb. von Kettelhodt), Friedrica Wilhelmine 140
von Günderode, *Friedrich* Maximilian 34, 94, 99, 101, 140 f., 214, 222, 225
von Günderode, Justinian 140
Gullmann (= Buderus von Carlshausen), Maria Dorothea 128

H

Den Haag 153
Habsburg-Lothringen s. Maria Theresia
Haeberlin, Carl Friedrich 48, 58, 63, 69, 71, 78, 80, 120, 141 f., 211
Haeberlin (geb. Höfer), Caroline Wilhelmine 141
Haeberlin (geb. Fischer), Catharina Margarete 141
Haeberlin, Franz Dominicus 141
Hämelschenburg 63, 155
Häseler (= Strombeck) Christiane Henriette Luise 196
Hafner (= Engelhard), Margareth 137
Hagedorn (= Freifrau Ostmann von der Leye), Anna Maria 172
Hagen 147
von Hagen (= von Bodungen), Karoline Johanne Eleonore 122
von Hagen (= von Motz), Luise *Albertine* Amalie 153
von Hagen (= von Bodungen), Philippine Ernestine *Henriette* 122
Hagen Wwe. (= Delius, gesch. Sobbe, geb. Fucke), Wilhelmina *Sophia* 134
von Hagen, ... (Landrat) 163
Hagenbruch (= Lutteroth), Maria Sophia 160
Hainspitz 164 f.
Halberstadt
— Kreis 163
— Land 15
— Stadt 49, 61, 65, 111, 113, 125, 131, 150 ff., 163 f., 173, 177, 179 f., 189, 219, 222
Halle 15, 63 f., 113, 135, 141, 148, 152 f., 156, 169 f., 179 f., 186
— Munzipalrat 153, 170
Hamburg 128, 133, 199
Hameln 205
Hamm 176
Hammelburg 101, 144
von Hammerstein (geb. von Münchhausen), Amalie Gertrud 142

von Hammerstein, *Börries* Friedrich Carl 20, 53, 55, 60, 62 f., 142 f., 212, 215, 224 f.
von Hammerstein (= verw. von Hessberg, geb. von Eschwege), Dorothee Marianne Caroline Henriette 142
von Hammerstein, Georg Gottlieb Maximilian 142
Hanau
— Departement 16, 97, 100, 129, 139 f., 158, 200, 203
— Departements-Wahlkollegium 129, 139 f., 158, 200, 203
— Departementsrat 129, 158, 200, 203
— Fürstentum/Grafschaft 15 f., 217
— Stadt 13, 24, 26, 29, 31, 97, 101, 104, 128 f., 139 f., 157 f., 171, 199 f., 203, 220
Hannover
— Königreich 20, 219 f., 224
— König Ernst August 45
— Provisorische Allgemeine Ständeversammlung 115, 166, 172, 176, 189, 224
— Allgemeine Ständeversammlung 166, 172, 176, 224
— Kurfürstentum s. Braunschweig-Lüneburg
— Provinz 195
— Stadt 114, 142
von Hardenberg (= von Berlepsch), Amalie Ernestine 117
Fürst/Graf von Hardenberg, Karl August 147, 176
Harscher von Almendingen, Ludwig 32
Harz-Departement 16, 19, 44, 57, 113 f., 122, 139, 149, 151 f., 154, 156, 161, 163 f., 206 f.
— Departements-Wahlkollegium 44, 113, 122, 139, 151, 154, 156, 163, 206
— Departementsrat 113
Haupt (= Rosentreter), Amalie Juliane 181
Haynrode 206
Hehlen/Weser 143
Heidelberg 129, 133
Heidsieck (= Delius) *Henriette* Dorothee 134
Heidsieck (= Delius), Margareta Anna, 134
Heiligenstadt
— Distrikt 122, 139
— Distriktsrat 122, 139
— Stadt 44, 63 f., 113, 121, 151, 160, 219
Heimarshausen 162
Helmstedt
— Distrikt 142
— Distriktsrat 142
— Stadt 63, 111, 120, 141 ff., 159, 172, 196
Henke, Friedrich August 143
Henke, Heinrich *Philipp* Conrad 47 f., 58, 63, 78, 80, 143 f., 211
Henke (geb. Kern), Johanna Dorothea Elisabeth 143
Henke (geb. Carpzow), Wilhelmina Benedicta 143
Heppach 204
Herbeck, Haus 147
Herda bei Eisenach 119
Herford
— Distrikt 135
— Distriktsrat 135
— Stadt 62, 122 f., 131, 134 f., 148, 202, 219
Hersfeld 62, 64, 135, 162 f.
Herwigsdorf 145
Herzberg 172
Herzberg an der Elster 121
Herzberg bei Hersfeld 135
Herzgroth (= Roloff), Maria Catharina 180
von Heß, Bernhard Franz 144
von Heß, Ignatz Philipp 144
von Heß, Johann *Philipp* Christoph Erasmus Joseph 96, 100 f., 144, 214

von Heß, (geb. von Amling), Maria Apollonia 114
von Heß (geb. Wankel), Maria Gertraud 144
von Hessberg Wwe. (= von Hammerstein, geb. von Eschwege), Dorothee Marianne Caroline Henriette 142
Hessen-Darmstadt, Landgrafschaft/Großherzogtum 150, 164, 195
— 1. Kammer 195
Hessen-Kassel
— Kurfürstentum 15, 140, 142, 154, 164, 174 f., 200, 203, 217, 219 ff., 224 f.
— Kurfürstin Auguste 135
— Kurfürst Wilhelm I. (= Landgraf Wilhelm IX.) 77, 116, 128, 135, 139
— Kurhessische Ständeversammlung 117, 143, 145, 162, 193, 200, 203, 225
— Landtag von 1815/16 146, 178, 224
— Landgrafschaft 146, 217
— Landgraf Friedrich II. 182
— Landtag 146, 178
Heuser, Georg Ludwig Christian 54 f., 60, 62 f., 145, 212
Heuser (geb. Esmann, verw. Schrader), Hedwig Dorothea Elisabeth 142
Heuser (geb. Fuhrmann), Johanna Regine Marie 145
Heuser, Justus George 145
Heuser (geb. Wüstenfeld), ... 145
von der Heyde, ... (Ehefrau von Wilmerding) 208
von Heydwolff (geb. von Tettau), Amalie 145
von Heydwolff, Friedrich August Bogislaw 145
von Heydwolff, *Friedrich* Wilhelm Ernst 34, 50 f., 59, 63, 145 f., 224
von Heydwolff, *Heinrich* Carl Friedrich Gerhard 145
von Heydwolff, Johann Gottfried 145
von Heydwolff (geb. von Knobelsdorff), Marie Charlotte 145
von Hiddessen (geb. Wüstenberg), Henriette 146
von Hiddessen (geb. Vüllers), Maria Anna 146
von Hiddessen, Petrus Ignatius 146
von Hiddessen, *Wilhelm* Franziskus Joseph Xaverius 42, 56, 63, 146, 215
Hieronymus Napoléon s. Bonaparte Jérôme
Hilcken (= Brunswieg), Metta 128
Hildebrand (= Culemann), Anna Margaretha 132
Hildesheim
— Distrikt 120
— Fürstentum 120, 124, 218
— Landstände 124
— Stadt 15, 61, 120, 124, 149, 191
Himmelsthür 191
Himmighausen 161
von Hitzacker (= von Westernhagen), Helene Sophie 206
Höfer (= Haeberlin), Caroline Wilhelmine 141
Höhler (= Wachs), Catharina Maria Philippina 203
von Hövel (geb. von Elverfeld), Antonie Maria Franziska 147
von Hövel, *Christoph* Levin Johann 147
Freiherr von Hövel, *Friedrich* Alexander Joseph Raphael 46 f., 58, 80, 147 f., 212, 223
Freifrau von Hövel (geb. von Ritz), Wilhelmine 147
Höxter
— Distrikt 161, 201
— Distriktsrat 161, 201
— Stadt 65, 161, 173 f., 201
Hoffbauer, Christian Friedrich 148
Hoffbauer, *Peter* Friedrich 53, 55, 60 f., 63, 69 f., 72, 75 f., 80, 82, 85, 90, 148, 213
Hoffbauer (geb. Schloimann), Rebecca Philippina 148

Hoffmeister (= Löbbecke), *Sophie* Christine 158
Hofgeismar 180
Hohenlucht 194
Hohenrode (bei Rinteln) 155
Hohenstein
— Grafschaft
— braunschweig-lüneburgischer Teil 15, 207
— preußischer Teil 15, 113
— Kreis (in Preußen) 113, 219
Holzminden 141
Hombressen 65, 180
Honig (= Lambrecht) Auguste Friederike *Wilhelmine* 157
Hoppecke 201
Horchhausen 156
von Horn (= von Kaisenberg), Elisabeth 151
Horneberg 171
von Horst, ... (Domprobst) 19, 54 f.
Hübner (geb. Schreiber), Anna Katharina 149
Hübner (geb. von Winzingerode), Bernhardine Christine Caroline 149
Hübner, *Carl* Adolf 45, 57, 63, 149, 214
Hübner, Johann Adolf 149
Hübner (geb. Rotschier), Regine Juliane 149
Hünfeld 162
Hüpeden (= Bippart), Lucie 119
von Humbracht, Adolph Carl 94
Huth, ... (Adjunkt) 193

I

Iburg 65, 183
Ilfeld 131
Ilseburg 195
Imbsen 194
Italien 162
Ivenrode 185

J

Jacobi (= Keferstein), Maria Sophia Christiane Henriette 152
Jacobsson, Israël 48, 58, 63, 150 f., 167
Jacobsson, Israel Jacob 150
Jacobsson (geb. Leffmann [Cohen]), Jeanette 150
Jacobsson (geb. Samson), Minna 150
Jena 154, 202
Jesberg 66, 193
Junkernthal 147

K

von Kaisenberg (geb. von Horn), Elisabeth 151
Kaisenberg, Hugo Ferdinand 151
von Kaisenberg, Johann Christoph *Leopold* 44 f., 57, 63, 69, 71, 82 f., 86, 151 f., 222 f.
von Kaisenberg (geb. von Prenczis), Katharina 151
Kalbsburg bei Fritzlar 175
Kalinsky (= Costenoble), Johanne Dorothea Elisabeth 131
Kaltendorf bei Oebisfelde 157
Kanngießer (= Dammers, verw. Unkraut), Maria Sabina 133
Karlsruhe 140
Kassel 13 f., 23 ff., 28 f., 31 ff., 42 f., 61, 64 ff., 68, 70, 82, 114, 116, 121 f., 128 f., 135 f., 142, 144 f., 162 f., 170, 173 ff., 176, 180, 182, 184, 187, 192, 195, 197, 200, 220, 222, Tafeln II-XI
Katlenburg 67, 205
Katlenburg-Lindau, Amt 206
Katzen-Ellenbogen, Grafschaft 171
Kaufungen, Stift 146, 175, 201
Keferstein (geb. Saalfeld), Christiane 152
Keferstein, Gabriel *Wilhelm* Gottlieb 49 f., 58, 63, 82 f., 152 f., 170
Keferstein, Georg Christian 152

Keferstein (geb. Jacobi), Maria Sophia Christiane Henriette 152
Gräfin von Keller (geb. Gräfin zu Sayn-Wittgenstein-Berleburg), Amalie 153
von Keller (geb. Freiin von Mauchenheim gen. Bechtolsheim), Auguste Luise Eleonore 153
von Keller, Christoph Dietrich 153
Graf von Keller, Dorotheus Ludwig *Christoph* 34, 44 f., 57, 63, 69 f., 75 f., 80, 82, 153 f., 220 f.
Graf von Keller, *Gustav* Ludwig Emil 153
Graf von Keller, Iwan Gustav Friedrich *Alexander* 153
von Kerckerinck (=Freifrau von Brabeck), Maria Felicitas 124
Kern (=Henke), Johanna Dorothea Elisabeth 143
von Kettelhodt (= von Günderode), Friederica Wilhelmine 140
Kiedrich/Rheingau 160
Kirchberg/Jagst 184
Kirchmeier (=Duysing), Amalie Anna Elisabeth 136
Kirchmeier, Johann Christian 136, 174
Kirchmeier (= von Porbeck), Katharina Christina Sibylla 174
Klein Germersleben 179
von Kleist (=Gräfin von der Schulenburg-Altenhausen), Friederike Wilhelmine Dorothea 185
von Kleist (=Gräfin von der Schulenburg-Altenhausen), Maria Luise 185
von Klencke, Carl Wilhelm *Leopold* 53, 55, 60, 62 f., 68, 80, 155, 212
von Klencke (geb. von Berswordt, verw. von Bockum-Dolffs), Dorothea 155
von Klencke, Georg Wilhelm Ignatz 155
von Klencke, Leopold Wilhelm 155,
von Klencke (geb. von Offerhaus), Sophie Eleonore 155
Kleve 176
Klevisch-Märkische Stände 147
Klincke (=Thorbecke), Clara Elisabeth 199
Klöker (=Rötger), Henriette Luise Caroline 179
Kluberdung (=Rüttger), Sophie 181
von Knobelsdorff (=von Heydwolff), Marie Charlotte 145
von Knorr, Anton *Carl* Philipp Christian 44 f., 57, 64, 155 f.
von Knorr (=geb. Freiin von Bodungen), *Charlotte* Sophie Juliane 155
von Knorr, Christian Georg *Sittig* 155
von Knorr, Johann Albrecht Ferdinand 155
von Knorr (geb. von Linsingen), Josefine (Sophia) 155
von Knyphausen, Wilhelm 135
Koch (=Clausius), Maria Margaretha 129
Koch, Nikolaus 96, 100 f., 104 f., 156, 214 f.
Köhler (= Sickenberger), Sophia 190
Kölnische Länder 133, 217
Könemann (=Wedemeyer), Dorothea Sophia 206
Königslutter 143
von Köpken (=Niemeyer), Agnes Wilhelmine 169
von Köpken, Friedrich 169
Kolnow 163
Kranzberg 204
Krause (=Löbbecke), Anna Dorothea 158
Kröllwitz 152
von Krosigk (=Freifrau von Friesen), Johanna Friederike Luise Karoline 138
Krottorf 65, 173
Kühne, Friedrich Louis 39, 41, 56, 64, 156 f.
Kühne, Johann Philipp 156
Kühne (geb. Müller), Johanne Magdalene Elisabeth 156
Kühne, Ludwig (*Louis*) Samuel Bogislaw 156

Kühne (geb. Sisbeth), Luise (Christiane Elisabeth) 156
Kühne (geb. Gansauge), Minna 156
Kühne, Philipp 157

L

Lachem 205
Laer (= Ulrich), Gertrud Elisabeth 201
Lagrange, Joseph 116
Lambrecht (geb. Breymann), Antoinette Caroline 157
Lambrecht (geb. Honig), Auguste Friederike *Wilhelmine* 157
Lambrecht, Carl Friedrich Ferdinand 39, 41, 56, 64, 80, 157
von Lambrecht, Hans August Wilhelm *Ferdinand* 157
Lambrecht (geb. Breymann), Henriette Sidonie Wilhelmine 157
Lambrecht, Justus Heinrich Valentin 157
Langelage 64, 166
Langeland 161
Langenstein 62, 125
Langhagen in Mecklenburg 206
Lauenburg, Herzogtum 117
Lausitz, Markgraftum 112, 223
Lavater, Johann Karl 98, 100 f., 157 f.
Lavater, Johann *Konrad* 157
Lavater (geb. Breeze), Sally 158
Lavater (geb. Le Plat [Leoblat]), Sara 158
Leffmann (Cohen) (= Jacobsson), Jeanette 150
Leiden 130
Leine-Departement 16, 19, 45 ff., 57 f., 119, 145, 147, 155, 165, 175 f., 194, 197, 206
— Departements-Wahlkollegium 45 ff., 119, 147, 165, 175, 194, 197, 206
— Departementsrat 206
Leipzig 138, 191
(Baron von) Leist, Julius Christoph 30, 45, 76, 86, 91
Lenderscheid 61
Lengeröden 122
Leoblat (Le Plat) (= Lavater), Sara 158
Le Plat (Leoblat) (= Lavater), Sara 158
Leye 65, 171 f.
Lichtenau 162
Lieben 121
Lieder (= Clausius), Anna Elisabetha 129
Lieder, Johann Peter 129
Freiherr von Linden, Franz Damian 31, 106 f.
von Linsingen (= von Knorr), Josefine (Sophia) 155
Lippe-Detmold, Fürstentum 197, 223
Lippstadt 171
Liverpool 158
Livland 175
Lodtmann (= Thorbecke), Margarete *Agnes* Gertrud 199
Löbbecke (geb. Scharnbeck), Adelheid Christine 158
Löbbecke (geb. Krause), Anna Dorothea 158
Löbbecke, Carl Friedrich 48, 58, 64, 158
Löbbecke, Johann Melchior 158
Löbbecke (geb. Hoffmeister), Sophie Christine 158
von Löhneysen, August Rudolf Heinrich 159
von Löhneysen, *Carl* August Friedrich 48, 58, 64, 159, 221
von Löhneysen (geb. Breymann), Charlotte Dorothee Wilhelmine, 159
von Löhneysen (geb. von Veltheim), Luise Auguste 159
Löwenhagen 66, 194
von Löwenstein (= von Dörnberg), Caroline Dorothea 135
Löwenstein-Wertheim, Fürstentum 16
London 118, 135, 182
Lucklum 64, 165
Lübbecke 131, 134
von Lüdecke (= von Arnstedt), Christiane Luise Antoinette 113

Lueder, *Carl* Ludowig 54 f., 60, 62, 64, 159 f., 212, 215
Lueder (geb. Schrader), Johanne Francisca Marie Sophie 159
Lüdern (=Lüders), Sophia Charlotta 159
Lüders, Friedrich Wilhelm 159
Lüders (geb. Lüdern), Sophia Charlotta 159
Lügde 161
Lüne 206
Lüneburg 123
Lüttich, Bistum 182
Lutterberg (=Fromm), Sophia 139
Lutteroth, *Ascan* Wilhelm 160
Lutteroth, Ludwig *Wilhelm* 44 f., 57, 64, 160
Lutteroth (geb. Hagenbruch), Maria Sophia 160

M

Magdeburg
— Herzogtum 15, 180
— Landstände 180
— Stadt 38, 61 f., 64 ff., 111, 121, 130 ff., 156, 164, 167 ff., 179 f., 183, 186, 220 f.
Magdeburgischer Holzkreis 185 f.
Mainz
— Kurfürstentum/Erzbistum 137, 151 f., 155, 217
— Stadt 96, 116, 137, 152, 168 f., 200
Malchus, Karl August 31, 72, 74, 76, 85, 89
von der Malsburg, Carl Otto 40 f., 116
Mannheim 130
Mansfeld, Grafschaft
— preußischer Teil 15
— sächsischer Teil 15, 218
Mansfelder Gebirgskreis 180
Mansfelder Kreis 152
Maquet, David 130
Maquet Wwe. (=Coqui, geb. Roux), Marie 130
Marburg an der Lahn 50, 65, 67, 118, 135 f., 145, 163, 173 ff., 176, 178, 200, 202
Marcloff (=Nau), Magdalene Antonia 168
Maria Theresia, Kaiserin 161
Marienberg, Kloster 141
Mariendorf 195
Graf/Baron von Marienrode s. Malchus
Mark, Grafschaft 147
von Martens, Georg Friedrich 73, 77, 85, 89
Martinfeld 61, 122
Freiin von Mauchenheim, gen. Bechtoldsheim (=von Keller), Auguste Luise *Eleonore* 153
Mecklenburg 151, 206
Meilhaus (geb. Fromm), Dorothea 139, 160
Meilhaus, Franz *Valentin* 45, 57, 64, 139, 160 f., 214 f.
Meisebach 162
Melle 127
Mendelssohn, Moses 150
von Mengersen (=Buderus von Carlshausen), *Charlotte* Juliane Ernestine 128
von Mengersen, Clemens August 161
Freiherr von Mengersen, Friedrich *Wilhelm* Bruno 42, 56, 64, 161, 215, 223
Graf von Mengersen, *Joseph* Bruno 161
von Mengersen (geb. von Westphalen), Maria Anna 161
Freifrau von Mengersen (geb. Freiin von Bender und Loitha), Therese 161
Mengewein (=Wachler), Friederike Marie 202
Menke (=Diederichs), Luzie Charlotte Sophie 135
Menz (geb. Weishahn), Christina 162
Menz, Johannes 97, 100 f., 104, 106, 162, 215, 225
Menz, Johannes Aquilinius 162

Graf von Merveldt, Paul Bernhard 74
Meyer (= Brockmann), *Luise* Charlotte Amalie 127
Meyer (zu Essen), ... 55
Meyl s. Mogk
von Meysenbug, Heinrich 42, 57, 64, 162, 211
von Meysenbug, Wilhelm Karl 162
Michaelstein, Kloster 143
Minden 15, 62 f., 123, 128, 131, 133, 135, 147 f.
Möbisburg 153
Möller (= Nottebohm), Johannnna *Eleonore* 171
Mogk (Meyl?) (= Bippart), Caroline Amalie Wilhelmine 119
Monjoye (= Monschau) 183
Morchutt (geb. Stemler), Catharina *Agneta* 163
Morchutt, Hermann 162 f.
Morchutt, (geb. Sattler), Sophia Maria *Henriette* 163
Morchutt, *Valentin* Friedrich 51, 59, 64, 162 f., 215
Moringen 165
von Motz, *Friedrich* Christian Adolf 44 f., 57, 64, 163, 215, 220 ff.
von Motz, Friedrich Ludwig 97
von Motz (geb. Rieß), Johanna Luise 163
von Motz, Justin Heinrich 163
von Motz (geb. von Hagen), Luise *Albertine* Amalie 163
Mühlhausen i. Th. 15, 63 f., 122, 149, 160, 218 f.
Müller (= Bierbaum), Anna Elisabeth 118
Müller (= Rötger), Johanna Margarethe Christine 179
Müller (= Kühne), Johanne Magdalene *Elisabeth* 156
von Müller, Johannes 30, 78
München 169, 204
von Münchhausen, Albrecht Edmond Georg 164
von Münchhausen (= von Hammerstein), Amalie Gertrud 142
von Münchhausen, Börries 165
von Münchhausen (geb. von Plessen) Caroline Charlotte 164
von Münchhausen (geb. von Adelebsen), Gertrude Melusine 164
Freiin von Münchhausen (= Gräfin von Münster), Johanne Adolphine Sophie Charlotte 166
von Münchhausen (geb. von Praun), Karoline Charlotte 164
von Münchhausen (Vahlberg), Ludwig Friedrich 48, 58, 64, 164 f.
von Münchhausen (geb. Dewar), Lydia 164
von Münchhausen (Lucklum), Philipp Otto 48, 58, 64, 79, 165
von Münchhausen (geb. Quenstedt), Philippine Marie Louise Christiane 165
von Münchhausen (= von Stockhausen), Sophie 194
von Münchhausen (geb. aus dem Winkel), Sophie Magdalene *Christine* 165
von Münchhausen (Gräfin von der Schulenburg-Wolfsburg), *Wilhelmine* Anna Christine 188
Münden 119, 194
Münster 124, 127, 147, 172, 176
Gräfin zu Münster-Langelage (geb. Freiin von der Reck), Caroline Friederike *Emilie* 166
Gräfin von Münster (geb. Freiin von Münchhausen), Johanne Adolphine Sophie Charlotte 166
Graf zu Münster-Langelage, Freiherr von Oer, *Ludwig* (genannt: Louis) Ernst Friedrich Wilhelm 54 f., 60 f., 64, 166, 213, 224
Graf von Münster, Ludwig Friedrich Dietrich Wilhelm 166
Müseler (= Schmidtmann), Bernhardine Anna Adelheid 183

von Mulzer, ... (Staatsrat) 102
Murat, Joachim 13

N

Napoléon s. Bonaparte
Napoleonshöhe (=Wilhelmshöhe) 70, 121
Nassau-Oranien, Fürstentum/Herzogtum 204, 217
Nathusius (geb. Süssenbach), Christine Friederike 167
von Nathusius, Gottlob Engelhard 167
Nathusius, Heinrich Wilhelm 167
Nathusius, Johann *Gottlob* 32, 38, 41, 56, 64, 167 f., 223
Nathusius (geb. Engelhard), Luise Wilhelmine 167
von Nathusius, Philipp 167
Nau (geb. Schneider), Agnes 168
Nau, Bernhard *Sebastian* 94, 99, 101 f., 104, 168 f., 215
Nau, Johann 168
Nau (geb. Marcloff), Magdalene Antonia 168
Naugard 182
Naumburg 138
Neapel 125
Neindorf 159
Nenndorf 116, 145
Nentershausen 61, 115
Nerong, Jacob Christoph 193
Gräfin von Nesselrode-Ereshofen (=Gräfin Waldbott von Bassenheim), Isabelle Felicitas Barbara 204
Nesselröden 151
Neudeck 121
Neuhaldensleben
— Distrikt 112
— Distriktsrat 112
— Stadt 112, 179, 187
Neuhaus 157
Neuwied 174
Ney, Michel 157
Nieder-Elbe-Departement 16
Nieder-Katzenellenbogen 15
Niederlande 182, 194
Niederlausitz 167
Nieder- und Mittelrhein, Generalgouvernement 176
Niemeyer (geb. von Köpken), Agnes Wilhelmine 169
Niemeyer, August Hermann 49 f., 59, 64, 78, 84, 153 f., 169 f.
Niemeyer (geb. Freylinghausen), Auguste Sophie 169
Niemeyer, Johann Konrad Philipp 169
Niemeyer (= Blum), Maria Aemilia 120
Nienhencke (= Brockmann), Anna Margarethe 127
Nienover 61, 119
Nordamerika 145
Nord-Departement 16
Norddeutscher Bund 126, 134, 202, 206
— Norddeutscher Reichstag 126, 134, 202, 206
Freiin von Nordeck zu Rabenau (=Ostmann von der Leye), Maria 171 f.
Nordhausen
— Distrikt 113
— Distriktsrat 113
— Stadt 15, 113
Nordseeküste 16
Northeim 205
Nottebohm (geb. Rettberg), Anna Katharina 171
Nottebohm, Johann *Abraham* 53 ff., 60, 62, 64, 171, 212
Nottebohm, Johann Dietrich 171
Nottebohm (geb. Möller), Johanna *Eleonore* 171

O

Obenaus, Herbert 13 f., 18 ff., 31 f.
Oberems-Departement 172
Obernkirchen 143
Oberurff 163
Oberweimar 63

Odenburg 165
Oebisfelde 157
Österreich, Kaiserreich 13
von Offerhaus (= von Klencke), Sophie Eleonore 155
Oker-Departement 16, 19, Tafeln XII-XIX, 47 f., 58, 118 ff., 124, 142, 144, 151, 158 f., 173, 176, 188 f., 191 f., 208
— Departements-Wahlkollegium Tafeln XII-XIX, 47 f., 58, 118, 165, 188
— Departementsrat 159, 165, 173, 208
Oldenburg, Gut 161
von Oppel (= von Berlepsch), *Emilie* Dorothea Friederike 117
Orient 171
Oschersleben 177
Osnabrück
— Bistum/Fürstentum 15, 114 f., 166, 172, 218
— Distrikt 127, 199
— Distriktsrat 127, 199
— Stadt 51 f., 61, 65 f., 114, 127, 166, 171 f., 183, 199, 219 f.
Osterwieck 195
Freifrau Ostmann von der Leye (geb. Hagedorn), Anna Maria 173
Freiherr Ostmann von der Leye, Florenz Conrad 53, 55, 60 f., 65, 80, 171 f., 213, 224
Ostmann von der Leye (geb. Freiin von Nordeck zu Rabenau), Maria 171 f.
Freifrau Ostmann von der Leye (geb. von Boeselager), Maria Theresia 172
Ostmann von der Leye, Stephan Florenz 171

P

Pabst, E. L. 143
Paderborn
— Bistum/Fürstentum 15, 126, 161, 218
— Landtag 126
— Stadt 62, 73, 124, 133, 176, 198
Pansfelde 180
von Pape (= Wedemeyer), Charlotte Justine 206
Paris 14 f., 24, 74, 111, 114, 121, 124, 129, 139 f., 142, 144, 150, 173, 178, 187, 200
Pauly (= Toussaint), Susanne Marie 199 f.
von Pestel, Philipp 55, 88
von Petersdorff (= von Schlieffen), Anna Helena 182
Pfeiffer (= Westfeld), Maria Concordia Christina 207
von Platen (= von Alvensleben), Sophia Luise Ernestine 111
von Plessen (= von Münchhausen), Caroline Charlotte 164
von Plessen (= Gräfin von Blumenthal), Friederike 121
von Plessen, Hans Friedrich 172
von Plessen, Hans George Gottfried 34, 48, 58, 65, 80, 172 f., 220, 225
von Plessen (geb. von Bibow), Lucie Louise 172
von Plessen (= von Plessen), Maria Dorothea Margarethe Friederike *Charlotte* 172
Pomme (geb. Beckurths [Becours]) Anna Christine 173
Pomme (geb. Brüggemann), Dorothea 173
Pomme, Johann August *Carl* 49 f., 58, 65, 80, 173
Pomme, Johann Gottfried 173
Pont-à-Mousson 153, 170
von Porbeck, gen. von Oheimb (= von Trott zu Solz), Charlotte 200
von Porbeck (Höxter), *Georg* Dietrich Reinhard 42, 57, 65, 69 f., 80, 82, 136, 173 f., 220
von Porbeck, Georg Heinrich Ludwig 173 f.

von Porbeck (Kassel), Heinrich *Otto* Aemilius Friedrich 42, 57, 65, 69 f., 82 f., 90, 136, 174 f., 220, 222
von Porbeck (geb. Kirchmeier), Katharina Christina Sibylla 174
Portendieck 147
von Post (= Freifrau von Wangenheim), Juliane 205
Potsdam 121, 182
von Praun (= von Münchhausen), Karoline Charlotte 164
von Prenczis (= von Kaisenberg), Katharina 151
Preußen, Königreich 13, 18, 111, 116 f., 120, 126, 149, 156, 163 f., 182, 186 ff., 195 f., 202, 206, 217-222
— König Friedrich II. 177, 179, 182, 188
— König Friedrich Wilhelm III. 196
— König Friedrich Wilhelm IV. 133, 170, 196
— Vereinigter Landtag 161, 196
— Nationalversammlung 202
— 1. Kammer/Herrenhaus 126, 186 ff., 195, 202
— 2. Kammer/Abgeordnetenhaus 134, 153, 167, 188, 202, 206
Pudenzig 182
Pyrmont 134

Q

Quedlinburg 15
Quenstedt (= von Münchhausen), Philippine Marie Louise Christiane 165

R

Rammelburg 62, 138
Rastatt 140, 142, 168
Rauschenberg 193
Raven, Christian 175
Raven (geb. Bahr), Christine Marie 175
Raven, Johann Anton Friedrich 46 f., 57, 65, 175 f., 224
Raven (geb. Wunstorf), Johanne Christine 175
Raven (geb. Dumont), Philippine Amalie 175
Ravensberg, Grafschaft 15, 148
Freiin von der Reck (= Gräfin zu Münster-Langelage), Caroline Friederike *Emilie* 166
von der Recke, Eberhard 195
Freiin von der Recke (= Erbgräfin von Stolberg-Wernigerode), Eberhardine 195
Regensburg
— Fürstentum 16
— Stadt 24, 191
Reichert (= Buderus), Catharina Elisabeth 128
von Reimann (geb. von Forell), Anna Christina Godefreda 176
von Reimann, Georg Johann Gerhard *August* 51, 59, 65, 118, 174, 176 f., 212, 215, 220 f.
von Reimann, Johann Reinhard Peter 176
von Reimann (geb. von Tschirsky), ... 176
Reineberg 62, 134
von Reinbach-Reichenstein (= Freifrau Gayling von Altheim), Augusta Carolina Wilhelmina 139
Remlingen 158
Rettberg (= Nottebohm), Anna Katharina 171
Retterode 162
Rexpolde 205
Rheder 64, 161
Rheinprovinz(en) 88, 134, 177, 221
— Provinziallandtag 134
Richter (= Westfeld), Maria Margareta 207
Richter, ... 167
Riede 64, 162

Riedesel Freiherr zu Eisenbach, Karl Georg 146
Rieß (= von Motz), Johanna Luise 163
Rietberg-Kaunitz, Grafschaft 15
Rinteln
— Distrikt 145
— Distriktsrat 145
— Stadt 63, 136, 142, 145, 155, 202 f.
Rittberger (= Schnerr), Elisabeth Barbara 184
von Ritz (= Freifrau von Hövel), Wilhelmine 147
Ritzenberg, Albert Eberhard 177
von Ritzenberg (geb. Diederichs), Charlotte Wilhelmine Johanne 177
von Ritzenberg, Christian Friedrich 49 f., 58, 65, 82 f., 88, 177, 215
Robert (geb. Bahr), Barbara Katharine Juliane 178
Robert, Carl Wilhelm 178
Robert (geb. Scheffer) Elisabeth Victorie 178
Robert, Georg Friedrich Carl 50 f., 59, 65, 68, 70, 80, 82 f., 178, 224
Robert (geb. Fincke), Katharina Margarethe Wilhelmine 178
Rodenberg 142
Röschel, Georg Christoph 94, 99, 101, 179, 214
Röschel, Johann 179
Röschel (geb. Artope), Maria Elisabeth 179
Röschel (geb. Artope), Rosina Margarethe 179
von Rössing (= von Branconi), Sophie Karoline 125
Rötger, Gotthilf Sebastian 38 f., 41, 56, 65, 91, 179 f.
Rötger (geb. Klöker), Henriette Luise Caroline 179
Rötger (geb. Müller), Johanna Margarethe Christine 179
Rötger, Sebastian Petrus 179
Rötha 62, 138
von Rohr, Charlotte 113
von Rohr (= Gräfin von Alvensleben), Dorothea Sophia Friederike *Caroline* 111
Rohtt zu Holzschwang (= Gräfin von der Schulenburg-Angern), Henriette Christiane Charlotte 186
Roloff, Johann Christoph 180
Roloff, Johann Gottfried 49 f., 59, 65, 69, 71, 80, 180, 211, 214
Roloff (geb. Hertzgroth), Maria Catharina 180
Roloff (geb. Tuckermann), Marie Ernestine Henriette 180
Rommel, Julius Philipp 32, 118
Rommel (= Bierbaum), Sophie 118
Rosenthal, Albertus *Hieronymus* 42, 57, 65, 180 f.
Rosenthal (geb. Runge), Anna Katharina 180
Rosenthal (geb. Telmar), Marie Elisabeth 180
Rosenthal, Samuel 180
Rosentreter (geb. Haupt), Amalie Juliane 181
Rosentreter, Carl Heinrich 49 f., 59, 65, 181
Rosentreter, Carl Philipp 181
Rost (= Spindler), Johanne Katharine 192
Rothenhaus 191
Rothschild, Meyer Amschel 128
Rotschier (= Hübner), Regine Juliane 149
Roux (= Coqui, verw. Maquet), Marie 130
Rudolstadt 94, 140
Rüttger (geb. Zwenger), Anna Katharina 181
Rüttger, Franz Bernhard 181
Rüttger, *Ignatz* Wilhelm Joseph 96, 100 f., 181, 215
Rüttger (geb. Kluberdung), Sophie 181
Runge (= Rosenthal), Anna Katharina 180
Runge, Johann Philipp 181

Rußland 14
Rusteberg 151 f.
du Ry, Simon Louis 24

S

St. Petersburg 153
Saale-Departement 16, 19, 48 ff., 58 f., 125, 132, 138, 153, 170, 173, 177, 180 f., 190, 196
— Departements-Wahlkollegium 48 ff., 58 f., 125
— Departementsrat 125, 181
Saalekreis 152
Saalfeld (= Keferstein), Christiane 152
Saalfeld, Friedrich 18
Sachsen
— Königreich 15, 138, 218, 224
— Landstände 138, 224
— Provinz 111, 114, 133, 152, 154 f., 164, 168, 170, 185, 187, 195 f., 206 f., 221, 223
— Provinziallandtag 111, 114, 152, 154 f., 168, 185, 187, 195 f., 206 f., 223
Sachsen-Meiningen, Herzogtum 141
Sachsen-Weimar, Herzogtum 18, 164
Sailauf/Unterfranken 190
Salder 157
Salzkotten 66, 146, 198
Salzwedel
— Distrikt 113
— Distriktsrat 113
— Stadt 113, 187
Salzwedelscher Kreis 112
Samson, Herz 150
Samson (= Jacobsson), Minna 150
Sattler (= Morchutt), Sophia Maria *Henriette* 163
Gräfin zu Sayn-Wittgenstein-Berleburg (= Gräfin von Keller), Amalie 153
Scharnbeck (= Löbbecke), Adelheid Christine 158
Schaumburg hessischen Anteils, Grafschaft 15, 142 f., 217
— (Partikular-)Landtag 143, 224
Schaumburg-Lippe, Fürstentum 197, 223
Scheffer (= Robert), Elisabeth Victorie 178
Scheffer, George Heinrich 178
Freiherr Schele von Schelenburg, Georg Viktor Friedrich Dietrich 51
von Schele (= von Bar), Klara Sophia Wilhelmine 114
Schelver (= Schmidtmann), Marie Barbara Ferdinandine 183
Schenkenhorst 112
Scheßlitz bei Bamberg 137
Schiffenberg, Kommende 135
von Schill, Ferdinand 157
Schirmer (= Schröder), Catharina Margarethe 184
Schledehausen 62, 127
Schlesien 195
Schleswig 129
Schleusingen 125
von Schlieffen (geb. von Petersdorff), Anna Helena 182
von Schlieffen, Hans Michael 182
von Schlieffen, Martin Ernst 42, 57, 65, 182, 214
Schloimann (= Hoffbauer), Rebecca Philippina 148
Schlosser (= Stark), Maria Magdalena 193
Schmidtmann (geb. Müseler), Bernhardine Anna Adelheid 183
Schmidtmann, Ernst August Philipp 183
Schmidtmann, Ferdinand Philipp Heinrich August 53, 55, 60 f., 65, 183, 213
Schmidtmann (geb. Schelver), Marie Barbara Ferdinandine 183
Schmitz (geb. Bonneß), Eleonore Antoinette Amalie *Caroline* 183
Schmitz, Matthias 183
Schmitz, Peter *Friedrich* 38, 41, 56, 65, 183, 215

Schmitz (geb. Bolenius), Regina Christina 183
Schneider (= Nau), Agnes 168
von Schneider, gen. Schmidt (= von Günderode), Elisabeth Charlotte 140
Schnerr (geb. Vogelhuber), Anna Maria Elisabetha 184
Schnerr (geb. Rittberger), Elisabeth Barbara 184
Schnerr, Johann Caspar 184
Schnerr, Johann Michael (geboren), Johann Carl (genannt) 94, 99, 101, 184
Schnerr (geb. Apollonia), Maria 184
Prinzession von Schönburg-Waldenburg (= Gräfin von Stolberg-Wernigerode), Jenny 195
Schöningen
— Distrikt 173, 220
— Stadt 220
von Schorlemmer (= von und zur Brenken), Franziska Wilhelmine 126
Schortmann, Elisabeth 131
Schrader Wwe. (= Heuser, geb. Esmann), Hedwig Dorothea Elisabeth 142
Schrader (= Lueder), Johanne Francisca Marie Sophie 159
Schreiber (= Hübner), Anna Katharina 149
Schröder (= Sporleder), Anna Christine 193
Schröder (= Brunswick), Anne Dorothee 128
Schröder (geb. Schirmer), Catharina Margarethe 184
Schröder (geb. von Börnstedt), Henriette Louise 184
Schröder, Johann 184
Schröder, Johann Lucas 51, 59, 65, 184
von der Schulenburg, Alexander Jakob 185, 187
von der Schulenburg (= von der Schulenburg), Ehrengard Sophie 185, 187
Graf von der Schulenburg, Gebhard Werner 188
Gräfin von der Schulenburg (geb. von Veltheim), Sophie Charlotte 188
Graf von der Schulenburg-Altenhausen, *August* Karl Jakob (genannt: Karl Just) 39, 41, 56, 66, 185 f., 223
Gräfin von der Schulenburg-Altenhausen (geb. von Kleist), Friederike Wilhelmine Dorothea 185
Gräfin von der Schulenburg-Altenhausen (geb. von Kleist), Maria Luise 185
Graf von der Schulenburg-Angern, Alexander Friedrich Christoph 186
Gräfin von der Schulenburg-Angern (geb. von Cramm), Auguste Luise Adolfine 186
Graf von der Schulenburg-Angern, Edo 186
Graf von der Schulenburg-Angern, Friedrich 186
Graf von der Schulenburg-Angern, Friedrich Christoph Daniel 39, 41, 56, 66, 69 f., 80, 186, 220 f.
Gräfin von der Schulenburg-Angern (geb. Rohtt zu Holzschwang), Henriette Christiane Charlotte 186
Gräfin von der Schulenburg-Angern (geb. von Bismarck), Luise Eleonore 186
Graf von der Schulenburg-Emden, Eduard 187
Graf von der Schulenburg-Emden, Ernst 187
Gräfin von der Schulenburg-Emden (geb. von Alvensleben), Karoline Ernestine Friederike 187
Graf von der Schulenburg-Emden, Philipp Ernst *Alexander* 38, 41, 56, 66, 111, 185, 187, 212
von der Schulenburg-Priemern, ... 39, 41
Graf von der Schulenburg-Wolfsburg, Carl Friedrich *Gebhard* Tafel I, 34, 37, 47 f., 58, 66, 68, 70 f., 80 f., 84, 111, 138, 154, 176, 188 f., 222, 224

Graf von der Schulenburg-Wolfsburg, Günther 188
Gräfin von der Schulenburg-Wolfsburg (=Freifrau von Friesen), Julie Karoline 138
Graf von der Schulenburg-Wolfsburg, Werner (1792-1861) 188
Graf von der Schulenburg-Wolfsburg, Werner (1857-1924) 188
Gräfin von der Schulenburg-Wolfsburg (geb. von Münchhausen), *Wilhelmine* Anna Christine 188
Schultze (=Diederichs), Anna Sophia Elisabeth 134
Schultze (=Delius), Henriette Amalie Anna Klara Luise 134
Schwalenberg 161
Schwalmstrom, Stromsbezirk 162
Schwarzenfels 136
Schwerin 172
Freiherr von Seckendorff, Alexander Friedrich Wilhelm 135
Seeger, Carl Friedrich 105
Seesen 150
Seiler (geb. Diedrichsen), Anna Margarethe Justina 189
Seiler, Johann George (sen.) 189
Seiler, Johann George 49 f., 59, 66, 68, 70, 80, 82 f., 189 f.
Seiler (geb. Frauendienst, verw. Goldhagen), Sophie 189
Senfdamm 183
Sengewald, ... 167
Sesler (=Eisenberger), Margarethe 137
Sickenberger, Jakob 190
Sickenberger, Leonhard 94, 99, 101, 190, 214
Sickenberger (geb. Köhler), Sophia 190
Francken von Sierstorpff (geb. Freiin von Spaethgen), Anna Theresia *Hedwig* Katharina 191
Freiherr von Sierstorpff (-Driburg), Caspar *Heinrich* (V.) Joseph 48, 58, 66, 75, 124, 191 f.
Freifrau von Sierstorpff (geb. von Vincke), Friederike Wilhelmine Philippine Auguste Luise *Charlotte* 191
Francken von Sierstorpff, Peter (III.) Joseph Albert 191
Freifrau von Sierstorpff (geb. Freiin von Brabeck), Theresia *Sophia* Felicitas Gottlob Maria 191
Siever (=von Berlepsch), Anna Dorothea Helene 117
Siméon, Joseph Jérôme 30, 71
Simon, Franz 97, 100 f., 192, 215
Simon, Friedrich Joseph 192
Simon (geb. Gerlach), Genofeva 192
Sisbeth (=Kühne), Luise (Christiane Elisabeth) 156
Sobbe (=Delius, verw. Hagen, geb. Fucke), Wilhelmina *Sophia* 134
Söder 62, 124
Soest 155
Sollstedt 64, 155
Solz 66, 198, 200
Sommerschenburg 64, 157
Sonneborn 205
Soult, Nicolas Jean de Dieu 157
Freiin von Spaethgen (=Francken von Sierstorpff), Anna Theresia *Hedwig* Katharina
Spangenberg 65, 184
Spiegel zum Desenberg (=von Trott zu Solz), Auguste Friederike 200
Spindler, Johann Christoph Ludwig 42, 57, 66, 192 f.
Spindler, Johann Gottfried 192
Spindler (geb. Rost), Johanne Katharine 192
Spindler (geb. Veit), Maria 192
Sporleder (geb. Schröder), Anna Christine 193
Sporleder, Johann *Adam* 50 f., 59, 66, 193, 224
Sporleder, Johann Henrich 59, 193
Sporleder (geb. Trieschmann), Sophie 193
Sporleder (geb. Brom), Wilhelmine 193
Stade 117, 122

Stark, Johann Martin (sen.) 193
Stark, Johann Martin 96, 99, 101, 104, 106, 193 f., 215, 222
Stark (geb. Schlosser), Maria Magdalena 193
Stedten (bei Erfurt) 153
Freiherr vom Stein, Karl 147
Steinheuterode 63, 151, 153
Steinlacke 61, 123
Stemler (= Morchutt), Catharina *Agneta* 163
Stendal 113
Steterburg 172
von Stockhausen, *Ernst Friedrich* Christian Borries 46 f., 57, 66, 194 f.
von Stockhausen, Ernst Heinrich 194
von Stockhausen (geb. von Münchhausen), Sophie 194
Stockholm 153
Graf zu Stolberg-Roßla, ... 185
Gräfin von Stolberg-Stolberg (= Gräfin von Stolberg-Wernigerode), Auguste Eleonore 195
Stolberg-Wernigerode, Grafschaft 15
Gräfin von Stolberg-Wernigerode (geb. Gräfin von Stolberg-Stolberg), Auguste Eleonore 195
Graf von Stolberg-Wernigerode, Christian Friedrich 195
Erbgräfin/Gräfin von Stolberg-Wernigerode (geb. Freiin von der Recke), Eberhardine 195
Erbgraf/Graf von Stolberg-Wernigerode, Henrich 34, 49 f., 59, 66, 80, 195 f., 215, 223
Erbgräfin von Stolberg-Wernigerode (geb. Prinzessin von Schönburg-Waldenburg), Jenny 195
Fürst von Stolberg-Wernigerode, Otto 195
Stoppenberg 147
von Strombeck (geb. von Bülow), Amalie 196
Strombeck (geb. Häseler), Christiane Henriette Luise 196
Strombeck, Christoph Georg 196
von Strombeck (= Wilmerding), Dorothea *Catharina* 208
von Strombeck, *Friedrich* Carl 46 f., 58, 66, 69 f., 74 f., 196 f., 215, 221, 223, 225
Straßburg 120, 153, 195
Stüve, Heinrich David 55
von Stutterheim (= Freifrau von Wangenheim), Christiane Charlotte Magdalene 205
Stuttgart 188
Sülldorf 156
Süssenbach (= Nathusius), Christine Friederike 167
Sundheim (= Thon, verw. Bauermeister), Louise Charlotte 198
Suren, Franz Joseph 198
Suren, *Franz* Xaver Anton *Wilhelm* Clemens 42, 57, 66, 80, 198, 211
Suren (geb. Westphalen), Maria Anna 198
Suren (geb. Cosar [oder Cäsar]), Maria Sibylla 198

T

Tann in der Rhön 145
Teistungen 67, 206
— Oberhof 206
— Unterhof 206
Telmar (= Rosenthal), Marie Elisabeth 180
von Tettau (= von Heydwolff), Amalie 145
Thomas, Eugen 106
Thon (geb. Eschstruth), Anna Christina 198
Thon, Elias (sen.) 198
Thon, Elias 51, 59, 66, 198, 215
Thon (geb. Sundheim, verw. Bauermeister), Louise Charlotte 198
Thon-Nienhauss (= Blum), Maria Theresia 120

Thorbecke, Christian Franz 53, 55, 60 f., 66, 80, 83, 199, 213
Thorbecke (geb. Klincke), Clara Elisabeth 199
Thorbecke, Daniel Franz 199
Thorbecke (geb. Lodtmann), Margarete *Agnes* Gertrud 199
Thüringen 133, 149
Tiberias 133
Tilsit 14
Toussaint, Friedrich Otto 200
Toussaint (geb. Engel), Henriette Marie 200
Toussaint, *Ludwig* (genannt: Louis) Otto 98, 100 f., 199 f.
Toussaint, Pierre Etienne 199
Toussaint (geb. Pauly), Susanne Marie 199 f.
Treffurt 15
Treysa 193
Trier 177
Trieschmann, Hermann 193
Trieschmann (= Sporleder), Sophie 193
von Trott zu Solz (geb. Spiegel zum Desenberg), Auguste Friederike 200
von Trott zu Solz, Carl Wilhelm 200
von Trott zu Solz (geb. von Porbeck, gen. von Oheimb), Charlotte 200
von Trott zu Solz, Friedrich 200
von Trott zu Solz, Wilhelm Friedrich 51, 59, 66, 69, 71, 82 f., 200 f., 223
von Tschirsky (= von Reimann), ... 176
Tuckermann (= Roloff), Marie Ernestine Henriette 180

U

Uder 151
Uhrsleben 111
Ulrich, Anton Ludwig 42, 57, 66, 201
Ulrich (geb. Biedenharen), Catharina 201
Ulrich (geb. Laer), Gertrud Elisabeth 201
Ulrich, Ludwig Joseph 201
Unkraut Wwe. (= Dammers, geb. Kanngießer), Maria Sabina 133
Unseburg 157, 180
Untereichsfeldischer Kreis 163
Unterfranken 190

V

Vahlberg 64, 165
Veit (= Spindler), Maria 192
von Veltheim (= von Löhneysen), Luise Auguste 159
von Veltheim (= Gräfin von der Schulenburg), Sophie Charlotte 188
von Verschuer, Familie 198
Versmold 134
Vierhaus, Rudolf 32
von Vincke (Freifrau von Sierstorpff), Friederike Wilhelmine Philippine Auguste Luise *Charlotte* 191
Freiherr von Vincke, Ludwig 147, 191
Vogelhuber (= Schnerr), Anna Maria Elisabetha 184
Vollenborn 64, 163
Vüllers (= von Hiddessen), Maria Anna 146

W

Wachler, Carl Adolf 202
Wachler, Ernst 202
Wachler (geb. Mengewein), Friederike Marie 202
Wachler, Johann Friedrich *Ludwig* 29, 51, 59, 67, 83, 202 f.
Wachler (geb. Asbrand), Juliane 202
Wachler, Ludwig 202
Wachler, Paul 202
Wachs, Augustin Franz 203
Wachs (geb. Höhler), Catharina Maria Philippina 203
Wachs, Johann George 98, 100 f., 203, 215, 224
Waitz von Eschen, Friedrich Siegmund 116

Waldau bei Kassel 192
Gräfin Waldbott von Bassenheim (geb. Freiin Wamboldt von Umstadt), Charlotte 204
Graf Waldbott von Bassenheim, *Friedrich Carl* Franz Rudolf 94, 99, 101, 204, 215, 224
Graf Waldbott von Bassenheim, Hugo 204
Gräfin Waldbott von Bassenheim (geb. Gräfin von Nesselrode-Eresheim), Isabelle Felicitas Barbara 204
Graf Waldbott von Bassenheim, Johann Maria *Rudolf* 204
Graf von Waldburg, ... (Oberzeremonienmeister) 68
Waldeck und Pyrmont, Fürstentum 197, 223
— Fürst Carl August Friedrich 194
Walkenried, Stiftsamt 132, 220
Freiin Wamboldt von Umstadt (= Gräfin Waldbott von Bassenheim), Charlotte 204
von Wangenheim (= von Baumbach), Christiane 115
Freifrau von Wangenheim (geb. von Stutterheim), Christiane Charlotte Magdalena 205
Freifrau von Wangenheim (geb. von Post), Juliane 205
Freiherr von Wangenheim, *Ludwig* Adam Ernst Walrab 46 f., 57, 67, 80, 205 f., 223
Freiherr von Wangenheim, Walrab Adolf 205
Wankel, Georg Blasius 144
Wankel (= von Heß), Maria Gertraud 144
Wanzleben
— Amt 157
— Kreis 180
— Stadt 64, 156 f.
Warburg
— Amt 146
— Gut 161
— Kreis 146, 219
— Stadt 63
Warschau 186
Gräfin von Wartensleben (= Gräfin von Blumenthal), Elisabeth *Ulrike* Amalie 121
Washington, D.C. 24
Wasserlos 162
von Webern, Carl Heinrich 116
Wedemeyer (geb. von Pape), Charlotte Justine 206
Wedemeyer (geb. Könemann), Dorothea Sophia 206
Wedemeyer, Franz Georg 205
Wedemeyer, Johann *Franz Justus* (Rufname: Franz Just) 46, 57, 67, 205 f.
Wedemeyer, Ludwig Wilhelm 206
Weende 67, 207
Weiberhof (-höfe) 101, 190
Freiin Weichs zur Wenne (= Gräfin von Brabeck), Anna Franziska 124
Weishahn (= Menz), Christina 162
Weishahn, Johann Franz 162
Wernigerode 66, 195 f.
Werra-Departement 16, 19, 50 f., 59, 115 f., 118, 146, 163, 176 ff., 184, 193, 198, 201, 203
— Departements-Wahlkollegium 50 f., 135 f.
Gräfin von Werthern (= Freifrau von Friesen), Christine Jakobine 138
Wesel 182
Weser 164
Weser-Departement 16, 19, 51 f., 60, 88, 114 f., 123, 127 f., 131, 134 f., 142 f., 145, 148, 155, 159 f., 166, 171 f., 183, 199
— Departements-Wahlkollegium 51 f., 114, 123, 127, 135, 142, 145, 148, 159 f., 166, 171 f., 199
— Departementsrat 134 f., 148, 166, 172, 183
von Westernhagen, Adolf 206
von Westernhagen (geb. von Wissel), Amalie 206
von Westernhagen, *August* Ernst Wilhelm 44 f., 57, 67, 206 f., 223

von Westernhagen (=von Westernhagen), Friederike Luise 206
von Westernhagen (geb. von Hitzacker), Helene Sophie 206
von Westernhagen, Wilhelm Günther Hugo 206
Westfalen
— Herzogtum 126, 217
— Landtag 126
— Provinz 122 f., 126, 147, 161, 192, 223
— Provinziallandtag 122 f., 126, 147, 161, 192, 223
Westfeld, Christian Friedrich Gotthard 46 f., 58, 67, 69 f., 73, 77, 80, 207
Westfeld (geb. Pfeiffer), Maria Concordia Christina 207
Westfeld (geb. Richter), Maria Margareta 207
Westfeld, Tobias 207
Westphalen, Königreich passim
— König Jérôme s. Bonaparte, Jérôme
Westphalen (= Suren), Maria Anna 198
von Westphalen (=von Mengersen), Maria Anna 161
Wetter, Stift 146, 201
Wetterscher Kreis 147
Wetzlar
— Grafschaft 16
— Stadt 140, 174
Wewer 126
Wiebrecht (=von Baumbach), Caroline Luise Henriette 116
Wiebrechtshausen 67, 205
Wien 124 f., 152, 154, 157, 164, 171, 174, 196 f., 221
Wiesbaden 140
Wietersheim 131
Wilhelmshöhe s. Napoleonshöhe
Wilmerding (geb. von Strombeck), Dorothea Catharina 208
Wilmerding, Johann Heinrich (sen.) 208
Wilmerding, Johann Heinrich 48, 58, 67, 69 f., 82 f., 87, 208, 225
Wilmerding (geb. von der Heyde), ... 208
Windhausen 181
Windsor 205
aus dem Winkel (=von Münchhausen), Sophie Magdalene *Christine* 165
Winterrieden 204
von Winzigerode (=Hübner), Bernhardine Christine Caroline 149
Freiherr von Winzigerode, *Lewin* Wilhelm Ernst Christoph 97
von Wissel (=von Westernhagen), Amalie 206
Wittlage 183
Freiherr (Graf) von Witzleben, Friedrich Ludwig 77, 89, 116
Wörbzig 179
Woldenburg 161
Wolfenbüttel 196 f., 208, 223
Freiin Wolff Metternich (=Freifrau von Brenken), Sophie Eleonore 126
(Graf) von Wolffradt, Gustav Anton 30, 62, 75, 79, 84
Wolfsburg 66, 188 f.
Worms 151, 169
Wülfinghausen, Kloster 207
Württemberg
— Herzogtum 188
— Herzog Karl II. 188
— Königreich 204
— Kammer der Standesherren 204
Würzburg 138
Wüstenberg (=von Hiddessen), Henriette 146
Wüstenfeld (=Heuser), ... 145
Wulften/Schledehausen 62, 127
Wunstorf (=Raven), Johanne Christine 175

Z

Zelle, Kloster 160
Zichtau 61, 112
Zschepplin 161
Zürich 157
Züschen 162
Zwästen 149
Zwenger (=Rüttger), Anna Katharina 181
Zwesten 193

Tafelverzeichnis

Tafel I
Gebhard Graf von der Schulenburg-Wolfsburg, Präsident der Reichsstände des Königreichs Westphalen, Session 1808 und Session 1809 (1810) - Farbtafel.
Vor S. 13

Tafeln II-XI
Pläne von Auguste Henri Victor Grandjean de Montigny für den Umbau des Museums Fridericianum in Kassel zum "Pallast der Stände".
Vor S. 29

Tafeln XII-XIX
Protokoll der Sitzungen des Departements-Wahlkollegiums des Oker-Departements am 23. und 24. April 1808.
Vor S. 45

Tafeln XX-XXIX
Proklamation der von den Departements-Wahlkollegien gewählten Mitglieder der Reichsstände durch König Jérôme.
Vor S. 61

Tafeln XXX-XXXIV
Verzeichnisse der vor Beginn der Sessionen 1808 und 1809 in Kassel versammelten Reichsstände mit ihren Wohnungen.
Vor S. 85

Tafeln XXXV-XXXIX
Auszüge aus dem Großherzoglich frankfurtischen Regierungsblatt, die die Ständeversammlung betreffen.
Vor S. 101

Tafeln XL-XLVII
Protokoll der Eröffnungssitzung der Ständeversammlung am 15. Oktober 1810 und der Eidesleistung des Abg. Toussaint.
Vor S. 109

Die Hessen-Bibliothek im Insel Verlag

Begründet von Edgar Thielemann

Bisher sind erschienen:

Hessisches Lesebuch

Herausgegeben von Hans Herder
521 Seiten. Gebunden. ISBN 3-458-04781-6

Das *Hessische Lesebuch* enthält rund hundert Beiträge, von Tacitus bis zum Stadtschreiber von Bergen, aus fast 19 Jahrhunderten. Es sind Auszüge aus der biographischen Literatur, aus Reisebeschreibungen und anderen zum Teil unbekannten oder vergessenen Büchern, daneben Dokumente und Reden. Ihnen gemeinsam ist das Thema *Hessen,* seine Geschichte, herausragende Ereignisse und Besonderheiten des Landes.

Politische Kultur und politisches System in Hessen

Herausgegeben von Jakob Schissler
417 Seiten. Gebunden. ISBN 3-458-04784-4

Politische Kultur und politisches System in Hessen enthält sowohl Originalbeiträge als auch bereits publizierte Analysen zur Ideengeschichte, zur Verfassung, zum politischen Prozeß und zur kulturellen Lebenswelt des Bundeslandes Hessen.

Rainer Fritz-Vietta · Stadterneuerung in Hessen

407 Seiten. Gebunden. ISBN 3-458-04783-2

Rainer Fritz-Vietta vom Institut Wohnen und Umwelt in Darmstadt dokumentiert in seinem Buch *Stadterneuerung in Hessen* 19 Sanierungsmaßnahmen in 16 Gemeinden Hessens. Die praktischen Probleme, die sich aus Änderungen der Sanierungsziele, Gebäudeabbrüchen, Umsetzungen, Neubau- und Modernisierungsmaßnahmen oder aus der Mietentwicklung ergeben, führen zu politischen Lösungsvorschlägen des Autors an Bund, Länder und Gemeinden.

Ina-Maria Greverus/Gottfried Kiesow/Reinhard Reuter u.a. Das hessische Dorf

405 Seiten. Gebunden. ISBN 3-458-04782-0

Noch vor einem Jahrzehnt schien das Dorf wenig attraktiv zu sein. Auch die wissenschaftliche Beschäftigung mit dem Dorf und seiner Entwicklung stand eher im Schatten der Auseinandersetzung um die Probleme und Folgen der Urbanisierung. Heute jedoch wird dem Dorf wieder größeres Interesse entgegengebracht. In Hessen zum Beispiel versucht man mit Hilfe des Dorferneuerungsplans, das Leben auf dem Land modernen Erfordernissen anzupassen und zugleich die Besonderheiten des Dorfes – bauliche Strukturen und Beziehungen zur Landschaft – zu erhalten. *Das hessische Dorf* faßt die Ergebnisse einer interdisziplinären Arbeitsgruppe zusammen, die von Wissenschaftlern der Universität Frankfurt, der Technischen Hochschule Darmstadt und des Landesamtes für Denkmalspflege gebildet wurde.

Dietmar Grieser · Goethe in Hessen

164 Seiten. Gebunden. ISBN 3-458-14017-4

Johann Wolfgang von Goethe ist Hesse von Geburt und durch seine Vorfahren mütterlicherseits. Was wäre da natürlicher, als daß ihm in seiner Heimat Hessen besondere Verehrung zuteil wird? Dietmar Grieser, bekannt geworden durch seine Reisen an die »Schauplätze der Weltliteratur«, hat an den hessischen Goethe-Orten Frankfurt, Wetzlar, Darmstadt, Wiesbaden und im Rheingau Nachschau gehalten, wie dort in unserer Zeit – und keineswegs nur mit Blickpunkt 150. Todestag – die Erinnerung an den »großen Sohn« gehandhabt wurde.

Untersuchungsberichte zur republikanischen Bewegung in Hessen 1831-1834

Herausgegeben von Reinhard Görisch und Thomas Michael Mayer
432 Seiten. Gebunden. ISBN 3–458–14044–1

»Fürsten zum Land hinaus!« – heimlich gedacht oder trotzig gesungen –, drückte dieses Lied die Wünsche aller Republikaner im hessischen Vormärz aus. Die hier erstmals vorgelegten zusammenfassenden Berichte der damaligen Behörden zeichnen ein plastisches Bild vom Alltag und den Plänen der frühen hessischen Demokraten, die man damals noch »Demagogen« nannte. In der Sprache und aus der Sicht der »Demagogen«-Verfolger läßt das dokumentarische Lesebuch sowohl die allgemeine Misere und die Illusionen der isolierten Revolutionspartei im hessischen Biedermeier erkennen als auch (etwa an der Bewegung um den *Hessischen Landboten* von Georg Büchner und Friedrich Ludwig Weidig) Versuche, die engen Perspektiven von Putschismus und Konspiration zu durchbrechen.

Wolfgang Schivelbusch · Intellektuellendämmerung

Zur Lage der Frankfurter Intelligenz in den zwanziger Jahren: die Universität, das Freie Jüdische Lehrhaus, die Frankfurter Zeitung, Radio Frankfurt, der Goethe-Preis und Sigmund Freud, das Institut für Sozialforschung.
Mit Abbildungen. 142 Seiten. Gebunden. ISBN 3–458–14045–X

In den zwanziger Jahren erschien in Frankfurt die wichtigste Tageszeitung Deutschlands; das fortschrittlichste Rundfunkprogramm wurde vom Frankfurter Sender ausgestrahlt. Sigmund Freud erhielt als einzige öffentliche Auszeichnung seines Lebens den von der Stadt Frankfurt gestifteten Goethe-Preis. Franz Rosenzweig gründete mit dem Freien Jüdischen Lehrhaus ein Zentrum jüdischen Kulturlebens, und mit dem Geld des Getreidegroßhändlers Hermann Weil wurde das Institut für Sozialforschung ins Leben gerufen, in dem die kritische Theorie entstand, welche nach 1945 bzw. 1968 die geistige Landschaft in Deutschland veränderte. Insbesondere eine Wachablösung der bürgerlichen Kultur läßt sich im Frankfurt der zwanziger Jahre besser als irgendwo sonst verfolgen – das Ende des individuellen Unternehmers wie Intellektuellen, eine Ablösung durch die Bürokratie. In den zwanziger Jahren leuchteten noch einmal das Mäzenatentum, die individualistisch-verschrobene Wagemutigkeit und Abenteuerliebe des alten Bürgertums auf – in seinen geschäftlichen wie geistigen Unternehmungen, seinen Westend-Villen, Hausmusikabenden, Feuilletons, ja selbst in seiner soziologischen Phantasie, bevor – Jahre vor der Machtergreifung der Nazis – das Ende kam.

Eugen Kogon · Essays, Aufsätze, Reden zwischen 1946 und 1982

Herausgegeben von Hubert Habicht
451 Seiten. Gebunden. ISBN 3-458-14046-8

Am 4. Januar 1982 wurde Eugen Kogon der »Hessische Kulturpreis« überreicht. Der vorliegende Auswahlband dokumentiert Kogons Beteiligung an der hessischen Politik, seine publizistische Arbeit in den »Frankfurter Heften« und sein Engagement als politischer Lehrer.

Margarete Dieffenbach · Hessischer Trachtenalltag

Tracht als Spiegel ländlicher Lebensweisen
Herausgegeben von Wolfgang Schellmann, Siegfried Becker, Gaby Mentges und Ingeborg Weber-Kellermann
Mit Abbildungen. 320 Seiten Gebunden ISBN 3-458-14112-X

Die Fotoernte der Margarete Dieffenbach aus dem Jahrzehnt zwischen 1925 und 1935 ist ein Glücksfall sowohl für die hessische Kulturgeschichte wie für die Volkskunde und europäische Ethnologie. In Hunderten von guten und vorzüglichen Aufnahmen hat sie das Trachtenleben jener Zeit bei den verschiedensten typischen Gelegenheiten des Alltags und der Feiertage festgehalten. Damit wurde eine letzte hessische Trachtenbilanz gezogen. Den erzählenden und beobachtenden Fotografien der Margarete Dieffenbach ist eine kultur- und sozialgeschichtliche Umschau über die Trachtenlandschaft Hessen vorangeschickt und ein kommentierender Text beigegeben. Dem interessierten Leser steht eine umfangreiche Spezialbibliographie zur Verfügung.

Erzähler aus Hessen

Herausgegeben von Dieter Bänsch
296 Seiten. Gebunden. ISBN 3-458-14113-8

Die Anthologie vereinigt Märchen und Erzählstücke, in denen ein scharfer, oft satirischer Sinn für menschliche Wirklichkeit, ihre Schrecken und Defizite, und eine starke Spannung zu individuellen oder kollektiven Glücksbildern hervortreten. Bekannteres steht zwischen wenig Bekanntem und gerät dadurch in anderes Licht; mit Johann Heinrich Merck, Ludwig Börne, Franz Dingelstedt, Richard Hülsenbeck oder Ernst Glaeser werden Autoren präsentiert, die mehr Aufmerksamkeit verdienen. Mit Friedrich Stoltze erscheint Mundarterzählung von hohem Rang. Statt eines Vorwortes ein posthumer Huldigungsbrief an Dorothea Viehmann, die Märchenfrau aus Zwehren.

Hessen unterm Hakenkreuz

Studien zur Durchsetzung der NSDAP in Hessen
Herausgegeben von Eike Hennig in Zusammenarbeit mit Herbert Bauch, Martin Loiperdinger, Klaus Schönekäs
558 Seiten. Gebunden. ISBN 3-458-14114-6

»50 Jahre danach« ist die Erforschung des Nationalsozialismus immer noch nicht abgeschlossen. Es gilt zu erkennen, aus welchen politischen Kulturzusammenhängen und sozialen Bezügen, mit welchen Öffentlichkeitsformen und politischen Mitteln, auf welcher Motivationsbasis und Erwartungshaltung die NSDAP zur größten völkisch-nationalistischen Sammlungsbewegung herangewachsen ist. Dies gilt insbesondere für die Gebiete des Bundeslandes Hessen, die von entsprechender Nationalsozialismusforschung stark vernachlässigt worden sind. *Hessen unterm Hakenkreuz* bemüht sich, einen Überblick zu geben; Illustrationen, Dokumente und bibliographische Hilfsmittel vorzustellen, die zur weiteren Beschäftigung mit Entstehung, Durchsetzung und Institutionalisierung der NSDAP in Hessen anregen sollen.

Hessisches Auswandererbuch

Berichte, Chroniken und Dokumente zur Geschichte hessischer Einwanderer in den Vereinigten Staaten. Ein hessischer Beitrag zum 300. Jahrestag der ersten deutschen Einwanderung in Amerika 1683-1983
Herausgegeben von Hans Herder
452 Seiten. Gebunden. ISBN 3-458-14115-4

Die Frage der Auswanderung war in den vergangenen Jahrhunderten für viele Menschen von zentraler Bedeutung. Dieses Lesebuch mit Beiträgen verschiedener Autoren aus Vergangenheit und Gegenwart beschäftigt sich ausschließlich mit der Auswanderung im 18. und 19. Jahrhundert nach Nordamerika und mit einigen Randerscheinungen. Ein Teil der Beiträge stammt von Deutschamerikanern und schildert die Entwicklung aus der Perspektive der neuen Heimat. Das Ergebnis soll nicht nur eine Würdigung der hessischen Auswanderung nach Nordamerika sein und an einigen Beispielen den hessischen Anteil an der Entwicklung der Vereinigten Staaten belegen, sondern auch die Hintergründe der Auswanderungsbewegungen aufzeigen und zum besseren Verständnis der geschichtlichen Vergangenheit beitragen.

Gerhard Beier · Arbeiterbewegung in Hessen

Zur Geschichte der hessischen Arbeiterbewegung durch einhundertfünfzig Jahre (1834-1984)
672 Seiten. Gebunden. ISBN 3-458-14213-4

In diesem Buch wird der Versuch unternommen, den eigenen Weg der Arbeiterbewegung in Hessen historisch zurückzuverfolgen. Dazu dient neben exemplarischen Kapiteln über die wichtigsten Phasen und Ereignisse eine Sammlung von mehr als 900 Kurzbiographien, darunter sämtlicher Regierungschefs und Minister sowie aller Reichstags-, Bundestags- und Landtagsabgeordneten, die aus der hessischen Arbeiterbewegung hervorgegangen sind. Neben den großen Karrieren stehen die vielen politischen Opfer: Verfolgte und Inhaftierte, Emigranten und Märtyrer aus dem Befreiungskampf der Arbeiterschaft.

Hessen im Zeitalter der industriellen Revolution

Herausgegeben von Klaus Eiler
448 Seiten. Gebunden. ISBN 3-458-14158-8

Schon im 19. Jahrhundert begann die Herausbildung der heutigen Industrielandschaften an Rhein und Main, Lahn und Dill und im Raum Kassel. Die industrielle Revolution brachte einen tiefgreifenden Wandel der Wirtschafts- und Arbeitswelt mit sich. Das vorliegende Werk beschreibt die Entwicklung wichtiger Industriezweige und geht auf die unerläßlichen Voraussetzungen der Industrialisierung ein, namentlich den Beitritt hessischer Staaten zum deutschen Zollverein, die Aufhebung der Zunftschranken und die Einführung der Gewerbefreiheit. Doch das Buch berichtet auch von den Schattenseiten der industriellen Revolution, die nicht nur von enormen wirtschaftlichen Fortschritten geprägt war, sondern auch von Massenarmut, Hunger und Not. Die Arbeiterbewegung organisierte sich und trat ein für bessere Lebens- und Arbeitsbedingungen. So spiegelt sich in den rund 200 Dokumenten dieses Buches nicht nur die industrielle Entwicklung Hessens, sondern auch der politische und soziale Hintergrund jener Zeit.

Dietmar Grieser · Mit den Brüdern Grimm durch Hessen

Ein literarischer Lokalaugenschein zum 200. Geburtstag von Jacob, Wilhelm und Ludwig Emil Grimm

Mit Abbildungen. 180 Seiten. Gebunden. ISBN 3-458-14214-2

Man kann sich den Brüdern Grimm auf vielerlei Weise nähern: indem man sich mit ihrem Werk auseinandersetzt, indem man sie von der Biographie her zu ergründen versucht, indem man sich in die Bilder und Zeichnungen des »Malerbruders« Ludwig Emil versenkt. Reisefreudige Naturen mögen eine reizvolle Ergänzung darin erblicken, ihnen »vor Ort« nachzuspüren: an jenen Stätten, an denen sie selber gelebt und gewirkt haben, und an jenen anderen, die erst das ehrende Gedenken ihrer Nachwelt hat entstehen lassen. Dietmar Grieser begnügt sich bei seinem Lokalaugenschein nicht mit Bestandsaufnahmen an den »klassischen« hessischen Grimm-Orten Hanau, Steinau, Marburg und Kassel, sondern hält auch an bisher vernachlässigten wie Bad Homburg, Frankfurt und Wetzlar Umschau, er bezieht Märchenschauplätze und Märchenerzähler ebenso in seine Recherchen ein wie etwa das Erbe des hessischen Grimm-Illustrators Otto Ubbelohde, und ein Exkurs in eine grenznahe Hessen-Enklave in der DDR führt ihn sogar auf die Spur eines bis dato Unbekannten: des letzten noch lebenden Grimm.

Wolfgang Schivelbusch · Eine wilhelminische Oper

Mit zahlreichen Abbildungen. 165 Seiten. Gebunden.
ISBN 3-458-14242-8

Seitdem die Frankfurter Alte Oper im Bombenkrieg zerstört wurde, ist das Opernhaus ein Abbild des jeweiligen Zeitgeistes, der in Frankfurt herrscht. Als Ruine lag es unbeachtet und still inmitten des emsig summenden Wiederaufbaus der fünfziger und sechziger Jahre. Nur ein relativ kleiner Kreis konservativ gesinnter Bürger wirkte damals für die Wiederherstellung. Dann kam in den siebziger Jahren, getragen von der Tendenzwende in Politik und Kultur, ein neuer Oberbürgermeister, der sie zu neuem Leben erwecken sollte. Die Wiederherstellung des Frankfurter Opernhauses ist ein Beispiel für die postmodernistische Wende in Architektur und Gesellschaft, die in Frankfurt ihre Ausprägung in einem eigentümlichen architektonischen Historismus fand. Wolfgang Schivelbusch hat rekonstruiert, welche Vorstellungen, Interessen und Neigungen in den Bau des Opernhauses eingegangen sind. Ihm ist es gelungen, trotz der schwierigen Materiallage ein plastisches Bild der Ideologien und Interessenkonstellationen zu zeichnen, die zum Bau der »wilhelminischen Oper« führten, an die im 20. Jahrhundert ein konservativer Zeitgeist neue Hoffnungen knüpfte.

Walter Mühlhausen · Hessen 1945-1950

Zur politischen Geschichte eines Landes in der Besatzungszeit
592 Seiten. Gebunden. ISBN 3-458-14292-4

Das Buch zeichnet den Aufbau des parlamentarischen Staatswesens in Hessen nach. Es dokumentiert den Ausbau demokratischer Neuordnung, beschreibt die für das politische Leben der Nachkriegszeit wesentlichen Bereiche und untersucht die Handlungsmöglichkeiten und -beschränkungen unter einer Besatzungsherrschaft. Die Konzentration auf ein einzelnes Land erlaubt die genaue Analyse von Konsens und Konflikt der politischen Trägergruppen. Dabei beschränkt sich die Untersuchung nicht auf die hessische Seite, sondern bezieht gleichermaßen amerikanische Besatzungspolitik als Ordnungsfaktor mit ein. Mühlhausens Buch ist damit politische Geschichte des Landes Hessen und Vorgeschichte der Bundesrepublik zugleich.

Entdeckungen in hessischen Museen

Vom »Paradiesgärtlein« zum »Westhafen«
Herausgegeben von Hansgeorg Dickmann und Kurt Zimmermann
Mit Beiträgen von Renate Liebenwein, Gottfried Sello, Wolfgang Liebenwein und Dietmar N. Schmidt
Mit farbigen Abbildungen. 431 Seiten. Gebunden.
ISBN 3-458-14291-6

Auf der Suche nach der Welt von gestern hat ein breites Publikum seine Kunstmuseen neu entdeckt. Ein wachsendes Interesse gilt diesen Sammelpunkten einer früheren Lebenskultur, die uns im Kunstwerk lange entrückte Erfahrungen und Visionen noch einmal anschaulich vor Augen bringen können. Dieser neuen Empfänglichkeit des Publikums entsprechend hat auch das Hessische Fernsehen über Jahre hin ein *Bild der Woche* aus hessischen Kunstsammlungen ausgewählt und ausführlich kommentiert. Einhundert Kunstwerke aus fünf Jahrhunderten europäischer Kunstgeschichte, alle ganzseitig und in Farbe gedruckt, wurden zusammen mit den interpretierenden Texten in ein Bilder-Buch aufgenommen. Bevorzugt wurde dabei das »erzählende« Bild, dessen künstlerische Idee anhand von sorgsamen Detailschilderungen aufgedeckt wird. Neben den großen Meistern der Malerei wurden entdeckenswerte Zeitgenossen eingeordnet, deren Bilder hier zum ersten Mal beschrieben werden.

Ausländische Arbeiterfamilien in Hessen

Berichte über das Zusammenleben von Deutschen und Ausländern
Herausgegeben von Hans-Wilfried Kuhlen
Mit Beiträgen von: Anita Kuhlen-Sauer/Hans-Wilfried Kuhlen, Arthur Mehmet, Christa Seidel, Detlef Lüderwald
Mit Abbildungen. 250 Seiten. Gebunden.
ISBN 3-458-14524-9

Seit vielen Jahren gibt es eine breite öffentliche Diskussion über die Probleme, die sich mit der Beschäftigung und zum Teil langjährigen Anwesenheit ausländischer Arbeiter und deren Familien in den hochindustrialisierten Ländern West- und Nordeuropas ergeben haben. Von der Fülle der zu diesem Thema veröffentlichten Literatur unterscheidet sich das vorliegende Buch vor allem durch die Anschaulichkeit, mit der das Leben ausländischer Arbeiterfamilien in Hessen beschrieben wird: Die Gründe, die zur Emigration dieser Familien aus Sizilien, der Türkei oder anderen Ländern »am Rande Europas« geführt haben, werden von den Autoren untersucht und in Zusammenhang gebracht zu jeweils gegebenen aktuellen Situationen der Familien. So entsteht ein umfassendes Bild vom Leben der Ausländer unter den Bedingungen der Emigration. Aufgrund ihres langjährigen Engagements in der »Arbeit mit Ausländern« können die Autoren eine Fülle von Beispielen geben für die längst stattfindende Normalisierung des alltäglichen Zusammenlebens von Deutschen und Ausländern – ohne dabei zu vergessen, welches die Gründe dafür sind, daß die gegenseitige Annäherung immer wieder gefährdet wird.

Trümmer, Tränen, Zuversicht

Alltag in Hessen 1945-1949
Herausgegeben von Werner Wolf unter Mitarbeit von Harald Edel
Mit Abbildungen. 358 Seiten. Gebunden. *ISBN 3-458-14523-0*

Über 100 zeitgenössische Berichte und Reportagen aus sieben hessischen Zeitungen dokumentieren das Alltagsleben der ersten fünf Jahre nach dem Ende des Zweiten Weltkriegs. Die in diesem Band versammelten Dokumente, die durch Reportagefotos ergänzt werden, haben die bewegenden Themen der damaligen Zeit zum Inhalt: Trümmerbeseitigung, Wiederaufbau von Häusern und Fabriken, Schwarzer Markt mit den dazugehörigen Razzien, öffentlicher Verkehr, Währungsreform und – vor allem – der tägliche Kampf um Nahrungsmittel, um Wohnraum, Holz und Kohle. Immer wieder beschäftigen sich die Berichte und Reportagen mit einzelnen Menschen und deren Schicksal: aus der Bahn geratene Jugendliche, Menschen in Lagern; Heimkehrer und Kriegsversehrte, Vertriebene und Flüchtlinge; der langsame Wandel der Amerikaner von Feinden zu Freunden. Hunger, Kälte; Trauer um verlorene Menschen – das Leid der ersten Jahre war groß, aber aus den Trümmern, das macht dieser Band deutlich, erwuchs neue und begründete Zuversicht.

Kurt Wagner
Leben auf dem Lande im Wandel der Industrialisierung

Mit Abbildungen. 560 Seiten. Gebunden. ISBN 3-458-14329-7

Am Beispiel seines nordhessischen Heimatdorfes Körle zeigt Kurt Wagner auf, daß sich im Dorf nicht »verspätete« Angleichungen an die allgemeine gesellschaftliche Entwicklung vollzogen, sondern daß die Auseinandersetzung der Dörfler mit der Industrialisierung zu einer spezifisch dörflichen Lebensweise geführt hat.
Die Untersuchung umfaßt den Zeitraum von der »Bauernbefreiung« im frühen 19. Jahrhundert bis hin zur Eingemeindungspolitik in den 70er Jahren dieses Jahrhunderts. Besonders in der Beschreibung der neueren Entwicklung Körles zeigt das Buch eine große Anschaulichkeit, da es die statistische Dokumentation durch Aufzeichnungen mündlicher Darstellungen und Deutungen von Zeitzeugen ergänzt. Dabei geht es ihm weniger um die Rekonstruktion von »Ereignisgeschichte« als um das »Verstehen«, um den Versuch der Einsichtnahme in die Denkstrukturen der Beteiligten, die vor den Ereignissen liegen.

Jochen Lengemann
Das Hessen-Parlament 1946-1986

Mit Abbildungen. 464 Seiten. Gebunden. ISBN 3-458-14330-0

Der Hessische Landtag besteht 1986 vierzig Jahre.
In dem Buch werden nach einer verfassungsgeschichtlichen Einführung zum ersten Male die erst jetzt – dank Zugang zu allen Akten des Landtags und erstmals auch der Staatskanzlei – ermittelten vollständigen Listen der Mitglieder des Beratenden Landesausschusses (des hessischen Vorparlaments von Februar bis Juli 1946), der Verfassungberatenden Landesversammlung Groß-Hessen und aller elf Landtage in Übersichten veröffentlicht. Ergänzt werden diese Tabellen durch die ebenfalls erst jetzt vollständig erforschten Verzeichnisse aller Präsidenten, Vizepräsidenten, Schriftführer und Fraktionsvorsitzenden.
Den Hauptteil des Werkes bilden die Biographien der 568 Frauen und Männer, die im Hessenparlament seit 1946 wirkten. Sie beruhen – außer für die reinen Lebensdaten – auf den Angaben, die die Abgeordneten bei ihrem Eintritt ins Parlament für dessen Verwaltung und die amtlichen Handbücher machten. Diese Angaben wurden für »Das Hessenparlament 1946 bis 1986« auf die Bereiche: persönlicher und beruflicher Werdegang, Mitgliedschaft und Funktionen in Parteien, Verbänden und Vereinen und Mitgliedschaft und Ämter in Parlamenten aller Ebenen systematisiert.

Peter Assion · Von Hessen in die Neue Welt

Eine Sozial- und Kulturgeschichte der hessischen Amerikaauswanderung mit Text und Bilddokumenten
412 Seiten. Gebunden. ISBN 3-458-14603-2

An den großen Auswanderungswellen, die im 19. Jahrhundert die USA erreichten, war Hessen besonders stark beteiligt. Dieser Tatsache trägt eine landesbezogene Auswanderungsforschung seit längerem Rechnung. Bisher fehlte jedoch eine Gesamtdarstellung der hessischen Auswanderungsgeschichte für alle Territorien, die heute das Land Hessen bilden. Und es fehlte eine Darstellung, die neben sozial- und kulturwissenschaftlichen Aspekten auch die subjektive Seite der Bewegung, d.h. die bis ins Alltagsleben der Auswanderer reichende Problematik aufzeigt.
Das vorliegende Buch bringt die Vorleistungen der älteren Forschung in einen neustrukturierten Zusammenhang und ergänzt sie mit Ergebnissen jüngerer, vor allem volkskundlicher Untersuchungen. Neben den Ursachen und äußeren Abläufen transatlantischer Migration wird das Profil hessischer ›Auswandererkultur‹ umrissen: mit all jenen Vorgängen, die sich bei der Planung und individuellen Durchführung des Aufbruchs in die Neue Welt abspielten und in Amerika – bei der Bewältigung der sich dort stellenden Probleme – ihr bedeutsames Nachspiel hatten. Erstmals wird so auch das Leben hessischer Farmer, Handwerker und Gewerbetreibender in den USA berücksichtigt. Dokumentarisches Material zu jedem Kapitel bringt dem Leser die Menschen näher: die Auswanderer mit ihren Sorgen und Hoffnungen. In meist erstmals veröffentlichten Briefen und Tagebüchern artikulieren sie sich selbst und das, was sie im Zusammenhang mit dem Start in ein neues Leben bewegte. Amtliche und halbamtliche Dokumente zeigen, daß die Auswanderung keine beiläufige Erscheinung des 19. Jahrhundert war, sondern Ausdruck sozialer Umbrüche und Bewegungen säkularen Ranges.

Arbeit, Amis, Aufbau

Alltag in Hessen 1949–1955
Herausgegeben von Antonio Peter und Werner Wolf
Mit Abbildungen. 456 Seiten. Gebunden. *ISBN 3-458-16055-8*

Blickt man heute auf die hessische Nachkriegsgeschichte zurück, so erscheinen die frühen fünfziger Jahre als eine Zeit bedeutender politischer und wirtschaftlicher Entscheidungen. Die Klärung des Verhältnisses des Landes Hessen zum Bund, die Westorientierung, der Wirtschaftsaufschwung – all dies waren Entwicklungen, die in die Jahre 1949 bis 1955 fielen.
Ausgewählte Reportagen und Kommentare aus fünf hessischen Zeitungen zeigen, was die Menschen bewegte – und was die Redaktionen für berichtenswert hielten. So entsteht ein kontroverses Bild, das nicht so glatt und »problemlos« ist, wie uns jene Jahre im Rückblick erscheinen mögen.
Der wirtschaftliche Aufschwung verlief unregelmäßig und anfangs recht zögernd. Lange Zeit fehlten Arbeits- und Ausbildungsplätze. Wohnraum blieb Mangelware. Der Zuzug von Flüchtlingen aus der DDR verstärkte diese Schwierigkeiten. An der hessisch-thüringischen Grenze wurde der »Kalte Krieg« geführt. Immer noch recht gespannt war das Verhältnis der Bevölkerung zu den in Hessen stationierten alliierten Soldaten. Alles in allem blieb der Wohlstand breiter Bevölkerungskreise bescheiden. Als empfindliche Minderung der Lebensqualität empfand man bereits die Verschmutzung der Flüsse, Baden wurde unmöglich. Einige Alltagsprobleme und Sorgen der frühen fünfziger Jahre ähneln den heutigen. Interessant bleibt, wie diese – bei allen Unterschieden im einzelnen – »angegangen« wurden.
Zusammen mit seinem Vorgänger »Trümmer, Tränen, Zuversicht. Alltag in Hessen 1945–1949« (hg. von Werner Wolf und Harald Edel) entwirft dieser Band ein differenziertes Bild des Nachkriegsjahrzehnts in Hessen.

Axel Schneider · Hessen und Thüringen

Stichworte einer Nachbarschaft
Mit Abbildungen. 256 Seiten. Gebunden. ISBN 3-458-16036-1

Thüringen – die Landschaft im Südwesten der Deutschen Demokratischen Republik – grenzt unmittelbar an Osthessen, Südostniedersachsen und das nördliche Franken. Für viele Bundesbürger ist es das Land in Deutschland, in dem Luther, Goethe, Herder, Bach, Liszt und Cranach ihr universales Wirken entfalteten; für andere wiederum war es ein fremdes Land. Gerade junge Menschen suchten oft hilflos auf der Karte »Osteuropas« nach diesem Land in der Mitte Deutschlands, das formell nur zwischen 1920 und 1952 eine politische Einheit war. Mit Städten wie Weimar, Erfurt, Jena und Eisenach konnten viele Menschen in Hessen noch etwas Historisches verbinden, doch schon Namen wie Gera, Greiz und Schleiz, Rudolstadt, Eisenberg oder Schmalkalden waren für manchen »böhmische Dörfer«.
Der »Hauch der Geschichte« des Jahres 1989 hat Hessen und Thüringen ergriffen, von ihm blieb das vorliegende Werk nicht unberührt. Heißt doch »Hessen und Thüringen« zugleich »Bundesrepublik Deutschland und DDR« mit allen dieser Beziehung innewohnenden besonderen Problemen in Vergangenheit und Gegenwart. So entspricht das Buch einerseits der Lage von Hessen und Thüringen, wie sie sich in den über vier Jahrzehnten der Teilung entwickelt und dargestellt hat, andererseits ist der politische Auf- und Umbruch in der DDR und in Thüringen voll miteingeflossen. Das Ergebnis ist eine Dokumentation der »Schwelle«, der Situation des denkwürdigen Jahres 1989 in seiner Gesamtheit. Der Kontrast des »Vorher« und des »Nachher« ist hier unmittelbar wiedergegeben.
Nicht nur aufgrund der Reformen und der Umgestaltung im anderen deutschen Staat ist eine Beschäftigung mit Thüringen von besonderem Reiz. Das Land ist reich an landschaftlichen Schönheiten und historischen Stätten, die Menschen sind offen und an Kontakten interessiert. Diese Schrift will dazu beitragen, frühere Verbindungen zwischen Hessen und Thüringen unter den gegenwärtigen Verhältnissen neu zu beleben, und dazu ermutigen, sich jetzt gegenseitig besser kennenzulernen. Sie ist ein kurzgefaßter Leitfaden für jeden, der mit Thüringen in engere Beziehung kommen will. Schwerpunkte der gebotenen Informationen sind die historischen Beziehungen zwischen Hessen und Thüringen. Geschichte und Problematik der Grenze nach dem Zweiten Weltkrieg, bisherige politische und menschliche Kontakte und gegenwärtige Reisemöglichkeiten sowie eine Darstellung des Landes Thüringen und seiner Besonderheiten.

Rolf Messerschmidt
»Wenn wir nur nicht lästig fallen . . .«

Aufnahme und Eingliederung der Flüchtlinge und Vertriebenen in Hessen (1945–1955)
Mit Abbildungen. 258 Seiten. Gebunden. *ISBN 3-458-16131-7*

Von 1945 bis 1950 kamen 720000 Flüchtlinge und Vertriebene aus den deutschen Siedlungsgebieten Ost- und Südosteuropas in das neu geschaffene Bundesland Hessen. Hunger, Wohnraumnot und fehlende Verdienstmöglichkeiten kennzeichneten zunächst das Leben sowohl der Einheimischen als auch im besonders krassen Maße das der Vertriebenen. Die vorliegende Dokumentensammlung will die trotzdem erreichte, durch den Ende der vierziger Jahre beginnenden wirtschaftlichen Aufschwung geförderte Eingliederung dieser Menschen nachzeichnen. Aus den »Flüchtlingen« der ersten Stunde wurden über den Status der »Neubürger« schließlich die Mitbürger von heute.
Im Blickpunkt der gesammelten Quellen stehen nicht die »hohe Politik«, sondern der einzelne Mensch, seine materiellen Nöte, die Schwierigkeiten, sich in einer fremden Umgebung zurechtzufinden, Hoffnung und neuer Lebensmut, aber auch Verzweiflung wegen der erlittenen Entwurzelung und vieler Demütigungen. Daneben werden auch die Probleme und Maßnahmen der staatlichen Verwaltung und der helfenden Verbände, Organisationen und Einzelpersonen berücksichtigt.

Torsten Neuborg
Mitten in Deutschland

Menschen an der Grenze.
Gespräche und Fotos vor und nach dem 9. November 1989
Mit Abbildungen. Etwa 260 Seiten. Gebunden. *ISBN 3-458-16132-5*

Die ehemalige Zonengrenze, Trennungslinie beider deutscher Nachkriegsstaaten, die Familien auseinandergerissen und viele Opfer der Gewalt gekostet hat, war vier Jahrzehnte lang das Ende des freien Europas. Im Mai 1989 wurde zum erstenmal ein Journalist und Schriftsteller von einem Landkreis nach einer Ausschreibung als »Grenzschreiber« ausgewählt, um sich mit den Gefühlen, Gedanken und Belangen der Menschen in der Grenzregion zu beschäftigen, sie aufzuschreiben und auch durch Veröffentlichungen einer größeren Leserschaft zugänglich zu machen.
Im September 1989 trat der Grenzschreiber des Kreises Hersfeld-Rotenburg, Autor dieses Buches, seine Tätigkeit an – es war in der Woche, als Zehntausende DDR-Bürger in Ungarn den erlösenden Bescheid zur Ausreise in die Bundesrepublik Deutschland erhielten. Es war eine Zeit des Umbruchs, der fast täglichen Sensationen, eine – wenn der Begriff auch strapaziert wurde – historische Zeit. Der Grenzschreiber konnte die Ereignisse, von denen die Menschen in der Grenzregion noch nicht direkt betroffen waren, an denen sie aber große Anteilnahme zeigten, für seine Gespräche nutzen. Er diskutierte mit Frauen und Männern unterschiedlichen Alters und verschiedener Berufe in vielen Städten und Dörfern. Die Menschen erzählten ihre Erlebnisse, und viele Erinnerungen wurden durch den Anblick der alten Fotos wieder wach.
Mitten in die Arbeit des Grenzschreibers fiel das Datum, das die deutsche Nachkriegsgeschichte mehr als jedes andere veränderte: der 9. November 1989. Für die Arbeit des Grenzschreibers vor Ort war es der Schlüssel zum bisher Unerreichbaren; von einem Tag auf den anderen waren Mauern und Stacheldraht durchlässig. Sein großer Wunsch, auch Menschen »drüben« zu befragen, ging in Erfüllung.
Standen vor der Öffnung der Grenze Fluchtfälle im Mittelpunkt der Gespräche, waren es bald nach dem 9. November 1989 gegenseitige Besuche, über die vorwiegend berichtet wurde. Die Gründe, die Heimat in der DDR zu verlassen, wurden – trotz allen Schwierigkeiten – immer weniger. Deutschland war auf dem Wege, wieder zusammenzuwachsen – Schritt für Schritt.

Jochen Lengemann
Parlamente in Hessen

Biographisches Handbuch der Reichsstände des Königreichs Westphalen und der Ständeversammlung des Großherzogtums Frankfurt.
Mit Abbildungen. Etwa 400 Seiten. Gebunden. ISBN 3-458-16185-6

Schritte hin zu Verfassungsstaat, repräsentativem System und Demokratie stellten sich in der deutschen Geschichte mehrfach als Folgen militärischer Niederlagen ein. Das hat sie nicht immer populär gemacht. So erging es auch den ersten Ansätzen der Volksrepräsentation auf deutschem Boden, die nach der Niederlage von 1806/07 in zwei der napoleonischen Musterstaaten, dem Königreich Westphalen und dem Großherzogtum Frankfurt, verwirklicht wurden. Hier gab es zum ersten Mal in der deutschen Verfassungsgeschichte Vertretungen, die der Idee nach das ganze Volk – und nicht wie im alten Ständewesen sich selbst oder alte Rechte – vertraten.

Nach einer stände- und parlamentsgeschichtlichen Einleitung bringt das Werk Übersichten über Struktur und Arbeit dieser frühen Parlamente, die 1808 und 1810 in Kassel und Hanau getagt haben. Den Hauptteil des Werkes bilden Biographien der ersten als solche bezeichneten Abgeordneten in Deutschland, unter denen Vertreter so politisch bedeutsamer Familien wie von der Schulenburg, von Alvensleben, von Motz, Niemeyer, von Günderode sind. Abbildungen vieler Abgeordneter und einiger Dokumente runden das Bild dieser frühen parlamentarischen Versammlungen ab.